LAROUSSE
DU CHAT
ET DU CHATON

LAROUSSE DU CHAT ET DU CHATON

RACES • SOINS
COMPORTEMENTS

LAROUSSE

21, rue du Montparnasse 75283 Paris cedex 06

Cet ouvrage a été établi sous la direction du docteur **Pierre Rousselet-Blanc**
avec le concours des personnalités suivantes :

Bérengère Bienfait, journaliste
Philippe Bossé, maître de conférences, service de zootechnie, École nationale vétérinaire d'Alfort
Anne Caron, docteur vétérinaire
Anne-Claire Chappuis-Gagnon, docteur vétérinaire
François Moutou, docteur vétérinaire, chercheur au Centre national d'études vétérinaires et alimentaires, École nationale vétérinaire d'Alfort, membre du comité scientifique du W.W.F. – France
Patrick Pageat, docteur vétérinaire, éthologue
Germaine Petter, directeur de recherches au C.N.R.S.
Christiane Sacase, journaliste
Michel Thérin, docteur vétérinaire
Roger Wolter, professeur de nutrition

Direction de la publication
Carola Strang

Direction éditoriale
Catherine Delprat

Édition
Nathalie Cornellana, assistée de Rupert Hasterok et de Caroline Fléchelle

Consultantes
Anne-Claire Chappuis-Gagnon
Christiane Sacase

Lecture-correction
Chantal Pagès, assistée de Madeleine Biaujeaud, Christophe Gallien et Édith Zha

Direction artistique
Emmanuel Chaspoul, assisté de Cynthia Savage

Conception graphique
Christine Dufaut

Mise en pages
Natacha Marmouget

Fabrication
Annie Botrel

Toutes les photographies sont de Jean-Louis Klein et Marie-Luce Hubert sauf :
Page 24 © Hermeline–Cogis, page 119 m © Schwartz–Cogis, page 120 hg et hd © Français–Cogis, page 122 g © Français–Cogis, page 258 © O.Ploton–Larousse, page 274 © Labat-Lanceau–Cogis

Schémas
Laurent Blondel (pages 196-197) ; Charles Jaillard (pages 183 à189, 191, 193, 199, 201, 203, 206 à 208, 210)

Remerciements
Nous remercions le docteur vétérinaire Jean-François Bardet qui nous a permis d'effectuer les prises de vues illustrant les nouvelles techniques (page 258) et le docteur vétérinaire Gilles Hutzler qui nous a fourni la photo du chat page 260.

ISBN : 978-2-03-583882-7

Préface

Depuis 2004, le chat est passé en tête du hit-parade des animaux de compagnie préférés des Français : environ un tiers de nos compatriotes en possède un. Alors que le nombre de chiens reste stable, celui de nos petits félins progresse toujours – ils sont 9 800 000 aujourd'hui –, donnant raison à tous ceux qui pensaient que le chat serait l'animal de compagnie emblématique du XXIe siècle. Élégant, vif, discret, propre, il a su à la fois conquérir les foyers citadins et confirmer sa place à la campagne. Il est sorti petit à petit de son image de chasseur de souris pour revêtir la livrée très enviée de compagnon du foyer.

Dans cet ouvrage, nous avons voulu réunir toutes les connaissances nouvelles acquises ces dernières années sur le chat, notamment en matière d'éthologie et de nutrition. Notre matou avait été laissé bien loin derrière son cousin le chien et il y avait un gros retard à rattraper…

Vous trouverez dans ces chapitres les réponses actuelles que nous apporte la science concernant l'alimentation de votre petit compagnon, son comportement, ses modes de communication et un état des lieux complet de la médecine vétérinaire d'aujourd'hui.

Nous avons également pris le parti de développer tout ce qui concerne le chaton, car c'est en effet en ayant une parfaite maîtrise de son éducation et des soins à lui prodiguer que l'on en fera un adulte solide et équilibré. Son arrivée dans la maison est une formidable expérience pour toute la famille en même temps qu'elle génère inquiétude et interrogations. Ce livre vous donne toutes les clés pour vivre pleinement cette période sensible d'une cohabitation réussie.

Les chats adultes font l'objet quant à eux d'une étude comportementale approfondie : quels sont les éléments de leur bien-être, comment interpréter leurs réactions, comprendre leur langage, décoder leurs perturbations psychiques ?

Pratique, bien dans son temps, ce livre vous guidera quotidiennement aux différents âges de la vie de votre compagnon. Mais, bien entendu, un tel ouvrage ne pouvait se passer d'une galerie de portraits. Les 60 races reconnues par le L.O.O.F sont minutieusement décrites, avec un profil de la personnalité et du comportement de chacun des chats.

Des races les plus spectaculaires aux races les plus insolites ou les plus rares, vous pourrez trouver, sans nul doute, le chat de vos rêves dans ce superbe catalogue illustré ou, plus simplement, comparer votre compagnon qui, je le sais bien, est le plus beau chat du monde, à toutes les races et variétés du monde entier.

Pierre Rousselet-Blanc

Sommaire

PARTIE 1

CHOISIR SON CHAT

Faire le bon choix

Les races

Les 60 races courantes

Les races rares et nouvelles

PARTIE 2

VIVRE AVEC SON CHAT

Le chaton

Le chat adulte

Le chat âgé

PARTIE 3

CONNAÎTRE ET COMPRENDRE SON CHAT

Les cousins du chat

Une mécanique remarquable

Petit chaton deviendra grand

Comportement et communication

PARTIE 4

SOIGNER SON CHAT

Guide des soins

Le vétérinaire aujourd'hui

ANNEXES

Choisir son chat

Faire le bon choix • P. 12 - **Les races** • P. 20

Les critères de choix

Vivre avec un chat est une décision qui ne se prend pas à la légère. Vous devez d'abord vous poser honnêtement quelques questions : vous sentez-vous capable de le comprendre et de l'aimer, de vous en occuper quotidiennement, d'assumer toutes vos responsabilités de maître ? Si oui, sachez aussi que vous vous engagez pour de longues années de vie commune.

Un chat de race ?

La race est affaire de goût. Le Persan à la robe somptueuse est, pour certains, le roi des chats, tandis que d'autres lui préfèrent l'élégance et la finesse du Bombay aux yeux cuivre. Mais n'oubliez pas que, outre un prix élevé, certaines races exigent des soins et un environnement particuliers : par exemple, un intérieur toujours bien chauffé pour les races sans poils ou avec peu de poils, comme le Sphinx ou les Rex.

Peut-être attachez-vous plus d'importance à la personnalité qu'à l'aspect physique. Vous apprécierez alors la sensibilité et la tranquillité qui font la réputation des British Shorthair, ou la nature démonstrative des Siamois qu'on dit bavards, intelligents et comédiens... Les chats de gouttière, dont certains sont fort beaux, ne sont pas les moins attachants, mais leur comportement relèvera toujours d'un pari. Surtout s'ils ont été recueillis dans la nature.

Un chat ou une chatte ?

Contrairement à une idée reçue, les mâles sont souvent plus câlins que les femelles. Malgré des chaleurs parfois bruyantes, une femelle entière se montrera plus facile à vivre qu'un mâle non castré, fugueur et bagarreur, qui déposera partout des marques d'urine malodorantes, insupportables en appartement. À moins que vous ne souhaitiez voir votre chat se reproduire, il est vivement conseillé de le faire castrer, surtout s'il est citadin. Opérés, chats et chattes ont en général un comportement dénué d'agressivité.

Attention ! N'achetez pas un mâle pour une femelle et vice versa. Chez la femelle, l'anus et l'orifice génital sont beaucoup plus rapprochés que chez le mâle, mais ce détail ne se perçoit pas au premier coup d'œil. Pour faire la différence, posez plusieurs chatons sur une table, écartez la queue et la fourrure si nécessaire, et... exercez vos talents d'observateur.

Un chat adulte ou un chaton ?

Curieux et joueurs, les chatons séduisent et attendrissent souvent davantage que les chats adultes. Ils demandent aussi une plus grande attention, par exemple un grand nombre de petits repas quotidiens pendant leur période de croissance ou une surveillance au cours de leurs explorations.

Pensez également aux frais de vétérinaire, plus importants pour les vaccinations ou l'opération de stérilisation ou de castration à venir. En revanche, un chaton pourra s'attacher davantage à son maître qui lui donnera, en outre, une éducation sur mesure.

Le jeune chat adulte est en général plus propre et attentif aux risques qui peuvent le guetter à l'extérieur de la maison. Il n'est pas non plus nécessaire de s'occuper de lui en permanence. Mais le nouvel environnement a parfois un effet déstabilisateur : un bon accueil et un peu d'éducation assureront l'intégration dans la vie du foyer.

Adopter un chat adulte peut être une excellente recommandation pour les personnes âgées qui n'ont pas très envie de voir un jeune chaton faire ses premiers sauts sur leurs genoux en se rattrapant par les griffes. Un animal adulte conviendra également mieux à une personne souffrant d'un état immunitaire déficient.

•••
MÂLE OU FEMELLE ?
Pour le savoir, il faut relever la queue du chat. Chez le mâle (à droite), l'anus et l'orifice génital sont moins rapprochés que chez la femelle (à gauche).

Quel chaton choisir dans une portée ?

Attendez que le chaton ait atteint l'âge de cinq semaines pour l'accueillir chez vous, huit semaines étant considéré comme l'âge idéal pour qu'il s'attache et à la maison et à son maître.

Le chaton le plus triste et le plus abattu de la portée a des chances de vous attendrir, mais mieux vaut ne pas céder à ce premier élan, car vous risquez, à brève échéance, d'avoir à soigner un petit chat souffrant de problèmes de santé ou de troubles du comportement.

Un chaton agressif gardera probablement son caractère turbulent à l'âge adulte. Vous mettrez du temps à apprivoiser celui qui, à votre approche, se montrera timide et peureux, mais celui qui viendra à vous sans crainte et se laissera caresser volontiers ne posera guère de problème d'adaptation.

Achat ou adoption ?

Vous pouvez faire l'acquisition d'un chat chez un marchand spécialisé, un éleveur amateur ou un club félin, sur les conseils d'un vétérinaire ou par petite annonce, mais n'oubliez pas les refuges des sociétés de protection animales où quantité de chats abandonnés ne demandent qu'à élire domicile chez un nouveau maître. Les chats de gouttière, souvent élégants et sympathiques, y abondent. Vous pouvez aussi y choisir un chaton selon vos vœux ou y dénicher un chat de race. C'est parfois le chat lui-même qui choisira ses maîtres en s'attachant progressivement à eux. Rien n'empêche d'adopter un chat errant après s'être assuré qu'il ne s'agit pas d'un animal perdu et avoir effectué un examen vétérinaire.

Poils longs ou poils courts ?

Si vous risquez de manquer de temps pour vous occuper de votre chat, évitez d'en choisir un à poil long qu'il faut brosser longuement tous les jours, et qui perd néanmoins ses poils sur coussins et moquettes. Les chats à poil court supportent davantage la chaleur que les Persans au poil long et soyeux. Et il est rare que leur fourrure provoque une grave réaction allergique chez l'homme.

Un ou plusieurs chats ?

Le chat s'accommode très bien de vivre seul en compagnie des humains. L'absence prolongée de tous les membres de la famille dans la journée peut toutefois inciter un chat solitaire à s'ennuyer et à se livrer à quelques dégradations. Si vous voulez vous entourer de plusieurs chats, choisissez-les jeunes et élevez-les ensemble. Un second chat, accueilli tardivement au foyer, risque d'être rejeté par le premier qui y a élu domicile. Si l'on dit parfois que les femelles s'entendent mieux, des recherches ont montré que les mâles cohabitent aussi facilement.

Un chat d'appartement ou de maison ?

Si vous laissez votre chat sortir librement, il risque fort d'attraper une infection ou une maladie graves transmises par d'autres chats, de devenir victime d'un chien ou d'un chat du voisinage ou encore de la circulation automobile, en particulier la nuit.

Un jardin fermé et surveillé ou, à défaut, un enclos spécial construit à cette fin permettra au chat de goûter aux plaisirs de plein air sans s'exposer à ces dangers en votre absence. Enfin, les chats de race bien éduqués supportent en général de rester enfermés dans la maison de leur maître.

Choisir un chat en bonne santé

Le chaton en bonne santé est joueur, vigoureux et dodu. Son ventre est rond mais pas ballonné. À la palpation, ses flancs ne saillent pas et ses pattes sont droites. Il a l'œil vif et les paupières propres. La membrane nictitante (troisième paupière qui, chez le chat adulte, apparaît plus ou moins à l'angle interne de l'œil) n'est pas apparente. Le nez ne coule pas. L'intérieur des oreilles est net. Les dents de lait sont bien blanches et la dentition complète. Les gencives sont roses et sans trace d'inflammation. Le poil est lustré et la fourrure ne cache aucun parasite. Le tour de l'anus est propre et sec. En cas de doute, faites examiner le chat par un vétérinaire ou un infirmier animalier.

...

COMMENT CHOISIR UN CHATON ?

Un éleveur averti saura en général choisir le chaton d'une portée qui répondra le mieux à vos besoins et à vos attentes.

Où se procurer un chat ?

La vente et la cession à titre gracieux d'un chat ou d'un chaton sont aujourd'hui strictement réglementées par la loi. Mais, selon que vous souhaitez acquérir un chat de race ou non, les filières ne sont pas les mêmes. En tout cas, mieux vaut respecter quelques conseils de précaution.

Acheter un chat de race

Les chatons dotés d'un pedigree coûtent, bien entendu, beaucoup plus cher que ceux qui n'en ont pas. Il faut compter environ 300 à 1 000 euros pour un chat de race, selon ses qualités et son aptitude à la reproduction et aux expositions, et beaucoup plus s'il s'agit d'un sujet exceptionnel. Certaines races plus rares ou très demandées peuvent dépasser ces valeurs (Maine Coon, Bengale, Chartreux). Les tarifs augmentent sensiblement avec les titres de champion remportés par les parents au fil des concours. On peut également se procurer, pour des sommes moins élevées, des chatons de race sans pedigree et des chats de race présentant un petit défaut (couleur de robe, par exemple).

Les éleveurs fixent librement les prix, qui ne sont soumis à aucune limitation par la loi.

Où acheter un chat de race ?

Les sources sont nombreuses et le choix est vaste. Si vous voulez un chat d'exposition, choisissez-le dans un club affilié au L.O.O.F. Cela ne veut pas dire que vous trouverez un chaton de la race voulue au moment où vous aurez décidé d'en faire l'acquisition. L'éleveur ne dispose

pas de portées disponibles tout au long de l'année, surtout s'il est sérieux et sait limiter la reproduction de ses chattes. Mieux vaut savoir attendre un chaton qui présentera toutes les garanties de la race plutôt que d'en acheter un dans le premier élevage venu.

Les éleveurs de chats sont le plus souvent des particuliers qui vendent les portées de leurs femelles. Pour les contacter, il suffit de demander leur adresse à votre vétérinaire, qui connaît non seulement les éleveurs mais aussi les portées récentes ou à venir. Vous pouvez également vous adresser à un club félin, qui vous fournira la liste des éleveurs membres du club. Il s'agit, à de rares exceptions près, de passionnés qui permettent la reproduction de leurs animaux dans le strict respect des règles de la félinotechnie et qui sont donc susceptibles de proposer à la vente des chatons de très haute qualité.

Acheter chez un éleveur

L'éleveur vous présentera les parents du chaton, pour que vous puissiez imaginer ce qu'il deviendra à l'âge adulte. Les animaux appartenant à un éleveur sont généralement toilettés, bien nourris et vivent dans de bonnes conditions d'hygiène. Les risques d'acheter un chaton malade ou déficient sont donc très limités. Nés dans une famille, habitués de bonne heure au contact humain, les chatons vendus par les éleveurs ont toutes les chances de se montrer parfaitement sociables et câlins à l'âge adulte. Si vous n'êtes pas fixé sur la race, n'hésitez pas à former votre goût et votre choix dans les expositions,

Qu'est-ce qu'un pedigree ?

Le pedigree constitue la généalogie du chat de race. C'est aussi une carte d'identité très complète qui certifie cette généalogie. Le pedigree atteste ainsi la race, le sexe, la couleur du pelage et des yeux. Il porte la date de naissance de l'animal, qui est enregistrée sous son nom, suivie de l'affixe (désignation de l'élevage) de la mère. Snow Man de Petmark désigne ainsi officiellement un chat dénommé Snow Man, qui provient d'une chatterie connue sous le nom de Petmark. L'arbre généalogique des trois générations précédentes est mentionné, ainsi que le nom et l'adresse du propriétaire.

Depuis 1996, il existe un livre généalogique reconnu par le ministère de l'Agriculture. Seules les associations adhérant à la Fédération pour la gestion du Livre officiel des origines félines (L.O.O.F.) sont désormais habilitées à délivrer des pedigrees. Les animaux importés, inscrits dans un livre généalogique reconnu par la F.I.Fe, peuvent obtenir un pedigree et leur inscription au L.O.O.F. Si vous avez l'intention de présenter votre chat en exposition, mieux vaut qu'il soit nanti d'un pedigree en bonne et due forme. Faute de quoi, il ne pourrait être admis qu'en classe chat de maison.

...

CHAT DE RACE OU NON ?

Seul le pedigree (ou la généalogie) garantit qu'il s'agit d'un chat de race, car un chat de gouttière n'a parfois rien à envier à un chat de race quant à sa beauté. Un chat à poil long demande cependant plus d'entretien.

qui réunissent toutes les races possibles. Les éleveurs sont présents et renseignent volontiers. Les petites annonces seront un atout supplémentaire si vous ne pouvez consacrer beaucoup de temps à la recherche de l'élu. La presse animalière est prodigue en annonces provenant de clubs félins et d'éleveurs particuliers, mais on en trouve aussi dans les quotidiens et les journaux de petites annonces. Selon la nouvelle loi, l'éleveur, inscrit au Répertoire national des entreprises, doit obligatoirement faire figurer dans une petite annonce son numéro d'identification, la date de naissance des chatons, l'inscription à un livre généalogique reconnu par le ministère de l'Agriculture. Celui qui n'est pas inscrit au Répertoire des entreprises doit faire figurer le numéro de tatouage des chatons ou de leur mère, la date de naissance des chatons, le nombre des chatons de la portée et l'inscription à un livre généalogique reconnu par le ministère de l'Agriculture. Ces nouvelles mesures ont pour but de limiter le travail au noir et de protéger les consommateurs désireux d'acquérir un chat.

Acheter à un particulier

Les particuliers qui souhaitent placer une portée mais ne font pas pour autant de l'élevage systématique proposent parfois de très beaux spécimens à des prix abordables. Aujourd'hui, l'Internet a largement pris le relais de la presse pour la vente ou le don des chatons. N'hésitez pas à l'utiliser.

Acheter dans le commerce

Les commerces où l'on peut se procurer des chatons ou des chats adultes ne manquent pas. Il existe même des grandes surfaces spécialisées dans les animaux familiers et leur univers. À la suite de critiques sévères sur les pratiques contestables de certains marchands (chatons en mauvaise santé, tromperie sur les races, etc.), des améliorations ont été constatées, mais il faut rester prudent et vigilant. Assurez-vous que les conditions d'hygiène

...
OBSERVATEUR ASSIDU
Les chats occupent volontiers des postes d'observation situés en hauteur, qui leur permettent de surveiller leur alentour.

Adopter un chat

Adopter un chat dans une société de protection des animaux représente une bonne action et mérite des félicitations. C'est aussi faire l'acquisition, moyennant 80 € environ, d'un animal qui n'est certes pas forcement de pure souche, mais qui est dûment vacciné, identifié par puce électronique ou par tatouage, stérilisé, qui a subi un test de leucose et un contrôle vétérinaire sérieux. Si, par malchance, l'animal tombe malade en arrivant chez son nouveau maître, la S.P.A. assure quinze jours de soins gratuits.

sont irréprochables ; une litière souillée n'est pas un très bon signe ; les cages ne doivent pas être exposées en plein soleil ou aux courants d'air ; rappelez-vous que la promiscuité favorise les maladies et donc le risque d'acheter un animal contaminé ; enfin il n'est pas rare de trouver pour 200 ou 300 euros un simple chat de gouttière pompeusement baptisé « Européen »...

Ce qu'il faut vérifier quand on achète un chat

Soyez vigilant, surtout si vous vous êtes laissé séduire par un chat vendu dans un établissement commercial. Les règlements en vigueur (loi du 6 janvier 1999) sont précis et mieux vaut les connaître pour éviter les mauvaises surprises, toujours possibles.

• Seuls les chatons âgés de plus de 8 semaines peuvent être vendus.

• Tous les chats vendus ou donnés gracieusement doivent être obligatoirement identifiés par une micro-puce implantée sous la peau ou par un tatouage (ce dernier sera autorisé jusqu'en 2012 puis seule la puce électronique sera autorisée).

• Au moment de la vente, l'éleveur, le commerçant ou le particulier doit remettre à l'acheteur :

- la carte d'identification, obligatoire depuis l'arrêté du 30 juin 1992, qui doit comporter le numéro d'identification de l'animal, son nom, sa race, son sexe, sa couleur de robe, sa date de naissance, ainsi que le nom et l'adresse du propriétaire et son numéro de téléphone ; il doit être également fait mention du vétérinaire ayant pratiqué l'identification. Lors de la vente, le vendeur doit procéder au changement du nom de propriétaire sur cette carte et en avertir le Fichier national félin, en renvoyant à celui-ci la partie de la carte destinée à cette fin ;
- une attestation de cession, ou contrat de vente, indiquant le nom et l'adresse du vendeur et du propriétaire, et ceux de leurs vétérinaires respectifs, le numéro d'identification du chat, son inscription ou non dans un livre généalogique, le prix (toutes taxes comprises) du chat en chiffres et en lettres (il est recommandé de payer par chèque ou par carte bancaire pour avoir une preuve, en cas de litige), la date de la vente et, éventuellement, les réserves émises par l'éleveur. Elle doit porter la signature du vendeur et de l'acquéreur, précédée de la mention « lu et approuvé ». Cette attestation peut être remplacée par une facture lors d'une transaction entre professionnels ;
- un document d'information sur les caractéristiques et les besoins de l'animal ;
- un carnet de bonne santé établi par un vétérinaire et datant de moins de cinq jours, lorsque le chat est cédé par un particulier ;
- le pedigree de l'animal s'il s'agit d'un chat de race ;
- de façon facultative, le vendeur peut en outre fournir un carnet de vaccination du chaton, ou des documents relatifs aux tests viraux subis par le chaton ou par ses parents.

Il est fortement recommandé de faire examiner un chaton par un vétérinaire dans les trois jours qui suivent son achat si cela n'a pas été déjà fait auparavant.

...

UN GROS DORMEUR

Le chat passe environ 70 % de son temps à dormir, et le chaton encore plus. Au moment de s'endormir, il bâille, abaisse plus souvent ses paupières, puis les ferme.

Abyssin

Abyssinian

AUTRE NOM
Appelé autrefois *bunny cat* pour sa ressemblance avec le lièvre.

PORTRAIT
Chat impressionnant par ses attitudes hiératiques et par la beauté sauvage de sa robe.

CARACTÈRE
L'Abyssin est agile et curieux, très attaché à son maître et distant à l'égard des étrangers.

SIGNES PARTICULIERS
Les mâles, plus grands que les femelles, sont moins actifs.

MARIAGES AUTORISÉS
Avec l'Abyssin et le Somali.

▲ **Abyssin lièvre**

L'Abyssin rappelle beaucoup les fameuses représentations du chat égyptien au travers desquelles était vénérée la déesse Bastet, fille du dieu Râ et protectrice de la famille. Après plus de cent vingt ans de sélection, la race est désormais fixée. La silhouette d'ensemble appelle deux qualificatifs : sobriété et harmonie. Ainsi, le corps est parfaitement proportionné, à mi-chemin entre les types européen et oriental. La musculature est bien développée, mais tout en finesse. Les pattes sont proportionnées au corps : assez hautes, fines et musclées avec des pieds ovales et compacts. La queue est longue et effilée.

Une allure royale. La tête est harmonieuse avec des lignes adoucies. La face est à tendance triangulaire, mais sans excès. Le profil montre un nez, un menton et un stop moyens. Les oreilles, larges à la base, sont assez grandes et bien écartées, modérément pointues. On recherche une petite touffe de poils à leur sommet. Mais ce caractère, qui fait comparer l'Abyssin à un lynx miniature, semble désormais n'être l'apanage que de quelques familles. Les yeux ont une forme légèrement en amande. Les pupilles peuvent être de couleur ambre, jaune ou verte (seules les deux dernières nuances sont autorisées aux États-Unis). Cette couleur doit être pure, nette et intense. Les paupières sont cerclées de noir.

Un ticking caractéristique. L'Abyssin se caractérise par une robe semblable à celle du lièvre ou du lapin de garenne. D'ailleurs, l'une de ses variétés garde la dénomination de « lièvre ». Le poil est fin et serré. Il est court, mais sans excès, de façon que chaque poil puisse montrer le fameux caractère tiqueté (ou *ticking*). Il s'agit, sur chaque poil, de bandes pigmentées alternativement en foncé ou en clair. On recherche au total deux à trois bandes, celle de l'extrémité du poil étant foncée, celle de la base étant claire. Le *ticking* n'existe pas sur les poils des parties déclives (gorge, ventre, intérieur des pattes). Ces poils ont une pigmentation homogène, de la nuance claire des poils à ticking. Le menton, quant à lui, a tendance à être crème.

Variétés

Le ticking de la robe de l'Abyssin, selon ses couleurs, détermine les différentes variétés reconnues.

Abyssin lièvre
C'est la variété d'origine – dénommée *usual* par le G.C.C.F. (Governing Council of the Cat Fancy), et *ruddy* par la C.F.A. (Cat Fancier's Association) – qui donne

une robe ayant l'aspect de celle du lièvre. Les premières dénominations de la race en Grande-Bretagne ont d'ailleurs été « chat-lapin » et « chat-lièvre ». L'aspect d'ensemble de la robe est brun chaud. Les bandes sombres du *ticking* sont brun foncé ou noires, les bandes claires orange foncé, de même que les parties déclives.

Abyssin sorrel

Les premiers sujets de cette variété (dénommée *red* par la C.F.A.) auraient été décrits dès 1887. Le terme anglais *sorrel* peut se traduire par « alezan ». En effet, l'aspect d'ensemble de la robe est cuivre rouge. Les zones foncées du *ticking* sont de chocolat à brun-rouge, les zones claires et les parties déclives, abricot foncé. Les coussinets sont roses ; le nez est rose cerclé de brun-rouge.

Abyssin bleu

Cette variété plus récente, créée en Grande-Bretagne et encore peu répandue, est une dilution génétique de la variété lièvre. L'aspect d'ensemble de la robe est bleu-gris chaud. Les zones sombres du *ticking* sont bleu-gris acier, les zones claires et les parties déclives crème pâle ou beige.

Abyssin beige faon

Il s'agit de la dilution génétique de la variété sorrel. L'aspect d'ensemble de la robe est beige terne. Les zones sombres du ticking sont crème foncé chaud, les zones claires et les parties déclives crème pâle.

Abyssin silver, roux et écaille-de-tortue

Il semble que le caractère silver existait chez les premiers Abyssins, comme l'atteste un célèbre champion anglais né en 1905. Mais le gène à l'origine de ce caractère fut perdu par la suite, de sorte que sa réintroduction dans le patrimoine génétique de l'Abyssin

▲ Abyssin black silver

>>

>> 

Abyssin

s'est effectuée en faisant appel au sang de chats de type oriental.
C'est par ce biais que l'on a aussi créé le roux et l'écaille-de-tortue.
Toutes les couleurs de base existent avec le silver. On trouve également des Abyssins crème, lièvre, tortie, bleu crème, chocolat tortie, lilac crème, sorrel tortie, fawn crème.

Soins

Pour garder sa robe souple et lustrée, il faut la brosser quotidiennement et la passer à la peau de chamois.

Aspects génétiques

Sur le plan génétique, le ticking est déterminé par un gène dénommé « *Ta* » (*T* pour tabby, et *a* pour Abyssin). Ce caractère est quasiment typique de l'Abyssin, puisqu'on ne le retrouve que chez une race dérivée, le Somali, et aussi chez le Singapura.
La race est assez lente à atteindre son aspect définitif. Ainsi, les chatons naissent dépourvus de ticking, pratiquement bicolores (les poils qui composent leur pelage étant foncés dessus et clairs en parties déclives). Le ticking apparaît vers 6 semaines, et la couleur définitive n'est souvent obtenue que vers un an, voire un an et demi.

Origine et histoire

Les hypothèses les plus contradictoires continuent à être avancées quant à l'origine exacte de l'Abyssin. La thèse d'une parenté directe avec les chats de l'ancienne Égypte semble devoir être écartée. Selon certains, les ancêtres de l'Abyssin seraient originaires des côtes de l'océan Indien dans le Sud-Est asiatique, et la race se serait répandue

▲ Abyssin faon

en suivant les routes du commerce. D'autres pensent que ce chat est originaire d'Abyssinie. Les premiers chats arrivés en Europe, dont un dénommé Zula, ont en effet été ramenés en Angleterre en 1868 à l'issue d'une campagne militaire menée en Éthiopie. Certains enfin prétendent que le ticking qui faisait l'originalité de Zula proviendrait du chat sauvage d'Afrique *Felis libyca*. Pour d'autres, la robe caractéristique de l'Abyssin aurait été obtenue et sélectionnée plus prosaïquement en Grande-Bretagne à partir de chats tabby à poil court. On sait par contre avec certitude que la race a été fixée et améliorée en Angleterre. Elle a été présentée dès 1871 à l'exposition du Crystal Palace à Londres. Sa reconnaissance officielle outre-Manche eut lieu en 1882, et les premiers critères de jugements furent élaborés en 1889. La carrière américaine de l'Abyssin débute en 1909 ; la race, reconnue par la C.F.A. en 1917, connut un essor réel aux États-Unis à partir des années 1930. C'est à cette époque que la F.F.F. (Fédération féline française) reconnaît l'Abyssin (1927). Sur le continent européen, l'élevage de la race, fortement freiné au cours de la Seconde Guerre mondiale, a bien redémarré depuis. Aujourd'hui, l'Abyssin fait partie des races à poil court les plus connues, et sa popularité semble grandissante, tant en Europe qu'aux États-Unis. Loin d'être figée, la race continue à évoluer, d'une part, au niveau du pelage qui acquiert de nouvelles couleurs (faon, bleu crème, silver, etc.), d'autre part, au niveau de la morphologie de la tête dont les contours doivent être harmonieux et doux. La race est inscrite au L.O.O.F. (Nouveau Livre Officiel des Origines Félines).

Concours

Pour les concours, une couleur d'yeux mélangée, l'absence de cercle noir sur les paupières, un aspect trop massif, des yeux ronds font partie des caractères pénalisés chez l'Abyssin. Une couleur blanche s'étendant au-delà de la gorge, un collier non ouvert et une robe non agouti entraînent une disqualification.

Comportement

L'Abyssin est un chat vif et sportif qui a besoin d'espace pour dépenser son énergie. Il participe beaucoup à la vie de la famille, et est aussi très proche de son maître. Ce dernier doit lui prodiguer beaucoup d'attention, lui parler, le caresser, jouer avec lui, faute de quoi l'Abyssin risque de devenir morose, de s'isoler et même de s'enfuir.

Américain à poil dur

American Wirehair

PORTRAIT
Ce chat, de taille moyenne et modérément musclé, porte une curieuse robe qui semble passée au fer à friser.

CARACTÈRE
Affectueux, très curieux et équilibré, actif, agile, joueur.

SIGNES PARTICULIERS
Des poils dressés et crépus, des moustaches anguleuses.

MARIAGES AUTORISÉS
Avec l'American Shorthair et le Bristish Shorthair.

Americain tabby tigré ▸

Chat solide, vigoureux et plein de vie, l'Américain à poil dur est encore quasiment inconnu en Europe. Sa robe de longueur moyenne est dense, crépue, particulièrement rêche au toucher. Les poils forment un *hook* (crochet) à leur extrémité. Le bout de la queue est arrondi et les moustaches sont anguleuses. La tête est large et ronde, les yeux arrondis sont en accord avec la couleur de la robe. La poitrine est large, le corps bien arrondi, la musculature puissante.

Variétés

Les premiers sujets de cette race étaient entièrement blancs. Aujourd'hui, toutes les couleurs sont reconnues, sauf les chocolat, lilas, cannelle, faon et colourpoint (robe de type siamois).

Soins

Un brossage doux de temps en temps suffit à l'entretien de sa robe, avec une brosse dure pour éliminer le poil mort.

Origine et histoire

Née d'une mutation spontanée de l'American Shorthair, intervenue aux États-Unis, dans l'État de New York, en 1966, cette race est caractérisée par la texture de son pelage : poils ondulés et rêches. Cette particularité est due à une mutation autosomale (c'est-à-dire portée par des chromosomes non sexuels) et dominante du pelage, dite «Wh », qui est à l'origine de la race. L'Américain à poil dur a été reconnu par la C.F.A. américaine en 1978. La race est inscrite au L.O.O.F.

Concours

Des yeux à la couleur non uniforme, un corps de type étranger, une robe fine et longue, pelucheuse, entraînent des pénalités.
Des taches blanches chez les chats non particolores et une apparence trop proche de l'Exotic Shorthair sont disqualifiants.

Comportement

Particulièrement affectueux, l'Américain à poil dur ronronne en permanence. C'est un chat très curieux qui participe activement à la vie de la famille. Il est aussi sociable et facile à vivre.

American Curl

American Curl

PORTRAIT
De taille moyenne, très équilibré et élégant, à la physionomie particulièrement sympathique.

CARACTÈRE
Curieux, intelligent, d'une grande faculté d'adaptation, il garde toute sa vie un comportement juvénile.

SIGNES PARTICULIERS
Oreilles recourbées avec grâce vers le sommet du crâne.

MARIAGES AUTORISÉS
Entre American Curl ou avec des chats d'une même morphologie, sans les oreilles recourbées.

La caractéristique majeure de la race est la forme des oreilles. Implantées haut, elles présentent un pavillon incurvé vers le sommet du crâne. On distingue trois degrés d'incurvation : une faible, une moyenne et une forte, en croissant de lune, la plus recherchée. L'entrée des pavillons est cachée par une abondante touffe de poils, et on trouve des plumets aux extrémités. L'American Curl a une morphologie à mi-chemin entre médioligne et longiligne. Le corps, élégant, est prolongé par une queue de longueur égale au corps. La tête a une forme légèrement triangulaire avec un nez droit, bien développé mais sans excès. Les yeux, de taille moyenne, sont ovales. Le pelage peut être mi-long à long – la queue forme alors un magnifique plumet – ou court. Le sous-poil est peu fourni.

Variétés

Toutes les variétés de couleurs sont admises chez l'American Curl, y compris les colourpoint (robe de type siamois). On se reportera au British Shorthair (p. 37) et au Siamois (p. 104) pour l'énumération et la description des diverses variétés possibles.

Soins

L'entretien de sa fourrure est facile. Il suffit de le brosser chaque semaine et de bien nettoyer ses oreilles.

Aspects génétiques

Le gène mutant Curl, symbolisé par « Cu », est autosomal (porté par des chromosomes non sexuels) et dominant : une seule dose suffit pour que le caractère se manifeste. Cela explique que les accouplements entre American Curl et chats à oreilles droites donnent 50 % de Curls. Le degré d'incurvation des oreilles varie d'un individu à l'autre car le gène Curl a une expressivité variable. Sur le plan de la reproduction, la mutation *Curl* (« boucle ») est plus facile à gérer que celle modifiant les oreilles du Scottish Fold, car elle n'altère pas la santé de l'animal ; on peut accoupler deux American Curl entre eux sans inconvénient. Au début, on a croisé les American Curl avec des chats à oreilles normales et de morphologie adéquate pour diversifier les origines et améliorer la morphologie dans le sens souhaité par le standard. Ainsi, l'Angora turc a permis d'affiner une morphologie alourdie par les métissages de départ avec le Maine Coon. Si l'incurvation des oreilles se fait dès les premières heures de vie des chatons, son degré peut varier par la suite, et l'aspect final ne sera obtenu que quelques mois plus tard.

>>

>>

American Curl

Origine et histoire

Le premier animal porteur de la mutation *Curl* était une chatte nommée Shulamith, recueillie en 1981 par un couple d'Américains de Lakewood, en Californie. En décembre de la même année, cette chatte donna naissance à quatre chatons dont deux avaient les oreilles incurvées. Ce n'est qu'en 1983 qu'une éleveuse, Nancy Kiester, découvrant l'originalité de la descendance de Shulamith, décida de fixer et de sélectionner ce caractère en vue de créer une nouvelle race. L'American Curl, muni d'un standard, a été d'abord reconnu par la T.I.C.A. dès 1985, puis par la C.F.A. en 1986. Un groupe d'éleveurs américains très actifs s'occupe actuellement de la promotion et de la sélection de cette race. Depuis 1988, quelques sujets ont été importés en France, et la première portée française est née en juin 1989. Il existe aujourd'hui quelques élevages en France, où la race est officiellement reconnue.

▲ **American Curl tabby tigré**

Concours

Un degré d'incurvation excessif des oreilles, des oreilles molles à la base, des oreilles droites ou avec des courbures asymétriques chez les adultes, l'intérieur de l'oreille complètement fermé et des défauts au niveau de la queue entraînent la disqualification.

Comportement

L'American Curl est avant tout un chat très affectueux. Il est aussi curieux et sociable. Très intéressé par la vie de la maison, il observe tout ce qui se passe. Ce chat paisible, équilibré et intelligent, miaule très peu, ce qui ne l'empêche pas de savoir réclamer l'attention de son maître. Il aime le jeu, mais aussi la tranquillité et les câlins...

American Shorthair

American Shorthair

PORTRAIT
C'est un chat solide, au corps très harmonieux.

CARACTÈRE
Sociable et affectueux.

SIGNES PARTICULIERS
La race est réputée pour sa longévité et sa santé solide.

MARIAGES AUTORISÉS
Uniquement entre American Shortair.

American Shorthair brown classic tabby ▸

Selon la C.F.A. (association féline américaine), l'aspect d'ensemble de l'American Shorthair doit montrer que l'on a affaire à une « vraie race de chat de travail » et le corps, solidement bâti, doit évoquer puissance, endurance et agilité. En d'autres termes, l'American Shorthair est de proportions médiolignes, avec un corps un peu plus long que haut. Les membres et la queue, de même que la tête, sont en harmonie avec le corps. La tête porte des joues bien pleines et l'expression doit être franche. De face, on notera que le crâne n'est pas bombé, que les oreilles sont de taille moyenne et que le museau est carré. De profil, sans parler de réel stop, on observe une légère concavité allant du front au nez. La mâchoire est forte et suffisamment longue pour assurer la préhension des proies. Les yeux sont de taille moyenne à grande, plutôt ronds et légèrement en amande sur le dessus. Le pelage est court, épais et a de la tenue. La densité du pelage de l'American Shorthair est très variable selon la saison et s'étoffe beaucoup en hiver.

Variétés

Aujourd'hui, la robe de l'American Shorthair existe dans toutes les couleurs et marques admises chez son lointain cousin le British Shorthair. On trouve donc les robes uniformes, les robes écaille-de-tortue et dérivées (écaille chocolat, bleu crème et écaille lilas), les robes dont la base des poils est décolorée (fumé, silver shaded, chinchilla), les robes bicolores avec des plages blanches plus ou moins prononcées, les robes tabby (tabby marbré, tabby tigré, tabby moucheté), ainsi que les variétés colourpoint (de type siamois) et golden. Cependant, les dénominations de certaines variétés sont particulières chez l'American Shorthair. Ainsi, l'arlequin est appelé « Van bicolor »; l'écaille-de-tortue tabby, « patched tabby » ; les shell cameo et shaded cameo, « red chinchilla» et « red shaded». Il semble que les variétés silver tabby et chocolat tabby soient actuellement les plus prisées dans cette race. Cela est sans doute dû à la rareté relative des beaux sujets dans ces couleurs.

Soins

Un brossage trois fois par semaine permet d'entretenir son épaisse fourrure.

Origine et histoire

L'American Shorthair est l'homologue américain du British Shorthair anglais et de l'Européen à poil court de l'Europe

>>

>> 

American Shorthair

continentale. Il s'agit donc d'une race obtenue par sélection du chat domestique commun.

De l'utilitaire à l'esthétisme

L'histoire de l'American Shorthair débute avec les premiers immigrants européens, qui amenèrent avec eux un certain nombre de chats en vue de lutter contre les rongeurs. C'est ainsi que, durant des années, l'American Shorthair, encore chat commun, ne connaîtra de sélection que celle relative à son aptitude à la dératisation et à la résistance à des conditions climatiques parfois difficiles.

À la fin du XIXe siècle, les Américains s'intéressèrent à la félinotechnie moderne, récemment développée par les Anglais, et importèrent des British Shorthair, déjà sélectionnés sur l'esthétique depuis des années. Cela n'empêchait pas le futur American Shorthair d'être déjà prisé dans les premiers concours félins organisés aux États-Unis. En 1904, la C.F.A. enregistra dans son Livre des origines le premier Shorthair considéré comme purement américain : il s'agissait d'un mâle fumé appelé « Buster Brown ».

Le statut félinotechnique de l'American Shorthair va rester flou assez longtemps. Il sera ainsi appelé successivement « Shorthair », puis « Domestic Shorthair », avant de devenir enfin, en 1966, l'« American Shorthair ». Cette dénomination avait été réclamée par *The American Shorthair Cat Association*, alors tout nouvellement créée. Tout cela n'empêcha pas l'American Shorthair de grandir en popularité et de remporter des titres prestigieux.

En 1965, la C.F.A. décida de fermer le Livre des origines, ouvert jusqu'alors aux chats correspondant au standard mais sans pedigree. La race était donc jugée suffisamment importante et diversifiée.

En France, l'American Shorthair est reconnu par le L.O.O.F. (Livre officiel des origines félines).

Concours

Des taches blanches chez les chats non particolores, une apparence trop proche de celle de l'Exotic Shorthair, une fourrure longue et un stop très marqué, ainsi que des yeux globuleux sont pénalisés.

Comportement

L'American Shorthair a une solide réputation de chat équilibré et robuste. D'un caractère aimable et sociable, il s'adapte à la vie en appartement. Mais il se plaira mieux s'il a accès à l'extérieur, où il pourra exercer ses talents de chasseur. En appartement, un griffoir est indispensable. Ce chat affectueux ronronne beaucoup et apprécie sa tranquillité ; il s'entend bien avec les enfants et les chiens.

▲ American Shorthair black smoke

Angora turc

Turkish Angora

PORTRAIT
Chat solidement bâti mais gracieux, à la robe mi-longue et vaporeuse.

CARACTÈRE
Très affectueux, actif et sociable.

MARIAGES AUTORISÉS
Uniquement entre Angoras.

LE SAVIEZ-VOUS ?
La dénomination « Angora », référence à la capitale turque, Ankara, désigne aussi le poil long d'autres espèces (chèvre Angora ou lapin Angora).

Angora turc cream tabby et blanc ▸

L'Angora turc donne une impression à la fois de solidité, de grâce et de grande fluidité dans les mouvements. Ainsi, le corps est à mi-chemin entre les types médioligne et longiligne, avec un squelette assez fin. La queue est longue, bien fournie, portée au-dessous de l'horizontale au repos, au-dessus du corps lors des déplacements. Elle est fréquemment en panache, ajoutant ainsi à l'élégance de ce chat.
Les pattes longues et fines sont en harmonie avec le corps. Les pieds sont petits, ovales et ronds, et portent des touffes de poils entre les doigts.
La tête est plutôt petite, harmonieuse, triangulaire et s'effilant légèrement vers le menton. De profil, le nez, de taille moyenne, forme un angle faible avec le crâne, mais il n'y a pas de vrai stop (séparation entre le crâne et la face).
Les oreilles, plantées haut sur le crâne, sont longues, pointues et parfois ornées d'une touffe de poils comme celle du lynx. Les yeux sont légèrement en amande, placés en oblique et très expressifs. Le pelage est mi-long sur la face et le dessus ; ailleurs, il est long, avec une tendance à l'ondulation sur la gorge, le ventre et l'intérieur des pattes. Il forme une collerette et une culotte. Sa texture est soyeuse.

Variétés

Les premiers éleveurs d'Angoras turcs se sont longtemps battus pour que seule la variété blanche soit reconnue. Dès 1978 cependant, d'autres variétés ont été admises, et, aujourd'hui, toutes les couleurs sont reconnues par le L.O.O.F., sauf les lilas, cinnamon (cannelle), chocolat et faon.
L'Angora blanc reste de loin le plus classique. Il doit être idéalement d'un blanc pur, avec des yeux bleu clair.
Les yeux peuvent être aussi verts, ambre ou impairs (c'est-à-dire un œil de chaque couleur). Les coussinets et le nez sont roses.

Soins

Sa fourrure sans sous-poil ne demande qu'un brossage hebdomadaire. En période de mue, un brossage quotidien est souhaitable.

Origine et histoire

L'Angora turc appartient à une race très ancienne, pure et naturelle.
Il semble être apparu dans la région des hauts plateaux du Moyen-Orient, aux confins de la Turquie et de l'Iran, voici plus de mille ans.
Cette race à poil long a une place importante dans l'histoire de la

>>

>> 

Angora turc

▲ Angora turc blue cream smoke

félinotechnie, car on considère qu'elle a transmis ce caractère à la plupart des races actuelles à poil mi-long ou long, et plus particulièrement au Persan. C'est en Turquie que l'Angora fut découvert par les premiers voyageurs et explorateurs venus d'Europe occidentale, notamment Pietro della Valle, qui ramena les premiers sujets en Italie au XVIIe siècle. D'emblée fort admirés et considérés comme cadeaux de prix, les Angoras seront diffusés en Europe, au travers d'échanges entre les aristocrates. Ce chat sera dès lors très apprécié des cours européennes et notamment de celle du roi de France, Louis XIII. D'ailleurs, au tout début du XVIIIe siècle, dans les ouvrages de Linné et de Buffon, l'Angora est reconnu comme race à part entière, sous le nom de *Catus angorensis*, au côté du chat domestique et du Chartreux.

Une existence menacée

Au XIXe siècle, l'Angora turc va presque disparaître d'Europe occidentale avec l'avènement de la félinotechnie moderne. En effet, après avoir servi de base génétique pour la création du Persan, le chat turc sera pratiquement évincé par cette nouvelle race. Sa situation devint d'autant plus critique que, dans son pays d'origine, la race disparaissait par métissage, au point que le gouvernement décida de confier au zoo d'Ankara un programme de sauvegarde et de reproduction sélective pour les rares sujets de pure race restants. Soulignons que ce programme ne s'appliquait qu'aux seuls chats blancs, alors que divers écrits, notamment, en 1856, ceux de M. Lottin de La Val, président de la

Société impériale d'acclimatation, évoquent la diversité des couleurs de robe de l'Angora dans son pays d'origine. L'Angora, qui faillit donc disparaître et fut même en voie d'extinction après la Seconde Guerre mondiale, a survécu grâce à des éleveurs européens et américains qui importèrent des sujets de Turquie, où la race est actuellement protégée.

Des qualités méconnues

C'est ainsi qu'au zoo d'Ankara, en 1959, une Américaine, Mme Charles Weed, redécouvrit l'Angora turc et décida de relancer son élevage aux États-Unis. Elle réussit à acquérir au prix fort quelques sujets du zoo. On trouve notamment parmi les chats importés le couple Yildiz et Yidilzcik. Les efforts de cette éleveuse furent récompensés lorsque la race fut reconnue par la C.F.A. en 1970, puis par la F.I.Fe (Fédération Internationale Féline) en 1988. En Grande-Bretagne, le G.C.C.F. (Governing Council of the Cat Fancy) a été le dernier à la reconnaître. Mentionnons à ce sujet que les éleveurs britanniques se sont singularisés à une époque en voulant reconstituer la race sans faire appel aux sujets de souche turque.

En France, l'Angora turc est reconnu par le L.O.O.F. Il existe plusieurs élevages qui se consacrent à cette race, et des clubs en assurent la promotion. L'Angora turc mériterait cependant une meilleure reconnaissance de la part du grand public, car il possède des qualités bien spécifiques concernant sa morphologie, la qualité de son pelage et son caractère très attachant.

Concours

Une morphologie caractéristique du Cobby oriental ou des taches blanches chez les chats non particolores entraînent la disqualification.

Comportement

Lorsque l'élevage de la race a été relancé à la fin des années 1950, l'Angora turc a montré une fréquence élevée de sujets agressifs, surtout en exposition. Cette mauvaise disposition ne se manifeste plus actuellement, les éleveurs ayant fait l'effort de sélectionner des sujets au caractère doux. Aujourd'hui, c'est un chat affectueux, parfois même « pot de colle ». C'est un sportif qui peut éventuellement sauter par la fenêtre. Il aime l'eau, à condition d'y être habitué de bonne heure. Ce chat très intelligent apprend vite à ouvrir les portes. Il voyage sans problème et devrait pouvoir disposer d'un jardin pour chasser. C'est un chat très sociable avec les autres animaux et avec les humains.

▲ Angora turc unicolore blanc

Balinais

Balinese

PORTRAIT
Proche du Siamois, ce chat, au poil mi-long, a une grâce toute orientale. Son corps est fin, sans être maigre.

CARACTÈRE
Extraverti, vif, curieux et très attachant.

SIGNES PARTICULIERS
Plus tempéré que son cousin le Siamois.

MARIAGES AUTORISÉS
Avec le Balinais, l'Oriental, le Siamois, le Mandarin, le Burmese et le Tiffany.

Balinais lilac point ▸

La morphologie du Balinais se rapproche beaucoup de celle du Siamois. Il a lui aussi un corps longiligne, avec une tête triangulaire, un profil droit sans stop, des oreilles assez grandes et larges à la base. Les yeux, de taille moyenne, sont de forme orientale. Le cou est long et délié. Ce chat, aux pattes fines et élancées, donne une impression de légèreté et de grâce. Le pelage constitue par contre l'originalité du Balinais par rapport au Siamois. Il est fin et doux. Le poil est court sur la tête et les pattes, mais il devient mi-long sur le corps et long sur le ventre et la queue, qui forme un panache long et fourni. Cette robe mi-longue adoucit sa silhouette et le fait paraître un peu plus lourd que le Siamois. Contrairement à ce qui est observé chez le Persan, le sous-poil du Balinais n'est pas allongé.

Le patron de robe du Balinais est identique à celui du Siamois, c'est-à-dire que seules les extrémités (les « points ») sont pigmentées. Comme chez le Siamois, les yeux sont bleu foncé intense, quelle que soit la variété. Il doit y avoir un contraste net entre la couleur des points, qui est la plus homogène possible, et celle du corps, qui est uniforme.

Variétés

Le Balinais est actuellement reconnu par toutes les associations félines en au moins quatre variétés dites « de base » du Siamois : le seal point (points brun foncé), le blue point (points bleus), le chocolate point (points marron) et le lilac point (points gris rosé). Une divergence existe pour les autres variétés de type colourpoint (tabby, tortie, red ou cream point).

La F.I.Fe et la C.F.A. gardent le nom de Balinais. Certains clubs européens le nomment Javanais. Le L.O.O.F. reconnaît toutes les couleurs du Siamois pour le Balinais. Les petits naissent blancs, les points ne se pigmentant que peu à peu à partir de la première semaine, notamment le masque de la tête. Le pelage a son aspect définitif au-delà d'un an, tant pour la longueur du poil que pour le contraste et l'extension des points.

Soins

Le brosser et le peigner une fois par semaine suffit à l'entretien de sa fourrure. Sa mue est discrète.

Aspects génétiques

Hormis la longueur du pelage, la robe du Balinais a les mêmes caractéristiques que celle du Siamois. Son apparence est due aux effets du même gène muté, appelé « c^S » : seules les extrémités, plus froides, sont colorées. De la même façon, la pigmentation varie selon la température ambiante : le corps est moins coloré lorsque le chat vit dans un climat chaud. Et, comme chez le Siamois, la présence de ce gène s'accompagne de la couleur bleu foncé des yeux.

Origine et histoire

Le Balinais peut être considéré comme un Siamois à poil mi-long. L'origine du gène responsable du poil mi-long au sein de la race siamoise reste inconnue mais elle semble ancienne. Jusque dans les années 1940, les chatons à poil mi-long apparaissant dans les portées siamoises étaient écartés de la reproduction. Deux éleveuses nord-américaines décidèrent alors de fixer ce caractère, obtenant ainsi une nouvelle race dénommée « Balinais », en référence aux danseuses de Bali évoquée par ces chats... Le Balinais fut reconnu aux États-Unis par la C.F.A. en 1970, puis introduit en Europe où il a été reconnu par la plupart des associations, dont la F.I.Fe et, en Grande-Bretagne, le G.C.C.F. En France, où il est arrivé en 1983, le Balinais n'est pas très répandu.

Concours

Le strabisme, des yeux non bleus, du blanc au niveau des pattes sont pénalisés. Un sur-poil, des taches blanches, des coussinets ou un nez dépigmentés entraînent une disqualification.

Comportement

Doté d'une forte personnalité, le Balinais est vif et bavard, curieux et joueur. Exigeant et exclusif, il demande beaucoup d'attention et de tendresse. C'est un chat sensible et très attachant qui déteste rester seul. Sa voix est forte, mais moins que celle du Siamois. Il manifeste une activité sexuelle marquée. On retrouve là mais, semble-t-il, avec une intensité moindre, les principaux traits de caractère du Siamois. Vivant facilement en appartement, il a besoin de sortir régulièrement.

▲ **Balinais cream point**

Bengal

Bengal

AUTRES NOMS
Bengali, chat du Bengale.

PORTRAIT
Ce grand chat à la robe de fauve et au corps musclé a une beauté sauvage.

CARACTÈRE
Dynamique et exclusif avec son maître.

SIGNES PARTICULIERS
Le motif en rosette du léopard est unique chez les chats.

MARIAGES AUTORISÉS
Uniquement avec le Bengal.

Bengal tabby spotted ▸

Le Bengal est grand et musclé, de type plutôt médioligne. La tête est large et ronde avec un museau effilé. Les oreilles sont grandes, triangulaires ; les yeux, moyens, ovales et vert jaunâtre. La queue est longue, légèrement effilée. Le pelage est court, grossier et lisse. La robe caractéristique du Bengal est tabby tachetée. Les taches, rondes, réparties régulièrement sur tout le corps, sont remplacées par des rayures horizontales au niveau des épaules et par des anneaux sur la queue, au bout foncé. Les motifs du tabby marbré, disposés au hasard, donnent une impression de marbre.

Variétés

En catégorie traditionnelle, on trouve 9 variétés sépia mink et colourpoint. Les tabby (spotted et marbled) existent uniquement en noir et en bleu.

Origine et histoire

Le Bengal a été créé assez récemment par Jean Mill, une éleveuse de Californie. L'objectif étant d'obtenir un petit léopard d'appartement, l'éleveuse a bâti son programme de croisement et de sélection en utilisant deux types génétiques : l'Européen, ou chat domestique, et le Chat Léopard, ou Chat du Bengale *(Felis bengalensis)*. Ce dernier est en fait un chat sauvage du Sud-Est asiatique qui présente une robe mouchetée. Tout le travail de sélection a consisté à éliminer les réminiscences de comportement sauvage et à fixer les mouchetures apportées par *Felis bengalensis*. Cette nouvelle race a été fixée dans les années 1980.
Des éleveurs français s'y intéressent sérieusement et elle est reconnue par le L.O.O.F.

Concours

L'absence de mouchetures sur le ventre, de marque foncée sur la queue, des coussinets non accordés avec la couleur de la robe, un manque de maquillage sur le nez, des médaillons et des taches blanches entraînent la disqualification.

Comportement

Le Bengal est en général un chat agréable à vivre et équilibré. Son instinct de chasseur et son dynamisme sont supérieurs à ceux de la moyenne des chats, aussi a-t-il besoin d'espace. Le Bengal est affectueux. Il miaule d'une voix discrète. Il est sociable avec les chiens et les autres chats.

Bobtail japonais

Japanese Bobtail

PORTRAIT
De taille moyenne, à la robe assez courte, bien musclé, sans être massif.

CARACTÈRE
Tranquille, doux, intelligent, joyeux et très bavard.

SIGNES PARTICULIERS
Queue courte et repliée, en forme de pompon, évoquant la fleur du chrysanthème.

MARIAGES AUTORISÉS
Seulement entre Bobtails japonais.

Bobtail japonais roux tabby et blanc ▸

Le Bobtail japonais, de taille moyenne, a un corps bien musclé, droit et mince, et de longues pattes. Les postérieures, plus longues que les antérieures, sont en général fléchies au repos. La tête, triangulaire, a des pommettes très saillantes. Les yeux, ovales et obliques, varient du jaune à l'or cuivré. La queue est particulière : constituée de vertèbres soudées, elle mesure de 8 à 10 cm une fois dépliée. Naturellement enroulée, elle ressemble à celle d'un lapin avec des poils formant un pompon qui camoufle la structure des os.

Variétés

La robe de la variété à poil court est douce et soyeuse, avec très peu de sous-poil, celle de la variété à poil long, fine, soyeuse et de longueur moyenne à longue, avec très peu de sous-poil et une collerette. Toute couleur peut dominer. Les marques franches et les couleurs vives très contrastées sont préférées. Il existe aussi des Bobtails écaille-de-tortue ou écaille et crème. La variété la plus recherchée, appelée « Mi-Ké » au Japon, est noire et rousse sur fond blanc.

Origine et histoire

Ce « Mi-Ké » est un chat porte-bonheur. Estampes, peintures et sculptures attestent en Extrême-Orient les origines anciennes de cette race qui serait née en Chine. Ce chat doit son nom à sa queue courte, déterminée par un gène autosomal récessif, différent de celui qui caractérise le Manx (voir p. 63). C'est en 1968 que les États-Unis accueillirent le premier couple de Mi-Ké, venu du Japon. La race, reconnue deux ans plus tard, prospère depuis lors. En France, elle a été introduite en 1981 par Mme Choisnard qui rapporta de Bangkok une femelle nommée Sirikit. Celle-ci, accouplée au Bobtail mâle Aikido, venu des États-Unis, a donné naissance à une première portée en 1982. Le Bobtail japonais est reconnu par la F.I.Fe et par le L.O.O.F. (la variété à poil long est inscrite à part).

Concours

Une queue absente ou normale entraîne une disqualification.

Comportement

C'est un chat tranquille, câlin et joueur, qui s'entend bien avec les enfants. C'est aussi un excellent chasseur. Grâce à son vocabulaire étendu, il tient avec ses maîtres de véritables conversations modulées.

Bombay

Bombay

PORTRAIT
Chat bien proportionné, musclé et lourd pour sa taille.

CARACTÈRE
Sociable et affectueux.

SIGNES PARTICULIERS
Sa fourrure lustrée et noire comme de l'ébène le fait ressembler à une panthère en miniature.

MARIAGES AUTORISÉS
Entre Bombay ou entre Bombay et Burmese zibeline.

Le corps du Bombay est médioligne, bien proportionné, très musclé, la queue est de longueur moyenne. La tête, plutôt ronde sous tous les angles, possède un stop visible. Les yeux, bien écartés, ont une ligne inférieure ronde et une ligne supérieure oblique. Leur couleur va du cuivre doré à cuivre. Les oreilles, de taille moyenne, sont écartées et arrondies. Le pelage, de longueur moyenne à courte, est extrêmement soyeux.

Variété

Le Bombay existe en une seule variété, le noir jais avec des yeux cuivre. Le nez et les coussinets sont noirs.

Soins

Un brossage hebdomadaire léger et un lustrage suffisent à entretenir sa robe.

Aspects génétiques

Il existe deux moyens d'obtenir des Bombay. Le premier est le métissage : on accouple un Bombay avec un Burmese zibeline. Le second moyen, préférable, consiste à accoupler deux Bombay entre eux. Dans les deux cas, on obtient des portées hétérogènes pour la couleur, avec des chatons noir jais, et d'autres marron foncé, comme les Burmese zibeline.

Origine et histoire

Le Bombay ressemble beaucoup à une panthère noire des Indes en miniature, d'où la dénomination de la race, qui est par ailleurs un pur produit des félinotechniciens. En effet, ce chat est le fruit d'un métissage entre Burmese zibeline et American Shorthair noir. Très spectaculaire, le Bombay est peu répandu en Europe. La Suisse en héberge cependant plusieurs élevages de qualité. En France, la race est reconnue par le L.O.O.F.

Concours

Des médaillons blancs ou des taches, des yeux verts, un type trop proche de l'Exotic Shorthair, des yeux ou un menton protubérants sont disqualifiants.

Comportement

C'est un chat actif, joueur, curieux et remarquablement agile. Très facile à vivre, il s'adapte facilement. Sociable, il s'entend très bien avec les chiens, un peu moins avec ses congénères. Affectueux et câlin, il supporte mal la solitude.

British Shorthair

British Shorthair / British Longhair

PORTRAIT
Ce chat solide évoque un gros nounours.

CARACTÈRE
Équilibré et calme.

SIGNES PARTICULIERS
Les femelles de ce chat tout en rondeur sont moins massives que les mâles et elles ont des joues nettement moins fortes.

MARIAGES AUTORISÉS
Entre British Shorthair et British Longhair, et avec le Scottish Fold ou le Highland Fold.

Le British Shorthair est un animal robuste, tout en rondeur, bien équilibré et puissant. Le corps est près du sol, soutenu par des membres plutôt courts et à forte ossature.
Les pieds sont bien ronds. La poitrine est profonde et large. La queue est de longueur moyenne, épaisse à la base et arrondie à l'extrémité.
La tête est large avec des contours bien arrondis, les joues pleines, le nez large incurvé, mais sans break, le menton est fort. Les yeux sont grands, arrondis, bien écartés. Les oreilles sont de longueur moyenne, larges, arrondies, bien écartées ; elles doivent s'inscrire dans le contour arrondi de la face sans créer, dans l'idéal, de rupture dans ce contour. Dans l'ensemble, cette morphologie massive, où l'on sent l'influence du Persan (voir p. 78), distingue bien le British Shorthair de l'Européen (voir p. 52), de l'American Shorthair (voir p. 27) et du Chartreux (voir p. 46). La robe est courte, même légèrement plus courte que les autres variétés à poils courts et non couchée sur le corps. Sa texture est ferme, crissante, pelucheuse et dense. Chez le Longhair, la fourrure est mi-longue, soyeuse, le sous-poil épais, la collerette et les culottes sont bien fournies.

Variétés

Toutes les variétés de robes sont reconnues chez le British Shorthair. On peut les classer en cinq grands groupes.

Les robes uniformes

On y trouve toutes les robes unicolores, sans rayures ou marques tabby. Le blanc doit être pur, sans traces jaunâtres, avec le nez et les coussinets roses. Les yeux peuvent être bleu clair, orange, ou impairs (c'est-à-dire qu'un œil est bleu clair, l'autre orange). Soulignons que les chats blancs, surtout ceux qui ont les yeux bleu clair, sont très souvent sourds. Pour toutes les autres variétés unicolores, les yeux doivent être cuivre ou orange soutenu, et la robe ne doit comporter aucun poil blanc.
On trouve ainsi le noir, qui doit être de jais sans reflets roux, le bleu, le chocolat et le lilas. Pour chacune de ces variétés, nez et coussinets sont de la couleur du pelage. Les variétés roux et crème ont, quant à elles, un nez et des coussinets roses. Les quatre dernières variétés ont été plus récemment reconnues : en effet pour les roux et les crème, il a été très difficile de gommer parfaitement les marques tabby ; quant aux chocolat et lilas, il a fallu retrouver le type bréviligne perdu par les infusions de sang de races orientales, nécessaires pour introduire le gène marron.

>> 

British Shorthair

Les robes écaille-de-tortue et dérivées

L'écaille-de-tortue et l'écaille chocolat sont des variétés montrant une association de plages de poils à pigments orange à des plages de poils respectivement noirs et chocolat. Le bleu crème et l'écaille lilas sont les dilutions génétiques des deux variétés précédentes. Elles associent plages crème et plages respectivement bleues et lilas. Pour ces variétés, les yeux sont cuivre ou orange. Le nez et les coussinets sont roses ou marbrés de rose et la couleur des plages n'est pas orange. Seules les femelles peuvent présenter ces quatre variétés.

Les robes dont la base des poils est décolorée

On distingue trois sous-groupes.

• *Chez les fumés*, chaque poil est décoloré sur une faible longueur à la base. Il faut souffler sur le pelage à rebrousse-poil pour faire apparaître une rosette claire typique.

• *Chez les silver shaded*, la partie décolorée représente les deux tiers du poil.

• *Chez les chinchillas*, la pigmentation est réduite au huitième sur l'extrémité des poils, et donne ainsi à l'animal un aspect argenté. Ceci est appelé le « tipping ».

Chacun de ces sous-groupes se décline dans les diverses couleurs uniformes précédemment décrites (fumé noir, fumé bleu, etc.). Notons que, lorsque le pigment est orange ou crème, le terme de « silver shaded » est remplacé par « shaded cameo », et celui de « chinchilla » par « shell cameo ». Dans l'ensemble, ces variétés ont des yeux orange ou cuivre. Il existe deux exceptions pour le chinchilla et le silver shaded noirs, lesquels ont les yeux d'un beau vert émeraude, cerclés de paupières noires. Les coussinets sont roses si la pigmentation est orange ou crème, de la couleur de la pigmentation dans les autres cas. Le nez est rose si la pigmentation est orange ou crème, brique cerclé de noir chez le chinchilla et le silver shaded, de la couleur de la pigmentation des poils chez le fumé non orange. Mentionnons le chinchilla à tipping noir, appelé « British Black Tipped » à sa création en 1970 par l'Anglais Norman Winder. Celui-ci a utilisé le Persan chinchilla et le British silver tabby dans son programme d'élevage. Le British chinchilla, chat spectaculaire introduit en France en 1980, reste assez rare, sans doute à cause de sa sélection délicate.

Les robes bicolores avec des plages blanches

On distingue trois sous-groupes.

• Le blanc couvre entre un tiers et, au maximum, la moitié du corps, en formant si possible un V inversé sur la face. Les plages colorées, le plus symétriques possible, se déclinent dans les diverses pigmentations des robes unicolores et écaille-de-tortue ou bleu crème. Ces deux dernières variétés se dénomment respectivement *calico* et *calico dilué*.

• Le blanc couvre entre la moitié et les trois quarts du corps, les taches de couleur étant, dans l'idéal, isolées et séparées par du blanc. Il s'agit des variétés *arlequin*.

• Presque tout le corps est blanc, exception faite de deux taches entre les yeux et la base des oreilles et de la queue, qui sont pigmentées selon toutes les possibilités évoquées chez les bicolores ; ce sont les variétés *Van*. Dans l'idéal, chez ces dernières, les taches pigmentées sur la face sont séparées par une flamme blanche au milieu du front. Pour toutes ces variétés, les yeux sont orange ou cuivre, avec acceptation des yeux bleu clair ou impairs par certaines associations. Le nez et les coussinets sont roses ou marbrés de rose et de la couleur des plages pigmentées du pelage.

▲ **British Shorthair lilac**

Les robes tabby

Selon la forme des marques tabby, on distingue trois sous-groupes.

- *Les tabby marbrés*, chez qui les rayures sont larges et forment, dans l'idéal, des dessins particuliers : M sur la tête, lignes de mascara sur les joues, colliers continus sur le haut de la poitrine, tache en forme de papillon entre les épaules, taches en forme de coquille d'huître sur chaque flanc, bracelets sur les pattes, anneaux sur la queue, à l'extrémité pigmentée.
- *Les tabby tigrés* : contrairement aux précédents, ces chats ont les rayures larges du corps remplacées par des rayures étroites, parallèles entre elles, et perpendiculaires à une raie longitudinale qui court le long de la colonne vertébrale.
- *Les tabby mouchetés*, chez qui les rayures du corps sont remplacées par des taches circulaires, régulièrement réparties jusque sur le ventre et les pattes.

Pour tous ces chats, les poils entre les rayures ou les taches sont de type agouti, c'est-à-dire qu'ils présentent une alternance de bandes foncées (de la nuance des rayures ou des taches) et de bandes claires. Dans chaque sous-groupe, les zones de pigments foncés se déclinent dans toute la gamme des couleurs des robes uniformes et aussi en écaille-de-tortue. Les zones claires des poils agouti sont généralement de nuance orangée. Une exception existe pour les variétés silver tabby, chez lesquelles les zones claires sont décolorées, presque blanches, d'où un contraste spectaculaire entre les marques tabby et les zones de poils agouti. Pour toutes ces variétés, le nez est brique cerclé de foncé, les coussinets sont de la couleur des marques tabby. Les yeux sont en général orange ou cuivre. Les silver tabby font encore exception avec des yeux verts ou vert noisette.

Les variétés colourpoint (robes de type siamois) et golden (poils à base fauve abricot avec un tipping noir) sont reconnues par le G.C.C.F. britannique et la F.I.Fe. Chez les chatons, la couleur adulte des yeux ne se met en place que progressivement, au bout de deux mois et demi. Pour les variétés uniformes autres que le blanc, des traces de marques tabby peuvent exister, mais elles disparaîtront normalement à l'âge adulte.

Chez les chatons blancs, on remarque parfois une curieuse tache de pigmentation sur le crâne, qui disparaîtra elle aussi. D'une manière générale, le British Shorthair acquiert lentement sa morphologie adulte.

Soins

La robe nécessite d'être brossée et peignée une fois par semaine, et quotidiennement en période de mue.

Origine et histoire

Le British Shorthair est, en Grande-Bretagne, l'homologue de l'Européen à poil court des pays d'Europe continentale, et celui de l'American Shorthair des États-Unis. Il s'agit donc d'une version très améliorée, du point de vue félinotechnique, du chat domestique commun, *Felis catus*. Comme le British Shorthair est le plus ancien des trois à avoir été sélectionné et qu'il a atteint des sommets en la matière, il servira ici de référence.

Des racines lointaines

Les ancêtres directs du British Shorthair sont des chats domestiques probablement introduits en Gaule par les Romains, lesquels les détenaient, directement ou indirectement, des Égyptiens. De la Gaule, *Felis catus* passa en Angleterre, avec pour mission principale la dératisation. On retrouve ainsi une mention officielle du petit félin au pays de Galles, dans des textes juridiques du xe siècle. Ces derniers précisent la valeur de l'animal, qui dépend de son état physique et passe de deux à quatre pence à la première souris prise ! En outre, pour être conforme à la loi, chaque hameau gallois devait posséder un chat. Ce statut officiel n'empêchait pas le chat domestique de finir parfois entre les mains des pelletiers pour la confection de vêtements très prisés par les moines.

Une carrière récente

La véritable carrière félinotechnique du chat domestique anglais commence beaucoup plus tard, au xixe siècle, grâce au travail de sélection d'Harrison Weir. C'est ainsi qu'il est largement représenté lors de la première exposition féline, en 1871, au Crystal Palace à Londres. On le dénomme « British », pour le démarquer des races étrangères alors récemment introduites en Grande-Bretagne, et « Shorthair », pour qualifier son pelage court par rapport à celui des Persans et des Angoras.

Ces diverses races, plus originales, détrônent le British Shorthair dans les expositions dès la fin du xixe siècle. La situation perdure jusqu'à la Seconde Guerre mondiale, qui met le British Shorthair encore un peu plus à mal. Après la guerre, les Anglais sont réduits, pour diversifier les lignées, à faire appel au sang persan. C'est ainsi que, dans les années 1950, le British Shorthair

>>

>> 

British Shorthair

acquiert la morphologie massive et le pelage dense qui le caractérisent actuellement et le séparent très nettement de ses homologues, l'Européen et l'American Shorthair. Les Anglais vont aussi faire de grands progrès dans la sélection des couleurs de robes. La variété bleue sera notamment très réputée, au point de faire de l'ombre au Chartreux dans les années 1970 !
L'histoire récente du British Shorthair est surtout marquée par la multiplication des nouvelles variétés, le type demeurant remarquablement stable.

Mondialement connu, reconnu par toutes les associations félines, le British Shorthair reste encore moyennement représenté en Europe continentale, mais il fait toujours une grande impression sur le public, qui apprécie sa robustesse, son esthétique et son naturel.
En France, la race est inscrite au L.O.O.F.

Concours

Des taches blanches chez les chats non particolores, une apparence d'Exotic Shorthair chez le British Shorthair, et de Persan chez le British Longhair, entraînent une disqualification.

Comportement

Le qualificatif « équilibré » convient parfaitement au British Shorthair. Cette race s'adapte en effet aussi bien à la vie en appartement qu'à la vie à la campagne, où elle peut laisser libre cours à un instinct de chasse très vivace. Paisible, enjoué, patient, ce chat est très facile à vivre. Il est sociable, très affectueux avec son maître, sans se montrer envahissant.

▲ Chatons British Shorthair silver tabby

Burmese

Burmese

PORTRAIT
Chat d'une grande élégance à la robe unique, aux reflets satinés.

CARACTÈRE
Très actif, joueur, au tempérament parfois excessif.

SIGNES PARTICULIERS
C'est un chat lourd pour sa taille.

MARIAGES AUTORISÉS
Avec le Burmese, le Tiffany, le Burmese zibeline et le Bombay.

Burmese américain zibeline ▸

Chat élégant, de taille moyenne, à la robe soyeuse. On distingue le Burmese américain du Burmese européen.

Burmese américain

C'est un chat de type médioligne, à la fois extrêmement élégant et musclé. Il apparaît plus lourd que son apparence ne l'indique. La poitrine est particulièrement puissante et ronde. Les membres et la queue sont de longueur moyenne, proportionnés au corps ; les pieds sont moyens et ronds. De taille moyenne également, la tête est arrondie, sans aucune face plane de profil, tout en courbes, avec un front bombé et un break visible. Le nez est légèrement busqué et renflé.
Le museau est rond, court et large.
Les yeux sont ronds, grands et bien espacés ; la couleur va du cuivre au doré. Tous les Burmese américains, quelle que soit leur couleur, sont sépia. Ce patron particulier éclaire la couleur du corps en un léger dégradé de nuances délicates et chaudes, laissant le dos et les extrémités (oreilles, museau et queue) plus foncés. La texture du pelage est particulière : les poils, très courts, couchés, lustrés, soyeux, donnent une impression de satiné brillant.

Burmese européen

La variété européenne se différencie pour l'essentiel du Burmese américain par sa morphologie. La tête, de taille moyenne, forme, vue de face, un triangle court, large au niveau des pommettes, se terminant en fuseau par un museau légèrement arrondi.
Le nez, qui présente un stop net, se termine droit. Les yeux, grands et bien espacés, ont une ligne inférieure arrondie.et une expression innocente qui contribue au charme du chat.

Variétés

Les Américains ne reconnaissent que les quatre variétés dites de base : brun zibeline, bleu, chocolat clair et lilas ; les autres constituent la race Malayan.
Les Anglais admettent une gamme de couleurs plus étendue : abricot, crème, écaille, seal, bleu crème et écaille chocolat.
Le L.O.O.F. reconnaît le zibeline, bleu, chocolat, lilas, red, crème, zibeline tortie, bleu crème, chocolate tortie et lilas crème.
À la naissance, les chatons ont un pelage très clair, avec parfois des fantômes de marques tabby.
L'apparition de la couleur définitive et la disparition de ces marques s'opéreront à partir de 2 mois et demi. Il en est de même pour le remplacement de la couleur gris bleu des yeux des chatons par la couleur cuivre à doré, typique de

>>

>> 

Burmese

Variété	Couleur du pelage	Couleur du nez et des coussinets	Remarques
Zibeline Brown ou sable*	brun foncé riche	brun	marron foncé**
Chocolat Chocolate ou champagne*	chocolat au lait	nez brun, coussinets brique à nuance chocolat	individus génétiquement réellement marron
Lilas Lilac ou platinum*	gris pigeon pâle	lavande	dilution génétique du bleu
Rouge Red	mandarine clair	rose	le moins possible de marques tabby
Crème Cream	crème de nuance riche	rose	le moins possible de marques tabby
Écaille-de-tortue Tortie	plages couleur de base, rousses ou crème	uni ou marbré de rose et de couleur de la base	femelles : seal, bleu (bleu-crème), chocolat et lilas.

**Le premier terme est utilisé au Royaume-Uni, le second aux États-Unis.*
***Couleur correspondant au noir génétique. Mais ce noir est transformé en marron foncé par le gène burmese.*

la race. Notons que, chez le chat âgé, la robe devient plus foncée et les yeux tendent vers une nuance verte. Concernant le Burmese européen, toutes les couleurs du jaune à l'ambre sont acceptées. Elles sont particulièrement lumineuses. Dans la catégorie sépia, toutes les couleurs de robe sont reconnues. La race est inscrite au L.O.O.F.

Soins

Brosser et lustrer la robe une fois par semaine suffit à son entretien.

Aspects génétiques

Chez le Burmese, le fait que tous les pigments soient atténués sur le corps, en restant foncés aux extrémités, est dû à l'action d'un gène particulier, propre à la race. Ce gène autosomal (porté par un chromosome non sexuel) a été dénommé « c^b », la lettre b se rapportant à Burmese. Ainsi, ce chat génétiquement noir a une robe marron foncé (zibeline). Toutes les variétés sont basées sur le gène responsable de la pigmentation orange chez le chat, gène absent à l'origine chez le Burmese, et introduit vers 1975 par des croisements avec des Siamois roux et / ou des Européens roux et écaille-de-tortue.

Origine et histoire

Tout comme les ancêtres du Siamois, ceux du Burmese existaient il y a longtemps en Asie du Sud-Est. Des représentations assez ressemblantes de cette race ont en effet été trouvées à côté de celles du Siamois sur d'anciens manuscrits provenant d'Ayuthia, capitale du Siam entre 1347 et 1767. La destinée occidentale du Burmese commença en 1930, lorsqu'un Américain, le docteur Joseph Thompson, séjournant à Rangoon, fut séduit par ces chats indigènes au pelage brun, couleur inexistante chez les races des pays occidentaux. Il ramena en Californie une femelle, nommée Wong Mau, qui devait être une métisse Siamois-Burmese, équivalent de ce que l'on appelle aujourd'hui un Tonkinois. Pour élucider le secret de la robe marron, Wong Mau fit l'objet d'un des premiers programmes génétiques de la félinotechnie. Elle fut d'abord accouplée avec un mâle Siamois chocolate point, puis suivirent divers accouplements consanguins avec ses fils.
C'est ainsi que l'on obtint les premiers Burmese. En 1936, après infusion de sang de quelques nouveaux sujets en provenance de Birmanie, la race était suffisamment développée pour être reconnue par la C.F.A. aux États-Unis.

Une reconnaissance contestée

Cependant, le Burmese eut du mal à s'imposer dans le monde des éleveurs, car il était souvent considéré comme un Siamois de mauvais type. D'ailleurs, quelques infusions de sang siamois, réalisées pour limiter la consanguinité, firent que la C.F.A. suspendit l'enregistrement des chatons de Burmese de 1947 à 1953. À cette époque, les premiers Burmese furent introduits en Europe : en Grande-Bretagne d'abord (où la race fut reconnue en 1952 par le G.C.C.F.), puis en France, en 1956, par Mme Simone Poirier. C'est d'ailleurs en France que la dénomination « zibeline » fut donnée à la variété marron d'origine. Par la suite, l'histoire du Burmese est essentiellement marquée par la divergence opposant Américains et Britanniques sur le type de la tête et les variétés reconnues. Dans les années 1970, des mariages permirent aux éleveurs de renforcer le type américain et, aujourd'hui, les différences sont telles entre le Burmese américain et le Burmese européen, appelé aussi anglais, qu'ils sont considérés comme deux races différentes. Les Américains ont opté pour une tête plutôt ronde avec des yeux ronds, et pour une reconnaissance limitée à quatre variétés dites de base.

Les Britanniques ont sélectionné une tête plutôt de type oriental et se montrent plus ouverts aux nouvelles variétés. Sur le continent européen, les éleveurs composent avec les deux types et acceptent en général les nouvelles variétés.
En France, cette race est appréciée et le Club du chat Burmese travaille à la promotion de ce chat qui connaît déjà une grande popularité aux États-Unis et en Grande-Bretagne. En France, le Burmese est reconnu par le L.O.O.F.

Concours

Pour le Burmese américain, des yeux verts, des yeux et un menton protubérants, des taches blanches ou un type trop proche de l'Exotic Shorthair entraînent la disqualification.
Pour le Burmese européen, des médaillons ou des taches blanches, des yeux à dominante bleue, une morphologie orientale ou cobby, une petite taille, une apparence chétive sont éliminatoires.

Comportement

Le Burmese est affectueux, très attaché à son maître. Exubérant et sportif, il peut être un excellent chasseur à la campagne. Il s'adapte pourtant bien à la vie en appartement. Ce chat au charme oriental adore la compagnie des hommes, tout comme celle des chats et des chiens. Il est très volubile et sait se montrer fripon et désinvolte. Il est aussi très joueur.

▲ Jeune Burmese européen zibeline

Burmilla

Burmilla

AUTRE NOM
Burmese silver.

TAILLE :
Chat robuste.

CARACTÈRE
Bavard et agréable à vivre.

SIGNES PARTICULIERS
Une robe soyeuse, et argentée.

MARIAGES AUTORISÉS
Avec des Burmese ou entre Burmilla.

Burmilla chocolat tortie silver shaded ▸

Le Burmilla est né d'un croisement accidentel entre un jeune Persan chinchilla silver et une femelle Burmese lilas, d'où son nom : Burmilla. De type oriental, il est étonnamment lourd pour sa taille – il peut en effet peser de 4 à 7 kg. Doté d'une bonne ossature et d'une musculature puissante, il possède un corps compact et arrondi. Ses pattes arrières sont plus hautes que les antérieures, ce qui lui confère la démarche typique du Burmese, dont il doit posséder l'élégance morphologique. Les membres sont de taille moyenne et les pieds ovales. La poitrine est large et le cou, court et bien développé. Légèrement arrondie, la tête présente des pommettes larges puis s'amenuise vers un museau couleur brique en coin tronqué. Les oreilles sont bien espacées et recouvertes, à l'intérieur, de poils courts et clairsemés. L'arête du nez est très busquée et les yeux assez éloignés l'un de l'autre. Ce sont d'ailleurs ces derniers qui retiennent probablement le plus l'attention lorsque l'on croise un Burmilla. Immenses, verts – le plus intense possible – et bien maquillés, ils doivent ressembler à ceux du chinchilla et possèdent une expression captivante. Leur forme, intermédiaire entre arrondie et amande, est une caractéristique importante. C'est également au chinchilla que le Burmilla doit sa somptueuse robe de soie argentée et brillante. Sa fourrure est cependant courte, plus longue, toutefois, que celle du Burmese, et dense. Elle présente la caractéristique du tipping D, c'est-à-dire que seule l'extrémité du poil est colorée, nuancée par un sous-poil blanc argenté. Ce tipping ne devient définitif qu'à l'âge adulte, la couleur s'accentuant avec l'âge. La robe, foncée sur le dos, s'éclaircit sur les flancs. Les marques tigrées se limitent à la face, aux membres et à la queue. Le dessous du cou et du ventre sont blancs. Le poil est fin, lustré, uni et soyeux.

Variétés

La race est reconnue par le L.O.O.F., qui nomme Burmilla les variétés de Burmese européen aux robes silvertipped, silvershaded, golden tipped et golden shaded. Ailleurs, les dix couleurs du Burmese sont admises – crème, roux, chocolat, lilas, bleu, brun, écaille chocolat, écaille lilas, écaille bleu, écaille brun – avec le gène silver shaded ou chinchilla.

Origine et histoire

Le Burmilla est apparu à Londres, en 1981, chez la baronne Miranda von

Kirchberg. Celle-ci décida alors de développer l'élevage, et ce toujours à partir de chinchillas pour le tipping et de Burmese pour le type. Une autre lignée contemporaine, due à Charles et Thérèse Clark, possédait d'excellentes marques. Elle fut croisée avec celle, au type admirable, de la baronne von Kirchberg, ce qui entraîna une amélioration sensible de la race. Depuis la découverte du Burmilla, un groupe d'éleveurs britanniques tentent de développer et de fixer la race, encouragés par deux associations, le *Burmilla Cat Club* (affilié à la C.A.B.) et la *Burmilla Association* (affiliée au G.C.C.F.). Ce chat est également reconnu par la F.I.Fe depuis 1994. La sélection est très délicate et les chatons assez rares. Il s'agit d'une variété extrêmement difficile à obtenir et ce pour plusieurs raisons. En premier lieu, elle doit épouser le type très net du Burmese. De plus, les yeux verts ou or se trouvent rarement associés à une robe argentée, comme doit justement l'être celle du Burmilla. Cette même couleur argent implique souvent quant à elle des marques tabby, qui sont pénalisées chez le Burmilla, et une fourrure dense, alors que celle du Burmilla doit être lisse, douce, plate et brillante, comme chez le Burmese. Toutes ces contraintes et difficultés découragent souvent les éleveurs, ce qui explique la rareté du Burmilla.

Concours

Dans les concours, des yeux ronds, en amande ou or, une ossature trop légère, un corps trop long, des pattes trop hautes, un type trop oriental, des marques tabby sur les pattes – sauf pour les jeunes – sont pénalisés. Des yeux bleus, un médaillon blanc ou encore des taches sont éliminatoires.

Comportement

Affectueux, enjoué, insouciant et calme, le Burmilla est très sociable. Relativement bavard, il possède l'énergie du Burmese et la sagesse du Persan. C'est un chat robuste qui connaît peu de problème de santé et un compagnon facile à vivre.

▲ **Burmilla chocolat silver shaded**

Chartreux

Chartreux

PORTRAIT
Grand chat, bien équilibré, revêtu d'une belle robe épaisse.

CARACTÈRE
Calme et sociable.

SIGNES PARTICULIERS
Chat rustique au pelage gris bleu, à l'aspect laineux.

MARIAGES AUTORISÉS
Entre Chartreux uniquement.

Le Chartreux est un grand chat, souple et agile. La race présente un dimorphisme sexuel assez marqué. Le mâle est moyen à grand, musclé, avec un poitrail large ; il paraît massif. La femelle est nettement plus petite, plus menue de poitrine et moins joufflue, mais néanmoins robuste. Dans l'ensemble, les proportions sont typiquement médiolignes, avec des pattes et une queue de longueur moyenne ; celle-ci, d'abord épaisse s'amincit jusqu'à son extrémité arrondie. La tête est large, arrondie, le profil légèrement concave, le nez droit et large, les mâchoires puissantes et le museau non pointu. Les joues pleines forment des bajoues chez le mâle. Les oreilles sont moyennement grandes, assez rapprochées l'une de l'autre et haut placées sur la tête.
Ces caractéristiques sont essentielles et distinguent nettement le Chartreux du Blue British. Les yeux, relativement arrondis, ouverts et expressifs, ont une couleur allant du jaune à l'orange. La qualité du pelage est très spéciale chez le Chartreux. La robe, de moyenne à courte, possède un sous-poil fourni qui lui donne un aspect légèrement laineux.

Variétés

Il n'existe qu'une seule variété, le gris-bleu. La préférence va à une couleur uniforme et claire, mais toutes les nuances de bleu sont acceptées. Le nez est gris ardoise, les lèvres bleues et les coussinets rose taupe. Les petits naissent avec des marques tabby, qui disparaîtront progressivement en six à douze mois. La couleur orange des yeux ne s'installera qu'à partir de 3 mois, remplaçant le bleu typique des yeux des chatons. L'intensité de la couleur des yeux s'atténue naturellement chez le Chartreux âgé. Le développement des joues, de la musculature et du caractère laineux du pelage n'est achevé que vers 2 à 3 ans. La vie en plein air, surtout l'hiver, accentue cet aspect laineux du poil. Mais le soleil tend aussi à faire apparaître des reflets marron dans le bleu.

Soins

Un coup de peigne métallique et de brosse douce une fois par semaine suffit. Au moment de la mue, il faut peigner la robe chaque jour pour enlever les poils morts.

Origine et histoire

Selon Jean Simonnet, éminent spécialiste de la race, les Chartreux, ou du moins leurs ancêtres, pourraient être

nés dans les régions montagneuses de Turquie et d'Iran. C'est sous ces climats rudes qu'ils auraient acquis leur pelage laineux si caractéristique.
Certains de ces ancêtres ont dû être introduits en France par les navires qui faisaient commerce avec le Moyen-Orient après les croisades. On retrouve ainsi, dès le XVIe siècle, des traces de la présence de « chats bleus » sur notre territoire. C'est du moins ce qui ressort d'un poème écrit par Joachim du Bellay à Rome, en 1558, vantant les mérites de son chat Belaud.
La dénomination de « Chartreux » apparaît pour la première fois en 1723, dans le *Dictionnaire universel de commerce, d'histoire naturelle et des arts et métiers* de Savarry des Bruslons : « Chartreux – Le « vulgaire » nomme ainsi une sorte de chat qui a le poil tirant sur le bleu. C'est une fourrure dont les pelletiers font négoce. »
On retrouve ensuite le Chartreux en 1735, dans l'ouvrage *Systema naturae* de Linné, créateur de la systématique botanique et animale. Le Chartreux, dénommé en latin *Catus caeruleus* (« chat bleu »), y est considéré comme une race distincte, au côté du chat d'Angora et du chat d'Espagne.
En 1756, le « Chat de Chartreux » apparaît enfin en image dans l'œuvre du naturaliste Buffon.

Des débuts difficiles

S'il est alors reconnu en tant que race, le Chartreux n'a pas pour autant la vie facile à cette époque. En effet, outre la mention de son utilisation en pelleterie, plusieurs textes évoquent aussi son utilisation en tant qu'animal de boucherie ! Malgré cet avatar, le Chartreux se multiplie en France, et l'on en signale des colonies, notamment en Île-de-France, en Normandie et à Belle-Île-en-Mer. C'est justement là que, vers 1925, va commencer la carrière félinotechnique du Chartreux, lorsque deux sœurs, Christine et Suzanne Léger, viennent s'installer dans cette île. Enthousiasmées par la beauté des Chartreux, elles commencent un patient travail de sélection visant à homogénéiser le type et la qualité de la fourrure, ainsi qu'à renforcer la nuance particulière (orange cuivre) des yeux. Leurs efforts sont récompensés en 1933, lors d'une exposition du *Cat Club* de Paris, au cours de laquelle leur chatte Mignonne de Guerveur devient championne internationale et est, de plus, consacrée « chatte la plus esthétique de l'exposition ». La notoriété en exposition du Chartreux va se maintenir sans encombre jusque vers 1960. Mais, à partir de cette date, certains éleveurs de Chartreux décident de limiter la consanguinité de leurs élevages en faisant appel au sang du Blue British

>>

>> 

Chartreux

importé de Grande-Bretagne. Malheureusement, il existe des différences notables entre les deux races, et le Chartreux a mal vécu ce métissage. En effet, face au nombre croissant de métis, la F.I.Fe décida en 1970 d'assimiler le Chartreux au Blue British et de lui appliquer le standard de ce dernier. Les puristes s'élevèrent contre cet état de choses. Finalement, en 1977, la F.I.Fe revint sur sa décision et définit un nouveau standard pour le Chartreux. Ce dernier a été amélioré en 1989. Aucun métissage n'est plus autorisé pour la race, qui est très populaire en France. Il est d'ailleurs inscrit au L.O.O.F. Aux États-Unis, où il a été introduit à partir de 1970, le Chartreux est reconnu par la C.F.A.

Une notoriété certaine

Actuellement, le Chartreux est très prisé du public, tant européen qu'américain. On le considère comme typiquement français et il représente l'image parfaite du « beau chat bien de chez nous », dans tout son naturel. Quelques personnalités ont largement contribué à augmenter cette notoriété, comme l'écrivain Colette et le général de Gaulle…

Une controverse a longtemps subsisté concernant l'origine du nom « Chartreux ». Selon Jean Simonnet, cette dénomination n'a rien à voir avec les religieux de l'ordre de la Grande Chartreuse. Ces derniers n'ont en effet jamais élevé spécifiquement de chats bleus, ni porté de robes bleu-gris, couleur du pelage de la race.

Plus probablement, le nom de Chartreux aurait été inspiré par une laine grise jadis importée d'Espagne et appelée « pile des chartreux ».

Concours

En exposition, des yeux verts ou cerclés de vert ainsi que des médaillons blancs dans le pelage sont disqualificatifs.

Comportement

Le Chartreux est un chat intelligent, calme et facile à vivre. Sociable, il accueille volontiers les invités. C'est aussi un compagnon idéal pour la famille car il accepte les enfants et les chiens. Câlin et tendre, c'est un hypersensible qui a besoin d'être compris, au risque de déprimer.

De ses ancêtres baroudeurs, le Chartreux a gardé le goût du plein air, du sport et un excellent instinct de chasseur. Il supporte bien la voiture et tolère éventuellement un harnais pour se promener. La race est résistante et sa fourrure la protège bien des intempéries. Manipulé trop longtemps par des mains inconnues, le Chartreux sort parfois ses griffes.

Chat de maison

Chat de maison

AUTRES NOMS
Chat de gouttière, greffier ou chat domestique.

PORTRAIT
Bien connu de tous et de loin le plus populaire, ce chat peut avoir tous les types, tous les pelages, toutes les couleurs selon son ascendance.

CARACTÈRE
Intelligent, curieux, indépendant, mais aussi doux et ronronnant.

Chatte tabby et blanc ▶

Impossible de faire le portrait de ce chat qui, selon les races ou les non-races qui ont présidé à sa naissance, peut avoir le type oriental ou européen, ressembler à un Chartreux ou à un Persan. Son poil peut être court ou long et sa robe de toutes les couleurs connues.

Soins

Le poil court se brosse une fois par semaine, le poil long, deux à trois fois.

Origine et histoire

Les termes de « bâtard » (animal dont l'un des parents seulement est de race) et de « corniaud » (animal dont aucun des parents n'est de race), qui sont d'un usage classique en cynotechnie, n'ont pas d'équivalent en félinotechnie. Cela est peut-être dû au fait que la population des chats domestiques communs, à cause de sa relative homogénéité, a été très tôt considérée comme une race, au même titre que l'Angora ou le Chartreux.
Avec l'avènement de la félinotechnie moderne, au XIXe siècle, le statut de race, au sens « esthétique » du terme, n'a plus été accordé qu'aux populations félines faisant l'objet d'un élevage sélectif, munies d'un standard et reconnues par les associations félines. Pour s'adapter à cette nouvelle conception, une partie des chats domestiques communs ont dû répondre à ces exigences pour acquérir leurs lettres de noblesse. Mais les choses sont allées plus ou moins rapidement selon les pays.
C'est ainsi que le chat domestique commun a donné directement naissance au British Shorthair (voir p. 37) dès la fin du XIXe siècle en Grande-Bretagne, puis à l'American Shorthair (voir p. 27) en 1961 aux États-Unis, et à l'Européen à poil court en France en 1983.
Il n'en reste pas moins que l'essentiel de la population féline – environ 10 millions d'individus en France – est constitué par des chats communs tout-venant, alias chats de gouttière… Par rapport à leurs homologues « anoblis », ces chats communs ne répondent pas souvent à toutes les exigences des standards auxquels ils devraient correspondre : couleurs des yeux mélangées, mauvaise association de la couleur des yeux avec celle de la robe, dessins de la robe incorrects, morphologie non conforme au standard sur certains points, etc. Soulignons cependant que, en France, les ponts ne sont pas tout à fait rompus entre chats « roturiers » et chats de race.

>>

Chat de maison

Les risques de « contrefaçons »
Une dernière remarque doit être faite concernant les risques de « contrefaçons ». En effet, certains chats communs ont eu dans leur ascendance un ou plusieurs parents de race. On peut trouver ainsi des chats de gouttière au pelage bleu, d'autres avec un poil mi-long ou long, certains enfin avec la pigmentation et les yeux bleus typiques des colourpoint. Mais attention, ce ne sont pas pour autant, respectivement, des Chartreux, des Chats des forêts norvégiennes, des Angoras ou des Siamois. Parfois, pourtant, il faut admettre que la concordance avec les standards des races en question peut être troublante.
En dernier recours, seules l'existence et l'analyse du document officiel que constitue le pedigree permettront de trancher en dévoilant la généalogie du sujet posant problème.
Le chat de maison n'est pas inscrit au L.O.O.F.

Comportement

Tous les maîtres qui ont eu la chance de vivre avec un chat de maison louent son intelligence, ses facultés d'adaptation, sa douceur ainsi que sa vivacité et son instinct de chasse.
Très sociable, le chat de maison semble heureux de vivre au sein d'une nombreuse famille.

▲ Chat de maison tabby tigré roux et blanc

Européen

Européen

AUTRE NOM
Européen à poil court.

PORTRAIT
Ce proche parent du chat de gouttière à poil court est beau et harmonieux.

CARACTÈRE
Actif, équilibré, joueur, sociable et tendre.

SIGNES PARTICULIERS
Il est le plus répandu des chats de compagnie.

MARIAGES AUTORISÉS
Entre Européens uniquement.

Européen black tabby marbré ▸

Si la morphologie du simple « chat de gouttière » peut varier selon les sujets, celle de l'Européen à poil court doit correspondre à un standard. Ainsi, on recherche un chat médioligne, avec des membres solides, une poitrine large et bien développée, une ossature forte, une queue de longueur moyenne, avec un bout rond. La tête est en harmonie avec le corps. De face, elle est un peu plus longue que large, s'affinant vers le museau, avec un crâne et un front légèrement bombés. Le nez, de longueur moyenne, a une base bien définie et ne forme pas de stop. Les joues sont bien développées, le menton assez fort. Les oreilles sont espacées, de longueur moyenne et légèrement arrondies à l'extrémité. Les yeux sont espacés, légèrement orientés en oblique, tout en étant quasiment ronds. Le pelage doit être court, dense, d'aspect lustré, couché et sans sous-poil excessif. En résumé, l'Européen à poil court se rapproche beaucoup, tout comme l'American Shorthair, du chat domestique originel, contrairement au British Shorthair, dont le type assez bréviligne est dû à l'influence des infusions de sang persan qu'il a subies. En France, les éleveurs d'Européens suivent avec beaucoup de sérieux les consignes du standard.

Variétés

Soulignons en effet que, chez l'Européen à poil court, chaque variété doit satisfaire à des contraintes strictes définies par le standard. Par exemple, l'Européen à poil court noir doit être d'un noir pur, sans reflets roux, ni aucun poil blanc, et avec des yeux jaunes ou jaune orangé. Ce n'est que rarement le cas des chats de gouttière noirs, qui ont souvent un médaillon de poils blancs au poitrail et dont les yeux sont souvent de couleurs mélangées, avec notamment des traces de vert.
De même, les obligations concernant la forme des rayures des Européens à poil court tabby marbré sont assez complexes, et peu de chats de gouttières y satisfont correctement…
Les variétés sont les mêmes que celles du British Shorthair :
- robes uniformes,
- écaille-de-tortue (silver shaded et chinchilla et fumées),
- bicolores avec des plages blanches plus ou moins étendues,
- tabby (marbrées, tigrées ou mouchetées).
Parmi les variétés originales, citons le silver tabby et le golden tabby qui ont tous deux des yeux verts et des rayures

sombres contrastant avec des zones plus claires respectivement argentées et abricot. Toutes les couleurs sont admises par le L.O.O.F. sauf le chocolat, le lilac, le cinnamon et le faon.

Soins

Un brossage par semaine et tous les deux jours pendant la mue.

Origine et histoire

En Europe, l'Européen à poil court est l'homologue du British Shorthair de Grande-Bretagne et celui de l'American Shorthair des États-Unis. Il s'agit donc d'une population dérivée du chat domestique commun, par sélection sur des critères d'esthétique. Cependant, l'Européen à poil court, une race paradoxalement à la fois récente et ancienne, est aussi le descendant le plus direct de notre chat de gouttière.

Des racines anciennes

L'Européen à poil court est en effet une race ancienne, car les premiers chats domestiques furent introduits en Europe en des temps reculés, d'abord par les Grecs, puis par les Romains, lesquels détenaient ces animaux des Égyptiens. Les Romains introduisirent le chat dans leurs différentes provinces, notamment en Gaule, de sorte que cette espèce fait partie de notre patrimoine animalier depuis les premiers siècles de notre histoire. Dans notre vieille Europe, le chat domestique va connaître, au fil des années, divers statuts plus ou moins confortables : dératiseur ; fournisseur de peau, voire de protéines ; bouc émissaire, martyrisé lors des procès de la sorcellerie…

Une reconnaissance récente

Malgré ces coups du sort, la population de chats domestiques va s'étendre en Europe et la sélection naturelle la rendra suffisamment homogène pour figurer, dès le XVIIe siècle, comme race reconnue dans les ouvrages des naturalistes Linné ou Buffon. Cependant, si les chats domestiques de Grande-Bretagne et des États-Unis bénéficient des attentions des félinotechniciens entre la fin du XIXe et le début du XXe siècle, ceux d'Europe continentale resteront quasiment ignorés jusqu'à une époque récente. Il faut en effet attendre 1983 pour que l'Européen à poil court, muni d'un standard, soit enfin reconnu par la F.I.Fe. La race est inscrite au L.O.O.F. Ainsi, du point de vue félinotechnique, notre race « nationale » est-elle finalement une race récente. Actuellement, et bien que d'énormes progrès aient été réalisés quant à l'homogénéité du type et à la qualité

▲ **Européen black silver tabby marbré**

>>

>> 

Européen

des couleurs de robe, l'Européen à poil court, de plus en plus présent en exposition, est encore trop souvent confondu avec le chat de gouttière. Gageons que, dans les années à venir, le public européen donnera à l'Européen à poil court une place aussi importante que celle réservée par les Américains à l'American Shorthair...

Concours

Sont considérés comme défauts, entre autres, un stop trop marqué, une morphologie trop bréviligne ou bien trop longiligne, une fourrure trop longue ou laineuse. Tous ces caractères constituent en effet autant de traces de métissage. Des taches blanches chez les chats autres que particolores et une ressemblance avec une autre race existante entraînent la disqualification.

Comportement

Le caractère de l'Européen reste très proche de celui de son proche parent, le chat domestique commun. Comme ce dernier, il est actif, souple, très rustique, doté d'une bonne santé générale et il se reproduit sans problèmes. Sociable, il accepte de partager la vie d'autres animaux et n'est pas hostile envers les étrangers. Il aime bien les enfants, surtout s'ils jouent avec lui. Même s'il est très attaché à son maître et se montre caressant, l'Européen aime aussi son indépendance. C'est enfin un chasseur de rongeur à l'efficacité redoutable.

▲ Européen black smoke

Exotic Shorthair

Exotic Shorthair

PORTRAIT
Ce chat, au corps bréviligne et à la tête ronde, possède une fourrure courte, très aérée.

CARACTÈRE
Calme et attentif, très sociable et affectueux.

SIGNES PARTICULIERS
Ce chat robuste ressemble à un Persan aux allures d'ours en peluche.

MARIAGES AUTORISÉS
Entre Exotics et aussi entre Exotics et Persans.

Exotic brown tabby marbré ▸

La morphologie de l'Exotic Shorthair se rapproche beaucoup de celle du Persan.
Ce chat doit donc être parfaitement bréviligne de corps et de tête. Cette dernière est ronde, large et en dôme. La face est arrondie, avec des yeux grands, ronds, bien écartés, des joues pleines et un menton fort. De profil, il convient de rechercher un nez très court avec un stop très marqué. Les oreilles sont petites et arrondies. Elles sont placées assez bas sur le crâne et très écartées l'une de l'autre.
La queue est courte, mais proportionnée au corps. Le pelage de l'Exotic Shorthair est légèrement plus long que celui des autres chats à poils courts. Il doit avoir une texture très particulière : mi-long, dense, doux pelucheux et aéré, c'est-à-dire qu'il doit être redressé sur le corps.

Variétés

Toutes les variétés décrites pour le Persan (voir p. 78) sont acceptées chez l'Exotic Shorthair. On trouve ainsi les robes unicolores, les robes écaille-de-tortue et dérivées, les robes dont la base des poils est décolorée (fumé), les robes bicolores avec des plages blanches (bicolores au sens strict où le blanc couvre entre un tiers et la moitié du corps, arlequin et van) et les différentes robes tabby (tabby marbrés, tabby tigrés et tabby mouchetés).

Soins

Sa robe courte n'a besoin que d'un brossage hebdomadaire. C'est la raison pour laquelle les Américains ont surnommé l'Exotic Shorthair, le Persan des paresseux. Il faut toutefois le brosser chaque jour pendant la mue.

Aspects génétiques

Le gène responsable du poil long est récessif, c'est-à-dire que deux « doses » sont nécessaires pour que le caractère s'exprime. Les Exotic Shorthair sont donc soit hétérozygotes (une dose poil court plus une dose poil long), soit homozygotes (deux doses poil court). Par ailleurs, le caractère poil dense et redressé est déterminé par de très nombreux polygènes provenant aussi du Persan et très difficiles à fixer, ce qui explique que l'accouplement exclusif d'Exotic Shorthair entre eux aboutit à des sujets au pelage plat. Ainsi l'apport (toutes les deux ou trois générations) de sang persan semble-t-il pour le moment indispensable.
Compte tenu de ces apports réguliers de sang persan, l'accouplement de deux Exotic Shorthair donne aussi des chatons à poil long qui sont considérés

>>

Exotic Shorthair

comme des Persans à part entière en Europe, mais classés comme Exotic Longhair aux États-Unis. Soulignons que la distinction, à la naissance, entre les deux types de chatons est très délicate. Ce n'est qu'à partir de l'âge d'un mois qu'elle devient évidente. Rappelons enfin que la sélection sur le type est aussi importante que celle sur le pelage.

Origine et histoire

L'Exotic Shorthair correspond à un Persan à poil mi-long. Cette race, née aux États-Unis entre 1950 et 1960, est le résultat indirect de deux programmes d'élevage menés en parallèle.
Le premier visait à améliorer l'American Shorthair avec du sang persan ;
le second, à introduire le gène marron chez le Persan par des apports de sang burmese.

Dans les deux cas, les chats obtenus furent des Persans à poil mi-long et redressé, que l'on décida de fixer pour faire naître une nouvelle race baptisée « Exotic Shorthair ». La race fut reconnue par la C.F.A. en 1967, puis par la F.I.Fe et la plupart des clubs indépendants d'Europe. Elle est aujourd'hui inscrite au L.O.O.F. Associant à la fois une morphologie de Persan et le côté « entretien facile » des races à poil mi-long, l'Exotic Shorthair fit rapidement de nombreux adeptes parmi les éleveurs, qui effectuèrent régulièrement des croisements dits « de retrempe » avec le Persan (ce qui est autorisé par le standard) afin d'améliorer le type et, surtout, de maintenir une texture adéquate du pelage.
Aujourd'hui, les meilleurs éleveurs de Persans proposent aussi des Exotic Shorthair. La race connaît un tel succès dans les expositions qu'elle pourrait bien devenir aussi populaire que le Persan.

Concours

Toute difformité de la face, une mauvaise occlusion, un nez de travers, une asymétrie ou des narines pincées entraînent la disqualification.

Comportement

L'Exotic Shorthair a un caractère intermédiaire entre celui du Persan et celui des chats à poil court ; autrement dit, il combine calme, vivacité et amour du jeu. Facile à vivre, il s'adapte partout. C'est un compagnon très affectueux qui recherche beaucoup les caresses. Pour la reproduction, il apparaît que les caractères du Persan prédominent. Ainsi, la maturité sexuelle est tardive, les portées sont de taille moyenne, et, pour certaines lignées, on rencontre fréquemment des difficultés lors de la mise bas, à cause du volume de la tête des chatons.

▲ Exotic silver tabby

Havana

Havana Brown ou Havana

PORTRAIT
L'élégance de ce chat au corps allongé est soulignée par un pelage court d'un brun profond.

CARACTÈRE
Très intelligent, affectueux et obéissant, il s'adapte à toutes les situations.

SIGNES PARTICULIERS
Très gracieux, il est beaucoup plus léger qu'il n'y paraît.

MARIAGES AUTORISÉS
Entre Havana Brown uniquement.

Havana chocolate ►

Le Havana Brown est de type médioligne, avec une tête très typique caractérisée par une forme légèrement en triangle, un pinch (cassure entre les joues et le museau) assez prononcé et un stop distinct. Les yeux, ovales, peuvent avoir tous les tons et intensités de vert. Les grandes oreilles doivent donner l'impression d'être toujours en alerte. La robe est courte, douce au toucher, lustrée. (Pour les Britanniques, le type est plutôt longiligne, avec une tête de type oriental, sans pinch ni stop.)

Variétés

Le Havana Brown n'existe qu'en deux variétés de robe : le « chocolate », un beau brun châtaigne, et le lilas. Le nez et les vibrisses sont de la même couleur que le pelage. Les coussinets sont roses (les Britanniques acceptent le brun).

Origine et histoire

Le Havana a été créé par des éleveurs anglais, dans les années 1950, sans doute à partir de Siamois porteurs du gène chocolat et d'Européens noirs, pour obtenir un chat de la couleur chocolat typique des Siamois, mais avec une pigmentation sur tout le corps. En 1958, la race fut reconnue officiellement par le G.C.C.F. de Grande-Bretagne. Le Havana a cependant acquis une morphologie très proche de celle de l'Oriental chocolat, alors qu'aux États-Unis, il a conservé le type médioligne des sujets d'origine. En France, le Havana Brown est inscrit au L.O.O.F.

Concours

Des plages blanches dans le pelage, qui doit être uniforme, une mauvaise coloration des yeux, un type oriental ou encore un museau étroit ou pointu, entraînent une disqualification.

Comportement

Le Havana Brown est réputé pour être un chat particulièrement intelligent dont le comportement est souvent proche de celui du chien. Il répond à son nom, obéit si on lui dit « non » et accepte de se promener en laisse. Il s'adapte à tout, même aux voyages. C'est un chat tendre qui n'hésitera pas à donner un coup de patte pour attirer l'attention de son maître. Il est très malheureux si on le laisse seul trop longtemps.

Korat

Korat

AUTRE NOM
Si Sawat.

PORTRAIT
Chat élégant et délicatement musclé, au pelage très court d'un beau bleu argenté.

CARACTÈRE
Doux et discret, sociable avec les autres chats.

SIGNES PARTICULIERS
Des yeux immenses et un regard particulièrement intense.

MARIAGES AUTORISÉS
Uniquement entre Korats.

De façon originale, le Korat se démarque par sa morphologie des autres races orientales dont le modèle est le Siamois. En effet, le Korat est plutôt semi-cobby avec une poitrine large et une musculature bien développée. La tête est très particulière, puisqu'elle est décrite comme ayant de face la forme d'un cœur : large au niveau du crâne et entre les yeux, de longueur moyenne, avec des joues bien développées, elle se termine par un menton fort et arrondi. L'impression est renforcée par les oreilles, larges, assez grandes, en alerte et arrondies aux l'extrémités. De profil, le Korat montre un stop bien défini. Les yeux sont grands. Bien ronds lorsqu'ils sont ouverts, ils ont une inclinaison asiatique quand ils sont fermés ou semi-fermés. Une couleur vert intense est recherchée. Le pelage est court et fin, couché sur le corps.

Variété

Le Korat existe en une couleur unique et caractéristique : bleu argenté, sans blanc, ni rayures. L'aspect argent est lié à une atténuation de la couleur des poils à la base, seule la pointe étant pigmentée de façon intense (on parle de « tipping »). Le nez et les coussinets sont bleu foncé ou lavande. Les jeunes naissent avec des yeux dorés et la couleur verte pouvant n'apparaître qu'au bout de 2 ans.

Origine et histoire

Le Korat, qui est une très ancienne race originaire de Thaïlande, porte d'ailleurs le nom d'une province de ce pays. Une éleveuse américaine, Mme Johnson, a développé le premier élevage occidental de Korats à partir de 1959. La race, populaire aux États-Unis, a été reconnue par la C.F.A. américaine et le G.C.C.F. anglais en 1975. Parvenue en Europe sans métissage, elle est reconnue par le L.O.O.F.

Concours

Des taches blanches entraînent une disqualification.

Comportement

Le Korat est réputé intelligent et doux. C'est un chat discret qui n'aime ni l'agitation, ni le bruit. Il est extrêmement affectueux et caressant avec son maître et, s'il accepte les autres chats, il entend bien rester le préféré. Il s'adapte facilement à la vie en appartement et est assez sensible au froid.

Main Coon

Maine Coon

AUTRE NOM
Maine Coon cat.

PORTRAIT
Musclé, puissant et souple, c'est le plus grand des chats domestiques.

CARACTÈRE
Doux et caressant.

SIGNES PARTICULIERS
Sa démarche chaloupée rappelle celle des grands fauves.

MARIAGES AUTORISÉS
Uniquement entre Maine Coon.

Maine Coon brown tabby ►

Le Maine Coon est un chat de grand gabarit. Les mâles peuvent peser jusqu'à 9 kg, les femelles, plus petites, jusqu'à 6 kg. Le corps, musclé, puissant, est équilibré et de type médioligne. La tête présente de face une longueur et une largeur moyennes, avec un museau carré et un menton fort. Le nez est légèrement concave. Les oreilles sont grandes, larges à la base, haut placées sur la tête, munies d'une abondante touffe de poils à l'intérieur. Des plumets, appelés « legux tips » accentuent son aspect sauvage. La queue est longue et bien fournie. Les membres, proportionnés au corps, se terminent par des pieds larges et particulièrement fournis en poils. Le pelage est lisse, soyeux, mi-long, plus court sur les épaules, plus long en parties déclives (gorge, ventre, intérieur des pattes) ; il forme éventuellement une collerette sur la gorge. Il n'y a pas de sous-poil abondant et laineux comme chez le Norvégien.

Reproduction
Chez les femelles, les chaleurs, plutôt discrètes, apparaissent tardivement. La prolificité de cette race semble inférieure à la moyenne de l'espèce féline.
Le grand format du Maine Coon fait que la croissance des chatons est longue et que les apports minéraux doivent être bien suivis par le vétérinaire. La morphologie peut évoluer jusqu'à l'âge de 3 ou 4 ans. L'aspect du pelage varie avec la saison et les mues. Ainsi, l'été, la collerette disparaît et seule la queue, bien fournie, rappelle que le Maine Coon est une race à poil mi-long.

Variétés

Toutes les variétés de robes sont acceptées chez le Maine Coon, à l'exception du chocolat, du lilas, du faon et du colourpoint, ainsi que du patron ticked tabby. Les yeux doivent être d'une couleur bien définie, mais ils peuvent être verts, dorés ou cuivre, voire bleu clair ou impairs chez les sujets blancs. Les variétés les plus appréciées sont celles dont les couleurs sont les plus proches d'une robe sauvage : brown et silver tabby avec ou sans blanc.

Soins

Un brossage hebdomadaire est recommandé. En période de mue, il faut peigner régulièrement pour enlever le poil mort. Avant une exposition, le poil des parties longues sera soigneusement démêlé et peigné.

Origine et histoire

Le Maine Coon est une race naturelle d'Amérique du Nord. Son nom résulte de l'association du nom de sa patrie d'origine, l'État du Maine, et d'une contraction du mot *racoon*, qui veut dire « raton laveur » en anglais. En effet, une légende veut que le Maine Coon soit le fruit de l'accouplement d'un chat haret avec un raton laveur. Bien entendu, cela est biologiquement impossible, et il provient sans doute du croisement entre des chats indigènes et des chats Angora, introduits par des marins en Nouvelle-Angleterre au début du XIXe siècle. Les preuves manquent cependant pour étayer cette hypothèse. Au fil des années, la race a été façonnée par le climat froid et humide du nord-est des États-Unis et par sa fonction de dératisation. Il en est résulté un chat de grand gabarit, avec un pelage mi-long et bien fourni, le protégeant des intempéries.

Une race très américaine

Le Maine Coon a connu très tôt une carrière félinotechnique. Très en vogue à la fin du XIXe siècle, il va connaître une longue période d'éclipse face aux nouvelles races exotiques introduites aux États-Unis, notamment le Persan. Ce n'est que dans les années 1960 que les Américains vont redécouvrir leur race nationale, qu'ils vont doter d'un standard. Le Maine Coon sera reconnu par toutes les associations félines d'Amérique du Nord en 1976. Très réputé et populaire aux États-Unis, le Maine Coon est apprécié en Europe, où il fait une concurrence sérieuse au Norvégien grâce aux efforts de quelques éleveurs passionnés. Il est inscrit au L.O.O.F.

Concours

Parmi les défauts graves, citons un squelette trop fin, une mâchoire sous-développée (brachygnathisme), un manteau court, ou long de façon homogène sur tout le corps.
Des taches blanches chez les chats non particolores ou une polydactylie (nombre incorrect de doigts) entraînent la disqualification.

Comportement

Le Maine Coon a la réputation d'être un chat extrêmement doux, sociable et joueur. Il est affectueux, caressant, mais aussi très indépendant. Ce chat solide, qui résiste à toutes les intempéries, est un excellent chasseur.

◂ **Maine Coon blue tabby marbré**

▴ **Chaton Maine Coon red tabby**

Mandarin

Oriental Longhair

AUTRE NOM
Oriental à poil mi-long.

PORTRAIT
Chat longiligne, svelte, gracieux et raffiné.

CARACTÈRE
Énergique et joueur, mais plus calme que l'Oriental à poil court.

SIGNES PARTICULIERS
Sa fourrure le fait paraître moins longiligne que l'Oriental à poil court.

Mandarin tabby ►

Variété à poil mi-long de l'Oriental, le Mandarin a un type oriental marqué. Cela implique un corps long et svelte, la largeur des épaules ne dépassant pas celle du bassin. Les membres sont longs avec une ossature fine, les postérieurs étant plus hauts que les antérieurs. La tête, longue, en triangle, est surmontée par de grandes oreilles larges à la base et pointues au sommet. Le profil est rectiligne du haut du crâne au bout du nez, sans bosse ni stop. Les yeux, de forme orientale, sont placés bien en biais. La queue est longue et effilée à son extrémité. La caractéristique du Mandarin par rapport à l'Oriental est constituée par un poil mi-long soyeux, couché, un peu plus allongé sur les parties déclives (gorge – avec un jabot – , ventre, intérieur des pattes) et la queue. Le sous-poil est léger.

Variétés

L'Oriental à poil mi-long est pigmenté uniformément. Les variétés reconnues sont celles décrites chez l'Oriental à poil court, avec les mêmes déclinaisons de valeur de robe : noir, blanc, bleu, havane, lavande, tabby, etc. Mais, en réalité, les variétés sont beaucoup plus nombreuses. Les yeux sont d'un vert le plus profond possible, sauf chez le mandarin blanc, qui doit avoir les yeux bleus.

Origine et histoire

Ce chat de type oriental à poil mi-long est dérivé des programmes d'élevage qui ont donné naissance au Balinais. Né en 1940, aux États-Unis, il y est reconnu en 1969, sous le nom d'Oriental Longhair. La grâce de son maintien et de ses formes, sa souplesse et son élégance expliquent son succès. La race, peu répandue en Europe, est inscrite au L.O.O.F. sous le nom de Mandarin.

Concours

Une robe double (avec sous-poil), des taches blanches, sauf chez les particolores, des yeux or ou cuivre entraînent la disqualification.

Comportement

Le Mandarin, très vif, est doté d'une forte personnalité. Sociable, il s'entend bien avec les autres chats, mais se montre réservé avec les étrangers. Très affectueux, et attaché à son maître, il lui parle beaucoup d'une voix harmonieuse. Il ne supporte pas la solitude.

Manx

Manx

AUTRE NOM
Chat de l'île de Man.

PORTRAIT
Chat compact, musclé, tout en rondeur et très robuste.

CARACTÈRE
Très intelligent et affectueux.

SIGNES PARTICULIERS
Queue absente ou quasi absente, combinée avec un pelage court.

MARIAGES AUTORISÉS
Entre Manx, sauf entre deux Manx rumpy ou rumpy riser.

Manx brown tabby marbré ▸

Le Manx doit donner une impression générale de rondeur. Son corps est plutôt bréviligne, avec une poitrine large, un dos court et convexe, une croupe très arrondie. Ses membres ont une ossature forte ; les antérieurs, plus courts que les postérieurs, confèrent au Manx une silhouette très particulière : le train postérieur est surélevé par rapport à l'avant-main.
Sa tête est en harmonie : ronde dans son ensemble, avec des joues proéminentes, des oreilles moyennes et à extrémités arrondies, de grands yeux ronds, une démarcation assez nette entre les joues et la base du museau, un stop moyen. La rondeur est encore accentuée par le pelage court, dense et double (avec sous-poil très épais). Le Manx est une race caractérisée par une mutation déterminant l'absence de queue, qui est cependant variable, compte tenu des particularités du gène mutant. On distingue ainsi quatre catégories de Manx :
- le rumpy, qui présente une absence totale de queue (on sent un creux à l'emplacement théorique de la naissance de la queue) ;
- le rumpy-riser, dont la queue est constituée de deux à trois vertèbres sacrées recouvertes par un toupet de poils plus longs ;
- le stumpy, dont la queue composée de une à trois vertèbres caudales, présente fréquemment des anomalies osseuses (« queue nouée ») ;
- le Manx longy, ou tailed Manx, qui possède une queue quasiment normale.

Seuls les Manx rumpy, les rumpy riser et les stumpy peuvent concourir dans des catégories séparées.

Variétés

On accepte chez le Manx toutes les variétés reconnues chez le British Shorthair :
- Les robes unicolores, les robes écaille-de-tortue et dérivées (écaille chocolat, bleu crème, écaille lilas, les yeux étant cuivre ou orange) ;
- les robes dont la base des poils est décolorée (fumés, silver shaded et chinchilla, déclinés en diverses couleurs) ;
- les robes bicolores avec des plages blanches recouvrant entre un tiers et la moitié du corps, entre la moitié et les trois quarts du corps (variétés arlequin) ou davantage (variétés van) ;
- les robes tabby (tabby marbrés, tabby tigrés et tabby mouchetés) ;

les variétés colourpoint (de type siamois) et golden (poils à base fauve abricot et noirs à l'extrémité).

>> 

Manx

Soins

Un brossage quotidien et un passage au peigne régulier sont recommandés.

Aspects génétiques

Le gène mutant Manx, symbolisé par M, est autosomal (porté par des chromosomes non sexuels) et dominant (une seule dose du gène suffit pour que le caractère « absence de queue » s'exprime). Ce gène M a une expressivité variable, d'où les variétés rumpy, rumpy-riser et stumpy (ayant pourtant chacune une dose du gène M). Ce gène M perturbe le développement embryonnaire de la colonne vertébrale et de la moelle épinière, surtout en région postérieure. Si la perturbation est faible, on obtient un chaton Manx d'une des trois catégories ci-dessus, sans anomalie secondaire. Si la perturbation est plus forte, la partie postérieure de la moelle peut être défectueuse. Il en résulte diverses anomalies secondaires : « galop de lapin », problèmes d'incontinence, ou même fermeture incomplète de la colonne vertébrale en région postérieure. La reproduction est difficile et la prolificité plus faible que la moyenne de l'espèce féline. Les chatons porteurs de deux doses du gène mutant (dits homozygotes) meurent en effet dans l'utérus au stade d'embryon. Tous les Manx, de ce fait, sont hétérozygotes pour le gène mutant (ils possèdent une dose de gène mutant et une dose de gène « sauvage »). Les portées sont donc hétérogènes et on obtient un nombre variable de chatons des quatre catégories dans des portées successives issues des mêmes parents. Des anomalies congénitales secondaires, enfin, peuvent toucher les chatons rumpy, rumpy-riser et stumpy. L'élevage du Manx n'est donc pas chose facile, d'autant qu'on n'a pas encore pu déterminer le type d'accouplement qui limiterait au maximum les inconvénients.

▾ Manx tortie tabby et blanc

Origine et histoire

Le nom de la race est lié à son origine géographique, l'île de Man, située en mer d'Irlande. On ne sait pas comment ni à quelle date exacte la mutation y est apparue. Toujours est-il que la race est connue dans l'île depuis au moins 250 ans et que les Manx, malgré leur originalité, n'ont été pendant des années que de simples chats de ferme destinés à la dératisation.

La félinotechnie moderne ayant vu le jour en Grande-Bretagne dans le courant du XIXe siècle, les premiers éleveurs à s'intéresser à l'esthétique du chat remarquèrent assez rapidement le Manx. Celui-ci fut reconnu comme race à part entière et devint populaire dans les milieux félins britanniques puis américains à la fin du XIXe siècle et au début du XXe. On dit même que cette race fut appréciée du roi Édouard VIII, qui en possédait plusieurs sujets. Cette popularité, à moins que ce ne soit l'ancienneté de la race, explique peut-être que le Manx ait été si facilement reconnu par les principales associations félines mondiales, malgré diverses anomalies secondaires pouvant apparaître chez les individus sans queue. Après une petite baisse de popularité dans les années 1930 et jusqu'à la fin de la Seconde Guerre mondiale, le Manx est à nouveau très présent tant aux États-Unis que dans divers pays d'Europe. En France, la race est reconnue par le L.O.O.F.

Concours

Des taches blanches chez les chats non particolores, des faiblesses dans l'arrière-train causant une incapacité à se tenir debout ou à marcher, la présence de queue entraînent la disqualification.

Comportement

Le Manx est un chat exceptionnel : curieux et toujours d'humeur égale, il est très affectueux et fidèle. Plutôt paisible, il sait aussi se montrer très actif et adore jouer avec les enfants. D'un naturel casanier, il n'en est pas moins un excellent chasseur. Docile, il se plie aux exigences de son maître.

▲ **Manx brown tabby marbré**

Mau égyptien

Egyptian Mau

PORTRAIT
Chat élégant et musclé, paré d'une robe mi-longue tabby tacheté.

CARACTÈRE
Intelligent, vif et actif, il est très affectueux avec son maître.

SIGNES PARTICULIERS
Yeux lumineux, de couleur vert groseille à maquereau, seul chat domestique naturellement moucheté.

MARIAGES AUTORISÉS
Uniquement entre Maus.

Mau bronze ►

La morphologie du Mau égyptien est celle d'un chat médioligne, à mi-chemin entre le type européen et le type oriental. Il est gracieux, musclé, alerte. Les épaules sont hautes. La tête est en harmonie avec le corps, formant de face un triangle plutôt arrondi et montrant de profil un léger stop. Les oreilles et la queue sont de taille moyenne. Les yeux, en amande, sont d'une couleur caractéristique de la race : vert groseille à maquereau. Le pelage est de longueur moyenne, fin, soyeux et élastique. Le dessin de la robe constitue la seconde caractéristique essentielle de la race. Il est constitué de taches foncées sur un fond clair, rondes, régulièrement réparties sur le tronc, ventre compris. Ces taches sont remplacées par des rayures aux extrémités.

Sur le front, le Mau porte un M, bien visible, rappelant la forme du scarabée ; les rayures se prolongent sur la tête et la nuque ; des lignes de mascara ornent les joues ; une bande sombre parcourt la nuque jusqu'à la queue, qui porte des anneaux. Il est paré d'un collier et d'anneaux incomplets sur la poitrine et autour des pattes. Le pelage de fond entre les mouchetures est constitué de poils avec ticking. Soulignons que le poil doit être moyennement long, assez pour permettre l'apparition de deux bandes sombres ou plus sur les poils de ces zones tiquetées.

Variétés

Seul le patron spotted tabby est accepté dans les couleurs : silver (la plus connue et la plus spectaculaire), bronze et black smoke.

Soins

Un brossage hebdomadaire suffit à l'entretien de sa fourrure.

Origine et histoire

Le Mau égyptien (*Mau* veut dire « chat » en égyptien) est considéré comme la seule race de chat domestique naturellement tabby tachetée. Dans l'Antiquité, la déesse Bastet était représentée par une femme à tête de chatte. Et l'on s'accorde à reconnaître les ancêtres du Mau égyptien dans les chats représentés sur divers monuments et papyrus de l'Égypte ancienne, datant de plus de 1 000 ans avant Jésus-Christ. C'est d'ailleurs d'Égypte que la princesse Troubetzkoï ramena les premiers sujets en Europe, au début des années 1950 : Gregorio, un vieux mâle noir âgé de 11 ans et sa compagne, Lulu, une

Mau silver ►

>> 

Mau égyptien

▲ Mau bronze

femelle argentée. Ces premiers Maus égyptiens arrivèrent aux États-Unis à l'occasion de l'émigration de leur propriétaire. Ils firent rapidement de nombreux adeptes sur le sol américain, et la race se développa de telle sorte qu'elle fut reconnue par la C.F.A. dès 1968, connaissant son plein essor au début des années 1980. Assez populaire aux États-Unis, le Mau égyptien est moins connu en Europe. On le confond encore trop souvent avec l'Oriental spotted tabby, créé par les Britanniques. En France, plusieurs éleveurs se consacrent à la race, qui est inscrite au L.O.O.F.

Concours

Un manque de taches, une mauvaise couleur des yeux, des médaillons ou des taches blancs, l'absence de ticking chez les silver et bronze entraînent la disqualification.

Comportement

Le Mau égyptien est considéré comme un animal plaisant. Bien équilibré, il n'est ni nerveux, ni agressif. Sociable avec les autres chats, il est facile à vivre, mais se montre réservé vis-à-vis des étrangers et n'aime pas l'agitation. Ce chat, extrêmement intelligent et au miaulement agréable, est doux et très affectueux avec son maître. En contrepartie, il exige beaucoup d'attention et accepte mal la solitude. C'est enfin un sportif et un bon chasseur.

Munchkin Cat

Munchkin Cat

PORTRAIT
Chat au corps médioligne, aux pattes courtes et à la fourrure mi-longue.

CARACTÈRE
Très affectueux et sociable.

SIGNES PARTICULIERS
Ne peut pas sauter aussi bien que les autres chats.

MARIAGES AUTORISÉS
Seuls les Munchkins à poils courts ou longs et à pattes courtes peuvent s'accoupler avec des Européens, les autres mariages se font entre Munchkin, selon différentes combinaisons.

▲ **Munchkin Cat bleu**

Le Munchkin a un corps moyen, un torse profond, une poitrine ronde ; la tête forme un triangle équilatéral, aux contours assez arrondis. Le nez est droit, sans stop. Les oreilles en alerte se tiennent sur le côté. Les grands yeux, légèrement en biais, sont très expressifs et brillants. Les pattes doivent être les plus droites possible. Chez le Munchkin à poil court, la robe est courte, dense et lustrée, couchée sur le corps, sans sous-poil excessif. Chez la variété à poil long, la robe est mi-longue, soyeuse, avec peu de sous-poil. Une légère collerette est acceptée.

Variétés

Toutes les couleurs sont admises.

Soins

Un brossage par semaine suffit à son entretien.

Origine et histoire

Une mutation naturelle est à l'origine du Munchkin Cat, un chat bas sur pattes, sélectionné par des éleveurs américains dans les années 1980, à partir d'un chat de gouttière, porteur de ce caractère. Le gène responsable de cette mutation étant dominant, on pourrait très bien, par croisements, obtenir une variété basset dans toutes les races. Cette possibilité n'a heureusement pas été exploitée. Aux États-Unis, le Munchkin Cat, qui séduit par son physique insolite, est assez bien représenté. En France, il est reconnu par le L.O.O.F.

Concours

Toute incapacité à marcher ou à se tenir debout ainsi que des pattes de taille normale entraînent la disqualification.

Comportement

Le Munchkin est avant tout un chat d'appartement. Il garde toute sa vie un comportement juvénile. Il est très sociable avec les animaux comme avec les humains. C'est un chat très joueur qui s'adapte à presque toutes les circonstances. Il est très affectueux avec son maître et déteste la solitude.

▲ **Munchkin Cat blanc**

Norvégien

Norwegian forest cat

AUTRES NOMS
Chat des forêts norvégiennes, Skogkatt.

PORTRAIT
Grand chat impressionnant, à la beauté sauvage et au regard tendre.

CARACTÈRE
Très bavard, sociable et robuste.

MARIAGES
Entre Norvégiens uniquement.

LE SAVIEZ-VOUS ?
Dans les contes de fée scandinaves, ce chat est celui des elfes et il exauce tous les souhaits.

▲ **Norvégien écaille de tortue**

Le Chat des forêts norvégiennes est grand, solidement bâti. Ses pattes postérieures sont un peu plus hautes que les antérieures. La tête est triangulaire, le profil droit, sans break ; le crâne est légèrement bombé, le menton ferme. Les oreilles, moyennes à grandes, sont placées haut sur la tête, et on apprécie qu'elles se terminent par une touffe de poils à la manière des oreilles du lynx. Les yeux sont en amande. La queue est longue, fournie et ébouriffée. Le pelage représente une autre caractéristique importante de la race. Ce pelage est double, constitué d'un sous-poil duveteux, donnant une impression de lourdeur, recouvert d'un poil de couverture long, retombant sur les flancs, luisant et imperméable à l'eau. Le sous-poil forme des culottes (appelées « knickers ») très fournies et ébouriffées à l'arrière des cuisses, et le poil de couverture forme une collerette fournie sur la gorge.

Variétés

Toutes les couleurs de robe sont admises sauf chocolat, lilas et colourpoint, cannelle et faon. La couleur des yeux peut être indépendante de celle de la robe. Dans les faits, la variété brown tabby et blanc est actuellement la plus répandue. Soulignons que le poil de couverture typique de la race ne s'installe qu'à partir de 3 à 5 mois. La qualité du pelage varie aussi beaucoup en fonction de la saison et des mues. Ainsi, en été, le poil du corps semble court et la collerette disparaît. Seule la queue, bien fournie, rappelle que l'on a affaire à une race à poil mi-long.

Soins

Un brossage hebdomadaire suffit.

Origine et histoire

Le Norvégien existe depuis très longtemps dans toute la Scandinavie, ainsi que l'atteste sa présence dans la mythologie et dans plusieurs contes anciens de cette région. On peut penser, sans preuve à l'appui, que le Chat des forêts norvégiennes a été ramené des abords de la mer Caspienne par les Vikings vers le VIIIe siècle, à des fins de dératisation. La race s'est parfaitement adaptée, notamment par son pelage, aux conditions climatiques de son nouveau milieu nordique, et a constitué le classique chat de ferme jusqu'à un passé récent. C'est vers 1930 qu'un groupe d'éleveurs norvégiens s'est intéressé à cette race dans le but de préserver son originalité,

Norvégien brown tabby et blanc ▸

>> 

Norvégien

menacée par diverses infusions non contrôlées de sang de chats à poil court. En 1972, les Norvégiens établirent le premier standard pour leur Norsk Skogkatt (*Norsk, skog* et *katt* signifiant en norvégien respectivement « norvégien », « forêt » et « chat »). En 1977, la race fut reconnue par la F.I.Fe sous le nom de « Chat des forêts norvégiennes », puis par la G.C.C.F. et par le L.O.O.F., maintenant sous le nom de Norvégien. La France l'a découverte en 1982 grâce à Mme Briole qui rapporta un couple de Scandinavie. Mais ce fut surtout Mme Rocchi, une Française ayant travaillée à l'ambassade de France d'Oslo, qui donna une réelle implusion au développement de la race en Belgique et dans notre pays.

Des critères très précis

Depuis cette date, la race a fait de nombreux émules, tant en Europe qu'aux États-Unis, et elle figure régulièrement dans les expositions félines. Dans le grand public, la reconnaissance du Chat des forêts norvégiennes se heurte encore à deux obstacles. D'une part, on le confond fréquemment avec son homologue américain, le Maine Coon, qui a pourtant une tête développée de façon bien distincte. Pour éviter cela, les éleveurs de Chats des forêts norvégiennes en ont modifié le standard en 1987, en précisant exactement les points qui particularisent cette race.

Concours

Le Norvégien, bien qu'issu d'une race très ancienne, n'est pas apparu dans les coucours avant les années 1970. Seuls les fautes et défauts généraux sont éliminatoires.

Comportement

Le Chat des forêts norvégiennes, contrairement à ce que pouvait suggérer son passé de chat semi-sauvage et chasseur de rats, est un compagnon équilibré, sociable, joueur et souvent docile. Il a un caractère sportif et a besoin d'une infrastructure adéquate : jardin, ou, à défaut, arbre à chat, etc., pour être parfaitement heureux.
Ce chat a des côtés chien. Il suit la personne qu'il a élue et fait tout pour attirer son attention, en particulier par ses mimiques, ses attitudes et ses miaulements très éloquents. Il s'adapte très facilement aux enfants et aux autres animaux.

▲ Chatons Norvégiens black tabby (à gauche et à droite) et blanc (au centre).

Ocicat

Ocicat

PORTRAIT
Chat tacheté, puissant, athlétique, mais néanmoins gracieux.

CARACTÈRE
Doux, sociable et actif.

SIGNES PARTICULIERS
Sa beauté sauvage, qui rappelle celle de l'Ocelot.

MARIAGES AUTORISÉS
Uniquement entre Ocicats.

Ocicat cinnamon tabby spotted ▸

L'Ocicat est un grand chat de type médioligne, moyen à grand, plutôt élancé et puissant. La tête, aussi longue que large, a des contours arrondis. De profil, elle présente un stop modéré. Le museau est un peu carré. Les oreilles, de taille moyenne et placées de côté, finissent en une petite touffe de poils. La queue, longue et effilée, se termine par des poils foncés. Le pelage est court. Les yeux sont or ou vert et bleu chez les points. La caractéristique essentielle de l'Ocicat réside dans sa robe de type tabby tacheté. Des taches circulaires recouvrent de façon régulière la majeure partie du corps, avec des rayures aux seules extrémités : bracelets et collier, le plus incomplets possible, aux pattes et à la gorge ; elles forment un M sur le front, qui se prolonge entre les oreilles, et des marques de mascara sur les joues.

Variétés

Les variétés dans le motif spotted tabby sont le brown, le bleu, le chocolat, le lilas, le cinnamon et le faon. Elles présentent chacune des mouchetures foncées d'une nuance en accord avec le pelage de fond plus clair, entièrement constitué de poils marqués de ticking (alternance de bandes claires et foncées). La variété silver existe dans toutes les variétés de base décrites ci-dessus, le pelage de fond est alors très clair, tirant sur le blanc, augmentant le contraste avec les mouchetures.

Origine et histoire

L'Ocicat a été créé un peu par hasard aux États-Unis, en 1964, à partir d'un accouplement entre un métis Abyssin-Siamois et un Siamois chocolate point, la robe du descendant rappelant celle d'un ocelot. L'Ocicat est reconnu par la plupart des associations félines nord-américaines, dont la C.F.A., et en Europe par la G.C.C.F. et la F.I.Fe. En France, la race est inscrite au L.O.O.F.

Concours

Des médaillons ou taches blancs, un chat non agouti ou d'un autre patron tabby que le spotted sont éliminatoires.

Comportement

Ce chat est très amical et sociable, y compris avec les chiens. Il est doux, très affectueux. C'est aussi un sportif, plein de vie qui a absolument besoin d'espace pour courir et bondir.

Oriental

Oriental Shorthair

PORTRAIT
Chat longiligne proche du Siamois, mais, contrairement à ce dernier, son pelage est entièrement pigmenté.

CARACTÈRE
D'une vive intelligence, il est très joueur et a besoin de beaucoup de tendresse.

SIGNES PARTICULIERS
Sa robe peut se décliner dans plus de 300 couleurs et variétés.

MARIAGES AUTORISÉS
Avec le Balinais, le Mandarin, le Siamois et entre Orientaux.

▲ **Oriental silver tabby**

L'Oriental possède la même morphologie que le Siamois : le corps est long, tubulaire et svelte. Il est très souple, mais fort et musclé. Les membres sont longs et fins, les postérieurs étant un peu plus hauts que les antérieurs. Les pieds sont petits et ovales. Le cou est long et mince.
La queue est longue, fine, et se termine en pointe.
La tête, en harmonie avec le corps, forme un triangle aussi ouvert que possible ; les oreilles, très grandes, larges à la base, bien écartées et pointues la prolongent en ligne droite. Le profil est droit du front au bout du nez, sans bosse ni stop. Le nez est long, le menton assez fort. Le nez et le menton doivent être dans un meme plan vertical. Il n'y a pas de pinch. Les yeux en amande, placés en biais, sont bien écartés. Ils sont verts uniquement et le plus profond possible. Les chatons naissent avec les yeux de couleur bleue et celle-ci ne vire au vert qu'à partir de l'âge de deux mois, la couleur définitive n'étant en général pas acquise avant un an. Des yeux impairs (vert et bleu) sont toutefois acceptés chez les particolores et les blancs, et des yeux bleus, chez les blancs. Le pelage est très court (il ne doit pas dépasser l'épaisseur d'un doigt), très dense, avec un poil fin et couché.
La chatte de type oriental, comme celle de type Siamois, est particulièrement précoce et elle a le même cycle de reproduction. Les premières chaleurs surviennent en moyenne le 9e mois.
La courte durée du cycle sexuel est plus délicate à gérer. Il n'est pas rare de constater des chaleurs tous les quinze jours chez la femelle Orientale. Cette dernière ne connaît que rarement le repos sexuel d'automne-hiver, classique chez les chattes de type européen, par exemple. La prolificité de la race est plutôt supérieure à la moyenne de l'espèce féline, avec souvent 6 chatons par portée.

Variétés

Les variétés reconnues chez l'Oriental sont très nombreuses : plus de 300 couleurs et types de robes, actuellement.
Par commodité, ces variétés seront classées en cinq grands groupes.

Les robes uniformes
On y trouve toutes les robes unicolores sans rayures ou marques tabby.
Le blanc, appelé « Foreign White », notamment par le G.C.C.F. anglais, doit être pur, sans traces jaunâtres, avec le nez et les coussinets roses. Les yeux

doivent être bleus. Contrairement aux autres chats blancs aux yeux bleu clair, les Orientaux blancs ne sont pas sourds. Les autres variétés unicolores sont le noir ou « ebony » aux États-Unis, qui doit être noir jais sans reflets roux, le bleu, le chocolat (« chestnut » pour les Anglo-Saxons), le lilas (« lavender » aux États-Unis), le roux, le cinnamon (« cannelle ») qui est de couleur chocolat au lait, le cinnamon tortie (ou écaille-de-tortue), le fawn (ou caramel), qui est de nuance caramel, et le fawn crème. Ces variétés ne doivent avoir aucun poil blanc. Nez et coussinets ont la couleur du pelage, sauf pour le roux et le crème, chez qui ils sont roses. Pour le L.O.O.F., les yeux doivent être d'un vert foncé très limpide.

Les robes écaille-de-tortue et dérivées

L'écaille-de-tortue et l'écaille chocolat sont des variétés montrant une association de plages de poils à pigments orange (de nuance rouge, ou crème) et de plages de poils respectivement noirs et chocolat. Le bleu crème et l'écaille lilas sont les dilutions génétiques des deux variétés précédentes. Elles associent plages crème et plages respectivement bleues et lilas. Aux États-Unis, selon le standard C.F.A., une flamme de couleur claire est appréciée pour ces variétés. Le nez et les coussinets sont roses ou marbrés de rose avec la couleur des plages non orange. Les yeux sont verts. Normalement, seules les femelles peuvent présenter ces quatre variétés.

Les robes dont la base des poils est décolorée

On distingue deux sous-groupes.

• Chez les fumés, chaque poil est décoloré sur une faible longueur à la base. Il faut souffler sur le pelage à rebrousse-poil pour faire apparaître une rosette claire typique.

• Chez les silver, la pigmentation est réduite à l'extrémité des poils, et l'animal a un aspect argenté. C'est ce que l'on appelle le tipping. Chacun de ces sous-groupes se décline dans les principales couleurs uniformes précédemment décrites (fumé noir, fumé bleu, etc.). Notons que, lorsque le pigment est orange, on parle de « cameo ». Dans l'ensemble, ces variétés ont des yeux verts. Les coussinets sont roses si la pigmentation est orange, de la couleur de la pigmentation dans les autres cas. Le nez est rose si la pigmentation est orange, brique ou de ton rose cerclé de foncé chez les silver, de la couleur de la pigmentation des poils chez les fumés non orange.

Les robes tabby

Selon la forme des marques tabby sur la robe, on distingue trois sous-groupes au sein de cette catégorie.

▲ Oriental bicolore noir et blanc

>>

>>

Oriental

• Les tabby marbrés portent des rayures larges formant, dans l'idéal, des dessins particuliers : un M sur la tête, des lignes de mascara sur les joues, des colliers continus sur le haut de la poitrine, une tache en forme de papillon entre les épaules, des taches en forme de coquille d'huître sur chaque flanc, des bracelets sur les pattes, des anneaux sur la queue, dont l'extrémité doit être pigmentée.

• Les tabby tigrés ont les rayures larges du corps remplacées par des rayures étroites, parallèles entre elles, et perpendiculaires à une raie longitudinale qui court sur la colonne vertébrale.

• Les tabby mouchetés ont des rayures qui laissent place à des taches circulaires, régulièrement réparties jusque sur le ventre et les pattes. Pour tous ces chats, les poils entre les rayures ou les taches sont de type « agouti », c'est-à-dire qu'ils présentent une alternance de bandes foncées (de la nuance des rayures ou des taches) et de bandes claires. Se rattachent à ce groupe tabby les Orientaux avec ticking (appelés « ticked tabbies » par les Anglo-Saxons) dont la robe ressemble à celle de l'Abyssin, c'est-à-dire qu'elle est constituée de poils agouti, montrant une alternance de bandes sombres et de bandes claires. Dans chaque sous-groupe, les zones de pigments foncés se déclinent dans les principales couleurs des robes uniformes et aussi en écaille-de-tortue. Les zones claires des poils agouti sont généralement de nuance orangée. Une exception existe pour les variétés silver tabby chez lesquelles les zones claires sont décolorées, presque blanches. Il en résulte un contraste spectaculaire entre les marques tabby et les zones de poils agouti. Pour toutes ces variétés, le nez est clair cerclé de foncé, les coussinets sont de la couleur des marques tabby. Les yeux sont verts.

Les robes bicolores

Elles ont des plages colorées, séparées par du blanc.

Soins

Un brossage hebdomadaire suffit à son entretien.

Origine et histoire

L'Oriental peut être considéré comme une version du Siamois au pelage entièrement pigmenté. En fait, dans leur pays d'origine, la Thaïlande, Orientaux et Siamois ne forment qu'une seule et même race, ne différant que par un seul gène, qui détermine chez le Siamois la répartition particulière des zones pigmentées et la couleur bleu foncé des yeux. Cette situation existe depuis fort longtemps, ainsi que l'attestent l'iconographie de manuscrits de la ville d'Ayuthia, capitale du Siam entre 1347 et 1767. D'ailleurs, lors de l'introduction des premiers Siamois en Europe, à la fin du XIXe siècle, on pouvait aussi voir en exposition des « Siamois » uniformément colorés. Cependant, vers la fin des années 1920, les clubs félins anglais décidèrent de privilégier la version colourpoint, sans doute jugée plus originale. Il en résulta, dans les pays occidentaux, une phase d'éclipse des chats de type oriental uniformément pigmentés. Ce type réapparut en Grande-Bretagne dans les années 1950, lorsqu'un groupe d'éleveurs réalisa un programme destiné à obtenir un chat qui aurait la nuance chocolat du Siamois. Ainsi naquirent, à partir du métissage entre Siamois et Européens, les ancêtres des Orientaux chocolat, appelés « Havana » en Grande-Bretagne.

De nombreuses variétés

Un nouveau pas dans la sélection de l'Oriental fut fait dans les années 1960, avec un autre programme d'élevage

▲ Oriental bicolore noir et blanc

visant à obtenir des chats blancs avec des yeux bleu foncé. À cette fin furent de nouveau utilisés des Siamois croisés avec des Européens blancs. Cela donna l'Oriental blanc, dénommé alors « Foreign White », le terme de *foreign*, qui veut dire « étranger », désignant le type oriental des sujets obtenus. Au passage, diverses variétés d'Orientaux avaient été obtenues indirectement avec ce programme. C'est à cette époque que les chats de type oriental et entièrement pigmentés furent reconnus par la plupart des associations félines, mais sous des appellations un peu différentes. L'histoire récente de la race est surtout marquée par la reconnaissance progressive d'un nombre croissant de variétés et par les divergences entre éleveurs britanniques et américains sur le type à sélectionner. En effet, comme pour le Siamois, les Britanniques préfèrent un type modérément oriental, alors que les Américains souhaitent des chats au type extrême. Actuellement, l'Oriental est bien connu dans le monde entier et présenté régulièrement en exposition. En France, plusieurs éleveurs se consacrent à cette race qui a toujours eu des amateurs inconditionnels. La race est inscrite au L.O.O.F.

Concours

Chez l'Oriental, des taches blanches - sauf chez les particolores - et des yeux or ou cuivre entraînent la disqualification.

Comportement

L'Oriental, comme son plus proche parent le Siamois, a un tempérament plutôt excessif. Vif et sportif, il joue jusqu'à un âge avancé. Curieux de tout, il participe de près à la vie de la maison. C'est un malin qui sait ouvrir les tiroirs ou le réfrigérateur. Très attaché à son maître, il réclame beaucoup d'affection et d'attention, faute de quoi il risque de déprimer. Si on le laisse trop longtemps seul, on est sûr d'être accueilli par des miaulements de reproche très éloquents.

▲ Chaton Oriental brown tabby

Persans

Classic Persians

PORTRAIT
Chat bien équilibré donnant une impression de force tranquille.

CARACTÈRE
Très calme, aimable, doux et sociable.

SIGNES PARTICULIERS
Une puberté tardive, une faible prolificité et des mises bas difficiles.

MARIAGES AUTORISÉS
Entre Persans, mais aussi avec l'Exotic Shorthair.

Persan crème ▸

Le Persan est un chat de format moyen à grand, au type bréviligne parfait : un corps massif, avec une poitrine large, des membres courts à forte ossature, des pieds bien ronds et assez larges. La queue est de longueur proportionnée au corps et, surtout, non effilée. La tête est ronde, massive.
Le crâne est large, le front bombé, les joues pleines et rondes, la mâchoire large et le menton bien développé.
Les oreilles sont en harmonie avec la tête, c'est-à-dire petites, arrondies, implantées assez bas et très écartées l'une de l'autre. Les yeux sont grands, ronds et bien écartés, expressifs et d'une couleur conforme à celle de la robe. Le nez est presque aussi court que long, le stop bien marqué et profond. Le nez constitue le point de détail qui a engendré le plus de polémiques au cours de la période récente ; les éleveurs américains (qui parlent de « break ») ont adopté une attitude extrême, certains allant jusqu'à affirmer qu'un bon Persan ne doit pas avoir de nez. En dehors du type, le pelage est une seconde caractéristique importante du Persan. Il est dense, doux, soyeux, lustré et long sur tout le corps : en moyenne 10 cm, et jusqu'à 20 cm, notamment au niveau de la collerette qui recouvre la gorge et le poitrail. Le panache de la queue est très fourni, sa texture soyeuse et très fine. Contrairement aux autres races à poil mi-long et à l'Angora, le Persan a un sous-poil particulièrement long, dense et fin. Cette caractéristique est un élément important de l'esthétique de la race.

Reproduction
Contrairement à ce qui se passe chez les races orientales, la puberté survient tardivement chez la femelle Persan : en moyenne à 12 mois, avec des extrêmes observés allant de 6 à 21 mois !
La taille des portées, généralement de trois ou quatre chatons, est plutôt inférieure à la moyenne des félins (quatre à cinq chatons). Il est important de mentionner que la race est prédisposée aux difficultés de mise bas, à cause de la tête ronde et volumineuse des chatons nouveau-nés.
En conséquence, la mortinatalité est en général plus élevée chez le Persan que chez les autres races et le déroulement des mises bas doit être étroitement surveillé.

Variétés

Aujourd'hui, toutes les couleurs sont reconnues par le L.O.O.F. Le Persan fait donc partie, tout comme le British Shorthair et l'Oriental, de ces races qui

se déclinent sur quasiment toute la gamme des variétés possibles chez le chat. La reconnaissance des nouvelles variétés, lente jusque dans les années 1970, s'est beaucoup accélérée depuis : la F.I.Fe, qui ne reconnaissait que 13 variétés en 1938 et environ 23 en 1980, en reconnaissait 150 dix ans après ! Cette évolution galopante s'explique par le fait que nombre de ces nouvelles variétés résultent de la simple combinaison de variétés déjà reconnues. Par exemple, le Persan fumé bleu est une combinaison de la variété fumé noir et de la variété bleue.
Parmi toutes ces variétés, deux séries – les chinchillas et les colourpoint – qui se sont distinguées par leur histoire et leur originalité, seront traitées à part. Toutes les autres variétés correspondent à ce que l'on appelle le « Persan classique » (terme qui n'a donc aucun rapport avec la notion de type morphologique). Ces variétés classiques peuvent être classées en cinq groupes.

Les robes uniformes

On y trouve toutes les robes unicolores sans rayures ou marques tabby.
Certaines de ces variétés correspondent à celles dites de base reconnues au début du siècle dernier : blanc, noir, bleu et rouge. Par la suite se sont ajoutées les variétés crème et, tout récemment, chocolat et lilas. Ces deux dernières dérivent des programmes de création du Persan colourpoint et mink (vison). Le Persan blanc doit être pur, sans traces jaunâtres, avec le nez et les coussinets roses. Pendant longtemps, seuls les yeux bleu clair ont été acceptés. Par la suite, quelques croisements de retrempe avec des British firent apparaître des Persans blancs aux yeux orange ou impairs (c'est-à-dire qu'un œil est bleu clair, l'autre orange). Ces deux couleurs ne furent reconnues qu'en 1938 par le G.C.C.F anglais. Signalons que les chats blancs, surtout ceux qui ont les yeux bleu clair, sont très souvent sourds.
On observe parfois une zone de poils pigmentés sur le crâne des chatons blancs : cette marque, qui disparaît normalement à l'âge adulte, donne une idée des couleurs présentes dans les gènes du sujet et qui sont masquées par le caractère blanc.
Pour toutes les autres variétés unicolores, les yeux doivent être cuivre ou orange soutenu et la robe ne doit comporter aucun poil blanc. Le noir doit être noir jais sans reflets roux, le bleu doit avoir une teinte très homogène et le crème et le roux ne doivent avoir aucune trace de rayures (marques tabby).

Les robes écaille-de-tortue et dérivées

L'écaille-de-tortue et l'écaille chocolat sont des variétés montrant une association de plages de poils à pigments orange (de nuance rouge ou crème) et de plages de poils respectivement noirs et chocolat.
Le bleu crème et l'écaille lilas sont les dilutions génétiques des deux variétés précédentes ; elles associent plages crème et plages respectivement bleues et lilas. Pour ces variétés, les yeux sont cuivre ou orange. Le nez et les

▲ Persan écaille et blanc ancien type

>>

>> 

Persans

▾ Persan blanc aux yeux bleus

coussinets sont roses ou marbrés de rose avec la couleur des plages non orange. Normalement, seules les femelles peuvent présenter ces quatre variétés.

Les robes dont la base des poils est décolorée

On trouve ici la catégorie des Persans fumés. Chez ces chats, chaque poil est décoloré sur une faible longueur à la base (environ un tiers), et normalement pigmenté sur le reste de la longueur. Cette décoloration se voit d'emblée sur les zones de poils plus courts, sur la face notamment. Il faut par contre soulever les poils très longs du corps pour apercevoir la zone décolorée. La partie pigmentée se décline dans toutes les couleurs unies et dans celles du groupe des écailles. On parle ainsi de fumé noir, fumé bleu, fumé écaille, etc. Lorsque le pigment est orange, on utilise le terme américain de « smoke cameo ». Ces variétés ont toutes des yeux orange ou cuivre. Les coussinets et le nez sont roses si la pigmentation est orange ou crème, de la couleur de la pigmentation dans les autres cas. Les variétés de Persan fumé ont une origine ancienne, puisqu'elles semblent exister depuis la création du Persan et que le premier Persan fumé fut enregistré en 1900.

Les robes particolores (bicolores avec des plages blanches)

On distingue trois sous-groupes.

• Chez les bicolores au sens strict, le blanc couvre entre un tiers et, au maximum, la moitié du corps, en formant si possible un V inversé sur la face. Les plages colorées, le plus symétriques possible, se déclinent dans les diverses pigmentations des robes unicolores et écaille-de-tortue ou bleu crème. Ces deux dernières variétés se dénomment respectivement « calico » et « calico dilué ».

• Chez les variétés arlequin, le blanc recouvre entre la moitié et les trois quarts du corps, les taches de couleur étant, dans l'idéal, isolées et séparées par du blanc.

• Chez les variétés van, presque tout le corps est blanc, exception faite de la queue et de deux taches entre les yeux et la base des oreilles, qui sont pigmentées selon toutes les possibilités évoquées chez les bicolores.

Dans l'idéal, chez les van, les taches pigmentées sur la face sont séparées par une flamme blanche qui passe au milieu du front. Pour toutes ces variétés, les yeux sont orange ou cuivre, avec acceptation des yeux bleu clair ou impairs par certaines associations. Le nez et les coussinets sont roses ou marbrés de rose et couleur des plages pigmentées du pelage. Historiquement, il semble que les premiers Persans bicolores furent des femelles calico, obtenues à partir de croisements avec des chattes européennes écaille-de-tortue. Ces femelles furent un temps dénommées « chintz », en référence à un tissu particulier. Il a fallu attendre 1966 pour que toute la série des bicolores soit reconnue par le G.C.C.F.

Les robes tabby

Selon la forme des marques tabby, on distingue trois sous-groupes.

• Les tabby marbrés, chez qui les rayures sont larges et forment, dans l'idéal, des dessins particuliers : M sur la tête, lignes de mascara sur les joues, colliers continus sur le haut de la poitrine, tache en forme de papillon entre les épaules, taches en forme de coquille d'huître sur chaque flanc, bracelets sur les pattes, anneaux sur la queue, qui doit avoir l'extrémité pigmentée.

• Les tabby tigrés : par rapport aux précédents, ces chats présentent sur le corps non pas des rayures larges, mais des rayures étroites, parallèles entre elles et perpendiculaires à une raie longitudinale qui court sur la colonne vertébrale.

• Les tabby mouchetés, chez qui les rayures du corps sont remplacées par des taches circulaires, régulièrement réparties jusque sur le ventre et les pattes. Pour tous ces chats, les poils entre les rayures ou les taches sont de type « agouti », c'est-à-dire qu'ils présentent une alternance de bandes foncées (de la nuance des rayures ou des taches) et de bandes claires. Dans chaque sous-groupe, les zones de pigments foncés se déclinent sur toute la gamme des couleurs des robes uniformes et aussi en écaille-de-tortue. Les zones claires des poils agouti sont généralement de nuance orangée. Une exception existe pour les variétés silver tabby, chez lesquelles les zones claires sont décolorées, presque blanches. Il en résulte un contraste saisissant et spectaculaire entre les marques tabby et les zones de poils agouti. Pour toutes ces variétés, le nez

▲ **Persan tabby roux**

>>

>>

Persans

est brique cerclé de foncé, les coussinets sont de la couleur des marques tabby. Les yeux sont en général orange ou cuivre. Les silver tabby font exception, avec des yeux verts ou vert noisette.
Les variétés tabby existaient certainement chez les premiers Persans, avec notamment les silver tabby, qui auraient donné naissance aux premiers fumés. Signalons que les Persans tabby sont en règle générale moins spectaculaires que les tabby des races à poil court car, du fait de la longueur du pelage, les marques tabby sont floues.

Soins

Le Persan adulte est, de toutes les races, le chat qui exige le plus de soins. Il doit être brossé quotidiennement, à l'aide d'une brosse en soies naturelles, sous peine de voir le sous-poil s'emmêler de façon irréversible, ce qui est très inconfortable pour lui. L'entretien régulier du pelage est, par ailleurs, un facteur déterminant de la réussite en concours, car le Persan est l'une des races chez lesquelles le toilettage, lors de la présentation aux juges, est primordial.

▲ **Persan bleu tabby marbré et chaton bicolore noir et blanc**

Aspects génétiques

Le caractère poil long du Persan résulte de l'action d'un gène symbolisé par « l ». Ce gène est récessif, c'est-à-dire qu'il doit exister en deux doses pour pouvoir s'exprimer. Il existe chez tous les chats à poil long ou mi-long : Angora, Sacré de Birmanie, Maine Coon, et aussi chez tout chat de gouttière à poil mi-long. Cependant, les nombreuses années de sélection opérées chez le Persan ont permis d'accumuler en outre de nombreux gènes à faibles effets individuels appelés « polygènes ». Ce sont ces polygènes qui déterminent la longueur exceptionnelle du sous-poil et la finesse incomparable du pelage du Persan.

Origine et histoire

Depuis le début du siècle, le Persan est sans conteste la race féline fétiche des éleveurs et aussi celle qui est régulièrement la mieux représentée dans les expositions. Son nom ne constitue qu'une indication indirecte sur l'origine de la race. En effet, il fait allusion à l'un des ancêtres de celle-ci, l'Angora turc, qui a apporté le gène responsable du fameux poil long. Lorsque l'on sait que l'Angora provient des confins de la frontière entre la Turquie et l'Iran, on comprend mieux le nom de « Persan » choisi pour la race qui en dérive…

Des origines britanniques

Mais le Persan, créé dans le courant du XIXe siècle, est en fait un pur produit de l'élevage britannique : c'est en partant de leur population nationale d'Angora et en utilisant à la fois la sélection, la consanguinité et quelques apports de sang de chats de type européen que les éleveurs britanniques travaillèrent. Dès la seconde moitié du XIXe siècle, les principaux objectifs recherchés furent atteints : une morphologie de type bréviligne et, surtout, une fourrure extraordinaire, d'une grande finesse, avec un poil et un sous-poil allongés. Le Persan était déjà présent en 1871 à la première exposition féline, au Crystal Palace à Londres. Il faudra cependant attendre le début du XXe siècle pour que le G.C.C.F. édicte un premier standard pour cette race n'utilisant pas la dénomination Persan, mais celle de « Long Hair » (« poil long »). Dans les années qui suivirent, les éleveurs anglais limitèrent le travail de sélection sur le type pour porter leurs efforts sur l'amélioration des couleurs. Certaines variétés atteignirent rapidement la quasi-perfection, telle la variété bleue.

La concurrence américaine

Pendant ce temps, aux États-Unis, où les premiers spécimens avaient été introduits dès la fin du XIXe siècle, le Persan allait évoluer différemment. En effet, les éleveurs américains portèrent davantage leurs efforts sur l'amélioration de la fourrure et surtout sur la recherche d'un type bréviligne extrême, principalement au niveau de la tête. Le summum fut atteint en 1930, avec l'apparition de Persans chez lesquels le nez est quasiment absent et retroussé, de sorte qu'il existe une dépression entre les deux yeux et de profonds sillons de part et d'autre du museau. Ils sont appelés *peke-face* (« face de Pékinois »), en référence à la race de chien bien connue pour sa tête ultra-bréviligne. Ce fossé creusé entre les deux populations de Persans fut à l'origine de vives polémiques, à partir des années 1970, dans les pays d'Europe continentale. Éleveurs et juges se sont divisés entre partisans du type anglais et partisans du type américain. La polémique existe encore de nos jours. Cependant, l'évolution des types extrêmes semble freinée par deux facteurs : le grand public n'apprécie pas beaucoup les Persans trop typés ; en outre, ces derniers ont souvent une tendance au dysfonctionnement des canaux lacrymaux (d'où les yeux qui pleurent) et au prognathisme de la mâchoire inférieure. Aujourd'hui, les éleveurs privilégient des Persans associant type, qualité de fourrure et de couleur, et absence d'anomalies.

Concours

Toute difformité de la face, une mauvaise occlusion des mâchoires, le nez de travers, une asymétrie, les narines pincées et des taches blanches chez les chats non particolores entraînent la disqualification.

Comportement

Le Persan est un chat d'apparence calme mais qui, en fait, est doté d'une forte personnalité. Il est discret et volontiers casanier et donc bien adapté à la vie en appartement. Cependant, surtout s'il y est habitué jeune, le Persan apprécie la vie en plein air, où il se comporte alors comme n'importe quel autre chat. C'est aussi un compagnon gai, sociable et très agréable à vivre. Il adore son maître et a un grand besoin d'affection.

Persan

chinchilla, silver shaded et golden

Chinchilla Persians

PORTRAIT
Ces Persans, un peu moins ramassés que les classiques, ont une robe au tipping caractéristique.

CARACTÈRE
Particulièrement doux et affectueux, plus vif et éveillé que les Persans classiques.

SIGNES PARTICULIERS
Des yeux vert émeraude caractéristiques.

MARIAGES AUTORISÉS
Avec les Persans shaded et brown tabby.

Persan silver shaded ▸

Les yeux, ronds et larges, sont vert émeraude et cerclés de noir. En théorie, le standard des Persans classiques s'applique aux Persans chinchillas, silver shaded et golden. Cependant, en pratique, les Persans du groupe chinchilla sont souvent moins typés : format plus petit, type moins bréviligne et surtout tête moins massive avec des oreilles plus longues et un peu de nez. En effet, pour obtenir des sujets de qualité, les éleveurs ont dû faire porter l'essentiel de leurs efforts sur la qualité de la coloration de la robe et des yeux, et, dans ces conditions, le type est passé un peu au second plan.

Variétés

Le groupe des Persans chinchillas, silver shaded et golden se reconnaît aux points suivants :

– un tipping, caractéristique majeure du groupe, qui consiste en la restriction de la pigmentation foncée sur une petite partie de l'extrémité de chaque poil (la longueur du poil pigmenté distinguent les 2 races) ;

– des yeux vert émeraude, voire vert bleuté, et cerclés de noir au niveau des paupières (il existe une exception pour les silver shaded qui peuvent avoir des yeux cuivre, mais ils sont alors appelés « pewter ») ;

– un nez rouge brique cerclé de foncé, des coussinets et des lèvres pigmentés en foncé. La couleur foncée correspond à celle des extrémités foncées des poils.

Pour chacun, on notera cependant certaines particularités quant à la robe. Ces trois variétés existent dans de nombreuses couleurs : blanc, orange, chocolat, shaded bleu, lilas, rouge, crème et écaille.

Persans chinchillas

Ils ont un sous-poil et la base des poils de couverture blanc pur. L'aspect argenté est donné par un tipping qui ne représente qu'un huitième de la longueur des poils de couverture. Ce tipping doit être présent sur toute la ligne du dessus (oreilles, tête, dos et dessus de la queue) et, à un degré moindre, sur l'avant des pattes et la face. Par contre, toutes les parties déclives (menton, poitrail, ventre, intérieur des membres et dessous de la queue) sont blanches.

Persans silver shaded

Ils ont aussi un sous-poil et la base des poils de couverture blanc pur. Le tipping, qui représente environ un tiers de la longueur des poils de couverture, donne une nuance d'ensemble étain et non argentée. Ce tipping doit être présent sur toute la ligne du dessus et, à un moindre degré, sur la face et les membres. Les parties déclives sont blanches, à l'exception des poils de la face plantaire des postérieurs, qui sont foncés. Tous les intermédiaires existent entre chinchillas et shaded, de sorte que la distinction entre ces deux catégories est parfois délicate.

Persans golden

Ils possèdent eux aussi le classique tipping, qui est ici noir. La robe doit paraître dorée. La tête est dorée, sans « lunette » (traces de ticking sous les yeux) ; le ventre, le sous-poil, les pantalons et les pattes sont dorés. Cependant, à la différence des deux autres sous-groupes, ces chats ont une pigmentation abricot de la base des poils de couverture et du sous-poil. Le tipping est présent sur la ligne du dessus, alors que les parties déclives sont abricot. Le bout de la queue est noir. Selon l'importance du tipping, et sur les critères précédents, on distingue les shell et les shaded golden.

Soins

Un brossage quotidien, comme pour le Persan classique.

Aspects génétiques

Tous les chinchillas sont, de base, des tabby ainsi que l'attestent le nez brique cerclé de foncé et, chez certains sujets, les fantômes de rayures. Chez les chinchillas et leurs dérivés, un gène nommé « *Wb* » repousserait le pigment sombre au bout des poils pour former le tipping. Chez les chinchillas et les silver shaded existerait, en plus, un gène nommé « I » qui effacerait les pigments clairs de la base des poils de couverture et du sous-poil, d'où

▲ Persan golden shaded

>>

>> 

Persan chinchilla, silvershaded et golden

l'aspect argenté ou étain de la robe.
De nombreux gènes aux effets individuels faibles, appelés « polygènes », agiraient aussi. Leur nombre déterminerait une plus ou moins bonne disparition des marques tabby et une évolution insensible du shaded vers le chinchilla. D'autres polygènes seraient responsables, chez les golden, de la nuance plus ou moins chaude de la couleur abricot. Le nombre de ces polygènes, quasiment impossible à contrôler strictement par la sélection, explique en particulier la grande difficulté de l'élevage des Persans chinchillas.
Le groupe des Persans chinchillas est un peu plus précoce sexuellement que les Persans classiques.
Pour la reproduction, il est déconseillé de les accoupler avec des variétés aux yeux orange. Il en résulterait en effet des individus avec des yeux mélangés, dits « grain de raisin », qui ne seraient pas reconnus.
L'accouplement exclusif des chinchillas entre eux n'est pas non plus souhaitable, car les sujets obtenus s'éclairciraient trop. Il convient donc d'utiliser judicieusement chinchilla et shaded, sans tomber dans les travers de la consanguinité. Le respect strict de ces règles n'offre que peu de moyens d'accentuer le type…
Le pewter constitue une exception, car, étant donné la couleur cuivre de ses yeux, il peut être accouplé avec un sujet de même variété ou avec un fumé.
Les chatons naissent avec des marques tabby et des yeux bleu-gris. Les rayures s'estompent assez rapidement. Le vert des yeux, lui, ne se développe pas avant 7 mois, voire même plus tard.

Origine et histoire

Une éleveuse britannique, Mme Vallence, serait à l'origine du Persan chinchilla. En effet, vers 1880, celle-ci obtint le premier Persan avec une robe argentée, un mâle nommé Silver Lambkin, à partir de l'accouplement d'un Persan fumé et d'un Persan silver tabby. La nouvelle variété fut baptisée « chinchilla », sans doute à cause de la ressemblance de sa robe avec celle du petit mammifère du même nom bien connu des pelletiers. Le premier spécimen, exposé en 1888 à

▲ **Persan silver shaded**

▾ Persan golden shaded

Londres, a été empaillé ; on peut le voir au Muséum d'histoire naturelle de South Kensington. Par la suite, le travail de sélection pour fixer et améliorer cette nouvelle variété fut considérable. Afin d'obtenir la superbe robe uniformément argentée des Persans chinchillas actuels, il fallait en effet gommer les marques tabby relativement importantes chez les premiers sujets et aussi beaucoup travailler pour obtenir les fameux yeux verts… Tous ces efforts furent récompensés en 1901 avec la reconnaissance officielle de la variété par le G.C.C.F.

L'histoire récente du Persan chinchilla a surtout été consacrée à la recherche d'un type plus marqué pour s'adapter aux exigences de la mode et aussi à la multiplication des coloris reconnus. Les programmes d'élevage des Persans chinchillas ont en même temps permis la création de deux groupes de variétés que l'on peut considérer comme dérivées. Il s'agit des argentés ombrés (silver shaded) et des goldens.

Ces derniers seraient apparus dans la descendance de Persans chinchillas ayant connu des croisements ponctuels, dits « de retrempe », avec des Persans brown tabby, en vue d'améliorer le type. Il existe actuellement en France plusieurs élevages de Persans chinchillas, et ces variétés spectaculaires sont très appréciées par le public.

Concours

Dans ce groupe spécifique sont considérés comme des défauts une répartition irrégulière du tipping, des yeux grain de raisin et des marques tabby. Chez le chinchilla, toute pigmentation sur le menton, les touffes des oreilles, la poitrine et le ventre constitue un défaut. Chez les golden, une nuance trop grise ou trop claire n'est pas souhaitable.

Comportement

Les principaux traits de caractère des Persans classiques se retrouvent chez les chinchillas, silver shaded et golden. On note cependant chez ces derniers une vivacité plus grande, une tendance à beaucoup ronronner, un besoin de se blottir longtemps contre le maître, ce qui n'exclut pas un besoin d'indépendance.

>>

Persan colourpoint

Colourpoint Persian

AUTRE NOM
Himalayen.

PORTRAIT
C'est un Persan habillé d'une longue robe de Siamois.

CARACTÈRE
Patient et très doux.

SIGNES PARTICULIERS
Fourrure soyeuse, longue et fournie, comme celle des Siamois.

MARIAGES AUTORISÉS
Entre colourpoint et aussi avec les Persans classiques.

Persan tortie point et silver tabby point ▸

En théorie, le standard des Persans classiques s'applique aux Persans colourpoint. Cependant, ces derniers sont souvent un peu moins typés que les Persans classiques : cela apparaît surtout au niveau de la tête, qui a un peu de nez.
De type parfaitement bréviligne, le Persan colourpoint possède un corps massif avec une face plutôt rectangulaire que ronde et une queue non effilée. Son pelage est dense et long sur tout le corps, surtout au niveau de la gorge et du poitrail.
La robe constitue une caractéristique majeure du Persan colourpoint. En effet, le poil n'est pigmenté qu'aux extrémités du corps : face (masque), oreilles, membres et pieds, queue. Il doit exister un contraste très net entre ces zones, appelées points, et le reste du corps. On retrouve chez le Persan colourpoint, quelle que soit la couleur des points, les magnifiques yeux bleu foncé qui ont fait la renommée du Siamois et qui sont génétiquement associés à ce type de robe. Cependant, aucune caractéristique morphologique du Siamois n'apparaît chez le colourpoint.

Variétés

Comme chez le Siamois, on reconnaît chez le Persan colourpoint quatre variétés de base, qui sont les plus anciennes : seal point, chocolate point, blue point et lilac point. Le L.O.O.F. reconnaît actuellement toutes les nouvelles couleurs, notamment les red

Variété	Couleur du nez	Couleur des points	Couleur du corps* et des coussinets
Seal point	brun foncé	crème pâle	brun foncé
Chocolate point	chocolat au lait	ivoire	cannelle rosé
Blue point	bleu-gris	blanc bleuté	bleu ardoise
Lilac point	gris acier rosé	blanc glacé	mauve

**Quelle que soit la variété, la couleur du corps s'atténue en parties déclives pour devenir presque blanche.*

point (rouge), cream point (crème), tortie point (écaille-de-tortue) et tortie tabby point (écaille et tabby).
Ces deux dernières séries existent en seal, chocolat, bleu ou lilas.

Aspects génétiques

Les particularités génétiques concernant la pigmentation sont identiques à celles évoquées pour le Siamois. Le Persan colourpoint est aussi un peu plus précoce sexuellement et un peu plus prolifique que les Persans classiques. Les accouplements avec ces derniers sont autorisés et d'ailleurs régulièrement effectués pour améliorer le type. Les chatons de ce groupe naissent blancs. La pigmentation s'installe progressivement pendant la première semaine de vie, mais n'atteint sa plénitude qu'entre huit et dix mois.

Origine et histoire

La création de cette nouvelle catégorie de Persan en robe de Siamois a été assez complexe, et tentée avec des succès divers par plusieurs groupes d'éleveurs.

Des débuts difficiles

Les premiers essais remontent entre 1924 et 1930, à la fois en Suède et aux États-Unis. Il s'agissait d'études scientifiques visant, au travers d'accouplements entre Siamois et Persans, à mieux comprendre le fonctionnement du gène siamois. C'est ainsi que naquit Débutante, la première chatte à poil long et aux marques siamoises. Cette femelle, qui avait un type très oriental, devait ressembler à nos actuels Balinais…
Ces premiers programmes furent stoppés par la suite. À la même époque, en France, certains éleveurs pratiquèrent aussi des métissages entre Siamois et Persans.
Les chats obtenus eurent, en 1935, sous la dénomination de « Khmers », un standard bien défini. Mais le programme français fit trop appel au sang siamois, et le Khmer, trop oriental, fut abandonné vers 1955 au profit de l'actuel Persan colourpoint.

Le modèle britannique

Le Persan colourpoint a été créé parallèlement en Grande-Bretagne et aux États-Unis, dans deux programmes d'élevage lancés vers 1947. Le programme britannique, réalisé en grande partie par l'éleveur Brian Stirling-Webb, est un modèle du genre : il a duré huit ans, a porté sur plusieurs centaines de chats et a nécessité de nombreux accouplements consanguins pour retrouver le type persan recherché après les apports obligatoires de sang siamois !
Reconnu en 1955 en Grande-Bretagne, et en 1957 aux États-Unis, le Persan colourpoint devra attendre 1958 pour remporter un premier prix de meilleur poil long dans un concours. Cela voulait

▲ Persan tortie point

>>

Persan
colourpoint

dire qu'il avait enfin atteint un type du niveau de celui des autres Persans classiques. Avant d'être reconnu par tous les clubs américains comme une variété de Persan, le colourpoint a été longtemps considéré par divers clubs américains comme une race particulière sous l'appellation d'« Himalayan ». Ce nom fait référence à celui d'une race de lapin domestique qui présente aussi une robe de type colourpoint.

Le type du Persan colourpoint a été amélioré et s'est vu reconnaître plusieurs nouvelles couleurs, comme le cream point, le tortie point, le tabby point, le tortie tabby point, etc. Ce chat colourpoint, régulièrement présent dans les expositions, se démarque par l'originalité certaine de sa robe.

Concours

Outre les défauts mentionnés pour les Persans classiques, il convient d'éviter chez le Persan colourpoint tout strabisme, toute anomalie au niveau de la queue (queue « nouée »), toute tache blanche au niveau des pieds, toute couleur des yeux autre que le bleu foncé.

Comportement

Comme le Persan classique, le Persan colourpoint est un chat plutôt calme, reposant, même si, par instants, la vivacité héritée du Siamois réapparaît. Il est intelligent. Très attaché à son maître, il a besoin de beaucoup d'affection. Sociable, il apprécie la vie de famille. Dans la nature, il se dépense autant que les autres chats.

▲ **Persan seal point**

Ragdoll

Ragdoll

PORTRAIT
Chat exceptionnellement grand et lourd, au pelage mi-long.

CARACTÈRE
Tempérament équilibré et grande gentillesse.

SIGNES PARTICULIERS
Quand on le prend dans ses bras, ce chat se relaxe complètement, dans n'importe quelle position, d'où son nom de Ragdoll (poupée de chiffon).

MARIAGES AUTORISÉS
Uniquement entre Ragdolls.

Ragdoll bicolore blue point ▸

Le Ragdoll est un chat de très grand format : les mâles peuvent peser de 6 à 8 kg, et les femelles de 4 à 5 kg. Sa morphologie est de type médioligne à tendance bréviligne. Il présente un poitrail profond et des membres à la forte ossature. Les pattes postérieures sont plus hautes que celles de devant. La queue est assez longue. La tête, de taille moyenne par rapport au corps, forme de face un triangle aux contours assez arrondis, prolongé par des oreilles de taille moyenne, larges à la base et pointues à l'extrémité. De profil, on observe une déclivité bien marquée. Les yeux, grands et légèrement ovales, sont toujours d'un bleu foncé intense, caractéristique des robes colourpoint. Le pelage est mi-long, plus court sur la face, le dessus du corps et les pattes, plus long sur le haut du poitrail, le ventre et la queue. La texture est soyeuse et souple. Le sous-poil est moyen, pelucheux.

Variétés

Le standard reconnaît trois variétés selon la répartition des zones pigmentées sur la robe.

Le colourpoint
Il a une robe de type siamois, c'est-à-dire avec une pigmentation intense seulement sur les extrémités : la face, les oreilles, les pattes et la queue.
Le nez et les coussinets ont une couleur accordée aux zones pigmentées. Cette variété ressemble au Balinais (voir p. 32), sorte de Siamois à poil mi-long.

Le ganté (mitted)
Il montre, par rapport au colourpoint, une dépigmentation de l'extrémité des quatre pattes, formant ce que l'on appelle les « gants ». Cette variété, à la différence du Chat sacré de Birmanie (voir p. 98), présente des gants moins parfaits, et n'a pas d'éperons aux pattes arrière. Le Ragdoll mitted porte aussi souvent une étoile blanche au front.
Le nez est de la couleur des zones pigmentées. Les coussinets sont marbrés de rose et de la couleur du nez.

Le bicolore
Il présente, par rapport au colourpoint, une extension du blanc aux quatre pattes et sur la face. À cet endroit, le blanc forme un V inversé caractéristique, ne laissant de pigmentés au niveau du masque que les bords supérieurs et externes des yeux ainsi que les joues. Une étoile blanche sur le front est possible. Nez et coussinets sont ici roses. Cette dernière variété est la plus prisée du public.
Le standard reconnaît, pour chacune de ces trois catégories, quatre variétés de couleurs dans les zones pigmentées : le

>>

>> 

Ragdoll

noir (seal point), chocolat (chocolate point), bleu (blue point) et lilas (lilac point). Comme chez tous les colourpoint, les chatons naissent blancs, la pigmentation des points n'apparaissant qu'au cours de la première semaine. Le grand format de la race fait que la croissance est prolongée et que les apports minéraux doivent être bien suivis.

Soins

La fourrure demande peu d'entretien. Cependant, en période de mue, un brossage fréquent est nécessaire pour éliminer le poil mort.

Aspects génétiques

Le Ragdoll possède à la base deux gènes siamois, nommés « c^S », responsables de la limitation de la pigmentation aux seules extrémités du corps ainsi que de la couleur bleu foncé des yeux. Pour les variétés gantées et bicolores s'ajoutent le gène responsable de la panachure blanche et un certain nombre de gènes à faibles effets individuels, appelés « polygènes ». Ces derniers sont responsables de la plus ou moins grande extension des zones blanches. Comme il est impossible de fixer de façon définitive la quantité des polygènes, il en résulte une certaine variabilité de la répartition du blanc dans les portées, ce qui constitue une difficulté d'élevage. Il est déconseillé de n'accoupler que des bicolores entre eux, au risque d'une extension excessive du blanc ; il vaut mieux combiner les trois variétés.

▲ Ragdoll seal point

Origine et histoire

Le Ragdoll est un chat à poil mi-long de type colourpoint (c'est-à-dire avec une robe ressemblant à celle du Siamois) et caractérisé par un tonus nerveux particulier par rapport à celui des autres chats. Cette race a été créée dans les années 1960 par une éleveuse de Californie, Ann Baker, à partir d'un métissage entre Persan blanc et Chat sacré de Birmanie seal point. Le hasard et, sans doute, la sélection, ont fait que les sujets de cette race ont acquis un tonus nerveux assez bas, de sorte qu'ils se relaxent complètement, notamment lorsqu'on les prend dans les bras. Cette particularité est à l'origine d'une fable prétendant que les Ragdoll seraient les descendants d'une chatte Persane blessée dans un accident de la route, le traumatisme subi par l'animal étant responsable du tonus nerveux moindre de la race, et aussi de son insensibilité à la douleur… Bien entendu, cette fable n'a aucun fondement biologique et le Ragdoll n'est pas insensible à la douleur !

Une reconnaissance tardive

Bien qu'assez populaire en Californie, le Ragdoll a eu quelques difficultés à s'imposer aux États-Unis, où il est désormais reconnu par la C.F.A. Il était déjà bien connu dans d'autres parties du monde comme le Japon, l'Australie et l'Europe. Sur ce dernier continent, et grâce à d'ardents défenseurs en Allemagne, le Ragdoll sera reconnu en 1992 par la F.I.Fe. En Grande-Bretagne, il a été reconnu en 1987 par la G.C.C.F. En France, le Ragdoll, arrivé en 1986, est reconnu par le L.O.O.F. On voit de plus en plus de sujets en exposition et la création d'un club de la race en 1993 a permis de mieux connaître ce chat.

Concours

Toute couleur d'yeux autre que le bleu, une robe courte, des taches blanches pour les colourpoint, une absence de menton blanc chez le mitted, des taches foncées sur le masque blanc des bicolores sont disqualificatives.

Comportement

Le Ragdoll a un caractère extrêmement doux. Il est affectueux, très présent, stable, d'une grande gentillesse et a besoin de beaucoup d'affection. C'est un chat très facile à vivre, qui aime beaucoup le jeu. On le surnomme d'ailleurs le chat-chien. Son tonus nerveux assez bas explique qu'il se laisse facilement manipuler. Son miaulement est très discret. En ce qui concerne son tonus nerveux, aucun travail scientifique n'a été publié expliquant le mécanisme physiologique de ce phénomène qui, d'ailleurs, n'est pas pris en compte dans le standard. Cela constitue un paradoxe dans la mesure où ce caractère est indéniablement la « marque de fabrique » du Ragdoll mise en valeur auprès du grand public…

Ragdoll blue point ►

Rex Cornish, Rex Devon

Cornish Rex, Devon Rex

PORTRAIT
Le Cornish a une petite tête ovale ; celle du Devon est triangulaire.

CARACTÈRE
Le Cornish est intelligent, vif et caressant ; le Devon, exubérant, curieux et joueur. Tous deux sont très câlins.

SIGNES PARTICULIERS
Des pelages frisés, chacun unique en son genre.

MARIAGES AUTORISÉS
Cornish entre eux ou avec le Californian Rex (à poil long) ; Devon uniquement entre eux.

▲ **Rex Cornish seal point type américain**

Chez le Rex Cornish, la qualité du pelage est de première importance. Il doit être court, très doux et totalement dépourvu de poils de « jarre ». Ce pelage forme des crans uniformes et serrés sur la partie dorsale et les côtés du corps ; il est court et très bouclé en parties déclives (gorge, ventre, intérieur des pattes). Sourcils et moustaches ont un aspect crêpé. Le Rex Cornish possède une morphologie plutôt longiligne et son dos arqué rappelle celui du lévrier. Sa tête, très différente de celle du Rex Devon, doit avoir une forme ovale tant de profil que de face ; l'arête du nez est large et saillante. Le stop est très réduit. Le museau est court. Les oreilles très grandes, en cone, sont haut placées. Chez le Rex Devon, la qualité du pelage est également primordiale ; il doit être très court, doux, frisé, et comporte des poils de jarre. Le poil, plus long, peut former des petits toupets à la pointe et à la base des oreilles. Moustaches et sourcils sont frisés. La tête, particulière, forme un triangle dont la base (ligne joignant les oreilles) est très large. Les oreilles sont grandes à la base et placées bas. Les yeux sont grands, ovales, bien écartés. Le corps est médioligne.

Reproduction
Le Rex Cornish, comme le Siamois avec lequel il a été croisé, manifeste quelques particularités sexuelles : chaleurs fréquentes et bonne prolificité.
Les chatons des deux races sont frisés à la naissance. Leur pelage ne prendra son aspect adulte qu'à partir de 5 ou 6 mois.

Variétés

Toutes les couleurs sont acceptées pour les deux races par le L.O.O.F., y compris les robes colourpoint.

Soins

La robe n'a besoin que d'un brossage très léger pour éliminer les poussières.

Aspects génétiques

Les chats Rex sont caractérisés par un pelage constitué de poils d'aspect cranté, particularité liée à des mutations modifiant la croissance des poils telles qu'elles existent chez d'autres espèces de mammifères. Une anomalie (*spasticity*) a parfois été transmise en même temps que le gène Rex Devon. Les chatons atteints ont alors une dégénérescence irréversible des muscles respiratoires et meurent vers l'âge de 4 mois. Ce problème est désormais maîtrisé.

Origine et histoire

Ce sont des lapins à fourrure courte et sans jarre, apparus en 1919 dans la Sarthe, qui ont les premiers attiré l'attention des sélectionneurs. Ces lapins mutants ont été dénommés « Castorrex » ou, plus généralement, « Rex », nom retenu, par analogie, pour les races de chats à poils ondulés.

Une apparition récente

Le Rex Cornish est historiquement le plus ancien des deux. Le premier Rex Cornish, un mâle nommé Kallibunker, est né en 1950 dans le sud-ouest de l'Angleterre, en Cornouailles (d'où la particule Cornish donnée à la race). La propriétaire, Mme Nina Ennismore, avait déjà élevé des lapins Rex et, pressentant l'intérêt que présentait Kallibunker, elle prit contact avec des spécialistes de la génétique. La race fut parallèlement développée en combinant des accouplements consanguins, pour fixer la mutation, et des croisements ponctuels, notamment avec le Siamois, pour diversifier les souches. Dix ans plus tard, en 1960, toujours en Angleterre, mais cette fois dans le Devon, fut repéré un chat haret au pelage d'aspect frisé. Une chatte saillie par ce mâle, et qui lui était sans doute apparentée, donna naissance à une portée dont un mâle, appelé Kirlee, avait la particularité du père. Connaissant l'existence des Rex Cornish, la propriétaire, Mlle Beryl Cox, prit contact avec les généticiens qui avaient étudié cette race. On constata vite que les deux mutations étaient différentes, car les chatons issus des accouplements de Kirlee avec des femelles Rex Cornish avaient tous des pelages normaux. Une nouvelle race était donc née, dénommée Rex Devon. Depuis, ces deux races ont été reconnues par toutes les associations félines en Europe et aux États-Unis. Soulignons que, très rapidement, les sélectionneurs ont pris soin de donner à chacune une morphologie bien spécifique, soulignant ainsi le fait que les deux mutations sont bien différentes, même si leurs effets sur le pelage apparaissent assez proches. Rex Cornish et Rex Devon jouissent actuellement d'une popularité importante, ne laissant jamais le public indifférent, même si les avis sont très controversés sur leur esthétique… Cependant, et surtout pour les Rex Devon, le nombre de sujets disponibles est encore assez faible. Le Cornish Rex et le Devon Rex font l'objet chacun d'une inscription au L.O.O.F.

Comportement

Les deux races sont très agréables à vivre, le Rex Cornish étant a priori le plus actif. Ces deux chats adorent les câlins et les caresses. Ils sont curieux et joueurs. Très espiègle, le Devon fait souvent des bêtises, notamment pour assouvir sa gourmandise. Il est difficile de ne pas être conquis par l'affection que les Rex témoignent.
Ils n'aiment pas rester seuls.

Concours

Des poils de garde ou une fourrure chez le Rex Cornish entraînent la disqualification. Quant au Devon Rex, les zones nues importantes et une tête commune sont éliminatoires.

▲ Rex Devon silver tabby

Russe

Russian Blue

AUTRE NOM
Bleu russe.

PORTRAIT
Sa silhouette gracieuse est soulignée par une robe soyeuse d'une belle couleur argentée.

CARACTÈRE
Calme et timide.

SIGNES PARTICULIERS
Une épaisse fourrure, dense, laineuse et d'une couleur gris bleuté, unique.

MARIAGES AUTORISÉS
Avec le Russe et le Nebelung.

Ce chat au corps élancé et gracieux présente une ossature moyenne. Les pattes sont allongées, les pieds petits et ronds. La queue est assez longue et effilée. La tête, au crâne plat, est courte et cunéiforme (en forme de clou). Le front et le nez sont droits et forment un angle, sans que l'on puisse parler de stop. Les yeux, légèrement arrondis, sont écartés.
Les oreilles, aussi hautes que larges et en alerte, ont une peau fine et transparente, et sont presque dépourvues de poils à l'intérieur.
La robe courte, épaisse et très fine à la fois, souple et soyeuse, dressée comme celle d'une loutre, pelucheuse, est double, ce qui lui donne un aspect un peu dressé et surtout un éclat argenté très caractéristique de la race. La couleur est unie, bleu gris avec un tipping silver sur les poils de garde (coloration argentée à l'extrémité des longs poils de la fourrure extérieure), donnant un aspect brillant. La couleur des yeux constitue un autre trait de la race qui est assez spectaculaire : elle doit être d'un vert émeraude le plus vif possible. Il existe aussi une variété de Russe noire et une autre blanche.

Origine et histoire

Les origines du Russe sont controversées. Certains pensent qu'il aurait été introduit en Angleterre vers 1860 par des marins venus d'Arkhangelsk, d'où le nom de « Chat d'Arkhangelsk », qui lui avait été attribué, et celui de Russe qui est aujourd'hui le nom officiel de la race. En fait, ce chat serait plutôt originaire du bassin méditerranéen. Peut-être même a-t-il un ancêtre commun avec le Chartreux ? Cette seconde hypothèse a valu au Russe d'être appelé un temps « Chat de Malte » et aussi « Chat espagnol bleu ».

Une existence menacée

Ce sont les éleveurs britanniques qui ont effectué la sélection et précisé la race. En France, ce chat fut exposé pour la première fois en 1925, sous le nom de « Chat de Malte ». Mais la Seconde Guerre mondiale porta un coup à l'élevage, et la race disparut presque complètement. Au lendemain de la guerre, les Scandinaves et les Britanniques transformèrent la race en croisant le Russe avec le Siamois ; l'animal perdit notamment la couleur émeraude de ses yeux et prit un type oriental marqué. Enfin, depuis 1965, on est revenu à un type plus pur. En France, quelques éleveurs s'intéressent de près à la race, qui est

reconnue par le L.O.O.F. Le Russe est plus répandu aux États-Unis, où il a été importé au début du siècle et où son élevage s'effectue avec une grande rigueur. En fait, ce dernier se heurte à plusieurs difficultés. Tout d'abord, la race étant peu représentée, les risques de consanguinité existent. Ensuite, le Russe souffre de la concurrence du Chartreux et du Blue British. Enfin, à l'âge de la vente, les chatons ne sont pas très spectaculaires, car la couleur verte des yeux, charme majeur de la race, ne se fixe que tardivement. Une portée compte environ 4 jeunes.

Concours

Un type oriental ou cobby, ou une fourrure plate entraînent la disqualification.

Comportement

Le Russe est très facile à vivre. Il est intelligent, joueur, mais sans excès. Facilement effrayé, il déteste les cris et l'agitation et doit être manipulé avec délicatesse. Il est très indépendant et n'aime pas être dérangé dans ses habitudes. Ce chat autoritaire, qui se méfie un peu des étrangers, est en fait le compagnon d'un seul maître, avec lequel il se montre très tendre (les femelles étant encore plus possessives que les mâles). Le Russe s'entend bien avec les animaux et les enfants. Discret, ce chat miaule peu, sur un ton plaintif et il est assez casanier.

Sacré de Birmanie

Sacred Cat of Burma

AUTRES NOMS
Chat sacré de Birmanie, Birman.

PORTRAIT
Ce chat de taille moyenne, mais de stature robuste, possède une longue robe soyeuse.

CARACTÈRE
Sociable et affectueux.

SIGNES PARTICULIERS
Ce chat porte des gants blancs.

MARIAGES AUTORISÉS
Uniquement entre Sacrés de Birmanie.

Sacré de Birmanie seal point ▸

Il est rare qu'un Sacré de Birmanie réunisse à la fois les trois groupes de caractères exigés pour être un parfait représentant de la race. Ces critères bien particuliers sont la répartition de la couleur, la qualité du pelage et la morphologie.
Le Sacré de Birmanie doit présenter une robe pigmentée exclusivement aux extrémités, comme chez le Siamois. Ces parties pigmentées (masque, oreilles, pattes et queue) sont dénommées « points », selon le terme anglo-saxon consacré. Toujours comme chez le Siamois, les grands yeux presque ronds doivent être d'un bleu le plus profond possible. Par ailleurs, et il s'agit ici d'une caractéristique essentielle pour le Sacré de Birmanie, la pigmentation de la partie extrême des pattes est effacée et laisse la place à du blanc ; c'est ce que l'on appelle le « gantage ». On souhaite un gantage blanc pur, le plus symétrique possible, et ne recouvrant que les doigts. À chaque membre postérieur, le gant doit remonter sous le pied pour dessiner une pointe, ou éperon, dont l'extrémité se situe entre la moitié et les deux tiers de la distance séparant le gros coussinet du jarret. La qualité du pelage constitue, dans le standard, une deuxième contrainte. Il doit être soyeux. Les poils sont mi-longs à longs sur la collerette, le corps, les flancs et la queue, mais courts sur la face et les membres.
Enfin, la morphologie doit répondre à des critères bien spécifiques, avec notamment des proportions moyennes, dites « médiolignes ». L'ossature est lourde. La tête est en harmonie avec le corps ; les oreilles sont moyennement grandes, avec le bout arrondi. De profil, on recherche un front un peu bombé, un nez moyen sans stop, un menton fort. Finalement sont à éviter les morphologies de type persan ou, à l'inverse, de type oriental.

Variétés

Une quarantaine de variétés sont actuellement reconnues par le L.O.O.F. La création de nouvelles variétés a été source de polémiques au sein du monde des éleveurs de Chats sacrés de Birmanie, car elle passait nécessairement par l'utilisation de croisements avec d'autres races pour introduire les gènes de la couleur désirée. Les puristes pensent que l'on risque ainsi de dévier du type morphologique et de la qualité de pelage souhaités par le standard. Selon eux, l'effort de sélection sur la couleur se fait aussi au détriment de celui sur la qualité du gantage. Enfin, ils reprochent

Variété	Couleur des points	Couleur du corps*	Couleur du nez	Couleur des coussinets
Seal point	brun foncé	crème pâle	brun foncé	rose et brun foncé
Chocolate point	chocolat au lait	ivoire	cannelle rosé	rose et chocolat clair
Blue point	bleu-gris	blanc bleuté	bleu ardoise	rose et bleu-gris
Lilac point	gris acier rosé	blanc glacé	mauve	rose et lavande rose
Red point	roux	blanc clair sans ombre	rose	rose
Crème foncé	crème	blanc	rose	rose

**Quelle que soit la variété, la couleur du corps s'atténue en parties déclives (gorge, ventre, intérieur des pattes) pour devenir presque blanche.*

à certaines couleurs (cream point, par exemple) de ne pas contraster assez avec la couleur du corps. À l'instar de ce qui est observé chez le Siamois, les chatons naissent entièrement blancs. Les points commencent à apparaître au bout de quelques jours et ils sont bien nets vers un mois. L'optimum dans le contraste et la qualité des points n'est obtenu que vers 2 à 3 ans.

Soins

Sa fourrure s'emmêle rarement et un ou deux brossages par semaine suffisent.

Aspects génétiques

Le caractère point de la robe du Sacré de Birmanie résulte de l'action du gène donnant le même effet chez le Siamois. Ce gène a été nommé « c^S ». L'origine génétique des gants est par contre encore très controversée. Selon une hypothèse séduisante, ces plages blanches, correspondant à des panachures limitées, résulteraient de l'action cumulée de plusieurs gènes à faibles effets individuels. Le fait que plusieurs gènes, et non pas un seul, soient en jeu pourrait aussi expliquer l'impossibilité de fixer définitivement la taille des gants et les résultats assez variables obtenus d'une portée à l'autre. Signalons enfin que les Américains ont introduit le gène responsable du poil court. Cela a permis de créer une nouvelle race : le Snowshoe, reconnu par le L.O.O.F. (voir p. 122).

Origine et histoire

Les origines du Sacré de Birmanie sont encore aujourd'hui auréolées de mystère. Selon Simone Poirier, éminente spécialiste de cette race, on peut penser que les premiers sujets sont issus de

▲ Sacré de Birmanie blue cream tabby point

>>

>> 

Sacré de Birmanie

l'accouplement entre un Siamois marqué de blanc à l'extrémité des pattes et un chat à poil long, qui eut sans doute lieu en 1923-1924 dans la région de Nice. Peu de temps après, en 1926, la race des « chats de Birmanie » était présentée pour la première fois à l'Exposition féline internationale organisée à Paris par le Cat Club de France et de Belgique. Parmi les trois sujets présentés, la chatte Poupée de Madalpour peut être considérée comme l'un des ancêtres marquants de la race. Parallèlement à leur sortie en public, les chats de Birmanie ont fait l'objet d'histoires rocambolesques concernant leurs origines et leur introduction en France. Une romancière de l'époque, Mme Marcelle Adam, a même créé une charmante légende : celle de Sinh, chat sacré du temple de la déesse Tsun-Kyanksé aux yeux de saphir, déesse adorée par les Khmers. Prospère jusqu'en 1939, la race a été sérieusement menacée d'extinction au cours de la Seconde Guerre mondiale. Elle reviendra au premier plan dans les expositions grâce au travail acharné de quelques éleveuses, parmi lesquelles Mlle Boyer et Mme Simone Poirier. Quelques infusions de sang persan furent pratiquées à cette époque pour limiter la consanguinité et retrouver le type morphologique d'avant-guerre. En 1950, la race prend officiellement le nom de Chat sacré de Birmanie afin d'éviter toute confusion entre Birman et Burmese, ce dernier nom étant celui d'une autre race alors introduite en France. Le Chat sacré de Birmanie connaît depuis une carrière internationale : introduction aux États-Unis en 1959-1960, en Allemagne et aux Pays-Bas en 1964, en Grande-Bretagne à partir de 1965, etc. La race est reconnue par la plupart des clubs et associations, et elle est très prisée du public. Elle est désormais inscrite au L.O.O.F. sous le nom de Sacré de Birmanie.

Concours

Des taches de couleur sur les gants ou les éperons, un manque de blanc dans les parties gantées (un doigt ou plus) ou des marques blanches dans les points sont disqualificatifs.

Comportement

Le Sacré de Birmanie est réputé comme étant un chat très affectueux sans être importun, éveillé et joueur. Certains sujets sont très bavards, mais la voix du Birman est nettement plus douce que celle du Siamois. Ce chat va spontanément vers les gens. Il s'entend bien avec les enfants et les autres animaux et s'adapte facilement à la vie en appartement, mais il n'aime pas rester seul et a besoin de beaucoup d'attention de la part de son maître.

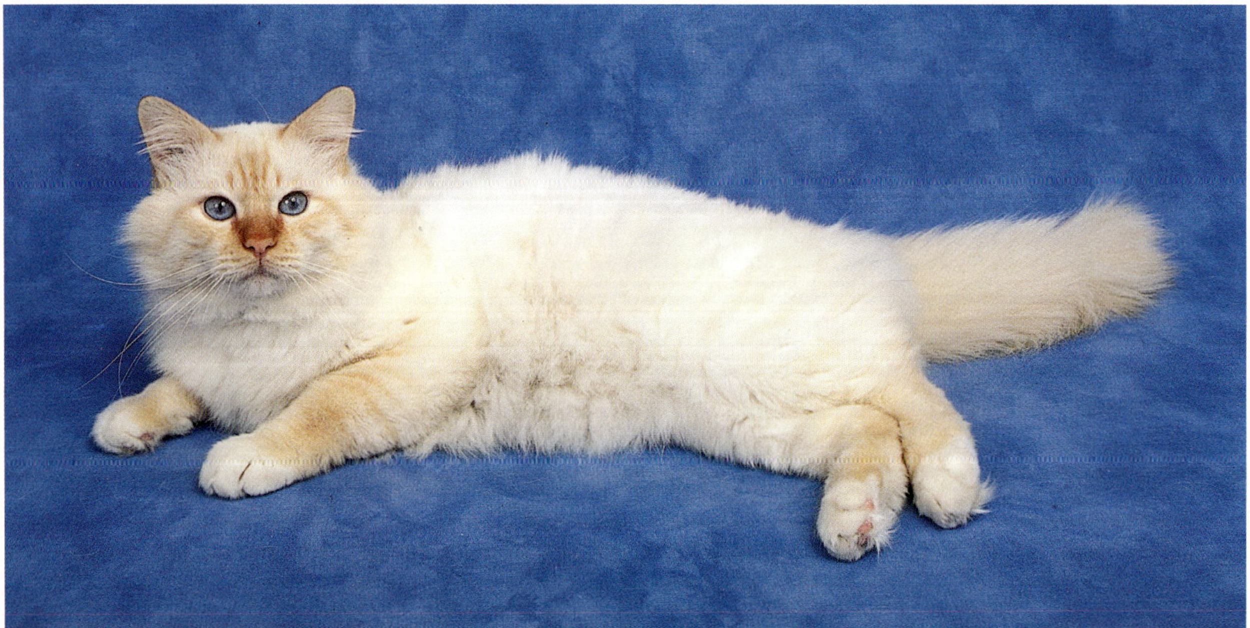

▲ Sacré de Birmanie red point

Sacré de Birmanie seal point ►

Scottish Fold

Scottish Fold

PORTRAIT
Ce chat qui a l'air de porter une casquette ressemble à un sympathique teddy bear.

CARACTÈRE
Calme, très sociable et peu bavard.

SIGNES PARTICULIERS
Des oreilles rabattues vers l'avant, une expression douce et étonnée.

MARIAGES AUTORISÉS
Avec les British à poil court et long.

Scottish bleu et blanc ▸

Le Scottish Fold, au corps semi-cobby, est de taille moyenne. Il est arrondi et musclé. La queue, de longueur moyenne à longue, ne doit pas dépasser les deux tiers de la longueur du corps ; les membres sont solides, proportionnés avec le corps et souples.
La tête est souhaitée bien ronde de face, avec des joues développées, des moustaches arrondies, des yeux grands et ronds. Le nez, court, a une bonne incurvation, mais sans break. Les oreilles font l'originalité de la race. Les pavillons, arrondis à l'extrémité, doivent être rabattus vers l'avant, de façon à donner de face l'impression que le chat porte une casquette. Une pliure lâche des pavillons n'est pas souhaitable. Le pelage est court et dense, légèrement couché sur le corps.

Variétés

Le Scottish Fold peut avoir toutes les variétés de couleurs du British Shorthair (voir p. 37). En Europe, actuellement, les expositions présentent une majorité de bicolores et de tabby.

Soins

Un brossage hebdomadaire suffit à entretenir sa robe. Les oreilles ne nécessitent pas de soins particuliers.

Aspects génétiques

Le gène Folded Ear, responsable de la pliure des oreilles, se symbolise par « Fd ». Il s'agit d'un gène autosomal (porté par des chromosomes non sexuels) et dominant, c'est-à-dire qu'une seule dose du gène suffit pour que le caractère apparaisse. Cependant, certains chats porteurs de ce gène n'ont pas les oreilles pliées. Ainsi, dans une portée issue de deux Scottish Fold homozygotes (porteurs chacun de deux gènes Fd), tous les chatons n'auront pas les oreilles pliées. On parle de « pénétrance incomplète » du gène.
La mutation oreilles pliées n'est pas une exclusivité écossaise.
Elle est apparue dans d'autres parties du monde. Le professeur Cornevin mentionne, dans son traité de zootechnie spéciale de 1897, l'existence de chats à oreilles pliées en Mandchourie. Mais, faute d'études concernant ces autres cas, la question reste posée de savoir si la mutation chinoise et la mutation écossaise sont identiques… Le gène oreilles pliées provoque aussi malheureusement des anomalies des membres (défauts de croissance) et de la queue que l'on a pu observer chez les Scottish Fold, et plus particulièrement chez les homozygotes.

La reproduction doit donc respecter des règles strictes pour limiter les risques d'anomalies du squelette. La solution consiste à obtenir des chats hétérozygotes (porteurs d'un seul gène Fd) chez qui les anomalies sont moins fréquentes. La règle d'or est donc de ne jamais accoupler deux chats à oreilles pliées, mais un Scottish Fold avec un chat à oreilles droites et de morphologie adéquate, afin d'obtenir un chat hétérozygote.
Chez les chatons, le caractère oreilles pliées n'est visible qu'à partir de 3 ou 4 semaines. Le degré définitif de pliure n'interviendra malheureusement qu'à 5 ou 6 semaines. Compte tenu des particularités du gène Folded Ear, on obtiendra des proportions variables de chatons à oreilles pliées.

Origine et histoire

La mutation responsable de la pliure des oreilles a été observée pour la première fois en 1961, en Écosse, par William Ross chez une chatte nommée Susie appartenant à l'un de ses voisins. Susie mit bas deux chatons, dont une femelle blanche aux oreilles pliées, nommée Snooks. Devenus propriétaires de Snooks, les Ross décidèrent de fixer ce caractère pour constituer une nouvelle race. Ils se firent aider pour cela par plusieurs généticiens anglais, dont P. Dyle et O. Jackson, qui mirent en évidence les particularités génétiques de la mutation. Celle-ci fut appelée Folded Ear (« oreille pliée »), d'où le nom de la nouvelle race, le Scottish Fold.

Des anomalies inquiétantes

Malheureusement, les éleveurs de Scottish Fold constatèrent très vite que la mutation Folded Ear pouvait donner des anomalies des membres et de la queue gênant beaucoup les individus qui en étaient atteints. Comme ces anomalies étaient plus fréquentes chez les chats porteurs de deux gènes mutants, ces spécialistes établirent des règles d'élevage strictes pour limiter au maximum les problèmes. Cependant, l'existence des anomalies inquiéta suffisamment les spécialistes du G.C.C.F. anglais pour qu'ils refusent de reconnaître la race. Les motifs officiellement invoqués furent une prédisposition de la race aux parasites auriculaires et à la surdité. Le premier n'est aucunement justifié ; quant à la surdité, elle est due au fait qu'il y avait beaucoup de blancs parmi les premiers Scottish Fold, et que le gène donnant le pelage blanc entraîne aussi souvent la surdité.

Une reconnaissance encore inégale

Le Scottish Fold a ainsi végété dans son pays d'origine jusqu'à ce que trois sujets soient envoyés aux États-Unis où la race connut une promotion dynamique grâce notamment à une éleveuse, Salle Wolf Peters. Ces efforts aboutirent à la reconnaissance du Scottish Fold, par la C.F.A. en 1976, puis par toutes les associations d'Amérique du Nord, où la race a connu un développement très important. Son retour en Europe s'est amorcé à partir de 1980, mais on compte encore peu de sujets dans les principaux pays éleveurs, la France et la Belgique. Le Scottish Fold est inscrit au L.O.O.F. Il existe un Scotish Fold à poil long, baptisé « Highland Fold » aux États-Unis où il est reconnu par plusieurs associations.

Concours

Une queue trop courte ou manquant de flexibilité, des taches blanches chez les chats non particolores sont disqualificatifs.

Comportement

Le Scottish Fold est un chat rustique qui a gardé intact son comportement de chasseur, ce qui ne l'empêche pas de très bien s'adapter à la vie en appartement. Il aime la compagnie des humains et des animaux et apprécie autant une vie de famille agitée avec des enfants que la présence d'un seul maître, avec lequel il se montre très tendre. Il est difficile de ne pas tomber sous le charme de ce chat original, délicieux et dont le regard exprime une grande douceur.

▲ Scottish bleu crème et blanc

Siamois

Siamese

PORTRAIT
Chat de type oriental, svelte et raffiné, très souple, mais aussi fort et musclé.

CARACTÈRE
Extrêmement curieux, intelligent, bavard et extraverti.

SIGNES PARTICULIERS
Une grâce inimitable et un vrai tempérament.

MARIAGES AUTORISÉS
Avec le Balinais, le Mandarin, l'Oriental et entre Balinais.

Siamois seal point ▶

Le Siamois constitue, par sa morphologie, le modèle parfait du type oriental ; en d'autres termes, il est bâti tout en longueur. Ainsi, le corps est long, svelte, de largeur égale aux épaules et aux hanches. Il est porté par des membres longs et fins, les postérieurs étant un peu plus hauts que les antérieurs. Attention, longiligne ne veut pas dire gracile : le Siamois doit être parfaitement équilibré, avoir une taille moyenne et être musclé. La queue, longue et fine, se termine en pointe.

Une face triangulaire

La tête est en harmonie avec le corps. La face dessine un triangle aussi ouvert que possible, prolongé en ligne droite par les très grandes oreilles. Ces dernières, larges à la base, sont bien écartées et pointues. Les côtés du triangle doivent être rectilignes, notamment à la jonction entre joues et museau. Ce dernier est fin, en triangle. Le profil est droit du front au bout du nez, sans bosse ni stop. Le nez est long, le menton assez fort. Ils doivent être dans un même plan vertical. Les yeux en amande, bien écartés, sont placés bien en biais. Quelle que soit la variété, ils seront toujours d'un magnifique bleu foncé, particulièrement limpide.
Le pelage est court (pas plus de l'épaisseur d'un doigt), fin, serré, brillant, bien couché. La robe, autant que la couleur des yeux, constitue une caractéristique majeure de la race.
En effet, le poil n'est pigmenté qu'aux extrémités du corps : face (masque), oreilles, membres et pieds, queue.
Il doit exister un contraste très net entre ces zones, ou points (terme anglo-saxon, couramment utilisé par les éleveurs du monde entier) et le reste du corps. L'absence de barres sur les pattes et la queue est souhaitée, quelle que soit la couleur, sauf pour les robes tabby point.

Reproduction

La chatte siamoise est précoce, les premières chaleurs survenant en moyenne le 9e mois, bien que des extrêmes de 4 et 20 mois aient été observés. Le cycle sexuel est très court : il n'est pas rare de constater des chaleurs tous les 15 jours ! La chatte siamoise connaît rarement le repos sexuel d'automne-hiver observé par exemple chez les Européens. Sa prolificité est plutôt supérieure à la moyenne, avec très souvent 6 chatons par portée. Ces chatons naissent entièrement blancs. La pigmentation des points apparaît progressivement sur un mois dans l'ordre suivant : masque et oreilles dès 5 jours, puis pattes et queue.

Variétés

Pour les variétés reconnues, il existe chez le Siamois une différence sensible entre les standards américain et européen. En effet, seulement quatre variétés dites de bases – seal (marron foncé), chocolate (chocolat), blue (bleu) et lilac (lilas point) – sont admises aux États-Unis. En Europe, tous les Siamois sont reconnus en tant que tels et les variétés sont quasiment illimitées : smoke point (fumé), cinnamon point (cannelle), fawn point (faon), etc.

Siamois seal point

C'est la variété la plus ancienne et la plus répandue. Les points sont d'un brun foncé dense semblable à celui de certains phoques (d'où le terme de seal). Le corps est brun clair sur le dos, crème en parties déclives. Le bout du nez et les coussinets sont de la même couleur que celle des points.

Siamois chocolate point

Cette variété marron, qui existait chez les premiers Siamois, passait pour un « mauvais » seal point. Dans les années 1950, les sélectionneurs ayant éclairci le marron, le chocolate point a été reconnu. Les points sont chocolat au lait, contrastant avec la nuance ivoire du corps. Nez et coussinets sont chocolat, avec une nuance rosée.

Siamois blue point

Cette variété, dilution génétique du seal point, a été reconnue pour la première fois en 1932 par la C.F.A. On peut penser que le gène de dilution provient du Korat, race de chats bleus contemporaine du Siamois au Siam. Les points sont bleu soutenu, le corps, d'une nuance bleuâtre froide sur le dos, évoluant vers le blanc en parties déclives. Nez et coussinets sont bleus.

Siamois lilac point

Dilution génétique du chocolate point, le lilac point a été reconnu en premier en 1955 par la C.F.A. sous le nom de « frost-point » (ce terme voulait rendre compte de la nuance dite « blanc glacé » du corps). Les points sont gris rosé, le nez et les coussinets, couleur lilas fané.

Autres variétés

Selon toute vraisemblance, les autres variétés sont issues de métissages ponctuels avec des Européens ou des American Shorthair. Cette pratique a permis d'introduire des gènes de couleurs inexistantes ou rares chez le Siamois. Cependant, elle a modifié le type, et de nombreuses années de sélection furent nécessaires pour retrouver la morphologie souhaitée par le standard. De ce fait, ces variétés ne furent reconnues que tardivement, à partir des années 1960. Aux États-Unis, elles constituent une race à part, appelée « Colourpoint Shorthair », qui comporte des red et cream point avec des points respectivement abricot et crème sans rayures, un corps blanc plus ou moins ombré dans la nuance des points, un nez et des coussinets couleur chair. Entrent aussi dans cette catégorie la série des tabby point (points aux rayures, que l'on appelle « lynx point » aux États-Unis), celle des tortie point (écaille-de-tortue) et, enfin, celle des tortie tabby point (écaille-de-tortue avec rayures, dénommés « tortie lynx point » aux États-Unis). Dans chaque série, on trouve des seal, chocolate, blue et lilac. Les tabby point peuvent aussi être red ou cream. Le nez et les coussinets de chaque variété sont de la même couleur que ceux des variétés de base correspondantes. Cependant, pour le nez, on souhaite la présence de taches

▲ Siamois blue point

>>

Siamois

roses ; le terme usuel est « marbré ». Le L.O.O.F. reconnaît tous les colourpoint.

Soins

Un passage à la brosse douce deux fois par semaine suffit à l'entretien du poil.

Aspects génétiques

Une mutation sur un gène bien précis est responsable de l'apparition des points chez le Siamois. Ce gène, appelé « c^S », ne permet à la pigmentation des poils d'apparaître que dans les parties plus froides du corps. Ainsi, seules les extrémités sont-elles pigmentées. En cas de blessure sur le corps, le poil peut repousser localement foncé, la cicatrice étant peu vascularisée, donc plus froide. L'action du gène est modulée par la température ambiante : s'il est élevé dans un climat froid, un Siamois aura le corps plus coloré, et donc le contraste points-corps moins marqué que s'il est élevé dans un environnement chaud. L'âge joue aussi, le corps devenant plus foncé dès 3 ou 4 ans (c'est avant cet âge qu'une carrière en concours doit être tentée). Enfin, signalons que le gène c^S est responsable d'un second effet : les yeux bleu foncé, couleur associée aux points.

Origine et histoire

La race siamoise garde le secret quant aux espèces sauvages qui ont pu lui donner naissance et au moment où s'est produite la mutation responsable de sa robe très caractéristique. On sait, par contre, que le Siamois est connu depuis fort longtemps au Siam (ancien nom de la Thaïlande). On a trouvé des représentations assez ressemblantes du Siamois dans des manuscrits provenant d'Ayuthia, capitale du Siam entre 1347 et 1767. On peut donc dire que le nom de « Siamois » donné à ce chat reflète bien son origine géographique.

Des débuts incertains

L'entrée du Siamois dans l'histoire de la félinotechnie occidentale, à la fin du XIXe siècle, a suscité quelques controverses. Il semble que deux sujets (dont l'origine reste inconnue) aient été présentés à la première exposition féline du Crystal Palace à Londres, en 1871.

▲ Siamois lilac point

Siamois seal point ▶

>> 

Siamois

Cette première apparition aurait défrayé la chronique du monde félin, les deux animaux suscitant des réactions très contradictoires, mais surtout pas l'indifférence. Deux couples ont été introduits plus tard : d'une part, Pho et Mia, rapportés du Siam en Angleterre par sir Owen Gould en 1884, et, d'autre part, deux autres sujets rapportés en France l'année suivante par Auguste Pavie.
Le doute subsiste quant aux modalités d'acquisition de ces chats. Pour certains, il s'agirait de cadeaux du roi de Siam à ces diplomates étrangers ; pour d'autres, l'acquisition se serait faite en fraude, car l'exportation des Siamois, propriété exclusive de la cour royale, était punie de la peine de mort… Toujours est-il que ces premiers sujets devaient être fragiles, au point qu'Auguste Pavie confia les siens au Jardin des Plantes ! Malgré toutes les précautions prises, les premiers Siamois ne survécurent pas longtemps.

L'accès à la popularité

Heureusement, la race avait fait des adeptes. Les importations en provenance du Siam reprirent, en Europe et aux États-Unis, où les premiers Siamois furent introduits en 1890. En 1892, un premier standard fut établi par le G.C.C.F. en Angleterre. Les techniques d'élevage s'améliorant et la race s'adaptant à nos climats, le Siamois devint très populaire de par le monde à partir des années 1920.
Les premiers Siamois, toutefois, présentaient des différences sensibles par rapport aux sujets que l'on peut admirer actuellement dans les expositions. Ainsi, le contraste entre les extrémités colorées et le corps clair était peu marqué, le bleu des yeux était moins intense et, surtout, la morphologie était plutôt médioligne (rappelant celle de l'Européen), avec une tête assez ronde. Plus récemment, le cinéma a contribué à étendre encore la popularité de la race : avec, par exemple, les deux Siamois « catastrophes » du dessin animé *la Belle et le Clochard*, ou les exploits du héros du film *l'Espion aux pattes de velours*…

Des anomalies sources de polémiques

Chez les premiers Siamois, une proportion élevée d'individus présentait un strabisme convergent et une queue « nouée » (c'est-à-dire avec des vertèbres plus ou moins déformées et soudées). La fréquence de ces anomalies était telle que les premiers standards les acceptaient.
Le changement de politique s'est opéré dans les années 1930 et, aujourd'hui, le strabisme, par exemple, est un défaut entraînant une disqualification.
Les résultats de la sélection ont été spectaculaires, et les sujets montrant ces anomalies sont devenus fort rares. Parallèlement, les éleveurs ont amélioré la robe et les yeux et créé de nouvelles variétés. Mais, surtout, ils ont façonné la morphologie pour s'orienter vers un type franchement longiligne, plus en accord avec l'image que l'on se faisait d'un chat de type oriental.
Des polémiques sur cette morphologie sont par la suite apparues chez les éleveurs et les juges, les Britanniques restant relativement modérés en gardant un Siamois proche de l'ancien type, tandis que les Américains, dans les années 1970, modelaient un Siamois étiré à l'extrême et filiforme.
Aujourd'hui, tout le monde est revenu à un type équilibré.

Concours

Parmi les défauts qui entraînent la disqualification, citons : des taches blanches, sauf chez les particolores, des coussinets ou un nez dépigmentés.

Comportement

D'une grande vivacité, le Siamois se montre souvent excessif dans ses réactions. Il est très attaché à son maître mais, en contrepartie, très possessif, ce qui fait comparer son comportement à celui du chien. Comme ce dernier, il accepte de marcher en laisse.
Le Siamois s'adapte assez bien aux voyages et aux changements d'environnement. Il est par contre méfiant vis-à-vis des étrangers et a souvent des réactions très vives en cas de danger ou de douleur.
Sa voix est particulière.
Ses miaulements rauques ne sont pas appréciés de tous. Ceux des Siamoises en chaleur, en particulier, sont difficilement supportables. Mais ce chat sait aussi moduler sa voix à l'infini, et tenir une « conversation » soutenue, agréable et très expressive. Ce compagnon est enfin un hypersensible qui a besoin qu'on lui accorde du temps. Autant de traits de caractère à connaître et à méditer avant de choisir cette race aussi surprenante qu'attachante.

Singapura

Singapura

PORTRAIT
Un chat original avec sa petite taille, ses grands yeux qui lui mangent la figure et sa magnifique fourrure de lièvre.

CARACTÈRE
Très intelligent, joueur, il est aussi très curieux.

SIGNES PARTICULIERS
Un poids plume exotique, vif et actif.

MARIAGES AUTORISÉS
Uniquement entre Singapura.

Le Singapura est de petite taille, et le poids moyen adulte est de 1,8 kg et 2,7 kg respectivement pour les femelles et les mâles. Il a une petite tête ronde, des pommettes hautes. Il n'y a pas de break, le menton est arrondi, bien développé. Les oreilles sont grandes et larges, recouvertes à l'arrière d'une fourrure brillante. Les grands yeux, en amande, un peu écarquillés, sont vert doré à or, d'une couleur brillante uniforme. La robe est souple, soyeuse, couchée sur le corps.

Variété

La robe n'existe que dans une seule variété : le Brown ticked tabby ; chaque poil marqué de ticking présente ainsi au minimum deux bandes brun foncé séparées par une bande de nuance vieil ivoire. Les parties déclives ne portent pas de ticking (coloration à l'extrémité des poils) et sont de nuance crème très clair. Le tour des yeux et du nez, la base des moustaches et le poil entre les doigts sont brun foncé. Le nez est saumon, les coussinets sont brun-rose.

Origine et histoire

C'est le chat commun des rues de Singapour. Remarqué en 1974 par les Meadows, il a alors été introduit aux États-Unis. Multiplié et sélectionné dans les règles de l'art, le Singapura est reconnu par la plupart des associations félines nord américaines. Il y est pourtant peu représenté. En Europe, le Singapura est reconnu par le G.C.C.F. anglais et par le L.O.O.F. français.

Concours

Des colliers fermés et des bracelets circulaires aux pattes, des barres sur la queue, des médaillons blancs ou autres taches, des yeux bleus ou aigue-marine, le haut de la tête non tiqueté et une absence totale de ticking sont éliminatoires.

Comportement

Le Singapura est un charmant petit compagnon, curieux de tout ce qui se passe dans la maison. Il est joueur, malicieux et adore la compagnie des hommes.
Ce chat qui s'adapte bien à la vie en appartement est aussi sensible et affectueux. Sa voix douce fait aussi partie de ses charmes.
Le Singapura n'aime pas du tout le froid, ce qui ne l'empêche pas de chasser à l'occasion.

Somali

Somali

PORTRAIT
Chat souple, gracieux, au dos légèrement arqué, souple et agile comme une panthère.

CARACTÈRE
Très énergique, joueur et extraverti.

SIGNES PARTICULIERS
Les femelles sont encore plus actives que les mâles.

MARIAGES AUTORISÉS
Somali et Abyssin, et Somalis entre eux.

Somali sorrel ▸

Le Somali possède une grande partie des caractères recherchés chez l'Abyssin (voir p. 20). Il a une morphologie harmonieuse entre type européen et type oriental : yeux légèrement en amande, cerclés de noir et de couleur homogène du jaune au marron en passant par toutes les nuances de vert ; ticking sur le pelage, c'est-à-dire présence sur chaque poil de bandes foncées et claires. Deux bandes au minimum sont souhaitées, avec une bande foncée à l'extrémité du poil. Cependant, le Somali se distingue de l'Abyssin par un pelage mi-long, qui est dense, élastique, très fin, doux et brillant. Le poil, plutôt court sur la face, les membres et les épaules, est mi-long sur le dos, les flancs, la poitrine et le ventre, le sous-poil est court. Une collerette à la gorge, une culotte et une queue fournie sont souhaitées.

Variétés

Le L.O.O.F reconnaît les variétés suivantes : lièvre, sorrel, blue, fawn, chocolat, lilac, red, crème, tortie dans toutes les couleurs de base et toutes ces couleurs en silver – vingt-huit couleurs au total.

Lièvre : la couleur lièvre, également *ruddy* aux États-Unis, désigne un Somali génétiquement noir (alternance de bandes allant du noir au brun foncé sur un fond de robe orange abricot). Un minimum de deux bandes foncées est exigé sur chaque poil, la racine du poil étant orangée, et son extrémité noire. Pour les variétés suivantes, le motif est le même chez le lièvre ; ce sont les couleurs des bandes en alternance qui changent.

Sorrel : la couleur sorrel désigne un Somali génétiquement cinnamon (cannelle), avec alternance de bandes cinnamon sur un fond de robe abricot, la racine du poil étant abricot, et son extrémité cinnamon.

Bleu : des bandes bleues alternent sur un fond de robe beige, la racine du poil étant beige, et son extrémité gris-bleu.

Chocolat : des bandes marron alternent sur un fond de robe beige abricot, la racine du poil étant beige abricot, et son extrémité marron.

Fawn : des bandes beige rosé alternent sur un fond de robe beige pâle, la racine du poil étant beige, et son extrémité beige rosé.

Lilac : des bandes gris rosé alternent sur un fond mauve pâle, la racine du poil étant mauve pâle, et son extrémité gris rosé.

Roux : des bandes d'un roux intense alternent sur un fond de robe roux plus clair, la racine du poil étant roux clair, et son extrémité roux foncé.

Crème : des bandes crème foncé alternent sur un fond de robe crème pâle, la racine du poil étant crème pâle, et son extrémité crème foncé.
Tortie : le motif est le même que chez le lièvre, mais avec un mélange de bandes rouges ou crème et de bandes de la couleur de base : bandes rouges et noires alternant avec des bandes rouges et orangées (lièvre) ; bandes cinnamon et crème alternant avec des bandes crème et abricot (sorrel tortie) ; bandes bleues et crème alternant avec des bandes crème et beiges (bleu tortie).
Silver : le motif est le même que chez le lièvre, mais la couleur plus claire située entre les bandes de la couleur de base est remplacée par une nuance la plus argentée possible. Chez le lièvre, les bandes argentées alternent ainsi avec des bandes noires, la racine du poil étant argentée, et son extrémité noire.

Origine et histoire

Le Somali correspond à un Abyssin à poil mi-long. L'origine du gène responsable du poil mi-long dans la race Abyssin reste une énigme. Il pourrait s'agir d'une mutation ou, plus vraisemblablement, de l'introduction du gène poil long par des croisements avec des chats à poil long aux débuts de l'élevage de la race abyssine en Europe. Toujours est-il que, jusque vers 1960, tous les chatons à poil mi-long qui apparaissaient dans les portées d'Abyssins étaient soigneusement écartés de la reproduction, car non conformes au standard. Ce n'est qu'en 1967 qu'une éleveuse américaine, Evelyn Mague, entreprit de fixer le caractère poil mi-long chez l'Abyssin. Ainsi naquit une nouvelle race que l'on baptisa « Somali », en référence au pays voisin de l'Éthiopie, patrie d'origine probable de l'Abyssin. Le Somali fut reconnu aux États-Unis en 1978. Introduit la même année en Europe, il fut reconnu par la F.I.Fe en 1982, puis par le G.C.C.F. et par le L.O.O.F. Le Somali bénéficie actuellement d'une excellente image auprès du public. Plusieurs éleveurs français se consacrent à la race, qui fait une concurrence sérieuse aux autres mi-longs.

Concours

Taches blanches, couleur blanche s'étendant au-delà de la gorge, un collier non ouvert et un chat non agouti (absence totale de ticking) sont éliminatoires.

Comportement

On reconnaît au Somali un caractère plus posé et moins exclusif que celui de son cousin l'Abyssin. Le Somali a la réputation d'être un chat équilibré et doux, ce qui ne l'empêche pas d'avoir des côtés aventureux. Comme il déborde d'énergie, il adore jouer et se montre parfois nerveux. Il aime être le centre de l'attention et adore se blottir contre son maître ou se lover sur ses épaules. Ce chat, qui apprécie le confort, déteste le froid, sauf quand il s'agit de chasser.

▲ Somali lièvre

Sphynx

Sphynx

PORTRAIT
Le Sphynx, avec son absence de robe, est un petit alien dans le monde des chats.

CARACTÈRE
Intelligent, ultra-sensible et très câlin.

SIGNES PARTICULIERS
Les couleurs de la robe apparaissent comme imprimées sur la peau.

MARIAGES AUTORISÉS
Uniquement entre Sphynx et avec des Devon Rex pour limiter la consanguinité.

Sphynx tortie et blanc ▸

Le pelage du Sphynx est réduit sur la plus grande partie du corps à un fin duvet, d'où son nom impropre de « chat nu ». Les poils sont très courts et doux, mais seulement à l'extrémité des oreilles, du nez, des pieds, de la queue, et sur les testicules du mâle. Les moustaches et les cils ne sont pas toujours présents ; la peau est plissée. Son corps est de longueur moyenne, les membres antérieurs souvent arqués et le ventre rebondi. La tête est triangulaire sans excès, avec un crâne plat, un stop marqué, un pinch accentué, de grandes oreilles, placées très bas, des yeux assez grands, en forme de citron. La queue est longue et effilée, et les doigts, munis de griffes, sont longs.

Variétés

La plupart des Sphynx sont bicolores, mais toutes les couleurs sont acceptées.

Soins

Le sébum ne pouvant pas être absorbé par les poils, il doit être régulièrement passé au gant de toilette. L'alimentation doit pallier aux déperditions de chaleur, et les changements de température sont déconseillés. L'hiver, le Sphynx s'adapte au froid en accumulant sous sa peau de la graisse qui fond en été, ce qui accentue les plis de la peau.

Aspects génétiques

La mutation à l'origine de son pelage est autosomale et récessive. Les chatons naissent avec une peau très plissée et une fourrure visible sur la colonne vertébrale, disparaissant avec l'âge.

Origine et histoire

Le Sphynx est issu d'une mutation survenue en 1966, au Canada. Les éleveurs français se sont intéressés à lui à partir de 1983. Il est reconnu par le L.O.O.F. Les sujets disponibles sont peu nombreux car la reproduction est difficile : la mortalité néonatale est élevée.

Concours

Des poils crantés, épilés ou rasés sont disqualifiants.

Comportement

Aussi espiègle que câlin, le Sphynx, très agréable à vivre, a un cœur d'or et une sensibilité extraordinaire. Ce sentimental adore son maître. Il est aussi très intelligent. Il vient volontiers se frotter contre les visiteurs, lesquels sont toujours surpris par la chaleur et la texture un peu graisseuse du corps de ce chat.

Tiffany

Tiffany

PORTRAIT
Ce chat de taille moyenne possède un pelage mi-long qui adoucit sa silhouette.

CARACTÈRE
Très affectueux et proche de son maître.

LE SAVIEZ-VOUS
Appelé d'abord « sable foreign longhair », son nom Tiffany fait référence au célèbre magasin new-yorkais.

MARIAGES AUTORISÉS
Uniquement avec le Burmese.

Tiffany zibeline ticked tabby ►

Le Tiffany est la version à poil mi-long du Burmese européen et de l'Asian. De format moyen et de type médioligne, il est à la fois élégant et musclé. La tête est ronde, le stop léger ; les yeux, plutôt ronds, vont du jaune au doré. Le pelage mi-long, fourni, fin, soyeux et doublé d'un léger sous-poil, forme une collerette sur le haut de la poitrine.

Variétés

Pour le L.O.O.F., le Tiffany peut avoir toutes les couleurs du Burmese : tortie (écaille-de-tortue), bleu, chocolat, lilac, red, crème, zibeline, bleu crème, chocolat torie (écaille chocolat) et lilas crème. Le patron sépia éclaircit la couleur du corps. La couleur des yeux existe dans toutes les nuances du jaune au vert, l'or étant préféré chez les chats de couleur homogène et le vert chez les silver. Dans la variété sépia, la couleur des yeux va du jaune à l'ambre.

Soins

La robe ne nécessite qu'un coup de peigne de temps en temps.

Origine et histoire

Le Tiffany peut être considéré comme un Burmese à poil mi-long. Il serait né fortuitement à partir d'un programme d'élevage anglais, dont l'objectif était d'introduire le gène chocolat chez le Persan au moyen d'accouplements avec le Burmese. La race fut baptisée Tiffany dans les années 1970 par l'une de ses premières éleveuses, qui voulait ainsi en souligner l'élégance et le raffinement. De Grande-Bretagne, la race a été introduite aux États-Unis, et s'y est suffisamment développée pour être reconnue par quelques associations nord-américaines. Peu représentée en Europe, elle est reconnue par le L.O.O.F. Le caractère calme et agréable du Tiffany ainsi que son entretien facile pourraient le rendre plus populaire à l'avenir.

Concours

Des médaillons et des taches blancs, une morphologie orientale ou cobby, une petite taille ou une apparence chétive entraînent la disqualification.

Comportement

Ce chat, plutôt paisible et très proche de son maître, est facile à vivre. Il a un tempérament équilibré, mais ne supporte pas la solitude.

Tonkinois
à poil court et long

Tonkinese

PORTRAIT
Mélange harmonieux de Siamois et de Burmese dont la robe « mink » (vison) présente des teintes fondues, uniques.

CARACTÈRE
Extraverti et sociable.

SIGNES PARTICULIERS
Un poids inattendu étant donné sa taille modeste.

MARIAGES AUTORISÉS
Entre Burmese et Siamois pour la première génération, ensuite avec le Siamois, le Burmese et le Tonkinois.

Tonkinois natural mink ▸

Le Tonkinois est d'une morphologie intermédiaire entre celle, très longiligne, du Siamois et celle, plus médioligne, du Burmese. La tête, notamment, sera un peu plus longue que large, avec un stop très léger et des oreilles de taille moyenne. Les yeux, légèrement en amande, doivent être d'une couleur typique : aigue-marine chez les mink, bleue chez les point, or à jaune chez les sepia, toutes les couleurs étant brillantes, claires, profondes et uniformes chez le Tonkinois à poil court. Le pelage, brillant, est court et dense. Sa texture est fine, douce et soyeuse chez le Tonkinois à poil long, appelé aussi Tibétain. La robe est mi-longue, fine, soyeuse et couchée sur le corps, presque sans sous-poil. La répartition des pigments de la robe est, comme sa morphologie, intermédiaire entre celles du Siamois et du Burmese. Ainsi, les extrémités (oreilles, masque, bout des pattes et queue) sont foncées comme chez le Siamois. La transition vers la couleur plus claire du corps, qui ressemble à celle observée chez le Burmese, est très progressive.

Variétés

Le L.O.O.F. distingue les catégories colourpoint, mink et sépia dans les couleurs : natural mink, blue mink, chocolat mink, platinium mink, etc.

Soins

Un brossage hebdomadaire et un coup de peigne régulier pendant la mue suffisent à l'entretien de la robe.

Aspects génétiques

Sur le plan de la couleur, le Tonkinois est ce que l'on peut appeler un hétérozygote, c'est-à-dire que son patrimoine génétique est formé de gènes (qui constituent le support réel de l'hérédité) non identiques. La couleur typique de sa robe résulte des effets conjugués d'un gène c^s, source de la robe siamoise lorsqu'il existe en deux doses chez un individu, et d'un gène c^b, qui donne une robe burmese lorsqu'il existe en deux doses chez un individu. Cette particularité explique les divers types de robes des portées obtenues. Le gène du Siamois « codomine » celui du Burmese, c'est-à-dire qu'aucun d'entre eux ne domine ni ne modifie l'autre. Si l'on accouple deux Tonkinois de lignée pure, on obtient une descendance homogène sur le plan de la morphologie, mais hétérogène sur celui de la couleur : on observe en moyenne deux chatons de « patron » tonkinois pour un chaton de « patron » siamois et un de « patron » burmese. Ces derniers ne pourront pas être présentés en exposition. L'accouplement d'un Siamois et d'un Burmese, comme cela se pratique en Europe, donnera une première génération homogène ayant la morphologie et la couleur du Tonkinois. Mais ces sujets donneront à la seconde génération des portées hétérogènes aussi bien en ce qui concerne la morphologie que la couleur.

Origine et histoire

Le Tonkinois, selon la Canadian Cat Association – la première à avoir reconnu la race – serait un chat originaire de Birmanie et de Thaïlande. Pour d'autres, il s'agit d'une race hybride créée en Amérique du Nord dans les années 1930, à partir du Siamois et du Burmese, par métissage puis sélection. Si le Tonkinois est relativement bien connu en Amérique, il reste rare en Europe où les sujets sont souvent issus directement de mariages entre Siamois et Burmese. La race est reconnue par le G.C.C.F. anglais et, en France, par le L.O.O.F.

Concours

Des médaillons ou taches blancs, sauf chez les particolores, une pigmentation incomplète ou absente sur la truffe (sauf chez les rouges) sont disqualificatifs.

Comportement

Le comportement du Tonkinois rappelle celui de ses deux races d'origine. C'est un chat actif, qui aime voyager. Il s'adapte également sans difficulté à un nouvel environnement.
Il joue beaucoup avec les enfants, les autres chats et même avec les chiens. Facétieux, il lui arrive de faire des bêtises surtout si on le laisse seul trop longtemps.
Ce vrai charmeur réserve sa tendresse à son maître.

▲ Tonkinois natural mink

Turc Van

Turkish Van

AUTRES NOMS
Turc du lac de Van, Turc de Van.

PORTRAIT
Ce chat fort et massif, à poil mi-long, porte sur sa robe blanche des marques caractéristiques.

CARACTÈRE
Intelligent et exclusif.

SIGNES PARTICULIERS
Ce chat a la réputation d'aimer se baigner. On le surnomme d'ailleurs « le chat nageur ».

MARIAGES AUTORISÉS
Uniquement entre Turkish Van.

▲ **Turc Van blanc et roux**

Le Turc Van est un chat de type médioligne assez massif, ce qui le distingue de l'Angora turc, de constitution plus légère. La queue, de longueur moyenne, est bien fournie. Les pieds, ronds, portent des touffes de poils entre les orteils. La tête, plus massive que celle de l'Angora turc, forme un triangle aplati, avec un nez long, des oreilles haut placées, grandes et pointues. Les yeux sont assez ronds. Le pelage est mi-long, doux, soyeux et sans sous-poil laineux. La texture du pelage varie normalement avec les saisons : il n'est très fourni qu'en hiver. La répartition des pigments sur la robe constitue la caractéristique la plus spectaculaire du Turkish Van. Elle est à dominante blanche, avec une pigmentation limitée à la queue et à la tête, formant sur cette dernière deux taches séparées par une flamme blanche et couvrant les zones entre la base des oreilles et les yeux. Le blanc forme un V inversé sur la face.

Variétés

Dans les pays anglo-saxons, le nom "Van" qualifie toute robe présentant des dessins identiques à ceux du Turc Van (on parle ainsi de Persans Van). Les robes solides, c'est-à-dire de couleur unie, et particolores, ainsi que, pour le patron Van, toute couleur, sauf le chocolat, le cannelle, le lilas et le faon, sont reconnues par le L.O.O.F. Les yeux sont bleus, or ou impairs.

Soins

L'absence de sous-poil long rend l'entretien du pelage facile, car il ne s'y forme pas spontanément de nœuds comme c'est le cas chez le Persan. Un brossage hebdomadaire suffit.

Aspects génétiques

Le motif Van correspond en génétique à une panachure, déterminée par un gène (S) dominant, dont une seule dose dans les chromosomes suffit à faire apparaître le caractère. Mais l'étendue du blanc dépend des effets additionnés de nombreux gènes à faibles effets individuels, appelés « polygènes ». Comme il est impossible de fixer rigoureusement le nombre de polygènes souhaités, on ne peut donc pas obtenir automatiquement le motif van exigé par le standard. Ainsi, deux Turkish Van très bien marqués peuvent engendrer des chatons avec une pigmentation défectueuse.

Origine et histoire

Comme l'Angora turc, le Turc Van est originaire des hauts plateaux du Moyen-Orient, aux confins de la Turquie et de l'Iran. Cependant, cette race ne se serait développée que très localement, sur le pourtour du lac de Van, région située à 1700 m d'altitude. Le climat rigoureux, avec de forts écarts thermiques saisonniers, a sans doute été favorable à la sélection naturelle du caractère poil long dont bénéficient les deux chats turcs. L'histoire félinotechnique du Turkish Van ne commence que dans les années 1960, lorsqu'une éleveuse anglaise, Laura Lushington, ramena en Grande-Bretagne les premiers sujets de cette race. Celle-ci sera reconnue par le G.C.C.F. en 1969, puis plus tard par la F.I.Fe. Aujourd'hui, ce chat est aussi reconnu par la C.F.A. américaine. En France, la race est inscrite au L.O.O.F.

Concours

Un manque de coloration soit sur la tête, soit à la queue, ou une coloration dépassant 20 % de la surface du corps entraînent la disqualification.

Comportement

Le Turc Van est un chat intelligent au caractère entier. Il n'est pas très sociable avec les autres chats. Dynamique, vif et indépendant, il préfère un jardin à la vie en appartement. Il s'attache beaucoup à son maître et peut se montrer très possessif.

▲ Turc Van blanc et roux

Bobtail américain

American bobtail

Ce chat de type américain est caractérisé par sa quasi-absence de queue. Il est de taille moyenne à grande. Chez l'American Bobtail à poil court, la robe, moyennement courte, est légèrement hirsute avec des poils un peu plus longs sur la collerette, les calottes, le ventre et la queue. Chez la variété à poil long, la robe est mi-longue, dense, hirsute, avec beaucoup de sous-poil. Toutes les couleurs sont permises. Les grands yeux en amande de l'American Bobtail ont une expression sauvage. Son corps est musclé, sans être gras ; son petit bout de queue, dressé lorsqu'il est en alerte. C'est un chat doux, patient et intelligent, très tendre et affectueux, aux facultés d'adaptation exceptionnelles et qui adore les enfants. Il accepte les autres animaux et, bien qu'il apprécie le confort de la maison, il n'hésite pas à en sortir pour chasser. Sa sélection a débuté il y a 30 ans et la C.F.A. américaine a reconnu la race en 2000 : le Bobtail idéal devrait avoir l'allure d'un lynx miniature, revêtu de sa fourrure hivernale. Elle est inscrite au L.O.O.F. L'absence totale de queue, ainsi qu'une queue coupée ou de taille moyenne, entraînent la disqualification.

Californian Spangled Cat

Californian Spangled Cat

Cette race à poil court, apparue en 1986 aux États-Unis, a été créée pour rappeler le chat sauvage. Le terme anglo-saxon « spangled » fait allusion aux mouchetures de la robe. Celles-ci, rondes, rectangulaires ou triangulaires sur le corps, laissent la place à des rayures sur la tête, la gorge, les pattes et la queue. Elle est le fruit de mariages entre Persans, Siamois, American et Anglais à poil court et de chats d'origines égyptienne et asiatique. La race obtenue a effectivement un aspect sauvage avec un corps élégant et puissant, une jolie tête formant un triangle modéré, des yeux dorés en amande, des pommettes larges, un front bombé, des oreilles rondes. La queue est de longueur moyenne. Intelligent et athlétique, ce chat montre beaucoup d'énergie. La sélection a donné des sujets sociables et affectueux. Le Californian Spangled Cat, très peu répandu en Europe, est toutefois inscrit au L.O.O.F,. qui reconnaît toutes les couleurs dans le patron spotted tabby. Le motif tabby autre que le spotted et un manque de tonicité musculaire sont éliminatoires.

Ceylan

Ceylan

Le chat de Ceylan a des formes plutôt douces et une grâce naturelle. Il est issu d'une race originaire du Sri Lanka. Les premiers sujets ont été importés en Italie en 1986. Le Ceylan doit représenter toutes les caractéristiques des chats qui vivent dans l'île. De taille moyenne, il est élégant, a la tête bien proportionnée au corps, des pommettes saillantes et un plumet sur les oreilles est apprécié. Ses yeux, assez grands, ont une couleur allant du jaune au vert. La robe, courte, douce et soyeuse, porte un ticking prononcé. La tête porte le M inversé typique du chat tabby. 28 couleurs de robes sont reconnues.

Le Ceylan est un compagnon affectueux, doux, et qui se montre amical avec les étrangers. Il s'adapte bien à la vie en appartement et au climat européen.

▲ Ceylan

Chausie

Chausie

Cette race a vu le jour dans les années 1980 aux États-Unis. Elle a été créée en croisant des *Felis chaus*, petits félins sauvages d'Égypte et du Sud-Est asiatique, avec des Abyssins, des Orientaux, des Bengals et des chats domestiques, afin d'obtenir un félin proche du chat chaus, mais avec un caractère doux et familier. Le Chausie est puissant, son museau est long et plein ; ses yeux, ovales, sont couleur or chez les brown tabby. Courte et près du corps, la fourrure présente un ticking. D'autres couleurs que celles décrites par le standard entraînent la disqualification.

Cymric

Cymric

Compact et musclé, ce chat est la réplique du Manx, y compris pour le caractère « queue courte ou absente ». Le Cymric donne une impression de rondeur : tête ronde aux pommettes saillantes, museau très large, poitrine large, dos court, membres antérieurs sensiblement plus courts que les postérieurs. Cependant, il se distingue du Manx par son pelage mi-long, les poils étant de plus en plus longs lorsqu'on passe de la ligne du dessus vers la gorge, le ventre et l'intérieur des pattes. La collerette est bien fournie, la culotte importante. La texture est très soyeuse. Comme chez le Manx, ce pelage est double, du fait du développement du sous-poil. Il existe quatre catégories définies selon la longueur de la queue : rumpy (absence totale de queue ou coccygienne), rumpy-riser (une à trois vertèbres sacrées formant un renflement), stumpy (queue formée par une à trois vertèbres caudales) et longy (queue normale ou tordue). Quant à la robe, les variétés sont les mêmes que pour le British Shorthair (voir p. 37) : uniforme, écaille-de-tortue (fumée, silver shaded et chinchilla), bicolore avec des plages blanches plus ou moins étendues et tabby (marbrée, tigrée ou mouchetée). Le Cymric est un chat très sympathique, tendre, joueur très actif et qui aime chasser. Il est très sociable avec les humains et les animaux. Avec les enfants, il se montre très doux. Originaire de l'île de Man, il est surtout apprécié aux Etats-Unis mais est très rare en Europe. En France, il est reconnu par le L.O.O.F. Des taches blanches chez les chats non particolores, un arrière-train faible rendant impossible la station debout ou la marche normale et la présence de queue sont disqualifiants.

▲ Cymric

German Rex

German Rex

Chat de taille moyenne, ni robuste, ni longiligne, il porte une robe frisée. Son ossature est relativement lourde, sa tête très ronde, et sa queue assez épaisse. Le premier chat de cette race a été trouvé en Allemagne en 1930. Mais il a fallu attendre 1999 pour que des éleveurs s'emploient à fixer le German Rex. Ce chat, porteur d'un gène Rex dominant, possède une robe douce comme du velours, sans poil de garde, ondulée et bouclée, frisant sur tout le corps, plus longue et plus hérissée que celle du Rex Cornish. La race est inscrite au L.O.O.F. pour qui toutes les couleurs de robe sont admises, sauf le chocolat, lilac, cinnamon et fawn. Le German Rex est un chat vif, actif, joueur, mais qui apprécie aussi le calme et se montre très attaché à son maître. Il est très rare. Des médaillons blancs et des taches blanches chez les chats non particolores sont éliminatoires.

▲ German Rex

Kurilian Bobtail

Kurilian Bobtail

Cette race naturelle est originaire des îles Kouriles, situées au large du Japon et de la Russie. Une courte queue de 3 à 8 cm, en forme de pompon, caractérise ce chat au corps compact et puissant, à la tête en forme de trapèze, aux pommettes hautes et saillantes et aux grands yeux presque ronds, un peu en biais. La fourrure de la variété à poil court est près du corps, avec un poil de garde important et un sous-poil développé. Chez le Kurilian à poil long, elle est mi-longue, avec un poil de garde important et un sous-poil développé. Une absence de queue ou une queue de plus de 12 cm de long entraînent la disqualification.

>>

Laperm

Laperm

Chat de type semi étranger, de taille et de carrure moyenne, sa silhouette est effilée. Doté d'une bonne musculature, il paraît très lourd pour sa taille. Sa fourrure Rex est crantée, formant des vagues. On distingue les Laperms à poil long de ceux à poil court. Chez la première variété, la fourrure est mi-longue, avec des boucles sur la collerette et une queue en panache. Chez la seconde, elle est moyennement courte et ondulée, sans boucles sur la collerette. Ce chat possède une tête triangulaire de taille moyenne et aux contours arrondis, des oreilles très écartées et de grands yeux expressifs, légèrement inclinés. Très amical, gentil et calme, il miaule d'une voix douce. C'est un extraverti, curieux et très bon chasseur. Les Laperms, issus d'une mutation génétique spontanée, descendent tous d'une femelle baptisée « Curly », découverte dans une ferme de Dalles, dans l'État de l'Oregon. La race est caractérisée par une fourrure qui semble avoir subi une permanente, d'où son nom. En effet, une fois dans leur vie, les Laperms perdent leurs poils, souvent lorsqu'ils sont chatons, et leur fourrure repousse frisée. La race a été reconnue aux États-Unis par la T.I.C.A. et la C.F.A. en 1996. Elle est inscrite au L.O.O.F.
Un type cobby ou oriental, une fourrure plate ou un manque de fourrure entraînent la disqualification.

Nebelung

Nebelung

Ce chat très élégant est paré d'une fourrure moyennement longue d'un magnifique bleu nuancé.
La race est née aux États-Unis, au Texas, en 1984, d'un croisement fortuit entre un Américain noir à poil court dont la mère était un poil long, et un Russe.
Les chatons obtenus furent par la suite sélectionnés. Cette race, dont la fourrure donne un effet ombreux et lumineux autour de son corps, a été baptisée Nebelung, qui signifie en allemand « créature de la brume ».
Ce chat est élégant, il a un corps de type étranger et une tête angulaire. Ses yeux sont d'un vert le plus vif possible. La robe, moyennement longue et douce, est d'un bleu brillant régulier et les poils de garde sont silver.
Le Nebelung est un chat intelligent, gentil, très attaché à son maître et à sa famille. Il est timide avec les étrangers.
Le Nebelung est reconnu par les clubs américains et par le L.O.O.F., qui admet les couleurs bleu, noir et blanc. Des médaillons blancs ou des taches blanches, des yeux jaunes sont éliminatoires.

Ojos Azules

Ojos Azules

C'est un chat à la silhouette bien équilibrée et au pelage court et soyeux.On remarque tout de suite ses yeux bleus, présents quelles que soient les couleurs de sa robe. Il s'agit d'une singularité car, normalement, seuls les Siamois et les chats blancs ont des yeux de cette couleur. C'est une mutation génétique spontanée et dominante, apparue chez une femelle écaille-de-tortue du Nouveau-Mexique, née avec des yeux d'un bleu très foncé, et qui est à l'origine de la race. L'Ojos Azules est un chat de taille moyenne dont la morphologie tend à se rapprocher beaucoup de celle de l'Européen.
La robe, mi-longue, est fine et soyeuse. Toutes les couleurs et les motifs sont acceptés. Le bout de la queue est toujours blanc. La race est reconnue par la T.I.C.A. aux États-Unis où elle s'est dévelopée en 1990, notamment dans le Massachusetts. En France, elle est inscrite au L.O.O.F. L'Ojos Azules, qui est issu d'une mutation spontanée, est très rare. Ce chat est actif, sociable et très affectueux. Des yeux autres que bleus entraînent la disqualification.

Peterbald

Peterbald

Cette race de chat nu a été créée par des éleveurs russes qui ont croisé des Sphynx du Don, porteurs du gène nu, et des Orientaux.
Le Peterbald est de type oriental, sa peau ridée et nue est douce et chaude au toucher. Il peut y avoir du duvet sur le museau, les oreilles, les pieds et les parties génitales.
Les moustaches sont absentes ou frisées. C'est un chat indépendant et gentil. La race est inscrite au L.O.O.F. Une fourrure plate entraîne la disqualification.

Pixie Bob

Pixie Bob

Élevé dans les années 1980 aux États-Unis, ce chat, bien musclé et massif, à la queue de taille modeste, est censé ressembler au Bobcat, petit lynx d'Amérique du Nord. Le Pixie Bob a une tête en forme de poire inversée, un museau et un menton forts.
La couleur de ses yeux, aux paupières lourdes, va du vert doré au noisette, le vert groseille étant admis. Des plumets au bout des oreilles sont recherchés.
La robe du poil court est douce, laineuse et résiliente au toucher, le poil ne doit pas être trop près du corps. La variété à poil long a une robe très douce, plus près du corps et ne dépassant pas 5 cm de long.
La seule couleur acceptée est le brown-spotted tabby, largement atténuée par un important ticking. Son air sauvage ne reflète pas la vraie nature du Pixie Bob, qui est un chat affectueux, câlin, docile et peu bavard. Il n'est jamais agressif, se montre amical avec toute la famille et aime jouer avec les enfants. Le Pixie Bob est aussi un grand timide. Une ossature ou une musculature fines, une robe ne correspondant pas au standard, une collerette chez le poil long ou une queue entière sont éliminatoires. La majorité des Pixie Bob se trouvent aux États-Unis. En France, où le L.O.O.F. a reconnu la race, ils sont peu nombreux.

Ragga Muffin

Ragga Muffin

Ce gros chat a une magnifique fourrure mi-longue ébouriffée et un regard très expressif qui lui donne un air de fauve. Les origines de cette race américaine restent mystérieuses, mais la sélection donne des sujets très affectueux et sociables. En fait, le Ragga Muffin est tellement doux et facile à vivre qu'il participe au traitement d'enfants atteints de troubles psychotiques.
La C.F.A. l'a enregistré en classe Divers. Il n'est pas actuellement inscrit au L.O.O.F.

Rex Selkirk

Rex Selkirk

C'est un chat moyen à grand dont la morphologie est proche de celle du British. Surnommé « chat mouton », le Rex Selkirk est apparu en 1987, aux États-Unis, dans une portée de chats de gouttière où une mutation inattendue s'est produite.
Plusieurs mariages ont ensuite permis d'affiner cette race porteuse d'un gène unique en son genre.
Ce gène étant dominant, il suffit que l'un des parents en soit porteur pour qu'il se transmette. Le Rex Selkirk à poil court a une fourrure dense, de longueur moyenne, douce et pelucheuse, avec des boucles. La robe de la variété à poil long est mi-longue, dense, douce et très bouclée. Les moustaches et les sourcils, en harmonie avec les poils, sont eux aussi bouclés. Pour la couleur de la robe et des yeux, toutes les teintes sont acceptées. Caractéristique propre à la race, le Rex Selkirk possède les trois types de poils (de jarre, de garde et sous-poil). Sa tête est large, équilibrée, avec de lourdes mâchoires, un museau carré au nez busqué et au stop qui lui donnent un profil unique.
La silhouette se termine par une queue épaisse, moyenne à longue.
D'un caractère débonnaire et débrouillard, ce chat est particulièrement tendre et tolérant.

>>

La race du Rex Selkirk a été reconnue aux États-Unis par la C.F.A. Elle est inscrite au L.O.O.F.
Un stop très marqué, un museau trop court ou pointu, une apparence trop proche de l'Exotic Shorthair chez le poil court et du Persan chez le poil long entraînent la disqualification.

Savannah

Savannah

Ce grand chat longiligne, à poil court, et qui ressemble à un guépard miniature, est parfaitement domestiqué. La race est née du croisement d'un chat sauvage d'Afrique, le Serval, souvent domestiqué dans son pays, avec des chats domestiques comme l'Oriental, le Bengal ou l'Occicat.
Le corps, proche de celui de l'Oriental, est longiligne, bien équilibré, gracieux ; la tête en triangle porte des oreilles larges, haut placées. La robe, caractéristique, est parsemée d'étonnantes taches noires et autres marques sur un fond tawny (fauve roux). Le Savannah est intelligent, affectueux, facétieux et timide avec les étrangers.
Il existe un club aux États-Unis et la race est en cours d'homologation à la T.I.C.A. ; elle n'est cependant pas reconnue par la C.F.A. La race est inscrite au L.O.O.F. Un corps cobby est éliminatoire.

Serengeti

Serengeti

Pour créer un chat domestique le plus proche possible du Serval, chat sauvage d'Afrique, des éleveurs croisèrent le Bengal et l'Oriental.
La race a été reconnue par la T.I.C.A.
Le Serengeti a un corps tubulaire, très musclé, et des pattes extrêmement longues. La tête, plutôt petite, forme de face un triangle adouci. La robe, courte, est assez épaisse, douce et soyeuse.
Son motif est celui des chats spotted tabby, sans rosettes ni ticking.
La race est inscrite au L.O.O.F., qui reconnaît les couleurs noir, brown spotted tabby, black silver spotted tabby et black smoke.

Sibérien

Siberian

Ce très grand chat, massif et puissant, est d'une grande agilité. Son expression est extrêmement douce.
Né dans les froides contrées de Sibérie, il est arrivé en Europe occidentale dans les années 1980.
Les Américains, séduits, ont importé plusieurs sujets en 1997 pour en lancer l'élevage. La race est reconnue par la C.F.A. et la T.I.C.A. Elle est aussi inscrite au L.O.O.F.
Le Sibérien est un chat à l'allure impressionnante. Sa tête large forme un triangle arrondi, son profil est en pente douce. Ses grands yeux, presque ronds, sont disposés légèrement en oblique. La robe, de modérément longue à longue, de texture rêche, est reconnue dans toutes les couleurs.
Ce chat très rustique adore sortir par tous les temps. Vif, intelligent et caressant, il possède aussi de grandes facultés d'adaptation. Très fidèle, il est surnommé « chat-chien ».
Le Sibérien colourpoint, appelé Neva-Mascarade, est jugé séparément.

Snowshoe

Snowshoe

Chat de taille moyenne, bien équilibré, il est puissant et très sociable. Comme son nom l'indique, le Snowshoe a les pattes chaussées de blanc. La race a été créée en 1960 par des éleveurs américains à partir de croisements entre des Siamois et des American Shorthair particolores. La race est reconnue par la T.I.C.A. et la C.F.A. ; elle est aussi inscrite au L.O.O.F. De taille moyenne, le Snowshoe est un chat à poil court, musclé et élégant, dont la tête forme un triangle équilatéral. Ses yeux sont bleus. Sa robe est mitted, colourpoint et bicolore, seal, blue, chocolat et lilac. C'est un chat affectueux, doux, amical, joueur, dynamique et un bon chasseur.

Sokoke

Sokoke

Ce chat de taille moyenne a l'allure d'un chat sauvage, mais il n'est absolument pas agressif et se montre très sensible. Cette race est issue d'une portée trouvée dans une forêt de la côte du Kenya par une Anglaise et élevée sur place. Elle fut introduite en Europe en 1984 par une éleveuse danoise. Le Sokoke est un chat à poil court, solide, svelte et bien musclé. Il possède de longues pattes élastiques. Sa petite tête est surmontée de grandes oreilles dotées de plumets.
Sa robe présente un splendide dessin tabby marbré avec une base plus ou moins foncée et un ticking donnant l'impression d'un pelage saupoudré de couleurs.
Même s'il est plutôt indépendant, le Sokoke est très attaché à son maître, au point de partager ses états d'âme. Il est particulièrement intelligent, actif, bavard et miaule d'une voix forte.
La race a été officiellement reconnue par la F.I.Fe dès 1993. Elle est inscrite au L.O.O.F.

Sphynx du Don

Sphynx du Don

Ce proche cousin de notre sphynx, ou chat nu, vient de Russie. C'est un chaton recueilli en 1987 dans une rue de Rostov qui est à l'origine de la race. Celle-ci est due à la mutation d'un gène dominant provoquant l'absence de poil. Le Don a une peau de velours, élastique et plissée. Toutes les couleurs de robe sont admises. C'est un chat sportif, musclé, vif, gracieux, astucieux et gentil et qui a beaucoup de succès en Russie. Enregistré en 1996 par la World Federation of Cats, il est inscrit au L.O.O.F.

Thaï

Thai

Cet ancêtre du Siamois ne doit pas ressembler à celui d'aujourd'hui. Son corps, musclé et élégant, est en effet moins filiforme.
La tête est triangulaire, mais aux angles arrondis. Les yeux bleus sont en forme de citron, le corps, ferme, montre une forte musculature. La robe est courte, mais épaisse au toucher. Elle existe dans les couleurs de base du Siamois, également en tabby point, et dans quelques autres : red, crème, etc.
Le strabisme et les irrégularités sont tolérés chez le Thaï. Ce chat hypersensible et très affectueux suit son maître partout. Il est aussi bavard que le Siamois mais reste distant avec les étrangers. Vif, actif, très curieux, c'est un compagnon divertissant et qui s'éduque facilement. C'est un chat très intelligent. La race est inscrite au L.O.O.F. Des médaillons et taches blancs, des coussinets ou le nez dépigmentés, une apparence trop proche du Siamois sont éliminatoires.

York chocolat

York chocolate

Chat à poil mi-long et au corps mi-oriental, mi-étranger.
Cette nouvelle race est apparue aux États-Unis dans les années 1980. Elle doit son nom à la ville de New York et à sa couleur brune. On ne connaît pas exactement ses origines, mais l'on sait que les premiers sujets étaient à poils longs avec des ancêtres Siamois anciens du type Thaï. Ce sont ces derniers qui auraient introduit la couleur chocolat.
Le corps est bien musclé, sans être lourd. La tête est presque ronde, les yeux vont de l'or au vert, mais sont de couleur uniforme. La robe est moyennement longue, fine, douce et soyeuse, et la queue bien touffue. Les couleurs acceptées sont le chocolat et le lilas et ces mêmes couleurs en bicolore. Ce chat est un bon compagnon, vif, curieux, tendre et très proche de son maître. Il est un peu distant avec les étrangers. Son péché mignon est la gourmandise.

Vivre avec son chat

L'arrivée d'un chaton

Le chaton que vous avez élu deviendra pubère en six mois, adulte en un an et ne cessera de vous séduire et de vous amuser par son comportement facétieux. Confortablement installé et avec un maître attentif à ses besoins, il mènera une vie heureuse et fera votre bonheur.

L'accueil dans la maison

Le week-end paraît le meilleur moment pour accueillir un chaton à la maison. Rassuré par la présence de ses nouveaux maîtres, il supportera mieux d'être séparé de sa mère et de la portée. Pour le sécuriser, n'hésitez pas à le bercer, à le caresser et à lui parler, en respectant toutefois son gros besoin de sommeil. En le soulevant, soutenez bien son arrière-train et tenez-le près de votre corps.

Évitez de crier, de claquer les portes et de passer l'aspirateur. Entre deux sommes, le chaton explorera les alentours ; soyez très vigilant pour éviter tout risque d'accident. Les premiers contacts entre chaton et bébés ou jeunes enfants doivent être surveillés pour éviter des gestes maladroits ou un comportement aux conséquences fâcheuses.

Installez la corbeille du chaton dans un endroit tranquille, et l'assiette, où il prendra ses repas à son rythme, dans un coin facile d'accès.

S'il passe sa première nuit chez vous à miauler de désespoir, une bouillotte tiède l'aidera à s'endormir. S'il continue à miauler, vous pouvez l'installer près de vous et lui parler doucement. Mais si vous le prenez dans votre lit, vous ne pourrez plus l'en déloger.

Un chaton qui n'a pas été retiré trop tôt de la portée a été initié à la propreté par sa mère. Si vous disposez d'un jardin, faites-le sortir, il y fera ses besoins dans la terre meuble. À l'intérieur, installez-lui un bac à litière. Il va l'utiliser spontanément, à condition que celui-ci soit propre et éloigné des endroits où il mange et où il se repose. Dès son réveil et après chaque repas, déposez le chaton sur la litière propre. Avant d'éliminer, il va se livrer à des activités de grattage. Ensuite, il va recouvrir ses excréments.

Le trousseau de base

Que vous jetiez votre dévolu sur un chaton ou sur un chat adulte, quelques achats s'imposent. Prévoyez une écuelle que vous laverez après chaque repas et un bol pour l'eau fraîche que vous renouvellerez deux fois par jour. Choisissez-les dans un matériau comme le verre incassable ou l'acier inoxydable, qui ne prennent pas les mauvaises odeurs. Par précaution, il vaut mieux jeter la nourriture refusée par le chat, sauf les croquettes, inaltérables à l'air.

• **La corbeille du chat.** Toutes sortes de corbeilles capitonnées permettent au chat de dormir tranquillement à la maison. Choisissez un modèle que l'on peut nettoyer dans un lave-linge et évitez les tissus synthétiques qui retiennent l'électricité statique. Il existe des corbeilles ouvertes et, plus rarement, fermées, style igloo. On trouve aussi des paniers fermés en osier qui servent à la fois au repos du chat et à son transport, grâce à un grillage amovible.

• **Le panier de transport**. Il existe de nombreux modèles de sacs ou de paniers de transport. Les sacs les plus courants, légers, pratiques et faciles à entretenir, sont en toile plastifiée. L'intérieur est capitonné et ils sont munis de hublots. Ils conviennent très bien pour des voyages de courte durée et quand la température n'est pas trop élevée.

Pour les promenades en ville, un petit sac doux et léger se porte en bandoulière. Le chat y est transporté tout contre son maître et il peut y dormir ou sortir la tête pour voir ce qui se passe.

Les paniers en plastique rigide avec une porte grillagée, comme ceux qui sont exigés pour les voyages dans les soutes des avions, sont plus lourds et un peu encombrants ; en revanche, ils sont confortables, faciles à entretenir et très utiles pour les longs voyages. Le chat y dispose d'espace, d'un coussin pour se coucher et d'un abreuvoir. S'il a tendance à mouiller son panier, placez une alèse jetable pour chiot à côté de son coussin.

Le panier en osier a l'avantage d'être très aéré. Il répond surtout aux désirs des maîtres qui n'aiment pas le plastique et s'utilise aussi bien pour les visites chez le vétérinaire que pour les longs voyages en train ou en voiture. On trouve des paniers en osier adaptés au transport des chats à bicyclette. Une voûte grillagée sur le dessus leur permet de se tenir assis et de voir la route.

• **Les bacs**. Ceux en plastique rigide, coloré, avec un rebord simple, sont très bon marché. Il existe aussi des modèles avec un bord plus ou moins relevé pour limiter les projections de litière. Un astucieux bac en coin qui se met dans un angle permet de gagner de la place. D'autres modèles, fermés, plus chers, atténuent les odeurs et empêchent la dispersion de la litière.

Il existe un bac autonettoyant qui élimine totalement les odeurs. Quand le chat l'utilise, des capteurs électroniques actionnent un râteau qui entraîne les parties souillées dans une boîte hermétiquement close.

Apprendre la propreté

La propreté est en général acquise sans difficulté par le chaton. Son apprentissage est précoce et se fait par imitation de la mère. Toutefois, en cas d'adoption d'un chaton très jeune (moins de 20 jours), il est nécessaire de l'éduquer. Après les repas, il recherche tout support meuble pour y faire ses besoins. Il faut l'installer dans une petite pièce au sol carrelé (sans tapis ni plante verte), avec de la nourriture, de l'eau et, à l'opposé, un bac à litière régulièrement entretenu (une litière souillée est dissuasive pour les chats).

Peu coûteux, des sacs à litière munis de lacets de fermeture, posés au fond du bac, permettent de jeter la litière souillée sans avoir à nettoyer souvent le bac.

Ce dernier doit être désinfecté à l'eau javellisée ou ammoniaquée une fois par semaine. N'utilisez jamais de produits à base de créosol et de phénol ; ce sont des substances toxiques pour les chats.

Pour le voyage, utilisez un bac en plastique léger et sa litière jetable, ou encore un kit en carton et des sacs en plastique, également jetables.

• **Les litières.** Les litières actuelles, par exemple celles qui sont à base de grains de silice, d'argile ou 100 % naturelles et biodégradables, sont toutes performantes, c'est-à-dire qu'elles absorbent très bien l'urine et les odeurs et favorisent l'assèchement des crottes. Certaines matières agglutinent l'urine, ce qui facilite beaucoup le nettoyage. Il est conseillé, au début, d'essayer plusieurs litières, pour déterminer celle que le chat préfère. Quand plusieurs chats vivent sous le même toit, il faut mettre au moins un bac à la disposition de chacun et, si possible, un bac supplémentaire.

• **Les griffoirs.** Ils sont utiles si votre chat ne peut pas s'ébattre dehors. Placez-les de préférence à côté de ses lieux de repos, car griffer est un besoin naturel chez le chat. Ces objets permettent par ailleurs d'éviter la destruction des tissus, papiers peints ou meubles. Placez les griffoirs de préférence aux endroits stratégiques où le chat a tendance à faire ses griffes (voir p. 141).

On trouve deux sortes de griffoirs. Les griffoirs plateaux sont constitués d'un poteau en sisal et de plusieurs perchoirs – le chat s'en sert avant tout pour grimper. Les tablettes, également en sisal, s'accrochent au mur. Certaines sont parfumées à la valériane pour attirer le chat. Le bois d'olivier est aussi très apprécié.

• **Les jouets.** Ceux qui sont en forme de souris amusent surtout les maîtres. Le chat leur préfère souvent une balle, une bobine, une plume au bout d'une ficelle, un carton retourné et percé de trous ou un simple sac en papier Kraft. Attention aux objets susceptibles d'être mis en pièces ou avalés.

• **L'herbe à chat.** S'il vit enfermé, votre chat appréciera une poignée d'herbe hebdomadaire. La vraie herbe de chat (*Nepeta cataria*) n'est cependant pas toujours facile à trouver dans le commerce. On peut faire pousser de l'herbe en faisant germer des graines d'orge ou d'avoine dans un récipient contenant du coton et de l'eau.

• **Le harnais et la laisse.** Ils sont recommandés si vous souhaitez vous déplacer avec le chat à l'extérieur de la maison ou de l'appartement. C'est tout petit que le chaton doit prendre les bonnes habitudes en se familiarisant peu à peu au port du harnais seul, puis du harnais et de la laisse, avant de vous accompagner lors d'une promenade en ville. Le collier doit être muni d'une partie élastique pour éviter un étranglement accidentel.

...
À CHACUN SON JEAN
Les chatons aiment les cachettes les plus insolites.

L'identification obligatoire

Tout chat vendu ou cédé à titre gracieux doit être obligatoirement identifié avant la transaction. Mise sur le marché le 2 juillet 2001 par arrêté ministériel, la « puce électronique » est destinée à devenir à terme le seul moyen d'identification obligatoire au sein de l'Union européenne et à remplacer le tatouage. Cet implant de très petite taille est introduit à l'aide d'un kit stérile sous la peau de l'animal, à la base de la gouttière jugulaire gauche. Le procédé n'est pas douloureux et se fait donc sans anesthésie, sauf si on a affaire à un chat difficile, mais il doit être effectué par un vétérinaire .

Bien toléré par le chat – la puce reste en place sans provoquer de réaction, ni d'inflammation, ni de rejet –, l'implant renferme un numéro d'identification composé de 15 chiffres rendus visibles grâce à un lecteur. On peut donc détecter la puce par une manipulation simple. Les vétérinaires et les sociétés protectrices des animaux sont d'ores et déjà équipés ; d'autres organismes, comme les pompiers ou la police, sont en train de se doter d'appareils de lecture.

Le matricule est enregistré au Fichier national félin et figure de façon obligatoire sur la carte d'immatriculation du chat avec toute une série d'autres données : race et signalement, nom, adresse et signature du vétérinaire ayant réalisé l'implantation ainsi que les coordonnées du maître. En cas de perte d'un chat (voir p. 141), l'informatisation du fichier permet donc d'identifier rapidement le maître et de prendre contact avec lui, ce qui facilite la recherche de l'animal.

Le tatouage

C'est un numéro unique, composé de lettres et de chiffres indélébiles inscrits à l'aide d'un dermographe par le vétérinaire, sous anesthésie générale, sur la face interne de l'oreille droite du chat. Comme c'est le cas avec la « puce électronique » implantée sous la peau, l'immatriculation prend en compte le numéro d'identification de l'animal, sa race, son signalement ainsi que les coordonnées de son maître et les nom, adresse et signature du vétérinaire ayant effectué le tatouage. Le tatouage est un procédé toujours en vigueur mais ne sera plus autorisé à partir de 2012.

De mauvaises habitudes à ne pas prendre...

- Si les chatons apprennent à ne pas mordre au cours des jeux auxquels ils se livrent entre eux, il faut leur apprendre à en faire autant vis-à-vis des personnes, dont la peau est plus fragile. Il suffit, quand on est mordu, d'émettre un cri aigu marquant l'effet de la morsure subie ou bien d'arrêter immédiatement le jeu et d'isoler le chaton.
- S'il est tentant de permettre au chaton de faire l'ascension d'une jambe, n'oubliez pas qu'il ne saura pas faire la différence entre un pantalon en toile épaisse, des collants ou une jambe nue. La prouesse admirée deviendra vite gênante et l'expérience douloureuse, avec un chat adulte aux griffes puissantes. En cas de souci, faites un simple bruit sec, attrapez le chaton délicatement par la peau du cou et posez-le au sol.
- Faites appel aux mêmes techniques pour empêcher que le chaton ne vous saute sur les épaules ; vous n'apprécierez guère ce comportement lorsque, adulte, il pèsera cinq kilos !

...
À BON CHAT BON RAT !
La socialisation à d'autres espèces doit se faire très jeune.

Les jeux

Pendant son temps d'éveil, le toilettage et la chasse occupent le chaton. Assigné à demeure dans un appartement, avec un maître qui l'aime et qu'il aime, le chaton n'a guère l'occasion de chasser souris et mulots. Mais il s'adapte bien et trouve mille raisons d'être actif pour peu que son propriétaire s'en donne la peine. Une règle est de mise : jamais de jeux brutaux avec un chat ou chaton !
Le chaton adore les boîtes en carton, surtout si elles sont trop petites, les igloos, les pulls laissés sur une chaise et il aime se cacher sous votre couette. Ne vous froissez pas s'il donne sa préférence à un fauteuil, ou s'il ne dédaigne pas de faire un petit somme sur un meuble ou dans une « flaque » de soleil, sur le parquet... Le chaton choisit les endroits où il trouve agréable de dormir, en fonction de l'ensoleillement et souvent de votre présence ou bien de votre trace odorante que seul son nez expert arrive à discerner. On le retrouve parfois endormi dans la corbeille de linge, sale ou propre, et même dans le tambour du lave-linge dont la porte a été laissée ouverte par imprudence.

Les chatons adorent observer et recherchent à cette fin les perchoirs les plus insolites. Même dans un petit studio, le simple fait d'avoir des étagères, un litgigogne, un simple escabeau... suffit à améliorer l'ordinaire et à donner de la fantaisie aux aires de repos ou d'affût dont le chaton a besoin. Pensez donc à agrandir et à multiplier les surfaces en hauteur accessibles au chaton.

Chaque animal a ses préférences : certains apprécient les câlins, d'autres aiment jouer. Les premiers rechercheront plus souvent les genoux, les épaules ou le bureau de leur maître alors que, pour les seconds, la chasse est le premier des jeux à privilégier. Une simple balle en mousse, une plume suspendue à un fil, un crayon, un morceau de papier ... tout est bon pour amuser le chaton. Ils aiment la difficulté et en donnent la preuve lorsqu'ils guettent en embuscade une souris qui va surgir de nulle part. S'ils ne rapportent pas toujours les balles, ils apprécient beaucoup le jeu des objets montrés puis cachés. Et ils étonneront toujours leurs propriétaires par leur capacité à les retrouver. À chaque maître de découvrir les préférences de son compagnon...

Attention danger !

La curiosité est un des charmes du chaton. Prenez donc quelques précautions.
- Ne laissez pas traîner les fils électriques qu'il est tentant de mordiller ; des cache-prise peuvent se révéler utiles. Un pare-feu est recommandé devant la cheminée.
- Les casseroles au feu sur la cuisinière sont toujours susceptibles de se renverser et les plaques chauffantes ne refroidissent pas vite ; mieux vaut ne pas pouvoir y poser la patte.
- Ne laissez pas votre chaton sans surveillance dans une pièce aux fenêtres ouvertes, ou en liberté sur le balcon. Gardez la porte du jardin fermée les premiers jours, afin de lui laisser le temps de s'habituer à son nouvel environnement. Empêchez-le de sortir la nuit, sous peine de ne plus le revoir.
- Éloignez aiguilles à coudre, épingles et autres objets tranchants qu'il pourrait avaler ou qui risqueraient de le blesser.
- Et gare aux plantes réputées toxiques (philodendron, fuchsia, etc.). (Pour une liste de ces plantes, voir p. 255.)

La cohabitation avec d'autres animaux

Un chaton élevé avec des chiots se calme en présence de l'un deux. Élevé avec des chiots et des chatons, il préfère ses congénères. Un deuxième chaton est donc le partenaire idéal si votre chaton doit passer seul de longues heures. Rien ne s'oppose non plus à accueillir un chaton quand vous avez déjà un autre chat ou un chien… à condition que vous sachiez faire preuve de patience. Il faut laisser aux animaux le temps de s'accoutumer l'un à l'autre et récompenser leur bonne conduite par des paroles encourageantes, des caresses ou de la nourriture. Les animaux adultes se montent d'ailleurs rarement hostiles envers les plus jeunes.

Si un chien, par exemple, se montre agressif envers le chaton, n'intervenez pas directement afin de ne pas aggraver la situation. Détournez plutôt l'attention du chien et séparez les deux animaux pendant un bref laps de temps avant de les mettre à nouveau face à face.

Ne laissez pas le chaton seul en présence d'oiseaux, de hamster ou d'autres petits animaux qui risquent de réveiller ses instincts de prédateur, mais habituez-le à leur présence, en restant vigilant. Il pourra ensuite très bien cohabiter avec eux.

Le transport en voiture

Il est toujours utile de familiariser votre chat avec la voiture en l'habituant à de courtes promenades. S'il est nerveux, administrez-lui un calmant une demi-heure avant le départ pour un voyage plus long. Les médicaments contre le mal des transports sont en vente en pharmacie. Attention, faites un essai quelques jours avant, car les calmants n'ont pas toujours l'effet attendu. Installez son panier sur la banquette arrière. Un chat paisible restera volontiers sur la plage arrière, tenu en laisse par précaution, avec son bac à proximité. En aucun cas il ne doit voyager dans le coffre ou être laissé dans une voiture en plein soleil, même les vitres entrouvertes. Laisser un chat en liberté dans une voiture en marche peut être à l'origine d'un accident grave. Si vous faites un long voyage, prévoyez de vous arrêter tous les 200 km pour lui donner à boire et autorisez-lui une petite promenade hygiénique en laisse. Inutile de le nourrir durant le voyage. Un repas léger avant le départ suffit.

•••
COMME CHIEN ET CHAT
Elevé avec un chien dès le plus jeune âge, le chaton pourra s'en faire un ami.

Aux petits soins

Pour que votre chaton reste en bonne santé, il est nécessaire de veiller à une bonne hygiène, de traquer d'éventuels parasites et de le faire vacciner. Puis se posera très vite la question de la stérilisation.

Les soins réguliers

Même si le chaton passe de longs moments à faire lui-même sa toilette, la beauté de la robe d'un chat de race bénéficiera d'un brossage régulier, quotidien ou tous les deux jours pour les pelages longs (Persan, Angora turc, etc.), hebdomadaire au moins pour les poils courts (Shorthair, Siamois, Abyssin, etc.). Dès l'âge de trois mois, brossez en douceur et pas longtemps, puis augmentez progressivement la durée des séances.

Un bain devient vraiment nécessaire seulement après une souillure accidentelle de la robe. Évitez-le sinon, car le chaton manifeste généralement une franche horreur de l'eau.

Surveiller la santé du chaton

Plus tôt vous pouvez découvrir une anomalie dans l'apparence ou le comportement de votre chaton, mieux vous pourrez prévenir une affection grave. Il est donc vivement recommandé de pratiquer un bref examen hebdomadaire. Pour cela, choisissez un moment calme, lorsque le chaton ne joue pas, et placez l'animal sur une table recouverte d'un tissu antidérapant pour faciliter l'inspection. Habitué dès son plus jeune âge à cette façon de procéder, le chaton la supportera mieux à l'avenir. Voici les principales étapes suivies des signes qui doivent alerter et amener à consulter un vétérinaire.

Les yeux : traces de larmes autour des yeux ; intérieur des paupières rouge ; membrane nictitante (ou 3e paupière) recouvrant une partie de l'œil ; aspect trouble du globe oculaire ; zones ternes à la surface de l'œil.

La bouche : gencives rouges ou enflammées ; dents cassées ; mauvaise haleine ; présence de corps étrangers.

Les oreilles : écoulement ou cérumen brun ; présence de saletés ou de débris à l'orifice ; orifices ou pavillons enflammés ; odeur anormale des conduits auriculaires.

Les poils et la peau : poils gras ou pellicules ; chute de poils ; régions cutanées enflammées ; odeur anormale du pelage ; présence de corps étrangers (parasites) ; poils emmêlés.

Les pattes : griffes trop longues, fendues ou friables ; coussinets endommagés ; poils emmêlés entre les coussinets ; présence de corps étrangers.

Le poids : toute variation inhabituelle. Il est nécessaire de peser le chaton toujours au même moment de la journée pour tenir compte des fluctuations du poids au sein d'une période de 24 heures. Utilisez d'abord une balance de cuisine, puis un pèse-personne.

Le comportement : toute anomalie, et en particulier dans le rythme de sommeil, la consommation d'eau et de nourriture ainsi que la fréquence et la nature des déjections.

La première visite chez le vétérinaire

Le choix du vétérinaire est une étape fondamentale. À moins d'une véritable urgence, n'arrivez jamais à son cabinet à l'improviste. Renseignez-vous sur ses horaires de consultation, la modalité des rendez-vous et, éventuellement, les visites à domicile.

Certains chats acceptent sans difficulté de se rendre chez le vétérinaire. Si votre chat n'appartient pas à cette catégorie et sort les griffes, vous pouvez lui administrer un calmant une heure avant de quitter la maison ; mais il faut savoir que le diagnostic du vétérinaire pourra en être affecté. Une fois dans la salle d'attente, ne laissez pas votre chat sortir de son panier mais posez-le près de vous, dans un coin calme.

S'il s'agit d'une première visite, le vétérinaire ouvrira un dossier dans lequel il notera vos coordonnées et tous les renseignements concernant votre chat : nom, race, date de naissance, numéro d'identification, vaccinations, maladies et interventions chirurgicales antérieures éventuelles.

À la demande du vétérinaire, vous devrez vous-même sortir votre chat de son panier et le maintenir sur la table de consultation. N'oubliez pas de prévenir le vétérinaire si votre chat est agressif et ne le laissez pas vagabonder dans la salle de consultation.

Répondez aux questions du vétérinaire avec le plus de précision possible. Il est très important de pouvoir donner la date d'apparition des symptômes pour lesquels

•••
AU SERVICE DE LA PROPRETÉ
Langue et pattes sont deux instruments de toilette efficaces.

vous apportez votre chat en consultation, de décrire leur évolution et d'indiquer le nom des médicaments qui lui ont éventuellement été déjà administrés.

Les vaccins

Seul le vaccin contre la rage est obligatoire dans certaines circonstances (voyages, mise en pension, séjour dans une région contaminée). Il se fait après l'âge de 3 mois, puis annuellement pour le rappel. Mais pour protéger la santé de votre chat, même s'il ne sort pas, plusieurs autres vaccinations sont vivement recommandées. Elles interviennent à partir de 6 semaines, avec un premier rappel après l'âge de 3 mois, et préviennent des maladies graves, contagieuses et parfois mortelles : le typhus (ou panleucopénie infectieuse), le coryza, la leucose due à un virus (FeLV) et la chlamydiose (voir aussi le calendrier des vaccinations p. 147).

UN POIL BRILLANT
Un chaton en bonne santé a une fourrure lisse et soyeuse.

Les premières chaleurs

La puberté apparaît chez la chatte à partir de 6 à 8 mois. Le moment précis dépend de la race, de la présence d'autres chattes adultes en chaleur à proximité et, surtout, de la saison. En repos de septembre à la fin janvier, la femelle commence ou reprend son activité sexuelle à la fin de l'hiver et, selon les races, connaîtra des cycles tous les mois, trimestres ou semestres. Un chaton femelle qui n'est pas pubère à la fin de l'automne attendra ainsi une saison de plus. Les jeunes mâles atteignent leur maturité sexuelle vers l'âge de 12 mois.

Les premières chaleurs se manifestent d'abord par une activité plus intense de la chatonne, qui survient de façon brusque : elle se frotte du nez et des lèvres, se roule ou rampe sur le sol, dort beaucoup moins... À son cri plaintif et monotone, qu'elle émet par intervalles ou de manière continue, les mâles répondent avec le leur, assez similaire. Lorsqu'un d'entre eux s'approche, elle se met en colère, puis peu à peu inclut son entourage dans son jeu amoureux, ce qui lui a valu le stéréotype de « l'allumeuse intouchable ». C'est seulement pendant sa période de fécondité – deux à trois jours – qu'elle laisse les mâles s'approcher...

Ces comportements dits de « chaleurs » durent d'abord 2 à 3, puis 4 à 8 jours et sont suivis d'une phase de repos de 8 à 10 jours ; les chaleurs peuvent alors reprendre, sauf s'il y a eu fécondation.

Stérilisation et castration

La castration et la stérilisation consistent en l'ablation des organes sexuels, testicules chez le mâle, ovaires chez la femelle. Elles rendent chats et chattes incapables de se reproduire et stoppent la sécrétion des hormones sexuelles. Les mâles cessent de marquer leur territoire en urinant, et les femelles ne sont plus troublées par l'œstrus.

Pour faire pratiquer cette intervention, prenez rendez-vous chez le vétérinaire, qui vous recommandera de laisser l'animal rigoureusement à jeun pendant les douze heures qui précèdent l'opération ; celle-ci dure quelques minutes pour le mâle, et de dix à vingt minutes pour la femelle.

Chez la femelle, la stérilisation, ou ovariectomie, se pratique à partir de l'âge de 6 ou 8 mois. Il est préférable d'attendre qu'elle ait eu ses chaleurs (les avis diffèrent sur ce point), mais il est possible d'opérer une chatte plus âgée, même si elle a déjà eu plusieurs portées.

L'intervention se fait toujours sous anesthésie générale. La chatte vous sera en général rendue le soir même et les points de suture seront retirés une dizaine de jours plus tard.

Selon la technique opératoire utilisée, la chatte pourra avoir une cicatrice sur chaque flanc ou au contraire une seule cicatrice centrale sur l'abdomen. Avec l'utilisation des anti-inflammatoires, de nombreux praticiens évitent de rajouter du stress à l' opérée par des pansements souvent très mal tolérés. L'absence de douleur suffit à ce que la chatte ne s'intéresse pas à ses points de suture jusqu'à leur retrait, 8 à 10 jours après l'intervention.

Le mâle qui vit en appartement et ne peut assouvir son instinct sexuel sera moins perturbé et plus facile à vivre s'il est castré, et l'odeur de son urine sera moins forte. La castration a lieu sous anesthésie générale brève. Il sera nécessaire de remplacer pendant quelques jours la litière par du papier absorbant : la cicatrice ne pouvant être protégée, les petits grains qui composent la litière risqueraient d'y pénétrer et de l'infecter. La castration peut intervenir dès l'âge de six mois, mais il est préférable d'attendre huit ou neuf mois, quand le chat est définitivement formé. Il est important d'opérer avant que le mâle ait commencé à déposer des urines de marquage car, dans 5 % des cas, la suppression de la sécrétion hormonale ne suffit pas à prévenir les comportements sexuels secondaires.

La castration rend les chats plus doux mais en aucun cas amorphes, contrairement à ce qu'on croit souvent. Seul inconvénient, les animaux castrés sont guettés par l'obésité, que l'on préviendra par une alimentation adaptée (voir p. 167) et en les encourageant au jeu.

Les alternatives à la castration

Il existe des alternatives, plus délicates et plus coûteuses, à la castration totale : ainsi une ligature des trompes chez la femelle (ou du canal spermatique chez le mâle) empêche la fécondation et la gestation. Mais elles ne suppriment pas le marquage du territoire chez le mâle et les manifestations bruyantes des chaleurs chez la femelle, qui peut aussi souffrir de diverses affections gynécologiques, au même titre que les femelles non castrées. La castration chimique chez la femelle (injection d'un contraceptif une ou deux fois par an, ou pilule administrée chaque semaine) n'est pas non plus sans inconvénient : à long terme elle peut favoriser l'apparition d'infections génitales (métrite, pyomètre) ou de diabète, et il faut permettre à la chatte d'avoir des chaleurs normales de temps en temps. Les vaccins anti-conceptionnels sont toujours à l'étude. Enfin, l'avortement reste une procédure délicate, dangereuse pour la chatte.

•••

VACCINATION

Vacciner son chaton est l'indispensable assurance contre les maladies graves.

Stériliser ou non ?

Sauf dans le contexte de l'élevage, la stérilisation est une intervention courante et quasiment systématique pour les chats qui vivent en compagnie des hommes, et en particulier dans un appartement. Elle protège le chat, mâle ou femelle, de maladies infectieuses qu'il pourrait contracter lors de bagarres, empêche l'apparition de comportements gênants et contribue à limiter le triste problème de l'euthanasie des chatons et de leur abandon.

Les besoins alimentaires

Pendant les toutes premières semaines, la chatte s'occupe de ses petits et, en général, aucune intervention humaine n'est nécessaire. Au moment du sevrage, en revanche, le choix des aliments devient crucial, car il influera sur les futurs goûts du chaton...

Un allaitement protecteur

Téter est le premier geste du chaton nouveau-né. La prise du colostrum (sécrétion lactée initiale) est en effet primordiale au cours du premier jour de sa vie, car le lait de la chatte correctement vaccinée est riche en nutriments et anticorps qui vont protéger les chatons des maladies infectieuses pendant leurs premières semaines de vie.

Au cours des premiers jours, le chaton vit au rythme des sollicitations maternelles qui le réveillent pour l'inciter à téter ; la mère lèche abondamment ses chatons pendant et après la tétée, leur procurant une stimulation tactile et déclenchant leur comportement d'élimination. Ne vous étonnez pas de voir le nid de la chatte toujours propre : c'est une maman consciencieuse à l'extrême qui nettoie tout derrière son passage en ingérant les déjections de ses chatons.

En général, il suffit d'effectuer la prise de poids régulièrement et à heure fixe de tous les chatons pour s'assurer de leur bonne croissance : de 70 à 90 g à la naissance, le poids va augmenter de 5 à 10 % par jour, doublant en 9 jours. Tout retard de croissance ou gémissement intempestif doit inciter à donner un supplément lacté adapté (lait maternisé), disponible chez le vétérinaire ou en pharmacie.

En cas de problème...

Si vous devez nourrir les petits, prélevez le premier jour du colostrum en tirant sur les mamelles de la chatte, et donnez-le à absorber au compte-gouttes aux chatons. Si l'un deux ne tète pas automatiquement, prenez-le fermement au creux de la main sans serrer, et touchez ses lèvres du bout de la tétine pour déclencher le réflexe de la succion. Il existe dans le commerce des biberons spéciaux, mais un biberon de poupée peut faire l'affaire. Si le chaton est trop faible, demandez à votre vétérinaire une seringue de 1 ml ; vous pourrez ainsi administrer le lait au goutte-à-goutte. Remplacez l'aiguille par un tube de plastique que vous glisserez avec précaution dans l'œsophage, en respectant une hygiène stricte (voir page suivante).

Prémices gastronomiques

À partir de la troisième semaine, au moment où il apprend ses mouvements et que surviennent ses premières dents de lait, le chaton s'intéresse de plus en plus à l'aliment que mange la mère sans pour autant en consommer : ce sont des proies, si la portée vit à la campagne, ou un aliment préparé du commerce, adapté à l'état de lactation de la chatte et au présevrage des chatons.

Vers la cinquième semaine, le chaton commence à boire (ou laper), et il est fondamental de mettre à sa disposition de l'eau fraîche, dans une coupelle en verre ou en porcelaine (le plastique prend les mauvaises odeurs). Insensible à la saveur sucrée (voir p. 151), le chaton possède en revanche des fibres gustatives pour l'eau.

...

ALLAITEMENT ARTIFICIEL
Il ne faut pas donner n'importe quel lait au chaton.

Une éducation gustative précoce

Après quatre premières semaines d'allaitement exclusif qui ont fait quadrupler son poids de naissance, le chaton alterne les tétées avec les premières expériences gustatives solides. Il doit recevoir un aliment très riche en protéines pour satisfaire ses besoins énergétiques et nutritionnels, bien plus élevés que ceux d'un adulte. Il existe de nombreuses préparations équilibrées pour cette période de présevrage, disponibles chez le vétérinaire ou en grandes surfaces.

Les préférences alimentaires d'un chat sont très liées aux aliments proposés lors du sevrage et, par prudence, il est conseillé d'habituer le chaton à tous les types de

Poids moyen (en grammes)

âge (en semaines)	mâles	femelles
5	450	600
10	900	1 150
15	1 550	1 400
20	2 000	2 600
25	2 400	3 250
30	2 700	3 700
35	2 850	4 050
40	3 000	4 250
45	3 100	4 400

textures auxquelles il pourra avoir accès en grandissant : aliments en conserve et secs. Sinon, il arrive que le chaton ne tolère aucun autre aliment à l'âge adulte ! Les croquettes doivent être humidifiées au préalable, car le chaton ne sera en mesure de les manger et de les apprécier que lorsqu'il aura toutes ses dents de lait, vers 5 semaines.

Le sevrage, une étape vers l'autonomie

Passée la septième semaine, la chatte commence à protester vigoureusement contre ses petits dont les dents et les griffes sont trop acérées pour ses mamelles fragiles. Son lait n'est plus assez riche ni assez abondant pour répondre à leurs besoins, et il leur faut des aliments adaptés à leur croissance. C'est en général aussi l'âge auquel le chaton arrive dans sa nouvelle famille et s'initie parfois à de nouvelles habitudes alimentaires. Pour éviter tout problème de diarrhée, il faudra conserver le même aliment pendant au moins une semaine, et effectuer une transition progressive pendant la seconde semaine.

Un grand besoin énergétique

Les besoins énergétiques du jeune chat sont à leur plus haut niveau à l'âge de 10 semaines, et il convient de le laisser manger autant qu'il veut, tout en veillant à diversifier son alimentation en termes de texture. La nourriture en conserve (boîte, barquette, sachet) – que le chaton apprécie d'autant plus qu'elle est à température ambiante – peut être distribuée en votre présence, et les croquettes mises à disposition en votre absence, dans la journée. N'oubliez pas de laisser à côté du plat de l'eau fraîche, renouvelée chaque jour, dans un récipient qui ne garde pas les odeurs.

Souvent attiré par les variétés nouvelles, le jeune chat a aussi ses préférences : certains adorent les boulettes, d'autres les pâtées, avec ou sans morceaux. Il existe même différentes formes de croquettes répondant aux façons de manger observées chez certaines races. Une fois ces préférences connues, il est prudent d'acheter toujours la même marque, en variant les saveurs. Tout complets qu'ils soient, les aliments industriels préparés n'ont pas tous la même composition, et passer brusquement d'une marque à une autre risque d'avoir des répercussions sur l'équilibre gastro-intestinal du chaton.

Quels soins pour un chaton orphelin ?

• **Des prises régulières :** de 6 à 7 biberons de 10 ml en moyenne de lait maternisé au cours des trois premières semaines, de façon régulière, jour et nuit. Le chaton est placé dans le creux de la main, la tête et le cou maintenus bien droits pour éviter les fausses déglutitions. Il faut laisser le chaton téter de lui-même et ne pas le forcer.

• **Un lait adapté au chaton :** à la différence du lait de vache, trop pauvre en protéines et en matière sèche, le lait maternisé, fourni avec le biberon, la tétine et la mesure nécessaires, est en parfaite adéquation avec les besoins nutritionnels du chaton ; il est notamment sans lactose (pour lequel le chaton n'a qu'une capacité limitée de digestion). En dépannage, on peut mélanger un verre de lait entier, un verre de crème liquide (à 12 % de matière grasse) et un jaune d'œuf pour obtenir un lait équilibré.

• **Une hygiène rigoureuse :** on veillera en particulier à la stérilisation des tétines et du biberon avant chaque utilisation, surtout si le chaton n'a pu téter le

colostrum de sa mère. Il faudra également veiller à ce que le chaton soit maintenu au chaud (27 à 30 °C) pendant ses premières semaines de vie, car il est incapable de réguler aussi bien qu'un adulte la température de son corps.

• **Une stimulation tactile :** elle est nécessaire à un développement psychomoteur harmonieux. Lors d'un allaitement artificiel, caressez le chaton après la tétée. Son comportement d'élimination doit être déclenché après chaque prise alimentaire par une stimulation douce autour de l'anus, avec un coton imbibé d'eau tiède. À la période du sevrage, assurez l'éducation de la propreté en le plaçant dans le bac de litière (de taille adaptée à son âge et sans couvercle à ce stade) et en lui montrant les mouvements des pattes avant. En quelques jours, le chaton apprendra à éliminer au bon endroit.

Le chat a-t-il toujours besoin de lait ?

Une fois sevrés, les chatons n'ont plus véritablement besoin de lait. D'ailleurs, leur capacité à le digérer s'est considérablement amoindrie et certains chats adultes ne le digèrent plus du tout, le lait ayant alors pour eux un effet laxatif. Cependant, pour ceux qui le tolèrent, le lait est un excellent apport de calcium et de vitamines. Si, par goût et pour son plaisir, vous souhaitez donner du lait à un chaton qui ne supporte pas le lait de vache, il faudra lui acheter un lait spécialement adapté, dépourvu de lactose.

…

UN RÉGIME ÉQUILIBRÉ

Il existe des aliments préparés spécifiquement pour les chatons.

Le chat dans la maison

Les chats sont en général attachés à leur maître. Mais il arrive qu'ils préfèrent rester dans un lieu, ou y retourner, si le nouveau domicile ne leur convient pas et si l'attachement à leur maître est faible. Quand il s'agit d'accueillir un chat adulte ou lors d'un déménagement, il vaut mieux respecter quelques consignes pour que l'animal ou les animaux se sentent bien dans leur nouvel environnement.

•••
DEUX EN UN !
Un lieu de repos servant aussi de griffoir.

Préparer les lieux

Si vous emménagez dans une nouvelle habitation, renseignez-vous sur la présence antérieure de chats. Avant tout, vérifiez qu'aucune odeur d'urine ne persiste sur le parquet, la moquette ou le linoléum. Le cas échéant, nettoyez les surfaces concernées avec de l'eau additionnée de vinaigre blanc et aérez bien les pièces. Si la distance entre l'ancienne et la nouvelle habitation du chat le permet, frottez un linge ou une compresse contre les babines de l'animal, puis frottez ce tissu imprégné sur les plinthes et les chambranles de porte de la pièce destinée à accueillir le ou les chats dans un premier temps. Veillez à ce que les lieux où seront situés les bacs à litière et les écuelles restent des zones calmes.

Une familiarisation progressive

Pendant la journée d'installation, enfermez le chat ou les chats dans une pièce avec leur bac à litière, leurs écuelles et linges ou coussins pour dormir. Dans le cas d'un déménagement, transportez l'animal tout au début ou tout à la fin vers les nouveaux lieux. Pendant au moins deux ou trois jours, gardez-le dans une seule pièce de sa nouvelle habitation, puis laissez-le y vagabonder à sa guise afin qu'il puisse se l'approprier, en se frottant le long des chambranles de porte par exemple. Durant cette période, la pièce où il a été confiné avec son bac et ses écuelles doit lui rester accessible à tout moment. C'est une fois que le chat aura pris ses repères et qu'il utilisera les bacs et écuelles placés aux endroits que vous avez prévus que vous pourrez retirer le trousseau provisoire de cette « pièce d'acclimatation ».

Si le chat passe d'un appartement à une maison avec jardin, marquez bien plusieurs étapes avant de le laisser s'aventurer dehors. Sauf tempérament très confiant, le chat hésitera d'ailleurs lui-même sur le pas de la porte et mettra du temps pour explorer le jardin. Pendant cette période, le propriétaire peut le rassurer par sa présence et par sa voix.

Du bon usage des griffoirs

Le marquage par griffage se développe en premier à partir de griffages anarchiques que le chaton entreprend sur les supports les plus variés. De nombreux maîtres croient à tort que la fonction principale de ce comportement est l'usure des griffes. En réalité, outre qu'il contribue à l'élimination des étuis cornés, il s'agit d'un étirement que le chat affectionne au réveil et par lequel il communique en laissant des traces visuelles et sonores. Le bruit d'un chat qui griffe ne manque pas d'alerter les autres chats et les humains.

Ce comportement, parfaitement normal – le dégriffage est désormais interdit par la loi –, doit cependant faire l'objet d'une éducation chez le chaton. En premier

Que faire si votre chat a disparu ?

Ne vous inquiétez pas trop : la grande majorité des chats « perdus » reviennent ou sont retrouvés dans les deux semaines qui suivent leur disparition - en bonne santé et dans un rayon proche de leur domicile habituel. Certains ont été enfermés par mégarde dans une grange ou un autre endroit ; d'autres, sous l'effet d'un choc ou d'une grande peur, ont pris la fuite et mettent du temps pour se rapprocher de l'habitation de leur maître ; d'autres encore ont trouvé un accueil temporaire auprès d'un autre ménage. Pour retrouver plus vite votre chat, il vaut cependant mieux :

- prévenir le Fichier national félin si l'animal est tatoué, sinon la Société d'identification électronique vétérinaire (S.I.E.V.) ;
- faire une déclaration auprès de la police, des refuges d'animaux et des cliniques vétérinaires ;
- publier une notice avec la description du chat, son identification, sa photo, ses habitudes, son nom..., l'afficher ou la distribuer dans différents lieux publics ou passer une annonce dans un journal local.

Veillez aussi à laisser ouverte la fenêtre ou la porte par laquelle le chat a l'habitude d'entrer.

COIN REPOS
Pour dormir, le chat apprécie une corbeille confortable à l'abri des courants d'air.

Un chat retombe-t-il toujours sur ses pattes ?

Cette faculté que lui prête l'imaginaire populaire existe en effet... dans certaines conditions. Doté d'un système de « parachutage » dès la septième semaine, le chat peut survivre à une chute importante s'il peut l'amortir en atterrissant sur ses quatre pattes. Une chute risque, par contre, de lui être fatale lorsqu'il tombe verticalement (tête la première, par exemple).

Mais s'il tombe le dos tourné vers le sol, il réussit en général à se retourner, tournant d'abord les pattes d'avant, puis le thorax et enfin les hanches. Pour effectuer ce mouvement, le chat a besoin d'un sixième à une demi-seconde en moyenne ; en dessous d'une hauteur de 1,50 m environ, il n'y parvient pas et il peut alors se blesser.

À l'inverse, lors d'une chute du 7e étage ou au-delà, les blessures ne sont quelquefois pas plus graves, voire même moindres, que pour une chute d'un étage inférieur. Beaucoup d'animaux doivent être hospitalisés et survivent avec l'aide de la chirurgie. Le record actuel est une survie après une chute de 32 étages !

lieu, il faut repérer si le chaton préfère griffer dans un sens vertical ou horizontal pour lui fournir des supports appropriés, que l'on placera à côté de ses lieux de repos. Si besoin, on les imprégnera d'odeurs attrayantes : d'herbe à chat, par exemple, ou d'olive – en frottant le bois de quelques noyaux d'olives concassés. Ne cédez pas à la tentation de nettoyer le griffoir, qui perdrait alors tout intérêt. Enfin, la texture du support est une caractéristique clé pour le rendre attractif.

Si votre chat s'est déjà attaqué aux accoudoirs de votre fauteuil préféré, vous l'empêcherez de piétiner au pied de l'objet de sa convoitise en fixant une feuille de plastique transparent froissée sur le sol. Le bruit et le contact mouvant suffisent souvent à repousser le chat.

On peut aussi recueillir des phéromones, dites de familiarisation, qui sont sécrétées par la peau sur les côtés de la tête du chat, en les frottant avec des compresses stériles que l'on déposera sur les zones déjà griffées.

La propreté dans la maison

À partir de l'âge de 6 à 12 semaines, un jeune chat est propre en ce sens qu'il ne souille ni son coin repas, ni l'espace où il joue et dort. Pour lui apprendre à respecter votre maison ou votre appartement, il faut conditionner la miction et l'élimination des excréments à un espace et à des conditions définis. Vous y parviendrez facilement en réduisant dès le début l'espace que vous octroierez à votre chat. Cantonnez-le dans une petite pièce (8 à 10 m^2) dont le sol sera dépourvu de toute surface souple. Ce réduit accueillera la corbeille, le coin repas et, à l'écart, le bac à litière du chaton. La litière doit être disponible en quantité suffisante (3 cm d'épaisseur et environ 30 cm de large sur 40 cm de long), absorbante et facile à fouir, le comportement de grattage étant, comme nous l'avons vu, le facteur déclenchant de l'élimination. Dès que l'association élimination-litière sera faite, vous pourrez permettre au chat de jouir d'un espace plus grand.

La cohabitation avec les autres animaux

Est-il déconseillé d'adopter un deuxième chat lorsque celui-ci est déjà adulte ? En effet, les choses ne se passent pas toujours bien entre deux chats adultes contraints de vivre ensemble du jour au lendemain. Il faut en tout cas leur laisser le temps de se familiariser peu à peu (voir p. 130). Les aires d'alimentation et d'élimination comme les aires de jeux peuvent être communes, tandis que les aires de repos sont spécifiques à chaque animal et leur non-respect peut entraîner des conflits. La libre circulation des chats entre les pièces de la maison ou de l'appartement, qui doit être suffisamment grand, mais aussi un accès à l'extérieur sont des facteurs clé pour une cohabitation harmonieuse. Si le conflit persiste, vous pouvez trouver de l'aide auprès d'un vétérinaire comportementaliste. Les mêmes règles valent pour les rapports entre chien et chat.

Les dangers domestiques

En règle générale, le chat adulte aura déjà appris à ne pas faire ce qui le mettra en péril. Une certaine vigilance reste toutefois de mise. Si vous ne souhaitez pas que votre chat sorte, gardez soigneusement fermées les portes donnant sur l'extérieur, sur le balcon par exemple. À l'intérieur, veillez à ne pas enfermer par accident le chat dans un placard, une armoire, une penderie, une poubelle ou encore dans le tambour du lave-linge. Les chats trouvent parfois refuge dans les endroits les plus inattendus ; angoissés, ils finissent même par mordre des fils ou câbles électriques ! À cet égard, la cuisine est un lieu particulièrement dangereux : plaques chauffées, casseroles sur le feu qui risquent d'être renversées... Faites aussi attention aux produits de nettoyage ménagers ou utilisés pour le bricolage (décapant, laque, peintures, antigel), dangereux pour le chat qui pourrait les ingérer ou se lécher le pelage ou les pattes après qu'ils aient été en contact avec ces produits toxiques. Enfin, certaines plantes d'intérieur comme le philodendron ou le fuchsia sont réputées toxiques pour les chats, qui aiment parfois lécher ou mâcher leurs feuilles.

Aménager un balcon pour le chat

Les chats aiment observer et découvrir leur environnement, mais les dangers d'une vie citadine s'y opposent souvent. Pour offrir néanmoins à votre chat un semblant de grand air, vous pouvez le laisser sortir sur votre balcon s'il est sécurisé. Il est alors conseillé de lui barrer la route vers un balcon voisin et, surtout, de prévenir une éventuelle chute. Le moyen le plus simple consiste à installer un grillage ou de tendre quelques filets. Si la réglementation de la copropriété l'interdit, il est toujours possible d'installer sur le balcon des plantes grimpantes (pois de senteur grimpants, capucines, etc.) et des tuteurs et grillages empêchant le chat de s'échapper ou de tomber. À défaut d'un balcon, aménagez un lieu près d'une fenêtre qui offre une belle vue au chat.

...
CHAUD DEVANT !
Attention aux plaques chauffantes et aux casseroles sur le feu !

S'occuper de son chat

Pour garder votre chat en bonne santé, il est indispensable de lui prodiguer des soins réguliers. Son penchant pour le confort s'allie à un goût naturel pour la toilette, mais vous pouvez l'encourager et l'aider dans ses bonnes habitudes, pour son plaisir et pour le vôtre…

Une robe impeccable

À grands coups de langue râpeuse, le chat fait consciencieusement sa toilette plusieurs fois par jour, non sans avaler quelques poils qui, en général, passent sans difficulté par son tube digestif et sont éliminés. Il arrive néanmoins qu'une boule de poils se forme dans l'estomac, cause de désagréments pour le chat. Pour l'éviter, le meilleur moyen est de le brosser régulièrement.

Le nécessaire de toilette

Si le chat est à poil court, vous aurez besoin d'une brosse à cheveux en crins naturels, d'une peau de chamois ou d'un gant de velours, et d'un peigne fin.

S'il est à poil long, il vous faudra une étrille ou une brosse métallique, un peigne à grosses dents, une brosse dure (évitez les brosses en Nylon qui risquent de casser le poil). Pour tous les chats, des ciseaux à bouts ronds, une pince à guillotine pour les griffes et un shampooing sont utiles.

Le brossage

S'il y a été habitué tôt, le chat adulte se pliera sans difficulté aux séances de brossage. Placez-le à bonne hauteur, sur une table, puis faites alterner coups de brosses et caresses pour le rassurer. Pour les races à robe courte, passez, une fois par semaine, la fourrure au peigne fin dans le sens du poil, puis à la brosse douce. Ensuite lustrez la robe avec un gant de velours si elle est sombre, ou avec une peau de chamois si elle est claire. Pour les chats à robe longue, un brossage quotidien ou, en tout cas, fréquent, est recommandé. Démêlez d'abord la fourrure avec soin au peigne métallique. Faites bien attention aux nœuds, que vous éliminerez poil par poil, à moins que vous ne soyez obligé de les couper à la base, avec des ciseaux à bouts ronds et en prenant garde à ne pas entamer la peau.

Commencez par démêler les pattes, puis le dos et les flancs, et enfin le ventre en faisant bouffer le poil. Brossez d'abord à rebrousse-poil puis dans le sens du poil, et de bas en haut pour donner du gonflant à la collerette. Si le poil est un peu huileux, vous pouvez saupoudrer légèrement la fourrure de talc avant de commencer le brossage.

En période de mue – au printemps et à l'automne, parfois même plus fréquemment chez les chats d'appartement –, le brossage doit être quotidien, quelle que soit la longueur de la robe.

Le nettoyage de la robe

Le bain ne s'impose que si le chat a accidentellement souillé sa robe. En tout cas, les bains trop fréquents (plus d'une fois tous les trois mois) élimineraient le sébum protecteur du poil et la vitamine D que l'animal renouvelle en se couchant au soleil. Pour la majorité des chats,

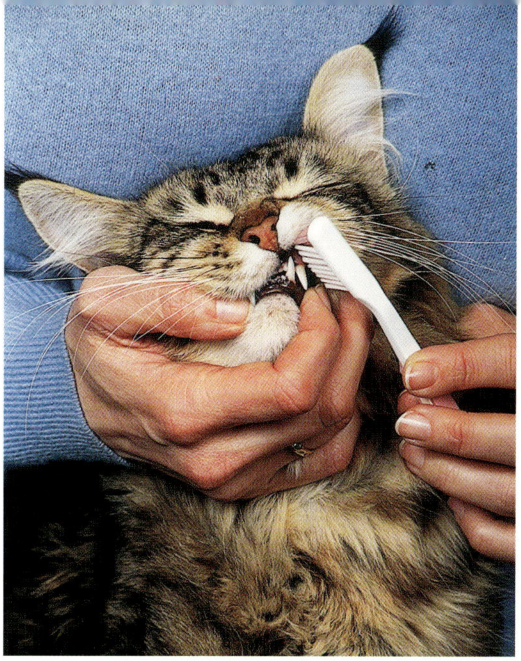

... **HYGIÈNE DENTAIRE** Habituez votre chaton très tôt au brossage des dents.

réfractaires au bain, il existe des shampooings secs, moins efficaces et qui nécessitent ensuite un brossage vigoureux. Attention ! il ne faut jamais mouiller une fourrure qui n'a pas été au préalable parfaitement démêlée. Après le bain, il faut envelopper le chat dans une serviette pour l'éponger, avant de le sécher avec un linge sec. Utilisez ensuite un sèche-cheveux silencieux ou un radiateur soufflant pour un séchage parfait.

Si de la colle souille la fourrure, évitez l'emploi de dissolvants, toxiques pour le chat. Laissez sécher et retirez le plus gros à la main. En cas d'échec, coupez les poils collés aux ciseaux. La peinture sera épongée avec du papier absorbant, et le poil lavé avec un savon doux et de l'eau tiède. Le goudron sera ramolli avec de l'huile végétale ou du beurre qu'on enlèvera ensuite avec du papier absorbant. Puis on lavera le poil comme ci-dessus.

Petits soins d'entretien

Pour que votre chat reste en bonne santé, il est vivement recommandé de lui prodiguer régulièrement quelques soins élémentaires.

La chasse aux indésirables

La lutte contre les parasites externes est indispensable, même si votre animal vit enfermé et ne rencontre jamais d'autres animaux. Sinon, il risque d'avoir des puces, des tiques, voire des poux.

Les puces. Le chat qui en a se gratte et sa fourrure présente des petits points facilement repérables près de la queue et sur le cou. Ces visiteuses indésirables sont dangereuses, car elles transmettent maladies et parasites, irritent la peau, provoquent des allergies et, si elles sont nombreuses, engendrent des anémies.

Les puces pondent des milliers d'œufs. Elles passent environ 90 % de leur vie dans l'environnement, à l'état dormant, sous forme de larves entourées d'un cocon, celles-ci se réveillent pour donner des puces dès que l'atmosphère se réchauffe.

ÇA GRATTE ! Un chat qui se gratte a peut-être des puces ... À contrôler.

La liste des insecticides est longue, mais attention : ne les utilisez pas indifféremment ! Ceux qui sont destinés aux chiens peuvent être toxiques pour les chats. Préférez des produits antiparasitaires sous forme de spray, un liquide à distiller entre les omoplates, des gouttes buvables, des comprimés ou encore un shampooing antiparasites. Les colliers antipuces, efficaces pendant trois mois, sont également intéressants. Si un chat a des puces, il faut traiter non seulement sa corbeille, mais toute la maison et la voiture à l'aide d'aérosols et quitter les lieux temporairement.

Se débarrasser des puces permet d'éviter des affections transmissibles à l'homme, principalement des dermatites de forme allergique. Si un jeune enfant avale une puce (ce qui arrive rarement), elle peut lui transmettre le ténia des carnivores. Dans les pays où sévit la peste, la puce est vecteur de cette maladie.

Les tiques. Fréquents à la campagne, ces parasites peuvent se fixer derrière les oreilles du chat et sont faciles à repérer quand ils sont gorgés de sang. Vous en débarrasserez votre chat à l'aide d'une pince à tiques, disponible chez les vétérinaires, qui permet d'enlever les tiques sans avoir à les endormir. Il suffit de prendre la tique au ras de la peau et de tourner la pince dans le sens inverse des aiguilles d'une montre.

Les poux. Rares chez le chat, ils sont tenaces et plusieurs traitements sont en général nécessaires pour en venir à bout.

Les vers. Le chat qui vagabonde à l'extérieur doit être régulièrement vermifugé par un produit polyvalent. Pour éviter la contamination, on obligera les enfants à se laver les mains soigneusement après avoir joué avec un chat, et l'on protégera le tas de sable qui leur sert de terrain de jeu avec une bâche en plastique, pour éviter que les chats et les chiens ne viennent le souiller de leurs déjections.

L'entretien des différents organes

La bouche. Le tartre peut entraîner des affections des dents et des gencives. Le chat qui ronge des os ou mâche de la nourriture solide salive et élimine mécaniquement le tartre. Celui qui est exclusivement nourri de pâtée risque de devoir subir un détartrage aux ultrasons, pratiqué par le vétérinaire.

Pour prévenir le tartre, variez l'alimentation de votre chat : alternez pâtées, viande en morceaux et croquettes. On peut à la rigueur lui nettoyer les dents à l'aide d'une brosse à dents pour enfants. Frottez ses gencives une fois par semaine avec un dentifrice particulier vendu par les vétérinaires.

Le nez. Le nez d'un chat en bonne santé ne coule pas. Si cela se produisait, nettoyez les narines avec un coton imbibé d'eau tiède, pour éviter la formation de croûtes, et enduisez-les de vaseline.

Les griffes. Elles ne s'usent pas. En fait, l'étui corné des griffes tombe et se renouvelle régulièrement. Lorsqu'elles s'aiguisent exagérément, coupez-les à l'aide d'une pince à guillotine. Pour cela, maintenez fermement la patte de l'animal et pressez à la base de la griffe pour la déloger de son étui. Sectionnez la partie translucide et prenez garde à ne pas entamer la partie rosée, qui renferme nerfs et vaisseaux sanguins. L'ablation des griffes, réclamée par certains maîtres sur des chats qui commettent trop de dégâts, est une intervention mutilante qui est désormais interdite. Les chats opérés sont incapables de se défendre et de grimper aux arbres.

Les yeux. Chez certaines races, les yeux coulent, c'est-à-dire qu'il se forme un dépôt brunâtre très inesthétique sur les robes claires. Un nettoyage quotidien, ou hebdomadaire si la fourrure est sombre, est alors indispensable. Demandez conseil au vétérinaire sur les produits d'hygiène disponibles ; il existe des Cotons-Tiges faciles d'emploi ou des lingettes. Dans les autres cas, le nettoyage peut se faire à l'aide d'un coton imbibé de camomille, que l'on changera pour chaque œil.

Les oreilles. Il est recommandé d'examiner les oreilles de votre chat une fois par semaine. Ne laissez pas le cérumen s'accumuler. Évitez l'emploi de l'huile d'amande douce et de l'alcool, et l'utilisation du Coton-Tige. Il existe des produits d'hygiène adaptés disponibles dans le commerce.

Les soins courants

Donner un comprimé ou des gouttes à un chat, lui prendre la température ou le panser ne sont pas toujours faciles. Il faut savoir être patient, posséder la

L'armoire à pharmacie

• Lotion antiseptique pour désinfecter.
• Bétadine pour les blessures.
• Pommade antibiotique.
• Gel gastro-intestinal et antivomitif.
• Vermifuge (à donner deux fois par an).
• Lotion contre les démangeaisons.
• Traitement anti-parasitaire externe (contre les puces).
• Lotion d'hygiène pour les yeux.
• Antinauséeux et calmant pour le voyage.
• Produit pour nettoyer les oreilles.
• Pommade pour les coussinets.
• Thermomètre électronique.
• Coton, compresses stériles, bandes normales et élastiques, sparadrap.
• Pince à épiler pour retirer les épines.
• Pince à tiques.
• Pince à guillotine pour les griffes, ciseaux à bouts ronds.

Attention, l'Aspirine est toxique pour le chat.

technique, et les précautions ne sont pas inutiles pour éviter morsures et coups de griffes. Si votre chat est nerveux, demandez à quelqu'un de le maintenir fermement à plat sur une table, en appuyant sur son arrière-train et en immobilisant ses pattes avant.

Donner un médicament. Une fois le chat ainsi maintenu, appuyez d'une main aux commissures pour l'obliger à ouvrir la bouche et, de l'autre, introduisez le comprimé ou la gélule, enduits de beurre afin qu'ils glissent mieux, le plus loin possible au fond de la gorge. Maintenez ensuite la bouche fermée le temps qu'un réflexe de déglutition se produise. Pour administrer un comprimé, on peut le réduire en poudre et l'incorporer à la nourriture du chat, si l'odeur n'est pas répulsive. Par précaution, vous pouvez donner une petite quantité d'eau après chaque prise médicamenteuse. On peut aussi le mélanger à du lait concentré et en enduire la patte du chat, lequel ne manquera pas de se lécher.

Si le chat refuse des gouttes ou un sirop dans sa pâtée, mettez ceux-ci dans une seringue sans aiguille que vous introduirez dans la gueule de l'animal, par le côté et derrière la barrière des dents. Laissez couler doucement.

Pour mettre des gouttes dans le nez, faites-vous aider pour tenir le chat. D'une main, tenez fermement la tête au niveau de la nuque ; de l'autre, instillez doucement les gouttes dans chaque narine.

Pour mettre des gouttes dans l'œil, le chat doit être maintenu comme ci-dessus. Puis, faites couler le liquide ou la pommade directement sur la cornée, le compte-gouttes ou le tube étant tenus en arrière et au-dessus de l'œil de l'animal pour ne pas l'effrayer.

Prendre la température. Faites-vous aider pour maintenir le chat immobile sur une table en appuyant sur ses épaules. Soulevez la queue et introduisez un thermomètre enduit de vaseline dans l'anus. Laissez-le une minute. La température normale du chat est de 38,5 °C. À partir de 40 °C, il faut considérer que la température est élevée.

Faire une piqûre sous-cutanée. Les piqûres sous-cutanées sont à la portée de tout le monde, alors que les intraveineuses et les intramusculaires sont du ressort du vétérinaire. Si vous n'avez pas l'habitude, demandez au vétérinaire de vous montrer comment faire. Le chat étant maintenu à plat ventre sur une table, tirez la peau au-dessus du cou, désinfectez avec un coton imbibé d'alcool à 90° ; enfoncez l'aiguille d'un coup sec, parallèlement à la peau, et pressez doucement le piston de la seringue.

Faire un pansement. Pour panser la tête, faites un bandage en huit, en passant autour des oreilles que vous laisserez libres. Pour bander une patte, faites passer la bande au-dessus et au-dessous de l'articulation. Pour la queue, fixez un long morceau de la bande dans le sens de la longueur, puis faites tourner le reste autour. Un chat remuant doit être maintenu par une tierce personne.

Porter son chat blessé. Si votre chat est agressif, enveloppez-le dans une grande serviette et transportez-le dans une caisse assez grande. Sinon, prenez-le en le tenant d'une main sous la poitrine, de l'autre sous l'arrière-train. Si vous redoutez une fracture de la colonne vertébrale, déplacez-le le moins possible et transportez-le sur une planche que vous aurez doucement glissée sous son corps.

Appliquer un produit anti-parasitaire externe. Sous forme liquide en pipette : écarter les poils au niveau de la base du cou, juste dans le petit creux entre les omoplates et y déposer le contenu de la pipette. Sous forme de spray : utiliser plutôt une éponge imbibée de produit et mettre des gants pour l'appliquer.

Maladie	Vaccination	1er rappel	2e rappel	Rappels suivants
Typhus	à partir de 6 semaines	après l'âge de 3 mois	un an après le 1er rappel	tous les ans
Coryza	à 8 semaines	après l'âge de 3 mois	un an après le 1er rappel	tous les ans
Chlamydiose	à 8 semaines (conseillé dans les effectifs)	après l'âge de 3 mois	un an après le 1er rappel	tous les ans
Leucose (FeLV)	à 9 semaines	après l'âge de 3 mois	un an après le 1er rappel	tous les ans
Rage	après l'âge de 3 mois	1 an après le vaccin		tous les ans

Partir avec ou sans son chat

Le chat citadin ne se déplace pas, si ce n'est pour rendre visite à son vétérinaire. Mais les vacances de son maître peuvent parfois l'obliger à être un voyageur malgré lui ou, plus souvent, à passer cette période en pension.

Se déplacer ou voyager

Le chat a accès gratuitement à tous les moyens de transports urbains, à condition qu'il soit enfermé dans un sac ou un panier. Son transport en taxi dépend du bon vouloir du chauffeur, mais il est rare de se voir refuser une course à cause d'un chat.

Si vous devez partir pour l'étranger, demandez au consulat du ou des pays où vous vous rendez leur législation concernant les animaux, et quels sont les papiers à fournir. En effet, selon les pays, l'animal devra impérativement être tatoué ou porter une puce d'identification.

En train

Vous pouvez transporter votre chat – si vous avez acquitté le prix de sa place – dans un panier, un sac ou une cage. Le panier d'osier est le plus stable et le plus confortable, même s'il existe aujourd'hui des sacs de luxe avec « hublot-espace ». Prenez la précaution d'en tapisser le fond de litière de voyage pour parer à tout risque de fuite intempestive. Les chats répugnent à rester enfermés trop longtemps. Prévoyez une laisse de façon à le prendre sur vos genoux de temps en temps et proposez-lui à boire.

À l'hôtel ou en camping

Le chat est le bienvenu dans un grand nombre d'établissements hôteliers signalés par de nombreux guides. Prévoyez le bac et le panier indispensables à son confort, et placez l'un dans la salle de bains, l'autre dans la chambre. Un chat laissé seul dans une pièce inconnue peut miauler de détresse et déranger tout l'étage. Il est préférable de l'emmener dans son panier au restaurant.

Tous les terrains de camping n'acceptent pas les animaux, même vaccinés, et il est plus prudent de se renseigner au préalable. Seuls les chats paisibles et non fugueurs apprécieront les vacances sous la tente ou en caravane. Évitez de les emmener à la plage.

À la campagne

Tenez-le enfermé un jour ou deux, s'il ne connaît pas les lieux, pour lui permettre de s'habituer. Évitez les risques de bagarres, en particulier pour le chaton et le chat âgé. Veillez à ce qu'il ne s'éloigne pas de la maison, sous peine d'être pris dans un piège ou victime d'un coup de fusil. Inspectez régulièrement sa fourrure, pour le débarrasser des parasites, et ses pattes, où des épines et des épillets peuvent se loger. Les poisons destinés à détruire les animaux nuisibles peuvent lui être fatals.

Pendant votre absence

Un chat peut rester seul quelques jours à condition qu'il ait suffisamment à boire et à manger, par exemple grâce des distributeurs de croquettes et d'eau.

Le voyage en avion

La gent féline n'apprécie guère les transports aériens. Vous ne devez donner un calmant que sur conseil du vétérinaire. Si votre chat pèse moins de 5 kg, il peut voyager en cabine dans un sac ou un panier fermés. Il faut prévenir la compagnie à l'avance, car le nombre d'animaux en cabine est limité et vous paierez des frais de réservation. Le chat plus gros voyagera dans la soute. Vous devrez alors acheter pour un minimum de 40 euros une cage spéciale en vente dans les grands magasins, dans les aéroports ou sur le Net.

Si vous vous absentez plus longtemps, vous pouvez le laisser à la maison à condition qu'une personne de confiance vienne lui donner à manger. Une visite quotidienne est idéale. Vous pouvez installer chez vous un ami ou un parent qui s'occupera de son petit hôte silencieux, ou le confier à un propriétaire de chats de vos amis, qui en fera de même avec vous pendant ses vacances. Vous pouvez aussi vous adresser à une société de service qui enverra quelqu'un lui donner à manger et lui tenir compagnie. Ces personnes sont sélectionnées pour leur sérieux et leur amour des bêtes. Vous trouverez les adresses de ces sociétés sur le Net ou dans la presse spécialisée.

Mettre son chat en pension

Il existe des pensions à tous les prix, sérieuses et moins fiables, luxueuses et sommaires. Certaines sont exclusivement félines et offrent d'excellentes prestations. Vous pouvez demander conseil à votre vétérinaire ou vous procurer une liste d'établissements auprès des sociétés de protection animale (qui ne s'en portent pas garantes), dans la presse animalière et les pages jaunes, sur le Minitel ou sur Internet. N'hésitez pas à réserver en mai pour le mois d'août, surtout en ville. Par précaution, il sera nécessaire de vacciner votre chat contre le coryza et la leucose (voir aussi page 147).

Les précautions à prendre

Votre chat se sentira moins dépaysé si vous lui laissez son coussin, sa corbeille ou d'autres objets conservant votre odeur. N'oubliez pas de fournir les coordonnées d'une personne à contacter en cas de problèmes sérieux. Le chat en pension peut en effet se laisser dépérir. N'hésitez pas à téléphoner pour prendre de ses nouvelles.

Dans un bon établissement, son caractère, ses préférences alimentaires et, le cas échéant, son régime seront pris en compte. N'omettez pas de signaler que votre chatte est en chaleur, si c'est le cas. Vous risqueriez de vous retrouver avec une portée de chatons…

L'alimentation du chat

De sa nature de chasseur de souris, le chat a conservé l'habitude de faire de nombreux petits repas. C'est un consommateur mesuré, goûteur délicat et un buveur modéré ; il a de fortes préférences alimentaires, innées ou acquises surtout pendant la période de sevrage.

Un carnivore hautement spécialisé

Le chat s'est adapté, au cours de son évolution, à une alimentation à peu près exclusivement carnée, constituée de proies de petite taille (souris, oiseaux, lézards, insectes, etc.), chassées et consommées à des intervalles réguliers. Cette alimentation est caractérisée par sa forte teneur en eau, en protéines, en matières grasses, par la présence (surtout dans le foie) de vitamine A en nature et par une richesse en vitamines B, ainsi que par une absence quasi totale de glucides. Les besoins en minéraux du chat sont assez similaires à ceux des autres espèces carnivores domestiques. C'est ce régime qui explique ses besoins alimentaires actuels.

Grignoteur de nature...

Mangeant peu à chaque fois, le chat préfère des petits repas réguliers, fréquents (de 10 à 19 par jour), lorsqu'on l'y autorise, et largement répartis au cours de la journée et de la nuit selon les tempéraments (on décrit des mangeurs nocturnes ou diurnes). Les quantités ingérées par repas étant faibles (de 7,3 à 27,42 g), le temps passé à manger n'excède jamais 1 % du temps total, soit environ 15 minutes par jour.

Le chat mastique sommairement et déglutit vite. Ses dents carnassières lui permettent de broyer croquettes et morceaux de viande. Ce n'est pas un animal glouton, mais il peut parfois manger trop vite et régurgiter ses aliments non digérés.

... et buveur d'eau modéré

Contrairement à l'idée reçue, le chat est un buveur d'eau, modéré, certes, et ce d'autant plus que son alimentation est humide. Il boit en moyenne de 12 à 16 fois par jour, souvent aux moments où il mange, lorsqu'il a le choix, et en variant les lieux. Il absorbe alors des quantités d'eau moyennes de 10 à 12 ml et apprécie particulièrement l'eau en mouvement, comme celle du robinet ou de la fontaine à eau.

Le chat est, cependant, exposé à la déshydratation car il ajuste mal son abreuvement et tarde à boire plus, même quand ses besoins sont brusquement accrus, par exemple lorsqu'il doit lutter contre une forte chaleur. En outre, sa production urinaire est faible (souvent une seule miction par jour), et ses urines très concentrées. Il faudra donc l'encourager à boire et ne pas le faire passer sans transition d'une alimentation en conserve à une alimentation sèche.

La coupelle d'eau doit être de préférence en verre ou en porcelaine, matières qui ne gardent pas d'odeurs désagréables pour le chat ; renouvelez l'eau chaque jour. La température idéale de consommation de l'eau se situe entre 4 et 10 °C.

Des goûts affirmés

Le chat manifeste des préférences pour sa nourriture. Il flaire méticuleusement sa ration avant de manger, surtout si elle ne lui est pas familière. Il préfère les morceaux faciles à saisir (et qui ne risquent pas de salir ses moustaches), les présentations humides, souples et onctueuses. Il apprécie également les croquettes, souvent enrobées de matières riches en graisses et en arômes.

Le chat distingue trois saveurs : le salé, l'amer et le doux. Beaucoup plus sensible à l'amertume que l'homme, il apprécie peu les produits amers. Son attirance parfois irrésistible pour certaines pâtisseries (génoise, brioches...) lui vient plutôt de l'interaction avec son maître, car il n'a pas de fibre gustative pour le sucré ; et, à la différence de ses maîtres, il n'est pas non plus sensible à la couleur des aliments.

Viandes, poisson, abats...

Les chats aiment manifestement les matières d'origine animale : en premier lieu, la viande d'agneau, de lapin, de bœuf pour certains – ou du poisson pour d'autres –, puis la viande de cheval, de porc ou de poulet, enfin des abats (surtout les chats âgés). À ses propres proies, s'il chasse ou pêche, il préfère cependant la viande grillée et les aliments en conserve.

La richesse en matière grasse, le taux d'humidité et la température de l'aliment sont les critères principaux selon lesquels un chat ingère des aliments. La température idéale d'ingestion est la température corporelle ou, à défaut, la température ambiante, à laquelle les acides gras volatils se dégagent le mieux.

Bien que carnivore strict, le chat a de solides attirances pour certains végétaux comme l'herbe à chat (*Nepeta cataria*), les olives, le kiwi, et les plantes de la famille des Labiées (thym, romarin).

Changer de régime

Les principaux goûts alimentaires acquis se forment pendant la période du sevrage (voir p. 138). Confronté à un aliment nouveau, le chat le refusera parfois, surtout s'il n'a pas connu une alimentation diversifiée, mais aussi lorsqu'il est stressé. En revanche, on peut lui faire accepter un aliment connu qu'il n'aime pas, quand celui-ci est donné avec parcimonie. Lors d'un changement de régime, on veillera donc toujours à mélanger progressivement, sur une période de plusieurs jours, le nouvel aliment et l'ancien.

Pour savoir si un aliment répond au goût du chat, on peut observer le chat après le repas : celui-ci se léchera la zone autour de la bouche de façon d'autant plus intense que l'aliment lui a plu ou, au contraire, se léchera seulement le nez, puis passera à la toilette du thorax, comme il le fait après une contrariété.

Les principaux éléments nutritifs et leur rôle

La nature et la quantité des éléments nutritifs (ou nutriments) nécessaires au chat sont conditionnées par la digestion. Tous les aliments sont composés d'eau et de matière sèche. Cette dernière est constituée de diverses matières minérales et de matière organique dans laquelle on distingue les protides, ou protéines, les lipides (matières grasses) et certains glucides (les sucres lents).

Les protéines

Les protéines, abondantes dans l'œuf, le poisson, la viande et les sous-produits d'origine animale, le lait et ses dérivés, les levures et les légumineuses (pois, haricots secs), jouent un rôle important dans la production de substances essentielles au bon fonctionnement de l'organisme : ces substances sont les enzymes (digestives et métaboliques), les hormones et les anticorps (qui conditionnent la résistance immunitaire). Les protéines contribuent de façon encore plus indispensables à ce fonctionnement, lors de la gestation, de la lactation et de la croissance des jeunes.

Les lipides

Ce sont d'abord des sources énergétiques appétissantes très concentrées. Bien digérées et métabolisées par les carnivores, elles sont particulièrement utiles pour augmenter la valeur énergétique de la ration, notamment pour des femelles en période de reproduction ; inversement, leur excès prédispose les chats sédentaires ou vieillissants à l'obésité.

Surtout, les lipides doivent contenir des acides gras essentiels (A.G.E.), dont l'organisme du chat ne sait pas assurer la synthèse, mais qui contribuent à la prévention des maladies de la peau et des altérations de la fourrure, de la surcharge graisseuse du foie, de l'infertilité... Les meilleures sources d'A.G.E. sont habituellement les huiles végétales (maïs, tournesol, colza), mais aussi celles d'origine animale (graisses de porc ou de volaille, chair de poisson). Ces matières grasses ne doivent être utilisées que très fraîches ou parfaitement conservées.

Les glucides

L'amidon en est le meilleur représentant. Abondant dans les céréales (riz, blé, maïs, orge...) et leurs dérivés ainsi que dans les pommes de terre, il faut qu'il soit très cuit (plus que pour l'homme) pour pouvoir être bien digéré par le chat.

La cellulose brute se trouve dans le tissu de soutien des légumes verts et des enveloppes de céréales. Presque totalement indigestible par les carnivores, la cellulose n'intervient que par son rôle de stimulant de l'intestin. Elle contribue ainsi à l'hygiène digestive du chat et prévient la constipation et ses complications. Elle permet aussi, donnée en plus forte proportion, d'abaisser le niveau alimentaire réel sans réduire le volume de la ration.

Les minéraux

Les minéraux ont des fonctions irremplaçables (voir tableau p. 153), soit comme constituants structuraux (par exemple dans l'os), soit comme régulateurs des échanges cellulaires (dans le sang, en particulier), ou comme activateurs des réactions biologiques.

Caractéristiques et fonctions des vitamines

Vitamines	Sources alimentaires	Fonctions	Stockage dans l'organisme
Vitamine A	foie, graisses et huiles, jaune d'œuf	vision, protection des membranes, résistance anti-infectieuse, croissance, reproduction	oui
Vitamine D	poissons, volailles, foie, œufs, huile de foie de poisson	minéralisation	oui
Vitamine E	graisses et huiles, germes de céréales	anti-oxydant	oui
Vitamine K	poissons, foie, œufs, céréales	coagulation sanguine	oui
Vitamine B	foie, levure, jaune d'œuf et céréales complètes	assimilation des glucides, protides, protection cutanée, fonctionnement nerveux	non (sauf pour la vitamine B12)
Vitamine C	fruits et légumes frais	stimulant des défenses naturelles	non

On distingue :

les macro-éléments : calcium et phosphore (essentiels à la minéralisation osseuse), sodium, potassium et magnésium ;

les oligoéléments : fer, cuivre, zinc, manganèse, iode, sélénium.

Les vitamines

Composés organiques indispensables à la vie (d'où leur nom), les vitamines sont solubles soit dans les matières grasses (liposolubles), soit dans l'eau (hydrosolubles).

Les vitamines liposolubles (A, D, E, K) se concentrent dans les lipides (œuf, crème du lait, huile de poisson). Consommées avec excès, elles exposent à des intoxications (hypervitaminoses) qui se révèlent souvent plus dangereuses pour le chat que les carences.

Les vitamines hydrosolubles (B1, B2, PP, B6, B12, H...) sont largement répandues dans les aliments d'origine animale et végétale. L'organisme du chat ne pouvant les stocker que faiblement, il faut lui en fournir de façon régulière et en quantité importante, d'autant qu'il n'y a pas, avec ce type de vitamines, de risque d'hypervitaminose.

Une nourriture adaptée à notre temps

Tous les aliments préparés pour les chats respectent les normes nutritionnelles quantitatives légales en vigueur, quel que soit leur prix d'achat. En revanche, certains produits apportent plus au chat en termes de qualité des ingrédients et d'appétence (avec de petits morceaux

Caractéristiques et fonctions des principaux minéraux

Minéraux	Sources alimentaires	Fonctions
Calcium (Ca)	lait, fromage	formation des os et des dents, coagulation sanguine, transmission nerveuse
Phosphore (P)	lait, fromage, viande, volaille, grains de blé	formation des os et des dents
Potassium (K)	viande, lait, nombreux fruits	équilibre hydrique de l'organisme, fonction nerveuse
Sodium (Na)	sel de table	équilibre hydrique de l'organisme, fonction nerveuse
Magnésium (Mg)	grains de blé entier, légumes à feuilles vertes	fonctions métaboliques, neuromusculaire, enzymatique, cellulaire, coagulation sanguine
Fer (Fe)	œufs, viande, légumes à feuilles vertes	constituant de l'hémoglobine et d'enzymes participant au métabolisme de l'énergie
Cuivre (Cu)	viande, foie	croissance cellulaire, formation de l'hémoglobine, fixation du calcium et du phosphore
Zinc (Zn)	viande, foie	élaboration protéique : croissance, cicatrisation, production d'anticorps
Iode (I)	poisson, sel marin	fonction thyroïdienne
Sélénium (Se)	poisson, sel marin	protection musculaire, anti-oxydation des graisses

UN CHASSEUR-NÉ
L'instinct de chasse persiste même chez les chats de compagnie.

d'abats par exemple, ou avec des textures et des saveurs raffinées), et soignent également l'attente du maître avec des présentations adaptées à la vie citadine (les sachets fraîcheur en sont un bon exemple). Grâce à des recherches et à des contrôles stricts, les aliments industriels préparés permettent donc aujourd'hui d'assurer une parfaite adéquation aux besoins et aux goûts des chats. Ceux-ci les préfèrent d'ailleurs souvent aux rations ménagères équilibrées telles qu'on peut les trouver dans les traités de diététique vétérinaire, et dont la préparation est peu compatible avec la vie active. Quant aux restes de tables ou aux aliments trop riches (viandes, abats), ils ne peuvent constituer le régime alimentaire d'un chat ; ils conduiraient à des troubles digestifs, à un dysfonctionnement du foie, à de graves problèmes osseux et réduiraient donc l'espérance et la qualité de vie de l'animal. En revanche, distribués avec parcimonie, ces aliments (voir p. 157) font la joie du chat et de son propriétaire.

Les aliments en conserve

Caractérisés par leur forte teneur en eau (de 70 à 80 %), les aliments humides (c'est-à-dire ceux vendus en conserve) font largement appel aux sous-produits d'abattoirs ainsi qu'aux dérivés de la pêche. À noter que toutes ces viandes et sous-produits proviennent tous d'animaux déclarés bons pour la consommation humaine par les Services vétérinaires. Ils comportent également des céréales et des légumes (bien cuits au cours de la stérilisation), et des compléments nécessaires (minéraux, vitamines). Leur teneur en acides aminés, indispensables au chat, est régulièrement contrôlée.

UNE AFFAIRE DE GOÛT
Les conserves sont parfois mieux appréciées que les croquettes.

Ils se présentent sous différentes formes (mousse fine, terrine, petits morceaux avec gelée ou en sauce) avec une grande variété de saveurs. Riches en protéines et en matières grasses d'origine animale, ils sont très appétissants et faciles à digérer. Étant donné leur haute valeur énergétique, il convient de respecter les quantités indiquées sur l'étiquette pour éviter le risque d'embonpoint.

À chaque chat ses préférences

Les aliments préparés industriels (c'est-à-dire en dehors des aliments strictement diététiques) existent en général dans de nombreuses saveurs. Un chat peut préférer le poisson dans une marque d'aliments préparés, alors que dans une autre, c'est la viande qu'il préférera. La façon dont le produit est fabriqué est donc déterminante par rapport aux ingrédients.

La texture joue également son rôle. Certains chats apprécieront davantage les morceaux, et particulièrement la gelée ou la sauce qui les entoure, alors que d'autres se lécheront les moustaches après une terrine ou une mousseline.

Les conserves de type pâtée sont fabriquées en mixant plus ou moins finement les matières premières. Celles de type morceaux peuvent contenir des morceaux naturels, mais la plupart du temps les fabricants confectionnent eux-mêmes leurs morceaux (d'où leur belle régularité), avec des matières premières adaptées à ce type de production (essentiellement des découpes de volailles, mais aussi du soja extrudé).

Il semble que les sachets fraîcheur, dont la température de stérilisation est légèrement inférieure à celle des conserves traditionnelles, donne une appétence supérieure aux produits. C'est surtout un concept pratique pour celui ou celle qui nourrit le chat, car il n'est pas encombrant et ne laisse pas d'odeur dans le réfrigérateur !

Les aliments secs

Les aliments secs (croquettes) renferment moins de 14 % d'humidité. Leur haut degré de déshydratation garantit leur conservation. Ils contiennent des mélanges à base de céréales, de viandes déshydratées ou de poisson, de soja, de tourteaux, complétés par des matières grasses, des minéraux et des vitamines. D'un point de vue énergétique, les croquettes sont, à poids égal, plus denses que les conserves, et les volumes consommés, ainsi très inférieurs.

Présentés sous forme extrudée (croquettes poreuses), ces aliments complets doivent être mis à disposition du chat avec de l'eau fraîche laissée à proximité en permanence. Lors du passage d'une alimentation humide à une alimentation sèche – notamment chez un chat sevré qui a déjà de solides habitudes alimentaires avec une faible propension à boire –, il est prudent de mouiller l'aliment sec (éventuellement avec du lait) pour le présenter d'abord en soupe ou en bouillie.

Les règles d'or de l'alimentation du chat

- L'écuelle sera de préférence en porcelaine ou en verre, matériau qui ne conserve pas les odeurs ; l'écuelle sera nettoyée chaque jour.
- L'eau sera tenue à disposition et renouvelée chaque jour dans une coupelle en verre.
- Si le chat vit avec un ou plusieurs chiens, son coin-repas sera organisé en altitude, hors de portée de ses compagnons.
- Un aliment qui n'est pas consommé dans la journée doit être jeté : contrairement au chien et à nous, le chat ne mange que ce qu'il aime, même s'il est affamé.
- Les aliments en conserve ou sachet sont plus appréciés par le chat s'ils sont à température ambiante, voire très légèrement tiédis au micro-onde.
- Les chats adorent les croquettes très croustillantes, le paquet à peine ouvert ; il existe maintenant des sachets avec fermeture, ainsi que des distributeurs de croquettes qui préservent l'aliment de l'humidité.

Les aliments « spéciaux »

Il existe, selon l'âge et le sexe, des aliments adaptés à chaque étape physiologique et aux risques qui y sont liés. Après la stérilisation, l'embonpoint, voire l'obésité, est un risque pour le chat comme pour la chatte. Il peut conduire à un état pré-diabétique qu'il convient de limiter. Enfin, c'est à l'âge adulte qu'apparaissent le plus fréquemment les calculs de struvite (voir p. 169), alors que les calculs d'oxalate (voir p. 169) surviennent plus chez des chats âgés. Les aliments pour chats sédentaires adultes doivent être formulés pour prévenir au mieux l'ensemble de ces troubles. Certaines étiquettes renseignent mal sur ce sujet ; si vous ne vous y retrouvez pas dans les mentions light, allégé ou senior, mieux vaut demander l'avis de votre vétérinaire.

Où acheter la nourriture ?

Il existe quatre circuits de distribution d'aliments préparés pour les chats. Les grandes surfaces (y compris votre épicerie locale) vendent des aliments complets « standard ». On y trouve aussi des aliments physiologiques, destinés aux chatons ou aux chats âgés. Les animaleries-jardineries délivrent essentiellement des sacs de croquettes, de formats plus ou moins grands, d'aliments « physiologiques ». On peut acheter sur Internet toutes les catégories d'aliments, y compris ceux qui sont prescrits pour des pathologies. Les vétérinaires vendent également des aliments physiologiques, et ils sont seuls autorisés à délivrer des aliments à visée thérapeutique ayant des objectifs médicaux stricts, par exemple dans le cas de diabète, d'insuffisance rénale, d'obésité, etc.

Mieux comprendre l'étiquette

La législation n'exige aucune mention obligatoire du taux de digestibilité ni de la densité énergétique sur les étiquettes des aliments industriels préparés. La digestibilité est très liée à la qualité des protéines et des glucides utilisés et, souvent, le prix en donne une bonne indication. La qualité des selles en apporte ensuite la preuve, en nature.

On peut calculer de façon simple l'énergie consommée par le métabolisme en kcal pour 1 000 grammes (EM en kcal/kg) d'aliment en appliquant la formule suivante : Énergie métabolisable = 40 x (% protéines + % glucides) + (90 x % M.G.).

Le pourcentage des glucides correspond à celui qu'on obtient, une fois déduits ceux des protéines, des matières grasses, des fibres, des minéraux et de l'humidité.

Exemple :

- Protéines brutes 11 %
- Matières Grasses 7 %
- Cendres brutes 3 %
- Cellulose brute 0,1 %
- Humidité 77 %
- Glucides = 100 – 11 – 7 – 3 – 77 = 2

EM = 40 x (11+2) + 90 x 7 = 1 150 kcal/kg, d'où la recommandation du fabricant de consommer 2 à 3 boîtes de 85 g par jour.

Certaines mentions indiquent les quantités de produits incorporés de la façon suivante :
« au goût de… », « aromatisé à… » = de 0 à 4 % ;
« au… » = de 4 à 14 % ;
« riche en… » = de 14 à 26 %.

Formule « ouverte » ou « fermée »?

Si tous les aliments stipulant sur l'étiquette « aliment complet » sont conformes aux recommandations nutritionnelles en vigueur, le fabricant peut ensuite choisir la qualité des ingrédients incorporés pour chaque marque. Il met alors au point une recette, qui est dite « ouverte » s'il garde la possibilité de remplacer un ingrédient par un autre de même valeur nutritionnelle au gré des disponibilités du marché, ou « fermée » dans le cas contraire. Ainsi, dans les aliments à visée thérapeutique hypoallergiques, les fabricants respectent très rigoureusement les natures des ingrédients, et s'ils s'engagent à incorporer du riz et du canard, l'aliment ne contiendra que ces sources de protéines et de glucides. Cette procédure a un coût, et les produits fabriqués en formule fermée (les aliments à visée thérapeutique, par exemple) sont généralement plus chers.

...
DES BESOINS ACCRUS Il faut suralimenter la mère pendant l'allaitement.

Les besoins de la chatte en période de reproduction

La gestation et, surtout, la lactation sont des moments où la chatte est très sollicitée et a besoin de recevoir une alimentation adaptée. Les aliments préparés industriels adaptés à cette période particulièrement exigeante sur le plan physiologique ont des taux de protéines de 34 à 37 %, avec des taux de matières grasses aux alentours de 20 %, selon les fabricants. Dans ce cas, aucun complément alimentaire (vitamines, complément minéral) ne doit être apporté. Le mieux est de prendre conseil auprès de votre vétérinaire.

Une légère suralimentation (5 à 10 % au-dessus du niveau d'entretien) pendant la période ovulatoire stimulera la prolificité d'une femelle un peu maigre ou juste en état. Au contraire, cela ne ferait qu'aggraver le cas des femelles trop grasses qui ont déjà un plus petit nombre de fœtus. L'embonpoint excessif expose aussi à des difficultés de mise bas.

Les besoins pendant la gestation

Pour faire face à la croissance très rapide des fœtus, l'alimentation de la chatte doit être très riche en protéines. On peut ajouter à la ration d'entretien 5 à 10 % de viande, de produits lactés ou d'œufs cuits, selon les goûts alimentaires de la chatte.

Durant la seconde partie de la gestation, on veillera au bon équilibre alimentaire, notamment en ce qui concerne le rapport phosphocalcique qui favorise la formation du squelette des fœtus et prévient les risques de déminéralisation chez la chatte en lactation. Les chats se suralimentant rarement, le plus simple est de laisser l'aliment à volonté.

Vers la fin de la gestation, la chatte n'a souvent pas assez d'appétit par rapport à ses besoins et elle ne tolère que de très petits repas, son abdomen étant très distendu par les petits à naître. On donnera alors une ration très énergétique répartie sur au moins deux repas par jour. Ainsi, la chatte augmente son poids propre d'environ 39 % pendant la gestation, ce qui lui permet de faire face ensuite à une lactation exigeante au cours de laquelle elle perdra ses réserves pour revenir peu à peu à son poids initial.

Les besoins pendant l'allaitement

À la mise bas de sa portée, la chatte perd 40 % de son poids (ce qui correspond aux poids du fœtus et du placenta). Elle doit donc reconstituer une partie de ses réserves et faire face à la dépense énergétique importante que constitue la production de lait. Celle-ci a une nette tendance à augmenter avec la taille de la portée. L'appétit de la chatte est généralement très faible tout de suite après la mise bas, car elle ingère les placentas de ses chatons, riches en protéines. Les besoins en énergie de la chatte allaitante sont trois à quatre fois supérieurs à ceux en temps normal : il faut donc lui fournir trois à quatre fois par jour, sinon en permanence, une ration appétente – c'est-à-dire que la chatte apprécie – très concentrée, à plus forte teneur en graisses. Le taux protéique de l'aliment complet doit être important (35 % en moyenne) ; si l'on souhaite utiliser l'aliment complet habituel, il faut impérativement y ajouter jusqu'à 10 % de viande, d'œufs cuits, de fromage blanc ou même de lait frais qui ont l'avantage d'améliorer l'appétit de l'animal.

Il faut, bien entendu, toujours contrôler l'équilibre de l'ensemble de la ration, en particulier pour les apports phosphocalciques, afin d'éviter notamment les risques de tétanie de lactation. Par ailleurs, la production de lait consomme une grande partie de l'eau ingérée par la chatte et il faut lui fournir de l'eau fraîche encore plus régulièrement que de coutume.

Besoins pour chatte gestante : 400 kcal/jour	
alimentation humide	403 g
alimentation sèche	142 g

Besoins pour chatte allaitante : 800 kcal/jour	
alimentation humide	806 g
alimentation sèche	283 g

Lors du tarissement

À partir de la sixième semaine, la sécrétion lactée diminue spontanément et les chatons commencent à consommer l'aliment qui leur est présenté par leur mère. Il est préférable d'accélérer le processus de tarissement pour ne pas épuiser la chatte : on réduit alors assez rapidement la quantité d'aliment qui lui est offerte, tout en distribuant directement davantage de nourriture à la portée. Il est même conseillé d'imposer à la mère un jour de jeûne, puis de revenir progressivement à la ration d'entretien à raison d'un quart de celle-ci le deuxième jour, puis de la moitié le troisième et de deux tiers le quatrième, avec une part entière à partir du cinquième jour. On écarte ainsi grandement les risques de congestion mammaire et de mammites.

Alimentation et beauté de la fourrure

La peau est le miroir de la santé. En respectant les règles générales de l'équilibre alimentaire du chat pour maintenir sa bonne hygiène digestive et éviter toute carence ou tout excès, on favorise aussi la beauté de sa fourrure, qui sera plus dense, souple, brillante…

• Les acides aminés soufrés (méthionine et cystine) sont les constituants majeurs des poils comme des griffes, dont l'élaboration met également en jeu des apports d'oligoéléments et de vitamines.

• Les acides gras essentiels apportés par les huiles assurent déjà une bonne prévention des dermatoses responsables d'une peau épaisse et enflammée, sèche ou grasse, souvent dépilée, sensible à l'apparition de plaies guérissant difficilement ; ils améliorent aussi le luisant et la souplesse de la fourrure. Mais on sait désormais que d'autres acides gras – les acides oméga-6 contenus dans certaines huiles végétales (bourrache, onagre, pépins de cassis) et, surtout, les acides oméga-3 contenus dans des huiles de poissons (huile d'anchois ou de capelan, notamment) – ont un intérêt diététique particulier, en rapport avec leurs propriétés anti-inflammatoires.

• Parmi les oligoéléments, le zinc est très complémentaire des acides gras essentiels, favorisant en particulier la cicatrisation des plaies. Le cuivre contribue à la souplesse du poil, à son lustre, à sa résistance, ainsi qu'à la pleine expression de sa couleur.

• La vitamine A est aussi bien connue pour son action protectrice de la peau. Et, de toutes les vitamines B, les plus importantes pour la beauté du chat sont la vitamine B6 et la biotine.

Les petits plaisirs

Chaque chat et chaque maître apprennent à se connaître et à partager des plaisirs gastronomiques sympathiques. S'il faut savoir fixer une règle de savoir-vivre, pour que le chat ne vienne pas systématiquement sur la table à l'heure du repas ni quémander à vos pieds, il n'est pas interdit de lui offrir de temps en temps quelques « extras ».

La règle de conduite sera de ne pas donner plus de 5 % de la ration sous forme de protéines et matières grasses venant d'un seul aliment. La consommation exclusive de foie conduit à la dramatique hypervitaminose A (les vertèbres se soudent et empêchent le chat de conserver une motricité normale). À l'inverse, l'alimentation carnée exclusive conduit à une déminéralisation massive des os, qui se fracturent spontanément.

Néanmoins, donnés à titre de friandises à titre occasionnel, de nombreux aliments font le bonheur des chats et permettent, lors d'une baisse d'appétit passagère ou en convalescence, de relancer l'appétit. Au hit-parade de ces petits bonheurs, nous pouvons citer : le blanc de poulet ou de dinde, le bifteck haché (cuit ou cru selon les goûts), les peaux des truites et saumons, le thon au naturel, les sardines fraîches, le fromage blanc (fermenté ou non), les yaourts….

CROQUETTES EN TOUT GENRE
Les croquettes sont proposées sous différentes formes et différentes couleurs.

La reproduction et la mise bas

Grandes amoureuses, les chattes sont aussi très prolifiques et peuvent donner naissance à trois portées par an. Mais ceux qui se sentent une vocation d'éleveur doivent faire preuve de beaucoup d'attention et de patience, et il faut avoir la certitude de pouvoir placer les chatons.

Les chaleurs

L'activité sexuelle des chats se déroule en été, au début de l'automne et à la fin du printemps, durant lequel elle atteint son paroxysme.

L'apparition des chaleurs chez la femelle peut être favorisée par certaines phases de la Lune, un changement brutal du temps ou la présence de mâles dans les parages. Les chattes d'appartement, isolées, ont des chaleurs moins fréquentes et plus courtes que celles qui vivent en liberté. La solitude peut même empêcher l'apparition du phénomène. Certaines femelles sont capables de se reproduire dès l'âge de quatre mois, les races à poil court étant plus précoces que celles à poil long. On compte en moyenne trois cycles de trois semaines par an, et la chatte est fécondable pendant six à dix jours par cycle.

CHATTE EN CHALEUR
Certains signes très nets, comme la demande exagérée de caresses, montrent que votre chatte est en période d'œstrus.

Des amours tumultueuses

Mâles et femelles connaissent en règle générale des amours tumultueuses. Dès le début de l'œstrus, la chatte change de voix et lance des miaulements plaintifs en guise d'appels au mâle. Sa vulve gonfle et elle recherche les caresses. Il lui arrive même de déroger à ses habitudes de propreté pour uriner hors de son bac. Si certaines femelles en chaleur se contentent de rouler sur le dos en ronronnant, d'autres, moins discrètes – les Siamoises par exemple –, sont prises de frénésie et miaulent sans répit sur un ton aigu (un séjour dans une pièce noire et silencieuse pourra éventuellement les calmer). La proximité d'une chatte en chaleur ne manque pas de troubler le mâle. Enfermé dans un appartement, il lance son cri de parade, cherche à fuguer à la première occasion et dépose partout des marques d'urine à l'odeur âcre et tenace. Ne laissez pas les fenêtres ouvertes, il risquerait de sauter dans le vide. En l'absence de femelle, il n'hésite pas à poursuivre les autres mâles de ses assiduités.

Chez les mâles, le taux plus élevé de testostérone contribue à développer des comportements agressifs lors des périodes de chaleur. En liberté, ils se livrent à des combats sanglants pour remporter les faveurs de la chatte en chaleur. Évitez de lâcher un jeune mâle si des femelles en chasse rôdent dans les parages. Agressé par les vieux matous du quartier, il risquerait de revenir en piteux état, avec une mauvaise plaie causée par les crocs d'un jaloux. Il arrive même que les mâles tuent une portée entière de très jeunes chatons.

Le choix de l'étalon

Même si la chatte est sans pedigree, pour avoir de beaux chatons, il est préférable de l'accoupler avec un mâle dont la robe s'accorde avec la sienne pour la couleur et la longueur. Le propriétaire d'une chatte de race doit sélectionner l'étalon avec soin, prendre connaissance de ses origines et obtenir un certificat de santé attestant qu'il n'est atteint d'aucune maladie qui serait contagieuse.

Les services d'un étalon sont payants. Le prix de la saillie est à débattre entre les propriétaires. Le maître du chat peut réclamer en paiement le plus beau chaton de la portée. La chatte doit être elle aussi en bonne santé et de préférence vaccinée avant l'accouplement. Il est recommandé de lui administrer un vermifuge polyvalent avant sa rencontre avec le mâle. Évitez d'accoupler une femelle et un mâle présentant les mêmes défauts, ces anomalies pourraient être aggravées chez les chatons issus de ces croisements.

Vous trouverez un étalon en vous adressant à un club de race ou au vétérinaire, en passant une annonce dans la presse spécialisée ou en consultant le Minitel et les sites Internet.

Les présentations

L'expérience montre qu'il est préférable de conduire la femelle chez le mâle pour que la rencontre porte ses fruits, et de les laisser en présence pendant trois ou quatre jours. Laissez la chatte explorer seule le territoire à sa guise avant de lui présenter le mâle.

Les chatteries disposent de pièces spéciales coupées par un grillage, ce qui permet aux deux animaux de se flairer et de se regarder à loisir. La chatte a la possibilité de se soustraire aux regards du mâle dans un coin ménagé à cet effet. Les deux partenaires sont ensuite mis en présence. La femelle commence en général par cracher et montrer les griffes, tandis que le mâle appelle sur un ton plaintif. S'il a déjà de l'expérience ou si le couple se connaît, la parade sera brève.

Un chat inexpérimenté qui tenterait de monter une femelle non consentante déclencherait à coup sûr une vigoureuse réaction d'agressivité. Il est donc conseillé de mettre un mâle novice en présence d'une femelle paisible ou ayant déjà été saillie.

Le maître observera les deux partenaires discrètement et interviendra en cas de rejet manifeste. Le vétérinaire prescrira un calmant pour une chatte trop nerveuse, voire même l'insémination artificielle – à moins que le maître ne désire renouveler l'expérience avec un nouveau mâle.

L'accouplement

Quand la chatte se montre réceptive, elle se laisse approcher, flairer et même lécher par le mâle. Puis elle relève l'arrière-train, présente sa vulve et met sa queue sur le côté tandis qu'elle pétrit le sol de ses pattes arrière, dans une attitude évoquant celle qu'elle adopte pendant les chaleurs. Puis le mâle la chevauche brutalement et lui maintient la nuque à l'aide de ses dents et de ses pattes avant.

La saillie est rapide et peut se produire jusqu'à dix fois en une heure. Au moment de l'éjaculation du mâle, la femelle laisse échapper un cri aigu caractéristique, réaction aux sensations vaginales provoquées par les papilles cornées dont est hérissé le pénis du mâle. La séparation est immédiate et la femelle se retourne contre le mâle, dans un comportement propre à la famille féline. Après l'accouplement, la chatte se détend, roule sur le dos et ronronne avant de faire sa toilette. Il arrive aussi qu'elle morde ou distribue des coups de griffes, à la vive surprise du mâle qui, quoique polygame, est tout prêt à manifester sa tendresse et à lécher sa partenaire du moment.

Une chatte non fécondée continue à lancer ses miaulements plaintifs et il faut envisager de la présenter de nouveau à l'étalon.

Pendant la semaine qui suit la saillie, il est plus prudent d'empêcher la femelle de sortir pour lui éviter d'être saillie par d'autres mâles et de nouveau fécondée. L'accouplement déclenchant l'ovulation, la chatte pond en effet une dizaine d'ovules qui peuvent être fécondés par différents mâles. Ce phénomène, dit de superfétation, se traduit par la naissance de chatons de géniteurs différents, ce qui présente quelques inconvénients si l'on possède une chatte de race.

Si cette dernière se laisse séduire par un chat de gouttière, la portée qui résulte du croisement sera composée de chatons qui ne seront pas de pure race. Cependant, si elle s'accouple lors des chaleurs suivantes avec un partenaire de sa race, les chatons de cette nouvelle portée seront de pure race, contrairement à ce que l'on peut souvent entendre.

Après une saillie non désirée, l'ovulation peut être stoppée par une injection pratiquée dans les vingt-quatre heures qui suivent.

Une chatte saillie ne donne pas toujours naissance à des chatons. Sa fertilité peut être perturbée par une alimentation déséquilibrée, une carence en vitamines A et en iode, une infection de l'utérus, des problèmes hormonaux ou urinaires, des kystes ovariens, etc. Une consultation devient alors nécessaire pour identifier le problème. Si l'on ne souhaite pas qu'une chatte se reproduise, il est possible de déclencher l'ovulation en stimulant sa vulve avec un Coton-Tige imbibé de sérum physiologique.

MÂLES RIVAUX Deux mâles, attirés par une femelle en chaleurs, se jaugent avant de passer à l'attaque.

Gestation et mise bas

Caressante et calme, la chatte qui attend des petits réclame de vous une attention redoublée.

Votre présence discrète mais amicale pourra se révéler utile pendant toute cette période, et même au-delà.

La gestation

La chatte porte ses petits entre 65 et 69 jours et nécessite, au cours de cette période, davantage de soins et une alimentation plus riche (voir p. 155). Le début de la gestation passe presque inaperçu. Vers la quatrième semaine, la palpation prudente révèle des embryons de la grosseur d'une bille. Le ventre de la chatte commence à s'arrondir. Vers le trente-cinquième jour, un halo rose apparaît autour des tétons et les mamelles se mettent à gonfler. La chatte est de moins en moins alerte et grossit. Consultez le vétérinaire si un liquide jaune verdâtre ou teinté de sang s'écoule de sa vulve. Si la chatte a un bassin trop étroit, il sera nécessaire de pratiquer une césarienne vers le 63e jour de la gestation.

Une douzaine de jours avant la mise bas, on peut sentir les chatons bouger. La dernière semaine, la future mère donne des signes de nervosité et arpente la maison à la recherche d'un nid.

Vous pourrez lui installer un carton garni d'un coussin recouvert d'un linge propre, dans un coin tranquille, à l'abri des courants d'air, mais il est possible qu'elle jette son dévolu sur un fauteuil, un lit, un tiroir ou le fond d'une armoire. Si vous ne voyez pas d'inconvénient à son choix, vous vous bornerez à disposer un linge propre à l'endroit voulu.

Dans le cas contraire, vous interdirez fermement le lieu qu'elle aura choisi pour lui permettre d'en chercher un autre. La veille de l'événement, la chatte fait de nombreuses incursions dans son nid et donne des signes d'inquiétude, mais, lors de la mise bas, elle se montre discrète et la naissance peut se dérouler à l'insu du maître.

Dans la majorité des cas, la chatte suit son instinct et tout se passe très bien, même si un chaton se présente le postérieur en premier. Si vous assistez à la naissance, restez discret et rassurez votre chatte de la voix si elle paraît nerveuse.

La mise bas

Le jour J, la vulve est dilatée, les contractions commencent et peuvent durer plusieurs heures, jusqu'à la perte des eaux, qui sera suivie de l'expulsion du premier chaton. Pendant les contractions, la respiration devient plus courte. La chatte émet parfois un ronronnement puissant très particulier, et il lui arrive de se montrer nerveuse. L'expulsion des chatons se fait au rythme d'un tous les quarts d'heure. Une portée moyenne en compte quatre ou cinq. La durée de la mise bas est variable. Il n'y a pas lieu de s'inquiéter si la mère ne montre aucun signe de perturbation. Dès qu'un chaton est expulsé, la chatte déchire à coups de langue râpeuse la membrane qui l'enveloppe, stimulant ainsi la respiration du nouveau-né. Ensuite, elle tranche le cordon ombilical et absorbe le placenta expulsé après chaque naissance, ce qui favorise la lactation. Elle lèche la région anale des chatons afin de stimuler leur fonction d'élimination.

Quand faut-il intervenir ?

• Si la mère ne débarrasse pas spontanément le chaton de la membrane qui l'enveloppe, dégagez le museau du nouveau-né avec un linge propre et présentez-le à la chatte. Si elle se refuse à le lécher, frictionnez-le doucement avec une serviette pour l'empêcher de prendre froid et stimuler sa respiration.
• Si la mère ne réussit pas à expulser un chaton en dépit de ses efforts, enduisez la vulve de vaseline et tirez doucement la tête du chaton. Cette traction, associée aux poussées de la mère, suffit en général à le libérer. Sinon, il faut réclamer l'assistance du vétérinaire.
• Lorsqu'un chaton ne respire pas, dégagez la membrane qui obstrue le museau à l'aide d'un linge propre, et frictionnez l'animal pour stimuler sa respiration. Prenez-le délicatement et balancez-le la tête en bas pour le débarrasser des mucosités qui l'empêchent de respirer. L'ultime solution sera de pratiquer le bouche-à-bouche.
• Si la chatte ne tranche pas elle-même le cordon, faites-le à sa place avec une paire de ciseaux stérilisés, à 3 cm environ du nombril. Nouez ensuite l'extrémité du cordon avec un fil dentaire ou un fil passé dans une solution antiseptique.

Quand faut-il appeler le vétérinaire ?

La présence d'un vétérinaire est nécessaire si, pendant la mise bas, la chatte fait deux heures d'efforts sans succès (les chatons sont peut-être trop volumineux et une césarienne peut s'avérer alors nécessaire) ; si, après une première expulsion, la chatte fait deux heures d'efforts sans résultat ; si, la tête du chaton apparaissant, elle ne réussit pas à l'expulser ; si elle est anormalement nerveuse et semble souffrir en pure perte.

L'intervention urgente du vétérinaire devient indispensable en cas d'hémorragie vaginale ou si la chatte se met à haleter et à trembler (signes d'une crise d'éclampsie) ; dans le dernier cas, elle doit recevoir sans délai une injection de calcium. Il en est de même lorsqu'une partie de l'utérus, voire même la totalité de l'organe, descend dans le vagin. En attendant, si l'utérus est apparent au bord de la vulve, on le protégera avec un coton imbibé d'eau tiède, recouvert d'un linge propre.

Développement du chaton

1

2

3

4

Les yeux s'ouvrent (1) entre 8 et 12 jours après la naissance. Après ses premiers pas encore maladroits en fin de 2e semaine (2), il commence à jouer (3), puis bientôt court, joue, grimpe et fait sa toilette à 9 semaines (4).

Une consultation sera en outre nécessaire après des pertes de sang malodorantes ou des sécrétions purulentes, signe qu'un placenta n'a pas été expulsé ou qu'une infection (métrite) s'est déclenchée à la suite d'une mise bas difficile ; un traitement antibiotique est alors nécessaire.

Il arrive que la chatte dévore sa progéniture après avoir coupé le cordon ombilical. La seule solution est de lui soustraire sa portée et de la lui représenter un moment après. Si elle rejette encore ses chatons, il faudra envisager une mère suppléante ou les élever sans son aide. Si un seul chaton est rejeté, c'est qu'il présente une tare ou une malformation ; il vaut mieux alors recourir à une euthanasie.

Après la naissance

La mère et ses petits ont besoin de tranquillité. D'instinct, elle les réchauffe contre ses flancs et les lèche avec sollicitude. Guidés par leur odorat et par la perception de gradients de chaleur, les chatons trouvent les mamelles et n'iront bientôt plus qu'à la mamelle de leur choix, puis s'endorment dès qu'ils ont tété.

Il faut attendre le lendemain de la mise bas pour changer la litière et éviter, pendant les premiers jours, de toucher les chatons. Ne laissez sous aucun prétexte les enfants s'approcher de trop près sous peine de les exposer à de sérieux coups de griffes. Les chattes les plus caressantes deviennent très agressives pour protéger leur progéniture. Ne cherchez pas les excréments des chatons, la chatte les absorbe. Si les petits ne crient pas, s'ils tètent vigoureusement entre deux sommes et si la mère est calme, tout va bien. Votre rôle se bornera à pourvoir la chatte en nourriture et en eau fraîche. Une femelle qui allaite a besoin d'une ration quotidienne deux fois supérieure à la normale en énergie, et jusqu'à cinq fois supérieure quand les chatons atteignent quatre à cinq semaines. Souvent, l'appétit de la mère n'est pas suffisant, et il faut consulter votre vétérinaire traitant sur l'aliment le plus adapté.

Le piétinement

Afin d'obtenir davantage de lait, les chatons se mettent à masser la zone du thorax maternel où se situent les mamelles, en tendant les avant-bras, en sortant et rentrant ses griffes et en fléchissant ses pattes. Ce comportement deviendra par la suite le « patinage », voire le « labourage » pratiqués par certains chats adultes sur les genoux ou sur les pull-overs de leurs maîtres.

Ce qu'il ne faut pas faire

- Noyer un chaton indésirable ou mal formé. Le vétérinaire se chargera de l'euthanasier.
- Supprimer tous les chatons d'une portée. Il est nécessaire d'en laisser au moins un à la chatte.
- Imiter la mère et prendre les chatons par la peau du cou.
- Laisser la chatte en liberté avant le sevrage des petits. Si de nouvelles chaleurs surviennent, elle risque une autre grossesse, périlleuse pour sa santé.
- Laisser sortir les chatons avant leur première vaccination (neuf semaines après la naissance), et durant la semaine qui suit les premiers vaccins.

La vigueur des tétées au cours desquelles les chatons mordillent et griffent les mamelles peut entraîner une mammite, ou inflammation, qui peut également se produire lorsque la chatte a trop de lait. Des compresses adoucissantes à base de camphre soulageront la chatte, mais une consultation sera quand même nécessaire.

Soins des chatons nouveau-nés

En général, aucune intervention humaine n'est nécessaire, car la chatte s'occupe toute seule de la portée. Les soins à prodiguer à un chat orphelin sont décrits p. 138. Les chatons qui crient et s'agitent au lieu de dormir après la tétée ont faim. Il faudra leur donner le biberon pour pallier l'insuffisance de la lactation de la mère. Si, après la naissance des petits, la chatte refuse de s'occuper de sa portée, placez les petits dans une corbeille à 25 ou 30 °C. On peut obtenir cette température en plaçant auprès d'eux une bouillotte entourée d'un chiffon de laine, ou en installant la corbeille sous une lampe à infrarouge. Il faudra changer souvent les linges au fond de la litière.

Le développement du chaton

À la naissance, le bébé chat est sourd et aveugle et pèse de 70 à 135 gammes. Incapable de se tenir sur ses pattes, il rampe, s'accroche à une mamelle et est totalement dépendant de sa mère.

Son cordon ombilical tombe au bout de deux ou trois jours. Ses yeux s'ouvrent au plus tôt le huitième jour. Son développement est rapide : à trois ou quatre semaines, il coordonne déjà ses mouvements et commence à marcher derrière sa mère, laquelle se déplace avec dignité, la queue en chandelle, en signe de ralliement.

Les jeux commencent dès la troisième semaine. À deux mois, quand le chaton est sevré, il se décide à faire preuve d'indépendance. La mère surveille sa portée et rappelle les téméraires à l'ordre quand elle ne les rapporte pas au nid par la peau du cou. Les chatons élevés par leur mère prennent vite le chemin du bac et apprennent par imitation à recouvrir leurs excréments.

La mère pourvoyant à tous les besoins de sa famille, vous n'aurez rien à faire au cours des deux premiers mois, sinon lui éviter les inconvénients des courants d'air. Maintenez la température de la pièce au-dessus de 20 °C et, en cas d'apparition de diarrhée chez les petits, demandez conseil au vétérinaire. Un chaton qui ne joue pas souffre de troubles physiques ou psychologiques. Une vermifugation peut s'avérer nécessaire à la troisième semaine, sur les conseils du vétérinaire. Lorsqu'ils ont atteint huit semaines, vous pouvez jouer avec les chatons et favoriser ainsi leur socialisation.

Le sevrage

Dès qu'ils savent laper, vers l'âge de quatre à cinq semaines, les chatons viennent goûter l'aliment que leur mère ingère et qui est conçu pour sa lactation et leur sevrage. Si le chaton ne sait pas laper, apprenez-lui à lécher un doigt trempé dans la bouillie.

Ne retirez pas trop précocement les chatons de la portée pour les donner, sous peine de les perturber. Il est bon d'attendre la sixième semaine, lorsqu'ils sont capables de se nourrir seuls.

Les chatons sevrés persistent souvent à vouloir téter en dépit du refus de la mère. On les dissuadera en enduisant les tétons d'un répulsif non toxique ou d'un mélange de vaseline et de quinine.

ALLAITEMENT MATERNEL
Les mamelles sont souvent griffées en fin d'allaitement ; la mère repousse alors le chaton.

Vivre avec un chat âgé

La longévité du chat est supérieure à celle du chien, et il n'est pas rare de voir ce petit félin atteindre l'âge de dix-huit ou vingt ans, voire même plus. Les signes de vieillissement sont, en outre, beaucoup plus discrets que chez le chien. Mais, comme pour ce dernier, la diététique s'avère être la meilleure des préventions.

Un lent déclin

Si le chat n'est atteint d'aucune maladie, son poil reste brillant, son allure souple et son œil vif. Les notions de jeu, de guet et de chasse demeurent présentes tant que l'animal reste en bonne santé. Certains signes montrent cependant que le chat décline à partir de dix ans. Il perd de sa souplesse, et ses périodes de sommeil s'allongent. Son pelage se ternit et devient plus clairsemé sur les tempes. Ses griffes s'allongent, inutiles. Atteint par les rhumatismes, l'animal se met à boitiller. Il dort davantage, recherche la chaleur, prend de l'embonpoint ou, au contraire, maigrit. Ses yeux s'opacifient (il s'agit plus souvent d'une sclérose du cristallin que d'une cataracte, moins fréquente que chez le chien). Certains chats gardent les dents bien blanches et solidement plantées, chez d'autres elles s'entartrent, se déchaussent et peuvent même finir par tomber. L'haleine devient souvent nauséabonde. Détartrage et administration de médicaments spécifiques peuvent limiter ces inconvénients.

Contrairement aux chiens, les chats sont rarement des tousseurs chroniques, et les affections cardiaques se manifestent surtout par des signes généraux comme l'abattement, le manque d'appétit et les signes respiratoires (dyspnée). De l'arthrose peut apparaître, à l'origine d'une raideur dans la démarche, de douleurs et de boitements. L'organe le plus menacé chez le chat est sans aucun doute le rein, dont le fonctionnement est altéré à la suite de lésions irréversibles (néphrite). Les symptômes peuvent être difficiles à décerner pendant plusieurs mois, ou mis sur le compte de l'âge par un maître qui n'est pas averti. Le chat ne dort plus, il mange moins, maigrit, vomit de temps en temps, se met à boire beaucoup et donc à aller plus souvent à sa litière, ce qui est dû à la perte de sa faculté à concentrer les urines.

Le système digestif, corrélativement aux problèmes rénaux, se dérègle : les vomissements se font plus fréquents, la diarrhée devient chronique. Il faut également mentionner les cancers, qui peuvent atteindre de nombreux organes (foie, intestin, ganglion mésentérique, par exemple), et évoluer très insidieusement avant l'apparition des premiers signes.

Les soins

Une bonne hygiène de vie et quelques précautions aideront votre chat à vieillir en douceur.

Sachez aussi qu'il existe aujourd'hui des traitements susceptibles de ralentir le processus d'usure de l'organisme, mais ces cures de jouvence doivent être prescrites par le vétérinaire, après un véritable check-up de l'animal.

- Soignez l'alimentation de votre chat et sachez que de petits repas échelonnés tout au long de la journée seront plus faciles à digérer.
- Une consultation annuelle chez le vétérinaire permettra de déceler diabète, insuffisance rénale, affection de la peau, anémie, etc.
- Protégez-le des parasites, contre lesquels sa résistance s'est amoindrie.
- Évitez-lui les courants d'air et faites-le dormir dans un lieu sec et chaud.
- Administrez-lui deux fois par an un vermifuge prescrit par le vétérinaire.
- Brossez-le souvent, même s'il a le poil court, car il fait de moins en moins souvent sa toilette de lui-même.
- Nettoyez-lui les yeux et les oreilles. Ne le laissez pas avec le tour de l'anus souillé.
- Le chat âgé reste volontiers à l'écart. Parlez-lui, caressez-le, encouragez-le à faire de l'exercice en jouant, sans excès.
- Évitez-lui les bagarres avec les chats et les chiens du voisinage. Ses réflexes sont moins bons et il risque de sérieux problèmes dans des rixes hasardeuses.
- Il supporte mal les changements. Si vous devez vous absenter, laissez-le à la maison et confiez ses soins à une personne sûre, plutôt que de le mettre en pension.

La question de l'euthanasie

Lorsque le chat atteint d'une maladie grave souffre, ne se nourrit plus ou reste dans un état de prostration permanent, le maître peut être amené à se poser la question de l'euthanasie. Aujourd'hui, il s'agit d'un acte indolore et rapide qui se déroule en deux temps, et peut être pratiqué en douceur : une première injection endort le chat avant l'injection définitive. Le cas échéant, faites-vous conseiller par votre vétérinaire.

Un check-up pour le chat senior

Un check-up comporte sur plusieurs types d'examens : l'état général et le comportement tout d'abord, puis on va plus loin en mettant en œuvre l'analyse du sang, la radiographie ou l'échographie et l'électrocardiographie. La prise de sang renseigne sur le fonctionnement du foie et surtout du rein, car il est essentiel de vérifier que cet organe remplit correctement sa fonction épuratrice.

Une radiographie renseigne sur l'état du poumon, du cœur, des os. On peut grâce à elle détecter le début d'une bronchite chronique, la dilatation cardiaque, signe avant-coureur des insuffisances cardio-vasculaires, les arthroses portant essentiellement sur la colonne vertébrale.

L'électrocardiogramme précisera si la pompe cardiaque se fatigue ou non. À la suite de ces examens poussés qui ne coûtent pas une fortune, le vétérinaire vous prodiguera des conseils de diététique, d'hygiène, de comportement et, par quelques médicaments, il neutralisera ou compensera les effets de l'inévitable sénescence de manière à retarder le plus possible l'apparition des symptômes désagréables.

Une alimentation préventive

Le rôle de la nutrition ne se limite pas à assurer la croissance du chaton ou l'entretien du chat adulte, puis âgé. Éviter les carences alimentaires, une nourriture trop riche ou trop copieuse, permet aussi de prévenir certaines maladies.

Quand l'alimentation devient un outil thérapeutique

Le bien-être de votre chat sera prolongé au maximum si vous adaptez son alimentation à son âge. Il s'agit surtout de renforcer les teneurs en cellulose, en acides aminés indispensables, en acides gras essentiels, ainsi qu'en la plupart des minéraux (à l'exception du phosphore, qui doit être abaissé).

L'activité physique d'un chat âgé étant généralement moindre, on serait tenté, comme cela se produit pour l'alimentation humaine, de réduire sa ration alimentaire, ou tout au moins la densité énergétique de celle-ci. Or, de récents travaux scientifiques ont montré que le chat, comme pour d'autres points, diffère de l'homme et du chien. Avec l'âge, le chat conserve un métabolisme de base ainsi qu'un ratio masse musculaire/masse gras constant.

En termes de densité énergétique, il doit donc conserver une alimentation normale tout au long de sa vie adulte. En revanche, le chat âgé n'est pas à l'abri des dysfonctionnements modérés du foie ou de son tube digestif. C'est pour cette raison que les industriels ont conçu des aliments préparés pour chats âgés contenant des protéines hautement digestibles – ce qui épargne le travail du foie –, et modérément enrichis en fibres pour prévenir les risques de constipation.

La pathologie dentaire, notamment la présence de tartre sur les dents et son cortège de gingivites – inflammation de la gencive pouvant conduire à la maladie parodontale, décollement de la gencive, résorption osseuse et chute des dents –, est beaucoup plus fréquente avec l'âge et peut être correctement prévenue par la consommation de croquettes spécialement adaptées.

Si le chat âgé est atteint d'insuffisance rénale chronique, il conviendra, sous contrôle vétérinaire, d'apporter une alimentation adaptée, pauvre en phosphore et moins riche en protéines, qui soulagera le travail du rein.

La réanimation

Après un choc, un trauma ou une intervention chirurgicale, il arrive que le chat soit incapable de s'alimenter seul. Lorsque cela est techniquement possible, il est toujours bien préférable d'alimenter le chat avec un aliment de réanimation plutôt que de le perfuser. Il existe des préparations liquides ou très molles, très riches en protéines et en matières grasses, que le vétérinaire peut administrer par sonde gastrique au chat en réanimation. Le propriétaire peut ensuite poursuivre l'alimentation avec une seringue remplie de l'aliment, jusqu'à la reprise d'une alimentation conventionnelle.

Les troubles digestifs

La nourriture joue un rôle très important dans la prévention et le traitement des troubles digestifs qui, chez le chat, se traduisent souvent par des régurgitations, des vomissements, des diarrhées ou de la constipation. Si le chat avale par mégarde des substances toxiques, les troubles digestifs peuvent être le premier symptôme d'un empoisonnement.

Régurgitation

Il arrive qu'un chat tolère mal certaines croquettes, qu'il régurgite alors sans les avoir digérées, quelques minutes seulement après leur ingestion. Des croquettes ont été mises au point pour pallier cette sensibilité, et donnent de bons résultats. Certains chats, cependant, ne retrouveront une digestion optimale qu'avec une alimentation en conserve.

Vomissements

Des vomissements répétés peuvent avoir un caractère pathologique aigu ou chronique. Mais, chez le chat, on admet comme normaux les vomissements ou régurgitations dont la fréquence ne dépasse pas une fois par semaine, ou trois ou quatre fois par mois.

Les mesures diététiques à prendre :

- respecter un jeûne complet d'au moins 12 heures et, dans les 12 heures suivantes, ne distribuer l'eau qu'en petite quantité mais souvent ;
- après disparition des symptômes, alimenter l'animal avec modération (repas peu copieux et nombreux) ;
- choisir un aliment très digeste ;
- après 48 heures de régime, si l'état continue de s'améliorer, revenir peu à peu à l'alimentation habituelle.

Constipation

Ses causes sont variées : changement brutal de régime, excès de glucides ou de protéines peu digestes, insuffisance rénale chronique…

Plus fréquente chez les chats sédentaires, obèses ou âgés, la constipation peut être évitée par une augmentation du taux de cellulose et une alimentation favorisant le transit intestinal grâce à la présence de lest (fibres, psyllium, etc.)

Diarrhées

L'alimentation est ici doublement concernée : elle a pu être à l'origine des troubles (lors d'un changement alimentaire brutal) et elle peut jouer un rôle correcteur.

En règle générale, le propriétaire :

- assurera en permanence un excellent abreuvement ;
- mettra le chat à la diète durant 24 heures ;
- fractionnera la ration en deux ou trois petits repas journaliers ;

– choisira des aliments de très bonne qualité ;
– renforcera les apports minéraux solubles : sel, oligo-éléments, vitamines B (par exemple, levure de bière), voire en probiotiques (ferments intestinaux naturels) ;
– n'hésitera pas à consulter son vétérinaire en cas de persistance des troubles.

Il existe des aliments à visée thérapeutique intestinale qui aident, par leur haute digestibilité et leurs ingrédients, à reconstituer la flore microbienne intestinale et à restaurer un transit normal.

L'obésité

L'obésité est un excès d'embonpoint qui correspond à une accumulation abusive de graisses de réserve : le poids de l'animal dépasse de 15 % (ou plus) le poids normal défini par le standard de la race selon le sexe et l'âge. On peut évaluer l'état d'embonpoint de son chat en se reportant à la grille dite du « body score »(voir p. 271).

L'obésité frappe plus souvent les chats stérilisés, avec une propension plus grande pour les mâles castrés, les chats vieillissants, les sédentaires et, bien sûr, tous les animaux trop gâtés par leur maître. Une fois acquise, l'obésité a tendance à se maintenir. Une ration normale peut donc l'entretenir, voire la renforcer. Le chat devenu obèse n'est donc pas nécessairement un animal qui mange plus qu'un autre.

Lutter contre l'obésité impose avant tout de réduire fortement l'alimentation tout en respectant les besoins en protéines, acides gras essentiels, minéraux et vitamines.

Comme en diététique humaine, deux courants existent : le régime hypocalorique à faible concentration énergétique et le régime hyperprotéique. Ces aliments ont des taux de protéines moyens de 35 à 45 %, et des taux de fibres beaucoup plus élevés que les aliments normaux (15 %).

Ces modifications de régime s'appliquent pendant deux à trois mois en général ; la perte hebdomadaire de poids est en moyenne de 1 ou 2 % au cours des six premières semaines, puis de 2 % ensuite. Il est recommandé de peser le chat dans les mêmes conditions, de préférence chez le vétérinaire ou sur une balance de nourrisson.

L'insuffisance rénale

L'insuffisance rénale chronique, la plus grave affection qui menace les chats âgés, est une cause fréquente de mortalité. Il n'existe aucun traitement médical curatif. Mais une diététique adaptée peut freiner l'évolution de l'affection. Il faut :
– donner à boire en abondance ;
– fournir une alimentation très appétissante pour éviter la sous-alimentation ;
– ajuster strictement la teneur protéique aux besoins, sans excès, pour éviter l'accumulation de déchets difficiles à éliminer ;
– abaisser les apports de phosphore, de sodium, de magnésium et de sulfates ;
– rehausser la fourniture d'oligoéléments, de vitamines B, de vitamine D (modérément) ;
– améliorer l'hygiène digestive et lutter contre l'inflammation digestive, voire les ulcères intestinaux ;
– fractionner la ration en trois repas par jour, afin de tempérer l'urémie postprandiale.

Les aliments destinés à aider la fonction rénale des insuffisants rénaux chroniques existent en différentes textures de conserves ainsi qu'en croquettes.

Le diabète

Le diabète sucré exige à la fois une insulinothérapie et une approche diététique rigoureuse. Il demande d'abord et avant tout la participation active du propriétaire du chat, qui sera plus sollicité dans les soins quotidiens.
Les conceptions diététiques en matière de diabète félin ont récemment évolué, et alors que, jusqu'en 2000, on conseillait un régime riche en amidon et fibres, les recherches scientifiques ont récemment montré qu'un régime riche en protéines et modéré en amidon améliorait l'efficacité du traitement.

Si le régime diététique ne peut se substituer, en général, à l'insulinothérapie, il est un allié remarquable pour lutter contre l'obésité des chats atteints, et pour maintenir le poids des chats faisant un « diabète maigre ».
Les aliments diététiques à visée thérapeutique du diabète sont très riches en anti-oxydants, ce qui limite les complications chroniques associées à la maladie. Dans les évolutions favorables du diabète, on peut observer une rémission, et certains chats peuvent, après une période d'insulinothérapie, ne plus avoir besoin des injections journalières.

L'insuffisance hépatique

En cas d'insuffisance hépatique, une diététique adaptée est indispensable. Il faut avoir recours à des sources protéiques très digestes et de haute valeur biologique, apporter les acides gras essentiels dont le besoin est accru, rehausser le lest (son, carottes, légumes verts) et réadapter le complément minéral. En guise de friandises, chez ces chats fragilisés, on conseille du fromage blanc à 20 % de matière grasse et du yaourt.

Les aliments à visée thérapeutique pour l'insuffisance hépatique existent en croquettes, en conserve et en sachet fraîcheur.

Le fractionnement des repas, déjà habituel chez le chat, est ici une obligation pour épargner le travail du foie tout au long de la journée.

Les calculs urinaires et la cystite idiopathique

La « maladie de la pierre », ou calculs urinaires, est une affection qui frappe plus les mâles que les femelles, surtout s'ils sont castrés, sédentaires et obèses. Il existe différents types de calculs et leur analyse conditionne le traitement diététique. Lors de cystite idiopathique, l'alimentation humide thérapeutique apporte la meilleure rémission.

Les calculs à phosphate-ammoniaco-magnésiens, ou de struvite. On a longtemps cru que ces calculs étaient dus à une présence excessive de magnésium dans l'alimentation, donnant aux croquettes une mauvaise réputation. De récentes études ont montré que le facteur déterminant n'était pas la concentration en magnésium de l'aliment mais le pH urinaire produit par la nourriture ingérée. Si l'aliment conduit à un pH urinaire alcalin, le chat a des risques importants de former des calculs de struvite ; si l'aliment, par sa formulation, permet la production d'une urine au pH acide, non seulement les calculs de struvite ne pourront pas se former mais ceux qui étaient présents pourront se dissoudre.

Les calculs à oxalate de calcium. Ils apparaissent plus fréquemment sur des chattes d'un certain âge. Le pH urinaire n'a aucun effet sur leur formation et ils ne peuvent être dissous par aucun type d'alimentation. Après exérèse chirurgicale, on donnera de préférence un aliment en conserve (qui, en apportant beaucoup d'eau, permettra une dilution spontanée des urines) ou en croquettes adapté, pauvre en calcium et avec un complément de sodium qui semble avoir un effet de prévention. Un nouveau concept industriel, la supersaturation, a permis la mise au point de croquettes rendant impossible la formation de calculs dans les urines.

Les allergies alimentaires

Certains chats développent des allergies, voire des intolérances alimentaires spectaculaires. Afin de pouvoir identifier l'allergène et de le supprimer dans la nourriture, il faut recourir à des aliments qui ne sont presque jamais utilisés pour nourrir les chats. Ceux-ci permettent de mettre en œuvre un régime dit d'éviction. Ils sont principalement composés de manioc, de poisson déshydraté riche en acides gras essentiels, de riz et d'hydrolysat de protéines (dont la taille ne permet pas de développer une réaction de type allergique).

La prescription diététique vétérinaire

Les aliments à visée thérapeutique ne peuvent être délivrés que par le vétérinaire après un examen approfondi de votre chat. Ils ont été conçus pour des objectifs médicaux précis et les matières premières qui le constituent sont non seulement d'excellente qualité, mais de composition déterminée. En alimentation thérapeutique, l'industrie alimentaire pour les animaux de compagnie travaille en formule fermée (voir p. 157). On ne trouvera malheureusement pas toute la gamme de saveurs qui existe pour les aliments préparés vendus en grandes surfaces, mais les fabricants ont eu le souci de rechercher les meilleures formules d'appétence et d'offrir une présentation en conserve et en croquettes pour chaque type d'aliment, permettant de varier les plaisirs. L'alimentation thérapeutique peut être prescrite sur des périodes courtes, ou à vie lors de maladies chroniques.

•••
EXCÈS DE POIDS
Il faut combattre l'obésité, source de désordre organique.

Connaître et comprendre son chat

La famille des Félidés

Les origines du chat *(Felis catus)* se confondent avec celles des Félidés, apparus il y a 34 millions d'années. Mais leur ancêtre commun demeure inconnu et l'on doit se borner à le situer dans son époque, l'éocène – entre -55 et - 50 millions d'années –, et parmi de petits carnivores, arboricoles ou terrestres, d'Eurasie et d'Amérique du Nord, les *Miacoidea*.

Les ancêtres des félins actuels

Les Félidés de l'oligocène – de -34 à -25 millions d'années – se répartissaient déjà en deux sous-familles : les Nimravinés, de la taille d'un lynx à celle d'une panthère, dont l'histoire s'achève sans descendance au miocène (entre -25 et -7 millions d'années), et les Félinés, de la taille d'un chat ou plus petits. Parmi ces derniers se situe l'ancêtre de tous les Félidés actuels : *Proailurus*.

Au miocène, les *Pseudaelurus*, descendants de *Proailurus*, se diversifièrent. De la taille d'un lynx, ils habitaient à l'origine les forêts d'Eurasie. Ils pénétrèrent ensuite en Afrique et gagnèrent aussi l'Amérique du Nord. Avant de disparaître, il y a dix millions d'années environ, ils donnèrent souche aux Félidés modernes, dont l'essor fut favorisé par le développement des steppes et des savanes, riches en proies herbivores.

Vers -10 millions d'années réapparurent d'autres Félidés, à longues canines, dont le *Smilodon fatalis*, grand comme un lion et possédant d'énormes crocs. La disparition de ses proies, des animaux de grande taille relativement lents, a entraîné la sienne, car il n'était pas aussi agile et rapide que ses cousins félins.

Les lignées actuelles des petits et grands félins paraissent s'être enracinées il y a près de 5 millions d'années. Originaires d'Asie, elles se sont dispersées dans le monde entier au cours du pliopléistocène (de -5 millions d'années à -12 000 ans), sauf à Madagascar et en Australie.

Lions, panthères, guépards, lynx et chats

Des lions et des panthères, appartenant à des espèces différentes de celles que nous connaissons aujourd'hui, vivaient en Europe il y a 2 à 3 millions d'années. Originaires d'Asie, les *Panthera leo* et *Panthera pardus* pénétrèrent en Europe il y a 600 000 ans, et s'éteignirent voilà 12 000 ans. Habitants des cavernes, le lion et les autres spécimens étaient d'une taille supérieure à celle de leurs descendants actuels.

Un guépard géant, *Acynonyx pardinensis*, apparu il y a 3 millions d'années, chassait dans les étendues herbeuses de l'Europe occidentale. Il s'est éteint il y a 700 000 ans. Parmi les petits félins, le lynx d'Issoire, qui vivait en Auvergne il y a 3,5 millions d'années, avait un corps plus long et des pattes plus courtes que son descendant actuel, le lynx boréal.

Enfin, *Felis lunensis*, découvert dans un gisement d'Italie datant de 1,8 million d'années, semble être l'ancêtre du chat sauvage actuel, *Felis silvestris*. Sensiblement de la même taille, il n'en diffère que par quelques détails de sa dentition. Il est très répandu dans les gisements de la dernière glaciation.

...
PANTHÈRE DES NEIGES
Plus que tout autre félin, cette panthère est menacée d'extinction.

Du chat sauvage au chat domestique

Comment définir l'identité du chat domestique ? Où et quand situer son berceau ? Comment s'est effectué le passage à la domestication ?

Le nom de *Felis catus* lui a été attribué par Linné. L'animal décrit par le savant naturaliste en 1758, et « découvert » dans une forêt du sud de l'Europe, était un chat domestique au pelage marbré, peut-être retourné à la vie sauvage – il apparaît aujourd'hui que le chat forestier d'Europe *(Felis silvestris silvestris)* ne peut et n'a jamais pu – être domestiqué.

Le chat domestique appartient bel et bien à la même espèce que le chat sauvage, largement répandu et représenté par le chat ganté d'Afrique *(Felis silvestris libyca)* et le chat orné d'Asie *(Felis silvestris ornata)*.

La domestication n'a pas réussi à isoler le chat domestique de sa souche sauvage. Si une population de chats domestiques vit au voisinage d'une population de chats errants, dits « chats harets » (c'est-à-dire des chats domestiques retournés à la vie sauvage), des hybridations ont lieu entre mâle sauvage et femelle haret (les harets mâles étant éliminés de la compétition par les mâles sauvages, plus dominants). Les descendants mâles mi-sauvages mi-harets, croisés avec des chattes domestiques, transmettent ensuite des gènes sauvages à la population domestique. Mais, étant donné le nombre croissant de chats domestiques, les gènes sauvages sont progressivement éliminés, et la population domestique ne risque pas d'être déstabilisée.

Hypothèses historique ou biologique

Jusqu'aux années 1970, on attribuait la domestication du chat aux Égyptiens. Hérodote, historien grec du IVe siècle avant J.-C., rapporte que des chats domestiques vivaient dans les maisons égyptiennes un siècle aupa-

PUMA
Puissant et élégant, le puma a - hélas ! - presque disparu du continent nord-américain.

ravant. Les Égyptiens connaissaient en réalité les chats domestiques depuis beaucoup plus longtemps, comme en témoignent des peintures datées de 2 000 ans avant J.-C., ainsi que les innombrables chats momifiés retrouvés lors des fouilles dans les nécropoles. Le chat rayé égyptien ne différant guère du chat ganté, espèce sauvage commune en Afrique, on en a conclu que le chat domestique dérivait du chat ganté.

Depuis 1971, une autre hypothèse, fondée sur le volume du cerveau, rattache le chat domestique au chat sauvage d'Asie, également appelé chat orné. Le savant naturaliste Schauenberg a montré en effet que ce dernier a une capacité crânienne inférieure à celle du chat ganté africain et à celle des chats momifiés d'Égypte, mais voisine de celle du chat domestique. Le premier chat domestique serait donc le chat orné d'Asie. Cette origine est néanmoins controversée.

Quoi qu'il en soit, la domestication du chat semble être le résultat d'une imprégnation des nouveau-nés par l'homme : celui-ci a dû capturer des chatons dont les yeux étaient encore fermés et les élever à l'écart de la mère.

Devenus adultes, ces chats, qui n'avaient pas appris à capturer des proies par nécessité, avaient perdu une grande partie de leur agressivité. L'homme a dû aussi favoriser la sélection d'individus plus doux, même si le chat reste un animal insoumis, au caractère indépendant.

Un air de famille indéniable

Chat, lynx, puma, guépard, tigre ou ocelot ont un air de famille indéniable. Les trente-huit espèces de Félidés connues constituent en effet un ensemble morphologique homogène, même si leur étude comparée n'est pas simple. Quoique de taille et de poids variables – ils pèsent de 2 à 300 kg –, tous les Félidés, ou félins dans le langage courant, partagent néanmoins un certain nombre de comportements ainsi que des traits anatomiques qui les rendent immédiatement reconnaissables. Or, leur vaste répartition géographique naturelle (Amérique du Nord, Amérique du Sud, Asie, Europe et Afrique) laisse supposer que l'évolution des peuplements dans tous ces continents ne s'est pas déroulée partout de la même façon. La présentation qui suit témoigne de la richesse de la famille des Félidés par région biogéographique. Malheureusement, de nombreuses espèces sont de plus en plus rares, et même menacées de disparition.

Félins d'Amérique

Le puma *(Puma concolor)*. C'est la seule espèce présente du Canada à la Patagonie. C'est un animal d'une bonne taille : un adulte peut peser de 35 à 48 kg pour une femelle, de 53 à 72 kg pour un mâle, selon les régions, et mesurer de 1,45 à 2,75 m, avec une queue qui peut atteindre 90 cm. La couleur de son pelage uni, robe rare chez les Félidés, varie du gris au rouge. Chasseur de cervidés, le puma sait aussi se rabattre sur des proies plus petites en cas de nécessité. Sa présence ne menace pas les populations chassées. En Amérique du Nord, un mâle adulte s'octroie un domaine vital qui peut atteindre 200 km². Solitaire, le puma évite scrupuleusement le territoire d'animaux voisins.

Le puma a été éliminé de tout l'est des États-Unis et du Canada. Il ne survit qu'en très petit nombre en Floride, où on l'appelle « panther ». Dans l'Ouest, on

le nomme « couguar » ou « lion des montagnes ». Il resterait 20 000 pumas au nord du Mexique, mais la population d'Amérique centrale et d'Amérique du Sud est très mal connue.

Le jaguar *(Panthera onca).* C'est le plus grand félin d'Amérique. Son poids moyen (entre 42 et 100 kg) en fait un animal puissant et massif. Cousin de la panthère de l'Ancien Monde, il lui ressemble avec son pelage tacheté de rosettes, au centre desquelles figurent des points noirs. Le jaguar était répandu du sud des États-Unis (Texas, Arizona) à l'Argentine ; malheureusement, l'espèce a perdu les deux tiers de sa répartition en Amérique centrale et près de 40 % en Amérique du Sud à cause de la destruction directe et du déboisement.

Solitaires, les jaguars sont liés aux forêts tropicales sèches et humides, chaque animal occupant un territoire exclusif qui atteint plusieurs centaines de kilomètres carrés. Chasseur à l'affût, le jaguar capture toutes les proies qu'il rencontre (pécaris, cerfs, tapirs, tatous, opossums, etc.), changeant de secteur quand les proies se sont dispersées. Il continue d'être pourchassé avec acharnement par l'homme, bien que le commerce de sa peau soit interdit.

Le lynx du Canada *(Lynx canadensis)* et le lynx roux *(Lynx rufus)* dit aussi bobcat. Ils se rencontrent en Amérique du Nord. Les deux espèces vivent solitaires sur des domaines de plusieurs dizaines de kilomètres carrés, le premier en Alaska, au Canada et dans le nord des États-Unis, le second du sud du Canada au Mexique. De taille moyenne, pesant de 7 à 14 kg, les lynx se reconnaissent à leur courte queue, à leurs favoris faciaux, aux pinceaux ornant leurs oreilles et à leur robe tachetée. Chasseurs de petites proies comme les lièvres, les rongeurs et les oiseaux, ils interfèrent peu avec l'homme. La fourrure de l'espèce nordique est particulièrement recherchée au Canada.

L'ocelot *(Leopardus pardalis).* Il est à peu près de la taille du lynx (de 8 à 15 kg en moyenne), mais il s'en distingue par sa livrée aux dessins et aux coloris chauds, par sa queue plus longue et par son habitat. L'ocelot est présent du Texas, où il est très rare, à l'Argentine. Il monte aux arbres, mais chasse le plus souvent à terre de petits mammifères (rongeurs, opossums, voire marcassins et pécaris) et aussi des oiseaux. Plutôt nocturne, il se repose généralement pendant la journée. Sa magnifique fourrure a bien failli lui être fatale. Le commerce en est désormais interdit.

Le margay *(Leopardus wiedii).* Il ressemble à un petit ocelot, quoique de proportions différentes. Il pèse de 3 à 9 kg, possède une longue queue et des métatarses (chevilles) très mobiles qui en font un excellent grimpeur. C'est l'un des Félidés les plus arboricoles, capable de descendre d'un arbre la tête en bas. On le rencontre du Mexique à l'Argentine. Il chasse à terre et dans les arbres de petits vertébrés et même des paresseux. Officiellement protégé, il est néanmoins pourchassé pour sa belle fourrure. L'Amérique du Sud héberge encore cinq autres espèces encore méconnues, mais déjà menacées par le commerce des fourrures.

L'oncille *(Leopardus tigrinus)* appelé aussi chat tigre ou tacheté. Il est présent du Costa Rica à l'Argentine, pèse de 2 à 3 kg et ressemble à un ocelot en miniature.

Le chat de Geoffroy *(Leopardus geoffroyi)*, le guigna *(Leopardus guigna)* dit aussi kodkod et le chat des pampas *(Leopardus colocolo).* Ils sont liés aux zones boisées allant du Brésil à la Patagonie.

•••
MARGAY ET OCELOT
Victimes d'un braconnage intense, ces deux espèces demandent à être protégées.

Le chat des Andes *(Leopardus jacobitus)*. Adaptée aux éboulis rocheux d'altitude des Andes, dans l'atmosphère froide et sèche de la montagne, cette espèce extrêmement rare est présente jusqu'à 5 000 m d'altitude entre le Pérou et le Chili.

Le jaguarondi *(Puma yagouaroundi)*. Il a un pelage uni, soit rougeâtre, soit grisâtre, et il ressemble à une mangouste plus qu'à un chat. Il pèse de 3 à 9 kg, et se rencontre du sud-est des États-Unis au nord de l'Argentine.

Félins d'Europe et d'Asie continentale

Le chat sauvage *(Felis silvestris)*. Il ressemble à un gros chat domestique légèrement rayé et doté d'une queue touffue marquée de quelques anneaux noirs. Avec un poids moyen de 3 à 8 kg et un pelage dense, il semble souvent plus massif que le chat domestique. Sa répartition est discontinue dans la péninsule ibérique, dans l'est de la France, le sud de la Belgique et l'ouest de l'Allemagne, l'Écosse, le sud de l'Italie et dans les Balkans. On le rencontre aussi de la Turquie à l'ouest de la Chine, au Moyen-Orient et en Afrique ainsi que sur les grandes îles méditerranéennes (la Sardaigne, la Corse et la Sicile). Mieux protégé que voilà quelques décennies, ce petit félin regagne peu à peu du terrain. En France, les forêts de Lorraine sont bien peuplées par l'espèce. Le chat forestier chasse les rongeurs et sort souvent en plaine pour les capturer. Il s'abrite volontiers dans des terriers. La femelle met au monde une portée de 3 ou 4 chatons par an, au printemps.

Le lynx boréal *(Lynx lynx)*. Il ressemble au lynx du Canada, sa face étant moins ronde et moins plate. Un peu plus grand, il atteint en moyenne 20 kg à l'âge adulte. Rare en Europe occidentale, il est mieux représenté vers l'est et se rencontre dans toute la taïga sibérienne, jusqu'au Pacifique. Chasseur de lièvres et de chevreuils, il est lui-même pourchassé pour sa fourrure. En France, il a peut-être survécu dans les Pyrénées, a été réintroduit en 1983 dans les Vosges, et il est revenu dans le Jura. Il est un peu plus petit en Espagne et au Portugal, et son pelage est plus nettement tacheté que dans le Nord.

LYNX
Les « pinceaux » de poils des oreilles sont très caractéristiques du lynx.

Le chat de Biet *(Felis bieti)*. Il est très mal connu. Il est un peu plus grand que le chat sauvage et son pelage, assez pâle, est très légèrement rayé. On le rencontre dans les steppes de Mongolie et du centre-nord de la Chine, jusqu'à 3 000 m d'altitude. Ses pattes relativement poilues sont adaptées à la marche sur le sable.

Le chat manul *(Otocolobus manul)*. Il est présent à travers les déserts d'Asie centrale, de la mer Caspienne à l'Extrême-Orient russe. Bien adapté au froid et à l'altitude, il porte un pelage long et dense. Sa robe grise n'est rayée que sur la face et la queue. Il pèse entre 3 et 5 kg.

Le léopard des neiges *(Uncia uncia)* dit aussi panthère des neiges. C'est un magnifique félin des montagnes d'Asie, au pelage blanc ou crème marqué de taches grises ou noires. On le rencontre encore de l'Afghanistan à l'ouest, à la Mongolie et la Russie au nord-est, et de l'Inde à la Chine et au Bhoutan, au sud-est. L'espèce habiterait encore une surface de 1 230 000 km² répartis entre huit pays, avec une population estimée à 4 000 individus. Cet animal mesure de 2,10 à 2,55 m dont la queue (qui représente 75 à 90% de la longueur du corps). Son poids varie entre 30 à 40 kg pour les femelles et 45 à 75 kg pour les mâles. Il chasse essentiellement des ongulés de montagne (chèvres markhors, bouquetins, mouflons ou bharals), sans compter les marmottes. Quoique solitaires, les panthères des neiges partagent leurs domaines vitaux entre voisines. Officiellement protégée, l'espèce est toujours menacée par la chasse et la disparition de ses proies habituelles.

Félins d'Afrique et du Moyen-Orient

Le lion *(Panthera leo)*. C'est probablement l'un des Félidés les mieux connus et le moins typique. Il subsiste du sud du Sahara au nord de l'Afrique du Sud. La seule population asiatique, au nord-ouest de l'Inde, rappelle que sa répartition était plus vaste autrefois. Les adultes pèsent de 120 à 250 kg. La crinière des mâles augmente l'impression de puissance. Si les jeunes sont tachetés, les adultes ont le pelage uni. La vie sociale du lion est unique chez les Félidés. Les femelles d'un clan sont habituellement parentes entre elles et les mâles entre eux, mais leurs origines respectives sont différentes. Les jeunes sont souvent élevés en commun. Les lions capturent des proies de grande taille : zèbres, gnous, voire buffles. En dehors des réserves, les lions se raréfient en Afrique, et évitent les déserts ainsi que la grande forêt.

Le léopard *(Panthera pardus)* dit aussi panthère. Ce félin pèse de 30 à 90 kg. C'est une espèce solitaire qui vit dans les zones boisées. Elle survit dans l'Atlas marocain, en certains points de la péninsule arabique, en Turquie et jusqu'en Corée. Discrète, elle chasse à l'affût de petites antilopes qu'elle cache souvent dans les arbres pour les soustraire aux autres prédateurs. Sa belle robe tachetée est trop souvent convoitée par l'homme.

Le guépard *(Acinonyx jubatus)*. Il est plus haut sur pattes que la panthère et aussi plus léger : de 40 à 60 kg. Il s'agit également d'un félin atypique, plutôt diurne et chasseur à courre de gazelles. Il fréquente encore les bordures du Sahara et les savanes herbeuses d'Afrique. Il a récemment disparu d'Arabie, mais survit en Iran. Son pelage est tacheté de points et non de rosettes comme celui de la panthère. Ceux d'Afrique australe ont le pelage rayé. L'espèce est en régression sur une grande partie de son aire géographique.

Le chat doré *(Profelis aurata)*, le serval *(Leptailurus serval)* et le caracal *(Caracal caracal)*. On trouve aussi trois félins de taille moyenne en Afrique (6 à 18 kg) : le chat doré africain dans les forêts, le serval dans les savanes humides, et le caracal dans les zones sèches.

Le chat doré a plusieurs robes : rayées ou unies, grises ou dorées. Le serval est haut sur pattes. Ses grandes oreilles lui permettent d'entendre ses petites proies dans les territoires herbeux. Le caracal a des oreilles en pinceaux et une robe unie de couleur fauve. Il fréquente l'Afrique du Nord et atteint l'Inde à travers le Moyen-Orient.

Le chat sauvage ou ganté d'Afrique *(Felis sylvestris libyca)*. C'est la sous-espèce africaine du chat forestier européen.

Le chat à pieds noirs *(Felis nigripes)*. Il vit dans le sud de l'Afrique, dans les déserts et les steppes. Son poids adulte ne dépasse pas 2 à 3 kg.

Le chat des sables *(Felis margarita)*. Présent du Sahara, à l'ouest, au Turkestan, à l'est ; il est à peine tigré.

Le chat des marais *(Felis chaus)*. Plus asiatique qu'africain, il se trouve en Mésopotamie, en Inde et en Thaïlande, mais pas plus à l'ouest qu'en Égypte. Nettement plus grand, il pèse de 5 à 15 kg. Haut sur pattes, il possède une courte queue rayée, habite les fourrés denses, les roselières et les forêts.

Félins d'Asie du Sud-Est

Le tigre *(Panthera tigris)*. C'est probablement le félin asiatique le plus connu. On pouvait le rencontrer des rives de la mer Caspienne à la Corée, et de la Sibérie à l'île de Bali. Aujourd'hui, il a disparu d'Iran, de Bali et de Java et les populations de Chine sont menacées. Les plus grands tigres sont ceux de Sibérie et de Mandchourie, dont le poids peut atteindre 300 kg pour les mâles. Ces animaux sont solitaires, mais le domaine vital d'un mâle recouvre en partie celui de quelques femelles. Le tigre chasse surtout les cerfs, mais il peut également capturer des sangliers, des buffles ou des singes. Les tigres doivent être strictement protégés : ils étaient encore 100 000 en 1920, mais il n'en reste aujourd'hui que quelques milliers en Inde et probablement quelques centaines ailleurs.

La panthère nébuleuse *(Neofelis nebulosa)*. Ce beau félin vit dans les forêts denses de l'Asie tropicale. La panthère nébuleuse pèse entre 11 et 25 kg, et sa queue est presque aussi longue que le corps (environ un mètre). De grandes taches grises sur un pelage jaunâtre lui ont valu le nom de panthère nébuleuse. On la rencontre du sud de la Chine au Népal, et de la Birmanie à Bornéo. Elle a été récemment éradiquée à Taiwan. Très arboricole, elle chasse aussi à terre. Les canines du mâle sont, toutes proportions gardées, les plus développées de tous les Félidés actuels.

•••
GUÉPARD
Le plus rapide des mammifères : il peut atteindre 112 km/h pendant une ou deux minutes sur une distance de 600 mètres.

TIGRE
N'en verra-t-on bientôt plus que dans les cirques ?

Le chat de Temminck *(Catopuma temminckii).* C'est l'équivalent oriental de l'espèce africaine. Il pèse entre 12 et 15 kg. Son pelage est uni ou tacheté. La queue est relativement courte. La tête porte des marques blanches et noires. On trouve cette espèce de l'Himalaya à Sumatra, et de l'Inde au sud de la Chine, essentiellement en forêt, mais aussi dans des paysages plus dégagés ou de semi-montagne.

Le chat-léopard *(Prionailurus bengalensis).* Il se rencontre du Pakistan à la Chine, à travers tous les pays du bloc indo-malais. Vers le nord-est, il remonte jusqu'en Mandchourie et en Extrême-Orient russe. Dans ces régions froides, les animaux sont grands, le pelage est très dense, gris, et les taches peu marquées. Vers le sud et les îles de la Sonde, le pelage devient plus chaud. Le poids du chat du Bengale varie de 3 à 7 kg selon les régions. Ce félin habite des milieux variés, de la forêt tropicale à la taïga, et fréquente parfois des zones de fourrés et de buissons quand les grands arbres manquent. Il chasse de petites proies, surtout à terre : vertébrés, rongeurs, oiseaux, lézards et poissons. Comme tous les Félidés, cette espèce souffre de destruction directe et de la disparition de son milieu naturel.

Le chat pêcheur *(Prionailurus viverrinus).* C'est un animal puissant, pesant de 6 à 12 kg. Le pelage est gris et peu marqué. La tête est large, la queue relativement courte. On le rencontre du sud de la Chine à l'Indonésie (Java et Sumatra) et, vers l'ouest, jusqu'au Pakistan et à Sri Lanka. Il fréquente les zones humides où il capture poissons, grenouilles et mollusques, mais aussi des oiseaux ou de petits mammifères.

Le chat marbré *(Pardofelis marmorata).* Il ressemble à une version miniature de la panthère nébuleuse. Sa fourrure, douce et épaisse, présente des nuances de brun, de gris, de roux, avec de grandes taches sur les flancs. Arboricole, il chasse les oiseaux. On le rencontre du Népal à Sumatra et à Bornéo.

Autres espèces asiatiques. L'Asie tropicale héberge encore quatre petites espèces mal connues : le chat d'Iriomote (*Prionailurus iriomotensis*), découvert en 1967, est limité à une île de 292 km² dans l'archipel des Ryukyu, au sud du Japon. Le chat rougeâtre *(Prionailurus rubiginosus)*, pesant à peu près 2 kg à l'âge adulte, est limité au sud de l'Inde et à Sri Lanka. Le chat bai *(Catopuma badia)* au pelage uni ressemble à un petit chat doré. Il ne pèse que 2 ou 4 kg. On ne le rencontre qu'à Bornéo. Le chat à tête plate *(Prionailurus planiceps)* est probablement l'espèce la plus adaptée à l'eau et à la pêche. Présent en Malaisie, à Bornéo et à Sumatra, il pèse environ 2 kg. Ses pattes, et surtout sa queue, sont relativement courtes.

Chats des villes et chats des champs

La densité de population des chats sauvages et domestiques dépend de différents facteurs, dont l'abondance de nourriture et le confort de l'abri. En France, dans les ports, près des hôpitaux et des usines, on ne compte pas moins de 150 chats au kilomètre carré. En milieu plus hostile et rural, la moyenne tombe à 6 chats au kilomètre carré. Les chats domestiques sont dans l'Hexagone au moins quatre fois plus nombreux (8 millions) que les chats semi-sauvages (2,5 millions).

Les chats ruraux sont des prédateurs opportunistes – rivaux des chasseurs – qui se nourrissent des proies abondant sur place : souris, campagnols, petits lapins, poissons, oiseaux, etc. Les chats errants des villes, à défaut de la qualité, disposent des tonnes d'ordures ménagères dont regorgent nos poubelles. Susceptibles de transmettre parasites et maladies aux chats domestiques, les chats errants sont regardés avec suspicion, et des mesures – stérilisation des matous, par exemple – sont prises pour limiter leur fécondité. Contraints à l'exil loin des habitations, traqués dans leur milieu naturel progressivement détruit, les chats harets sont destinés à mourir de faim ou de froid, quand ce n'est pas d'un coup de fusil. Mais les abus et les mauvais traitements sont plus rares aujourd'hui, grâce à l'information.

Des troupes de chats errants

De plus en plus nombreux dans les zones péri-urbaines et dans les jardins publics, les bandes de chats errants, souvent rassemblées autour des points de nourriture artificiellement créés par l'homme, posent un problème écologique et social intéressant. Les chats qui constituent ces bandes ne se répartissent pas au hasard dans leur zone d'habitat. L'utilisation de l'espace s'effectue selon les « lois » des champs territoriaux décrites ci-dessus.

• **La recherche de nourriture.** Les champs d'activité consacrés à la recherche de nourriture sont largement communs à tous les sujets d'une même troupe. Les poubelles et les points de ravitaillement organisés par les amis des chats constituent des lieux de rassemblement sans discrimination. Des facteurs individuels peuvent pourtant modifier la tolérance des chats au contact avec les autres. C'est ainsi qu'on peut observer la formation de petits groupes d'affinités autour d'une même poubelle des abords de laquelle les intrus sont alors vigoureusement repoussés.

Il est cependant encore difficile de parler d'une véritable organisation sociale dans ces bandes de chats errants, aucune coopération réelle n'existant entre les individus, qui se nourrissent sans aucune préséance hiérarchique.

• **Les relations entre les mâles.** Hormis les contacts aux points d'alimentation, les relations entre les mâles sont très ténues, dépendent presque exclusivement des périodes de réceptivité sexuelle des femelles.

En période de repos sexuel, les contacts entre mâles peuvent être prolongés et inclure les jeux. En revanche, lorsque des chattes en chaleur sont à proximité, les combats sont fréquents entre les mâles, et la tolérance est diminuée pendant les repas, même si la nourriture est abondante.

• **Les relations entre les femelles.** C'est dans ces relations entre femelles que semble s'amorcer une vie sociale. Les chattes ont tendance à se rassembler en petits groupes, soit par affinités, soit par parentèles. Les contacts sont très assidus avec de longues phases de toilette réciproque, entrecoupées de phases de jeu déclenchées par de petits mordillements. C'est au sein de ces groupes que s'organisent l'assistance aux femelles parturientes et la surveillance des chatons.

CHAT SAUVAGE
À ne pas confondre avec un chat errant ou chat haret !

Les races et variétés

Les notions de race et de variétés sont complexes. Elles ont été longuement et souvent discutées par les scientifiques et, dans le cas des chats, par les éleveurs. Même si elles ne font toujours pas l'unanimité, elles sont aujourd'hui définies par des textes juridiques.

Qu'est-ce qu'une race ou une variété ?

Selon la définition donnée dans la législation française (loi du 28 décembre 1966), « une race doit recouvrir un ensemble d'animaux d'une même espèce présentant entre eux suffisamment de caractères héréditaires communs, définis avec précision par le standard de la race. » Quant à la notion de variété, elle a fait l'objet d'une définition dans le décret du 14 juin 1969 : « Une variété doit correspondre à la fraction des animaux d'une race que des traitements particuliers de sélection ont eu pour effet de distinguer des autres animaux de la race. » Dans l'espèce qui nous intéresse ici, l'espèce féline, on notera que la notion de variété désigne le plus souvent des variétés de couleur de robe.

Peu de races de chats...

Lorsque le naturaliste suédois Linné (1707-1778) effectua l'un des premiers inventaires des races dans les diverses espèces, il ne distingua que quatre grandes races félines :

- le chat domestique *(Catus domesticus)*,
- le chat d'Angora *(Catus angorensis)*,
- le chat d'Espagne *(Catus hispanicus)*,
- le chat des Chartreux *(Catus coeruleus)*.

Cette classification restera quasiment en l'état jusqu'au milieu du XIXe siècle, époque des balbutiements de la félinotechnie moderne en Angleterre. À la fin du XIXe siècle, le *Traité de zootechnie spéciale* (1897) de Cornevin, professeur à l'école vétérinaire de Lyon, ajoute à cette liste : une race chinoise à oreilles tombantes, qui devait ressembler aux actuels Scottish Fold, mais dont on ne trouve plus trace aujourd'hui, deux races à queue courte (la race malaise, correspondant aux actuels Siamois, et une race du Japon, correspondant à l'actuel Bobtail japonais) et, enfin, une race sans queue, le Manx.

Au début du XXe siècle, la race espagnole disparaît, sans doute rattachée et confondue avec le chat domestique. Par contre, l'espèce féline s'enrichit de deux races importantes, le Persan et l'Abyssin. À partir de là, les choses s'accélèrent puisqu'on passe d'environ huit races vers 1900 à une soixantaine de races reconnues, selon les associations félines, aujourd'hui. Et de nouvelles races attendent d'être homologuées.

... mais des variétés innombrables

Pour ce qui est des variétés, l'évolution a été quasiment identique mais avec de grosses variations selon les races. En effet, pour quelques races comme le Chartreux ou le Korat, la couleur d'origine, en l'occurrence le bleu, constitue une véritable marque de fabrique, et ces races continuent à ne comporter qu'une seule et unique variété de couleur. Pour d'autres races, comme le Siamois ou le Sacré de Birmanie, les éleveurs ont accepté de nouvelles variétés, mais avec parcimonie. Enfin, pour de nombreuses races, la reconnaissance des nouvelles variétés n'a pas été limitée et on a ainsi assisté à une augmentation sensible de ces dernières, surtout depuis les années 1980. Pour prendre un exemple, le Persan, qui ne comptait que 13 variétés reconnues par la Fédération internationale féline (F.I.Fe) en 1938, en comptait 23 en 1980, et aujourd'hui environ 150 si l'on inclut les Persans chinchilla et colourpoint !

Actuellement, l'espèce féline se distingue donc par un nombre relativement restreint de races au regard du nombre important de variétés de robes reconnues chez la plupart de ces races. Notons que la situation est quasiment inversée pour l'espèce canine.

Comment se crée une race ou une variété ?

La naissance d'une nouvelle race ou d'une nouvelle variété peut résulter de trois grands processus.

La sélection naturelle – sans intervention de l'homme – s'exerce au sein de populations de chats plus ou moins isolées (dans des îles ou des zones géographiquement éloignées). Dans ce cas, au fil des années, la sélection naturelle favorise certains caractères et en élimine d'autres. Au bout d'un certain temps, la population isolée présente un ou plusieurs caractères particuliers qui font qu'elle peut être considérée comme une race à part entière. C'est de cette façon que sont apparues les races les plus anciennement reconnues : l'Européen à poil court, l'Angora turc, le Turc Van, le Chartreux, le Siamois, le Korat, le Manx, le Bobtail japonais.

C'est ainsi que se sont également créées des races plus récentes : le Maine Coon, le Norvégien ou encore le Singapura. C'est aussi par ce processus que se sont fixées certaines variétés de robe : la couleur bleue de la robe chez le Chartreux ou le Korat, le motif colourpoint chez le Siamois, etc.

La fixation d'une mutation naturelle. Fixer une mutation naturelle, découverte chez certains individus isolés, veut dire que l'on va multiplier le nombre de sujets porteurs de la mutation. Cette démarche peut nécessiter, au départ, de faire appel à des accouplements consanguins si le nombre de sujets mutants est très faible. Mais, par la suite, il faudra diversifier les origines pour éviter les inconvénients de la consanguinité (apparition de certains tares héréditaires). Pour les variétés créées de cette façon, citons les variétés chinchilla et golden chez le Persan ; pour les races, le Scottish Fold, les Rex, l'American Curl, le Sphynx ou encore l'Américain à poil dur.

Les programmes d'élevage font appel au métissage suivi de la sélection artificielle. La plupart des

ORIENTAL Des récompenses couronnent les meilleures sélections.

nouvelles variétés ont ainsi été créées dans de nombreuses races. Citons l'exemple du motif colourpoint que l'on a fait passer du Siamois chez le Persan pour créer le Persan colourpoint, ou encore le transfert des gènes responsables de la variété chinchilla du Persan chez le British Shorthair pour créer le British chinchilla. La création de nombreuses races relève aussi de ce processus. Citons : le Persan, créé à partir de l'Angora turc et de chats anglais de type Européen ; le Sacré de Birmanie, créé, selon toute vraisemblance, à partir d'un Siamois et d'un Persan ; sans oublier le cas du gène responsable du poil long qui a été transféré de l'Angora à plusieurs races pour créer le Balinais, le Somali, le Tiffany, le Cymric.

Caractères considérés comme des anomalies en esthétique féline

- Invagination permanente des paupières entraînant une irritation des yeux (entropion).
- Strabisme permanent.
- Ouverture réduite des narines, s'accompagnant généralement de difficultés pour respirer.
- Dépression exagérée au niveau du stop, s'accompagnant souvent d'une réduction des cavités nasales (d'où des difficultés respiratoires), et aussi d'un dysfonctionnement des conduits lacrymaux.
- Dépression au niveau de l'os frontal.
- Mâchoire inférieure décalée en avant ou en arrière par rapport à la mâchoire supérieure (prognathisme ou brachygnathisme).
- Mâchoire inférieure étroite ou déformée.
- Angulation anormale des canines (normalement, bouche fermée, les canines sont presque verticales, la face antérieure des canines supérieures touchant la face postérieure des homologues inférieures).
- Déformations de la cage thoracique.
- Déformations au niveau du sternum.
- Déformation permanente à un niveau quelconque de la queue (queue « nouée »).
- Luxation des rotules chez les adultes.
- Nombre anormal de doigts.
- Hernie.
- Chez le mâle, aucun testicule ou un seul dans le scrotum (cryptorchidie ou monorchidie).

Des races pas toujours reconnues

Il existe des différences, selon les associations, entre les variétés et les races reconnues. Plusieurs raisons expliquent ces divergences de vues. La première est d'ordre éthique. Certaines mutations peuvent constituer le point de départ de la création de nouvelles races. Or, la différence entre le caractère original intéressant à fixer et l'anomalie invalidante à éliminer n'est pas toujours facile à définir. Ainsi, parfois, des races issues de mutations pouvant provoquer une gêne pour l'animal ne sont-elles pas reconnues par certaines associations. On peut citer l'exemple du Scottish Fold : la mutation qui caractérise cette race entraîne une pliure (non gênante pour l'animal) des pavillons des oreilles ; mais qui peut occasionner des troubles de la croissance des cartilages rendant la démarche du chat pénible. C'est pourquoi le Scottish Fold n'est reconnu ni par le Governing Council of the Cat Fancy (G.C.C.F.) ni par la F.I.Fe. Il est par contre reconnu par la C.F.A. américaine et par les clubs inscrits au L.O.O.F.

Race ou variété ?

Une seconde source de divergences réside dans la difficulté de trouver parfois une frontière stricte entre race et variété. Par exemple, concernant le Siamois, les clubs européens considèrent comme faisant partie intégrale de la race non seulement les quatre variétés de base (noir, bleu, chocolat et lilas), mais aussi des variétés plus récentes (roux, crème, écaille-de-tortue ou tabby). Par contre, la Cat Fanciers' Association (C.F.A.) ne considère comme appartenant à la race du Siamois que les variétés de base, les autres constituant une race à part dénommée Colourpoint Shorthair. Enfin, certaines différences résultent des règles adoptées par les associations pour reconnaître officiellement une nouvelle race ou variété.

Aspects génétiques

Concernant l'esthétique dans l'espèce féline, l'homme s'est longtemps contenté de laisser faire la nature. Au XIXe siècle, les choses ont radicalement changé sous l'impulsion de quelques éleveurs anglais qui, à l'instar de ce qui avait déjà été fait dans leur pays pour d'autres espèces domestiques, décidèrent d'intervenir pour améliorer, voire diversifier, les caractères de l'esthétique du chat. Aujourd'hui, on commence à réfléchir à une sélection possible sur le comportement.

Chromosomes et gènes

Chez le chat, toutes les cellules, sauf les spermatozoïdes et les ovules (cellules sexuelles), renferment 19 paires de chromosomes (soit 38) dans leur noyau, chaque parent transmettant un chromosome de chaque paire à ses descendants. Dix-huit de ces paires sont composées de chromosomes identiques par leur taille et par leur forme : les autosomes. La dernière paire est particulière, car elle varie selon le sexe (d'où le nom de chromosomes sexuels). Chez la chatte, ces chromosomes sont identiques et ont la forme de grands X, tandis que, chez le mâle, l'un a la forme d'un grand X et l'autre d'un Y, de petite taille.

Chaque chromosome, sexuel ou non, est constitué de gènes qui déterminent les caractères héréditaires, c'est-à-dire que chacun d'eux détermine tout ou partie de la réalisation de un ou plusieurs caractères morphologiques ou physiologiques d'un individu. Un gène donné est toujours situé sur le même chromosome, et au même emplacement, dit locus (pluriel loci, du latin locus, « lieu »). Comme les chromosomes sont en double chez l'individu, il en est de même des gènes. Ceux des chromosomes sexuels constituent là encore une particularité : ils sont en double chez la femelle puisque situés sur chacun des chromosomes X ; on en compte en revanche un exemplaire unique, porté par le seul chromosome X, chez les mâles.

L'ensemble de des gènes est appelé le génome du chat. On peut le considérer comme une sorte de « plan de construction » qui contient toutes les informations nécessaires pour produire ce félin.

La mutation des gènes

Des modifications peuvent survenir accidentellement et de façon tout à fait naturelle au niveau des gènes. Elles se produisent lors de la formation des cellules reproductrices (gamètes) : spermatozoïdes et ovules. La grande majorité des modifications ne touchent qu'un seul gène. Pouvant être transmises à la descendance, elles sont appelées mutations. Un grand nombre d'entre elles entraînent la mort des individus, soit très tôt au stade embryonnaire, soit plus ou moins longtemps après la naissance. Quelques-unes n'ont aucun effet. D'autres, enfin, entraînent des modifications viables, d'un seul ou de plusieurs caractères. Dans ce cas, la mutation va pouvoir se transmettre à la descendance, se maintenir, voire devenir plus fréquente.

Les différents gènes

Chez la plupart des espèces domestiques, on pourra trouver, à de nombreux emplacements (loci), soit un gène d'origine que l'on appelle par convention gène sauvage, soit un gène mutant qui peut prendre une ou plusieurs formes différentes. Par exemple, la couleur noire du pelage est déterminée chez le chat par un gène sauvage nommé *B* (de l'anglais *black*, « noir », mais en

TRANSMISSION DU PATRIMOINE HÉRÉDITAIRE LORS DE LA FÉCONDATION

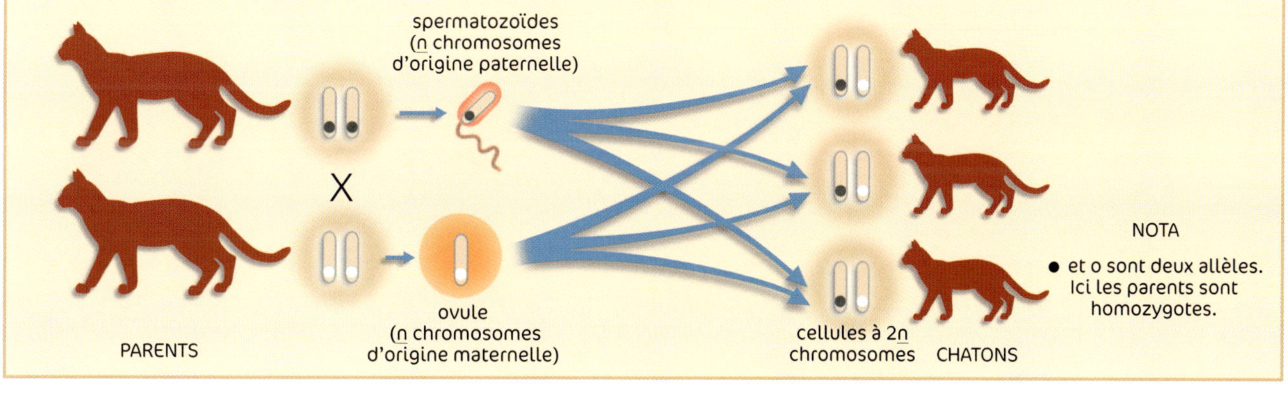

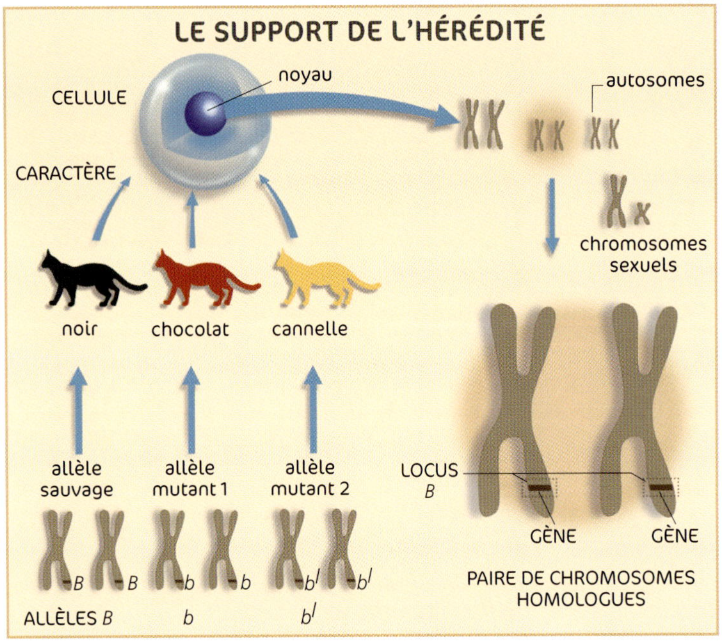

fait un brun extrêmement foncé). Sur le plan physiologique, ce gène contrôle la densité des eumélanines, granules minuscules présents dans le poil de la fourrure qui absorbent presque toute la lumière et confèrent donc au pelage une pigmentation noire. On connaît actuellement deux formes mutantes de ce gène, *b* (de l'anglais *brown*, « brun ») et b^l (de l'anglais *light brown*, « brun clair »), donnant respectivement un pelage marron foncé et marron clair.

En génétique, on dira qu'au locus *B* chez le chat existent trois gènes allélomorphes ou, plus simplement, trois allèles : *B, b,* b^l. Deux cas de figure peuvent alors se présenter :

– le chat possède deux gènes identiques (*BB* ou *bb* ou b^lb^l) ; on dit que l'individu est homozygote ;

– il portes deux gènes différents (*Bb* ou Bb^l ou bb^l) ; on dit alors qu'il est hétérozygote.

Lorsque l'individu est homozygote, le caractère véhiculé par le gène est apparent : les allèles *BB* donneront un pelage noir, *bb* un pelage de couleur chocolat et b^lb^l un pelage de couleur cannelle (voir schéma ci-dessus). Mais que se passe-t-il si l'individu est hétérozygote ? Quel sera le résultat de l'action combinée des deux allèles ?

Dominant ou récessif ?

En génétique féline, le cas de figure le plus fréquent est celui de la dominance complète, où l'un des allèles masque complètement l'action du second (situé sur le chromosome homologue). Celui qui s'exprime est appelé dominant, et celui qui est masqué, allèle récessif. Le premier est symbolisé par une lettre en majuscule (par exemple, *B* pour l'allèle dominant du pelage noir), le second ou les autres par une lettre en minuscule et, si besoin en est, par une lettre en exposant, lorsque l'un des allèles récessifs est dominant par rapport à un autre (tel *b* par rapport à b^l). Un individu hétérozygote avec les allèles *Bb* ou Bb^l aura donc un pelage noir, celui avec les allèles bb^l un pelage chocolat. D'autres exemples de dominance complète sont les allèles *A* (pour agouti) et *a* (poil de couleur unie), *D* (pigmentation dense) et *d* (pigmentation diluée) ou encore *L* (poil court) et *l* (poil long).

Attention : les termes « sauvage » et « dominant » sont différents, et une mutation peut être récessive ou dominante.

Au pôle opposé, on trouve la codominance : aucun de deux allèles n'est dominant, et un individu hétérozygote ne ressemble à aucune des deux variétés homozygotes. C'est le cas des allèles c^s et c^b qui agissent sur la couleur du pelage : alors que c^sc^s donne une robe légèrement plus claire sur le corps que sur les extrémités (de type Birman, voir p. 98) et c^bc^b la robe dite colourpoint (de type Siamois, voir p. 104), c^bc^s produit un troisième type de robe tout à fait différent, appelé Tonkinois (voir p. 114).

Des caractères spécifiques à un seul sexe

L'action d'autres gènes est liée au sexe de l'animal. Le gène dit « orange », par exemple, est véhiculé seulement par le chromosome X. Lorsque l'allèle *O*, dominant, est présent, le pelage prend la couleur orange, et si c'est l'allèle *o*, récessif, il sera noir, car *o* permet la pleine expression du gène dit noir. Les mâles, disposant d'un seul chromosome X, portent soit l'allèle *O* (*O*Y), soit l'allèle *o* (*o*Y). La robe dite écaille-de-tortue – mélange de taches orange et noires – est due aux allèles *Oo* (individu hétérozygote) et ne se rencontrent donc que chez les femelles.

Gènes majeurs et polygènes

Dans les cas évoqués comme dans d'autres, on parle de caractères qualitatifs, parce que ceux-ci varient de façon continue, sont peu influencés par les effets de l'environnement et sont déterminés par des gènes dits majeurs qui ont individuellement des effets importants.
Les caractères quantitatifs, eux, évoluent de façon progressive, sont assez sensibles à des facteurs présents dans l'environnement et sont déterminés par l'effet de nombreux gènes (ou polygènes), tels en particulier ceux qui véhiculent certains caractères de la morphologie (poids, taille, longueur des oreilles, des membres ou du nez, forme des yeux, etc.).

Inversement, il existe des gènes qui influencent plus d'un caractère. L'allèle *W* (de l'anglais *white*, « blanc ») produit ainsi un pelage blanc et des yeux bleus, mais rend également sourd le chat quelques jours après sa naissance.

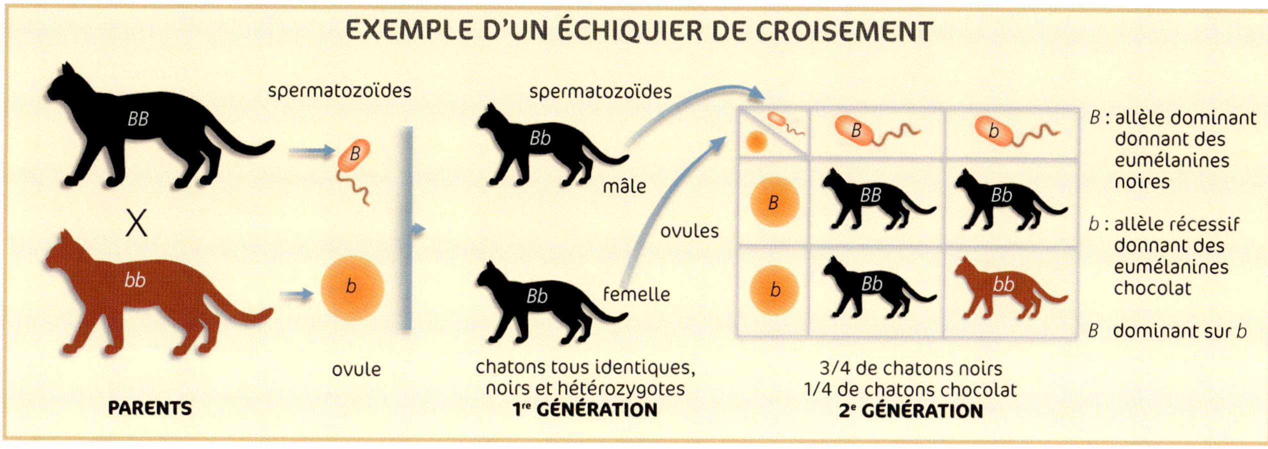

Comment prévoir les caractères des chatons à naître ?

Les différents caractères morphologiques et physiologiques d'un individu peuvent être décrits ou mesurés ; ils constituent son phénotype (par exemple, un pelage long). Par contre, l'observation directe ne permet pas de vérifier la présence (ou l'absence) de certains allèles chez un chat donné, c'est-à-dire son génotype (qui peut être *ll* ou *Ll* pour le pelage long). C'est seulement à travers la descendance que l'on peut espérer connaître le génotype, et ceci uniquement pour les caractères simples, c'est-à-dire déterminés par des gènes majeurs et se transmettant indépendamment car situés chacun sur des chromosomes différents. Les principales lois de la génétique, appelées lois de Mendel, permettent en effet de calculer les proportions statistiques dans lesquelles un génotype produira un ou plusieurs phénotypes pour un locus (tant de chatons à pelage long, par exemple) ou, inversement, de conclure au génotype d'un chat à partir des phénotypes que l'on peut observer chez sa descendance.

Les échiquiers de croisement

La méthode la plus pratique consiste à travailler avec ce que l'on appelle des échiquiers de croisement : tableaux à double entrée avec, en première ligne, les divers types de spermatozoïdes produits par le mâle, et, en première colonne, les divers types d'ovules par la chatte accouplée. On trouve, à l'intersection de chaque ligne et colonne, le génotype du chaton produit par la rencontre des deux gamètes envisagés (voir schéma ci-dessus). Si l'on connaît, par exemple, le génotype de chacun des deux parents (*BB* pour le mâle, au pelage noir, et *bb* pour la femelle, au pelage chocolat), on sait que leurs descendants seront des individus hétérozygotes (*Bb*) et que leur pelage sera donc noir, puisque l'allèle *B* est dominant. (Si les parents avaient été tous deux des individus homozygotes identiques, *BB* ou *bb*, le pelage de leurs descendants serait respectivement noir ou chocolat.)

Mais que se passe-t-il à la génération suivante, lorsque deux chats hétérozygotes (*Bb*) s'accouplent ? Si le spermatozoïde fécondant et l'ovule fécondé sont porteurs de l'allèle *B*, le chaton sera homozygote (*BB* et donc avec un pelage noir) ; il en sera de même si les deux sont porteurs de l'allèle *b*, mais le pelage sera alors de couleur chocolat. En revanche, si les allèles transmis ne sont pas les mêmes, les descendants seront, eux aussi, hétérozygotes *Bb*. À la deuxième génération, trois quarts des chatons seront donc noirs, et seul un quart de couleur chocolat. Bien entendu, une portée de quatre chatons n'aura que peu de chances de correspondre à cette répartition. Pour que les proportions deviennent exactes, il faudrait observer un nombre suffisamment important de chatons issus du même accouplement.

Les applications de la génétique sont nombreuses : connaître le génotype d'un reproducteur en analysant son pedigree, ou en effectuant un test ; programmer un accouplement pour obtenir des chatons de telle couleur, créer une nouvelle variété, voire une nouvelle race…

Standards et couleurs

Quelle que soit la race envisagée, les standards réservent une part importante à la description détaillée de la morphologie, et celle-ci constitue un élément essentiel pour l'appréciation des races félines. On s'attache aussi beaucoup aux caractères liés au pelage, à sa qualité et surtout à sa couleur.

Profil, proportions

Dans l'espèce féline, le format varie peu. Ainsi, la race du plus petit format est sans doute le Singapura, avec des mâles pesant en moyenne 2,7 kg ; pour les grands formats, on trouve le Maine Coon, le Sibérien ou le Norvégien, avec des mâles de 6 à 9 kg. C'est pourquoi on ne mentionne pas de format dans les standards félins. Par contre, les critères de proportions et de profil sont très largement utilisés.

Les races peuvent être scindées en trois groupes : les races brévilignes en proportions et au profil concave, les races longilignes en proportions et au profil convexe, et les races médiolignes en proportions et au profil rectiligne (voir aussi p. 184).

Proportions et profil sont déterminés par l'addition des effets de nombreux polygènes. Cela a deux conséquences importantes dans l'élevage des races.

– La première est qu'il existe pour ces deux critères tous les intermédiaires possibles entre les trois types mentionnés ci-dessus. Ainsi, plusieurs races, tel l'Abyssin qui est à mi-chemin entre les types Européen et Oriental, sont-elles classées dans des catégories intermédiaires.

– La seconde est qu'il faut un temps assez long pour accumuler par sélection tous les polygènes nécessaires à l'obtention de sujets correspondant parfaitement au standard. En corollaire, toute infusion dans une race donnée de sang de races d'un type très différent, par exemple pour introduire un gène de couleur, nécessite en retour une longue sélection sur la morphologie pour retrouver le type d'origine.

L'exemple du Persan illustre bien ces propos. À la fin du XIXe siècle, les premiers sujets de cette race étaient encore très proches de la morphologie médioligne des Angoras, dont ils dérivaient. Il fallut attendre les années 1930 pour qu'une sélection continue et rigoureuse permette aux éleveurs américains d'obtenir les premiers Persans très typés bréviligne s/ concavilignes. De même, après l'introduction du motif colourpoint chez le Persan, réalisée grâce à des infusions de sang de Siamois, il fallut au moins dix années de sélection portant sur la morphologie pour que le Persan colourpoint rejoigne le Persan classique pour la qualité du type !

Tous les caractères morphologiques ne sont pas gérés par des polygènes. Dans l'espèce féline, quelques gènes majeurs ont ainsi une action sur la forme des oreilles ou sur celle de la queue. Ces gènes sont des mutations pour la plupart bien étudiées, car elles ont donné naissance à de nouvelles races.

Qualité du pelage

Elle peut se caractériser par des critères de longueur, de densité et de finesse. La longueur du pelage est contrôlée par les gènes du locus *L*, pour lequel il existe deux allèles : le premier, *L*, considéré comme l'allèle sauvage, est dominant et détermine le pelage court ; le second, *l*, est un mutant récessif, responsable de pelages mi-longs et longs (Angora, Persan, Maine Coon, etc.), en allongeant la durée du cycle de fonctionnement des follicules pileux. Cependant, l'effet de *l* est modulé par divers polygènes agissant sur la longueur finale des poils de garde et sur celle du sous-poil. D'autres polygènes déterminent la densité et la finesse générale du pelage. D'où de nombreuses nuances en termes de qualité du pelage selon les races. Quatre mutations ont ainsi été fixées pour constituer de nouvelles races :

– pelage court et ondulé sans poils de jarre (Rex Cornish) ;
– pelage court et ondulé avec poils de jarre (Rex Devon) ;
– pelage frisé et rêche au toucher (Américain à poil dur) ;
– pelage réduit à un fin duvet (Sphynx).

Mille et une couleurs

Pour leur grande majorité, les caractères de couleur du pelage sont régis par des gènes majeurs. Cependant, dans quelques cas, s'ajoutent les effets de polygènes dits modificateurs qui vont, en s'accumulant, accentuer plus ou moins le caractère influencé. Pour plus de clarté, nous distinguerons cinq familles de pelages.

Les pelages tabby et leurs dessins. Le caractère tabby désigne un pelage avec présence de poils « agouti » (un type de poil courant chez de nombreux mammifères sauvages, dont l'agouti, petit rongeur d'Amérique du Sud). Chaque poil agouti présente, de l'extrémité à la base :

– une bande de pigments foncés, les eumélanines ;
– une bande de pigments clairs, dans les tons jaunes, les phæomélanines ;
– une autre bande d'eumélanines ;
– et, enfin, une zone peu pigmentée qui apparaît grisâtre. Cette alternance constitue ce que les Anglo-Saxons

REPRÉSENTATION DES DIVERSES LONGUEURS ET TEXTURES DE PELAGES

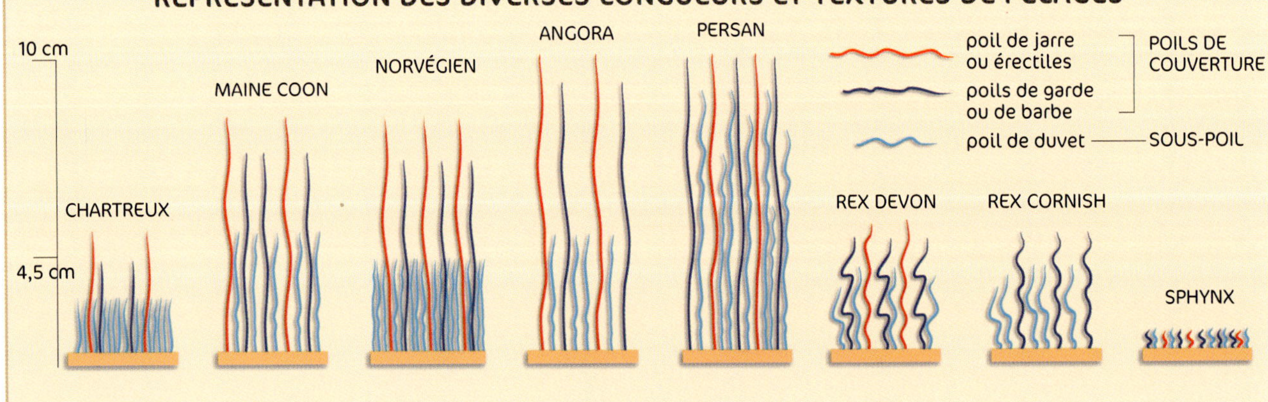

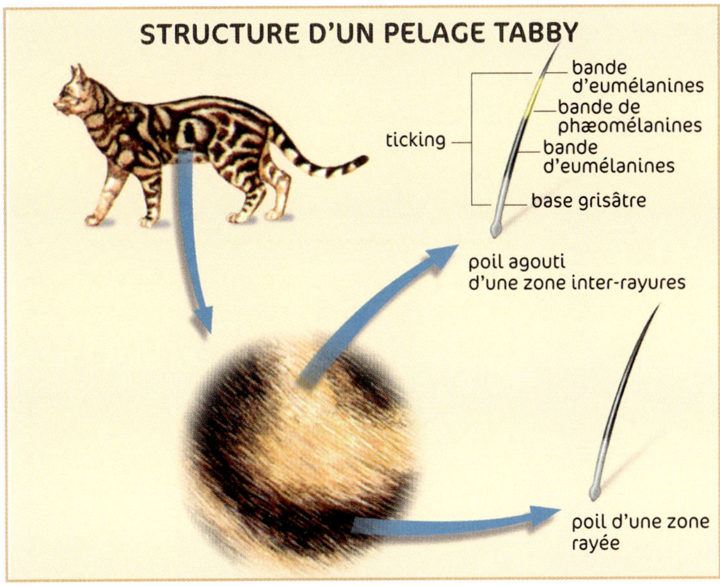

STRUCTURE D'UN PELAGE TABBY

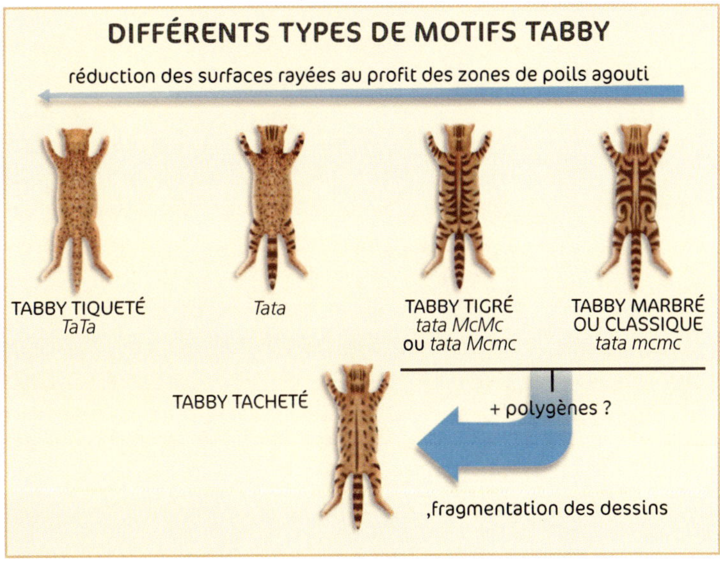

DIFFÉRENTS TYPES DE MOTIFS TABBY

appellent le *ticking* (tiquetage). La présence de poils agouti est permise par l'allèle sauvage dominant *A* au locus *A* (pour agouti). Tous les chats tabby sont donc *AA* ou *Aa*, car il existe un allèle mutant récessif *a* (voir plus loin). Chez le chat domestique, le caractère tabby s'accompagne souvent de zones de poils sans *ticking* créant des dessins particuliers (rayures, taches, etc.). Les standards reconnaissent ainsi quatre types de variétés tabby, qui résultent de l'action de trois loci indépendants comportant chacun deux allèles.

– Le premier locus, appelé *Mc*, comporte un allèle dominant *Mc* qui détermine la robe tabby tigrée (ou *mackerel* tabby), aux rayures fines. Les chats qui possèdent deux allèles récessifs *mc* ont, eux, une robe tabby marbrée, appelée également tabby classique ou *blotched* tabby.

– Le second locus, appelé *Sp*, comporte un allèle récessif *sp* sans effet et un allèle mutant dominant *Sp* qui altère les effets d'autres gènes (épistasie) et modifie les deux motifs précédents. Ainsi, un chat *SpSp* ou *Spsp* montre une fragmentation des dessins qui deviennent des taches plus ou moins parfaites. C'est la robe tabby tachetée (ou *spotted* tabby), due sans doute à l'action supplémentaire de polygènes modificateurs.

– Le troisième locus, appelé *Ta*, peut modifier, par épistasie, ce qui est déterminé par les deux loci *Mc* et *Sp*. Si le chat porte deux allèles sauvages récessifs *ta*, rien ne se passe ; s'il porte deux allèles mutants dominants *Ta*, les motifs disparaissent et la robe ne comporte plus que des poils agouti : il s'agit de la variété tabby tiquetée (ou *ticked* tabby). Enfin, un chat hétérozygote *(Tata)* a une robe presque entièrement tabby tiquetée, mais avec des rayures sur les pattes et sur la queue.

Les pelages uniformes. Le passage du tabby au pelage uniforme est déterminé par l'allèle mutant récessif *a* au locus *A*. Chez les chats porteurs de *aa*, la bande de phæomélanines des poils agouti disparaît au profit des eumélanines quelques semaines après leur naissance. Il en résulte que l'aspect d'ensemble est alors un pelage uniformément pigmenté par les eumélanines. Toute la gamme des couleurs autres que le blanc est déterminée par l'action combinée de gènes situés sur au moins quatre loci différents.

– Le premier locus *(B)* comporte trois allèles qui modifient la teinte des eumélanines (voir p. 184).

– Le second locus *(O)* est situé sur le chromosome X ; il transforme les eumélanines en orange et donne des robes rousses ou écaille-de-tortue (voir p. 184).

– Le troisième locus *(D)* comporte deux allèles. L'allèle mutant récessif *d* éclaircit les teintes précédentes : par exemple, les robes noire, *chocolate*, rousse et écaille-de-tortue deviennent respectivement bleue, *lilac*, crème et bleu crème.

– Un nouveau locus appelé *Dm* (modificateur de dilution) a été découvert récemment. Chez les chats porteurs de *dd*, c'est-à-dire dont la robe est d'une couleur diluée, l'allèle mutant dominant *Dm* renforce les teintes diluées. On explique ainsi la variété dite caramel comme un renforcement du bleu par *Dm*.

Les pelages avec éclaircissement de la base des poils. Chez le chat, ce phénomène peut résulter des actions indépendantes ou simultanées de gènes situés à deux loci différents : *I* et *Wb*. L'allèle mutant *I* détermine une décoloration des parties claires de chaque poil, qui deviennent quasiment blanches. Cette décoloration (disparition des phæomélanines) porte donc sur la base grisâtre et la bande de phæomélanines des poils agouti (voir schéma p. 188). L'allèle mutant *Wb* (de l'anglais *wide band*, « bande large » ou élargissement de la bande de phæomélanines) repousse les eumélanines vers l'extrémité de chaque poil, où il reste foncé *(tipping)*. Si l'allèle *Wb* agit seul, on obtient un poil jaune avec un *tipping* foncé, comme dans la robe du Persan

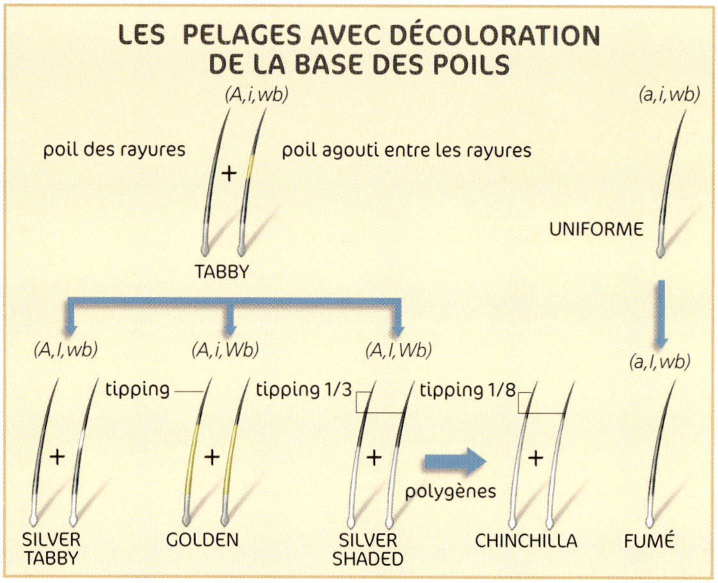

golden, alors que l'action conjointe de *I* et de *Wb* produit un poil blanc à *tipping* foncé, comme dans les robes des Persans silver shaded et chinchilla. L'intensité d'action de *Wb* semble en effet modulée pour produire deux effets : d'une part, l'action s'étend non seulement aux poils agouti, mais aussi aux poils des rayures (de sorte que la robe devient uniforme, sans rayures, constituée uniquement de poils avec *tipping)* ; d'autre part, elle module la longueur finale de la partie colorée par les eumélanines. Les diverses variétés de robes résultant de la combinaison de ces effets sont les silver tabby, les golden, les chinchilla et silver shaded, et les fumées.

Les pelages avec atténuation de la couleur sur une partie du corps. Chez tous les mammifères, les pigments qui colorent les poils sont synthétisés grâce à l'action en chaîne de plusieurs enzymes, dépendant chacune des gènes situés à des loci différents. Si l'un de ces gènes vient à muter, l'enzyme dépendante est alors modifiée et la pigmentation est altérée. Parmi les loci agissant sur la synthèse des pigments, le locus *C*, qui détermine l'enzyme tyrosinase, a été décrit chez presque tous les mammifères. Si l'allèle sauvage *C* est présent, la pigmentation est normale. Mais, chez le chat, on connaît plusieurs allèles mutants au locus *C*, dont deux ont des effets particulièrement intéressants.

Le premier allèle mutant, appelé c^b, détermine une action moins efficace de la tyrosinase sur les zones plus chaudes du corps. Il en résulte une robe de teinte légèrement éclaircie sur le corps, et d'intensité normale aux extrémités, caractéristique de la race Burmese (robes sépia): en pratique, chez le Burmese génétiquement noir, la robe est de teinte marron foncé (zibeline) sur le corps.

L'autre allèle mutant, appelé c^s, détermine une tyrosinase ne fonctionnant pratiquement plus sur le corps : seules les parties situées aux extrémités (face, oreilles, pattes et queue) restent normalement pigmentées. Ces points colorés produisent le type de robe dite *colourpoint*. À l'origine, elle était caractéristique du Siamois. Le gène c^s a ensuite été transféré chez d'autres races (Persan colourpoint, Sacré de Birmanie, etc.).

Ce gène détermine aussi une diminution de la quantité de pigments dans la rétine. Il en résulte une coloration bleu foncé des yeux, qui est toujours associée aux robes colourpoint, mais aussi diverses anomalies dans les trajets nerveux transmettant les images au cerveau, qui perturbent la vision des chats colourpoint. Ceux-ci compensent par un strabisme convergent bien connu chez les premiers Siamois (mais que de longues années de sélection ont réussi à faire pratiquement disparaître).

Autre particularité du gène c^s : sa sensibilité à la température, corporelle, mais aussi extérieure. Si la température est basse, la surface du corps est plus froide, d'où une pigmentation plus foncée et un contraste moins marqué

LE MOTIF ÉCAILLE-DE-TORTUE
La robe dite écaille-de-tortue, ici mélangée avec du blanc, ne se rencontre que chez les femelles, car ce motif est transmis par le seul chromosome X.

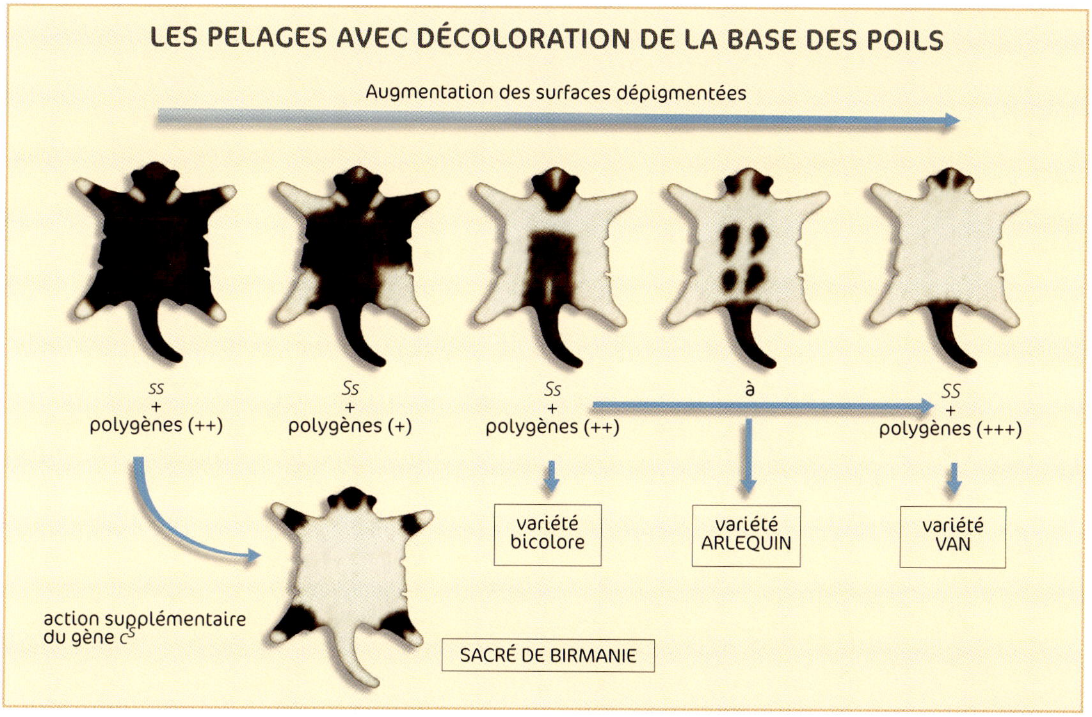

LES PELAGES AVEC DÉCOLORATION DE LA BASE DES POILS

avec les points. L'inverse se produit en ambiance chaude. Enfin, notons que le gène c^S est sensible à l'âge : les nouveau-nés sont entièrement blancs, et la coloration ne s'installe que progressivement au cours des premières semaines de vie ; chez le chat âgé, la pigmentation du corps fonce inexorablement.

Quant à leurs rapports entre eux et avec les autres gènes, c^b et c^S sont complètement récessifs vis-à-vis de *C*. Par contre, l'association c^bc^S donne une robe intermédiaire, typique du Tonkinois (robes *mink)*.

Les pelages tout ou partie blancs. Il y a deux manières d'obtenir un pelage blanc dans l'espèce féline. La première fait intervenir l'allèle mutant *W* qui empêche, chez le fœtus, la migration des cellules souches pigmentaires sur la surface du corps. Le chat est alors entièrement blanc par absence de ces cellules ; le nez et les coussinets plantaires sont roses. Les yeux sont soit bleu clair, soit orange. Le gène *W* a une autre action qui est de perturber le développement de l'oreille interne : nombre de chats blancs sont sourds (plus souvent ceux qui ont les yeux bleus que ceux qui ont les yeux orange).

La seconde manière fait intervenir l'allèle mutant *S* qui détermine l'apparition de plages blanches irrégulières, les panachures. L'effet de *S* est compliqué par l'action de polygènes modificateurs : on peut ainsi obtenir tous les intermédiaires entre une robe manifestant quelques taches blanches, et une autre presque entièrement blanche avec de rares plages colorées. L'existence de polygènes entraîne de grandes difficultés pour fixer un quelconque motif panaché. Il faut donc une sélection permanente pour maintenir le résultat désiré.

Les outils du félinotechnicien

Le choix des reproducteurs potentiels se fait essentiellement selon des critères esthétiques. Cela exige une connaissance minimale du génotype du sujet. Mais, aujourd'hui, on s'intéresse également aux aptitudes physiologiques et psychologiques, de même que l'on essaie d'éradiquer des tares génétiques invalidantes, comme la maladie polykystique rénale par exemple.

La sélection généalogique. Elle s'appuie sur la connaissance des ascendants et, parfois, des collatéraux des deux parents, en procédant à un examen attentif des pedigrees des reproducteurs.

La sélection génotypique. Elle s'effectue en fonction des performances de la descendance, et permet de sélectionner les reproductrices les plus fécondes, les plus prolixes, les portées les plus équilibrées du point de vue comportemental…

Les accouplements consanguins. Il s'agit d'accoupler des chats ayant un ancêtre en commun. Une famille d'individus fortement consanguins s'appelle une lignée.

Cette pratique a l'avantage de permettre de fixer rapidement un ou plusieurs caractères souhaités, mais elle peut aussi aboutir à révéler diverses anomalies héréditaires récessives. Elle doit donc être limitée dans le temps.

Le métissage. Il consiste à accoupler des individus de races différentes. L'objectif est de créer de nouvelles associations de gènes, afin d'obtenir des phénotypes nouveaux ou d'introduire des gènes nouveaux dans une race donnée.

L'apparence extérieure du chat

La morphologie est une science descriptive mise au point au XVIIIe siècle pour le cheval, puis adaptée au chien et qui permet, sur des critères objectifs prédéterminés, de classer les animaux en fonction d'un but fixé. Autrefois essentiellement utilitaires, ces buts sont aujourd'hui, pour le chat, surtout esthétiques.

La tête

Comme chez tous les mammifères domestiques, la tête du chat est certainement la partie du corps le plus sujette à variations. Aussi, les nombreux repères qui s'y trouvent sont-ils importants sur les plans morphologique et esthétique. Le stop est le point morphologique central de la tête, il marque la séparation entre le crâne (siège du système nerveux central) et la face. Selon les chats, il peut être soit très marqué et former une marche très nette, chez le Persan par exemple, soit être pratiquement absent, comme chez le Siamois.

En avant du stop, l'espace allant jusqu'à la truffe s'appelle le chanfrein ; celui qui, en arrière du stop, va jusqu'entre les oreilles se nomme le front. Leur importance relative décrit bien la morphologie de la tête et ce rapport est souvent utilisé dans les standards de races.

La distance entre les arcades zygomatiques, reliefs osseux très nets toujours palpables entre l'œil et l'oreille, définit la largeur de la tête, paramètre précis complémentaire des deux précédents. Associé à la largeur, on parle aussi de tour de tête qui correspond au cercle passant par le front, les arcades zygomatiques et la gorge.

Yeux, oreilles, truffe

Les yeux. Placés dans un plan relativement antérieur pour un carnivore (la face étant plus développée, le loup et la fouine par exemple ont les yeux rejetés plus latéralement), les yeux du chat ont une forme en amande plus ou moins marquée selon les races. Cette forme en amande délimite deux angles, l'angle interne et l'angle externe de l'œil. Contrairement à la plupart des autres espèces domestiques, la couleur des yeux du chat, portée par l'iris, constitue un élément important dans la description des races. Cette couleur, jaune orangé ou vert ou bleu le plus souvent, est particulièrement visible en pleine lumière lorsque la pupille est contractée sous la forme d'une fine fente verticale.

Les oreilles. Chez le chat elles apparaissent relativement uniformes d'un individu à l'autre, quelle que soit sa race, contrairement à celles du chien. Elles peuvent être plus ou moins écartées en fonction de la largeur de tête, exceptionnellement repliées à la pointe comme c'est le cas chez le Scottish (voir p. 102) ou incurvées comme chez l'American Curl (voir p. 25). Le pavillon (partie externe et seule visible de l'oreille), très mobile, est plus ou moins recouvert de poil selon les races. Néanmoins, le poil y est toujours plus court que sur les autres parties du corps.

La truffe. Toujours humide, plus ou moins pigmentée et portant les narines, la truffe est séparée de la bouche par le philtrum, lieu où les deux lèvres supérieures fusionnent incomplètement. Ces lèvres supérieures portent des vibrisses (moustaches) sur quatre ou cinq rangées. On retrouve également une touffe de vibrisses au-dessus des yeux et sur les deux joues. Ces longs poils, richement innervés à leur base, ont un rôle tactile primordial dans les mouvements de tête et de gueule : ils informent le chat de la position d'éventuels obstacles, de la largeur d'un passage, de la position et des mouvements en bouche d'une proie… autant de renseignements importants pour ce prédateur nocturne.

Une dentition de carnassier

Une dentition particulièrement adaptée. La bouche, ou gueule chez les carnivores, s'ouvre largement sur une dentition remarquable, modèle d'évolution et d'adaptation à un régime carnassier strict. Elle se caractérise par le développement exceptionnel des canines et de certaines molaires, les carnassières, conférant à l'ensemble une efficacité redoutable pour prendre et couper les aliments.

Le chat adulte compte en tout 30 dents, soit par demi-mâchoire : trois incisives, une canine, trois prémolaires et une molaire au maxillaire, deux prémolaires et une molaire à la mandibule. Les incisives sont très petites et ont un rôle mineur : les centrales sont appelées les « pinces », celles immédiatement latérales, les « mitoyennes » ; enfin, les plus latérales les « coins ». En arrière des canines se trouvent des prémolaires et des molaires, mais, chez les carnivores dont fait partie le chat, ces dents s'organisent autour d'une paire de dents très particulières : les carnassières, constituées de la troisième prémolaire supérieure et de la première molaire inférieure.

Les carnassières. Ces véritables cisailles naturelles sont les dents les plus importantes chez le chat domestique, les canines ne lui servant plus à tuer ses proies. Les dents en avant des carnassières sont dites « précarnassières » et celles en arrière, « tuberculeuses ». En fait, chez le chat, il n'existe qu'une seule dent tuberculeuse,

LA DENTITION

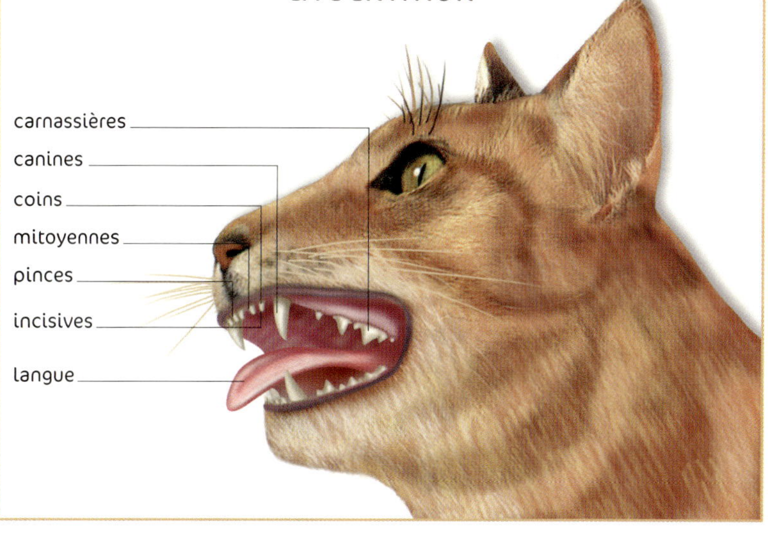

•••

SIAMOIS, EUROPÉEN ET PERSAN

La tête de type oriental du Siamois (en haut) possède un profil convexiligne et n'a pas de stop. La tête de type européen (milieu) se caractérise par un profil rectiligne et un stop moyen. Le Persan (en bas) a une tête à profil concaviligne et un stop très marqué.

la molaire supérieure, dont le rôle est très rudimentaire puisque le chat sectionne ses aliments plus qu'il ne les broie. La carnassière supérieure possède trois racines divergentes, la rendant plus difficile à arracher que les autres dents en cas d'abcès. Ces derniers sont fréquents lorsque le tartre, trop abondant et non retiré par un détartrage (voir p. 274), déchausse partiellement la dent.

Lorsque la gueule est fermée, les incisives doivent normalement s'affronter, la canine inférieure passe en avant de la supérieure alors que toutes les prémolaires et molaires supérieures viennent recouvrir latéralement les inférieures. Par rapport à cet affrontement normal, la déviation la plus fréquente est celle où la mandibule dépasse en avant le maxillaire, comme cela arrive assez fréquemment chez le Persan.

La dentition lactéale. Comme chez tous les mammifères, la dentition adulte est précédée d'une dentition dite « lactéale », qui ne comporte que 26 dents, les molaires faisant défaut. Cette première dentition apparaît vers la troisième semaine pour les incisives et les canines et vers la septième semaine pour les prémolaires. Chez le chaton, la carnassière est constituée de la troisième prémolaire supérieure et de la deuxième prémolaire inférieure. Ces dents lactéales, très pointues, sont remplacées entre les âges de 4 et 7 mois sans s'être véritablement usées, d'abord les incisives et les canines, puis les dents postérieures.

Ces épisodes d'éruption et de remplacement dentaires sont les uniques moments où l'on peut déterminer l'âge d'un chat à partir de sa morphologie dentaire. En effet, contrairement au cheval ou au chien, les dents d'un chat s'usent très peu et n'offrent pas de caractéristiques spécifiques d'une période donnée de la vie de l'animal.

Tronc, membres et queue

L'encolure, reliant tête et tronc, présente peu de repères importants ; en revanche, le tronc en est riche, non pas tant sur le plan de la morphologie purement esthétique que pour la compréhension des bases de l'anatomie et de la physiologie.

Le tronc

Le garrot, point universellement utilisé pour mesurer la taille des mammifères quadrupèdes, est certainement le repère le plus connu. À l'arrière du garrot suivent le dos, le rein puis la croupe. Le dos soutient le thorax ; le rein, l'abdomen et le ventre ; la croupe, le bassin. L'hypocondre, ou arc costal, est la ligne unissant l'arrière des dernières côtes ; cette ligne sépare morphologiquement le thorax de l'abdomen. Il est à noter que certains termes empruntés au vocabulaire courant sont ici ambigus : le rein représente en morphologie la région lombaire et non l'organe sécrétant l'urine ; de même, la hanche constitue un des reliefs du bassin et non l'articulation avec le fémur.

Les membres

La plupart des mots utilisés pour l'extérieur des membres décrivent des reliefs osseux, très nombreux et très précis. Utiles chez le cheval et le chien pour prendre des mesures, décrire des lignes ou calculer des angles, ils sont peu employés chez le chat. Seule la forme générale des mains et des pieds a une importance relative en morphologie féline. En effet, généralement ramassées, les extrémités des membres peuvent être plus ou moins rondes selon les races. Ces différences raciales sont souvent plus marquées au niveau des membres postérieurs.

LA MORPHOLOGIE DU CHAT

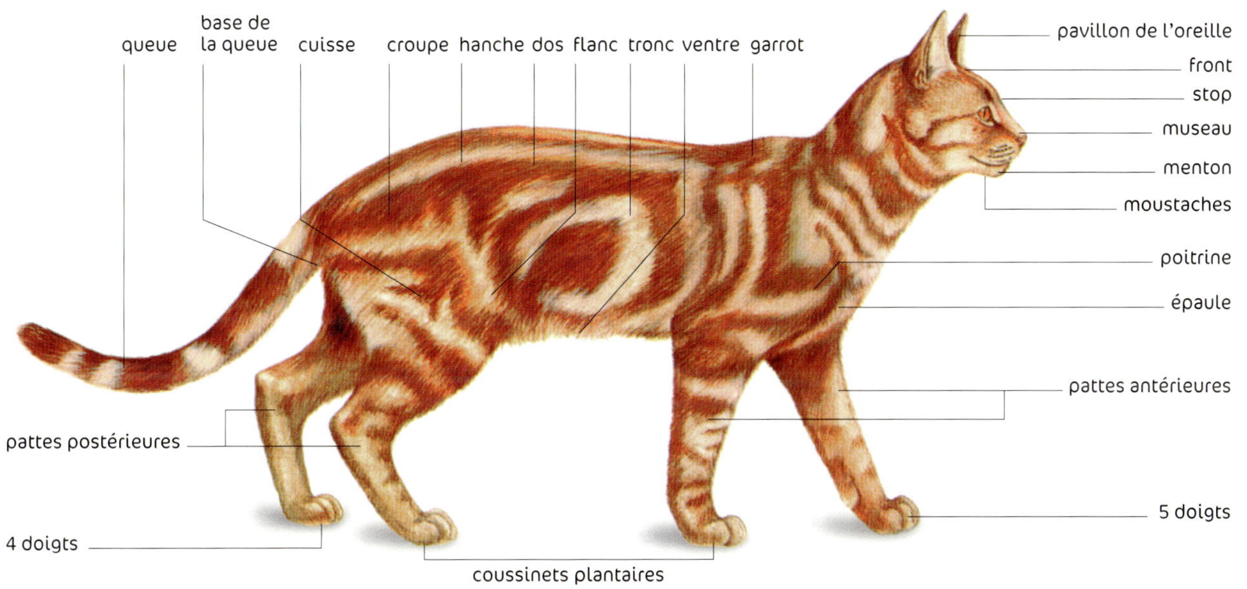

...

TROIS TYPES DE CHAT

Le type longiligne (en haut) se caractérise par une forme fine et élancée du corps.
Le type médioligne (au milieu) décrit un corps musclé et d'apparence équilibrée.
Le type bréviligne (en bas) désigne un chat au corps massif et compact, avec une queue plus courte et des mains rondes.

La queue

Elle présente peu de variations morphologiques d'une race à l'autre. Contrairement au chien pour lequel les ports de queue sont nombreux, on ne peut guère noter chez le chat que des variations de longueur. Les chats de type persan ont généralement la queue un peu plus courte que les autres.

Mais la seule véritable modification importante concernant la queue est celle que présente le Manx, chat de l'île de Man, puisque celui-ci en est dépourvu (voir p. 63).

Trois types de chat

À partir des bases morphologiques précédentes, on peut regrouper toutes les races de chat en trois grands types : le type dit « médioligne », ou moyen, intermédiaire entre le type convexiligne, dit aussi « longiligne », et le type concaviligne, dit également « bréviligne ».

Le type longiligne. Convexiligne en profil, il se distingue par un stop effacé, une ligne de chanfrein qui s'allonge, donnant l'impression que la tête s'étire ; celle-ci devient triangulaire vue de face ou du dessus. Le crâne d'un tel chat est plat et peu large ; les oreilles sont grandes, larges à la base, pointues à l'extrémité et implantées haut sur la tête, assez proches l'une de l'autre. Les yeux sont nettement en amande. La forme générale du corps est élancée, avec une ossature et une musculature fines et des pieds petits. Le cou, les membres et la queue s'allongent. Ce type est celui du Siamois, mais aussi celui du Rex, du Burmese ou de l'Oriental.

Le type médioligne. Il se caractérise par un stop peu marqué, des lignes de front et de chanfrein parallèles (profil rectiligne), un front large mais arrondi (de face, la tête tend à s'inscrire dans un trapèze), des yeux modérément en amande, des formes générales équilibrées et musclées. Ce type est représenté par le chat Européen, mais aussi par l'Abyssin ou le Somalien.

Le type bréviligne. Il se caractérise par un stop marqué, un chanfrein très court traduisant des cavités nasales réduites. Le front est large et bombé, les yeux plus ronds et très écartés, et les oreilles, petites et arrondies aux extrémités, sont implantées éloignées l'une de l'autre, assez bas sur la tête. La tête, dans son ensemble, apparaît plus plate et plus large et pourrait s'inscrire dans un cercle, voire un rectangle. La silhouette est par ailleurs massive, la musculature, compacte ; les membres, à ossature forte, et la queue sont plus courts, les mains, rondes et ramassées. Ce type comprend tous les Persans.

Chez le chat, les intermédiaires entre ces types de base sont nombreux, aussi les classifications ne sont-elles pas toujours très aisées. D'une façon générale, le polymorphisme chez le chat tient surtout à la multiplicité des robes et des couleurs plutôt qu'à la multiplicité des formes.

La fourrure

Elle peut varier selon la longueur des poils, leur densité et leur finesse. On distingue ainsi les chats à poil long, mi-long et court. Le poil peut même être ondulé ou frisé (Rex, p. 94), voire se réduire à un fin duvet (Sphynx, p. 112).

Les couleurs et motifs du pelage

Le pelage d'un chat peut combiner couleurs et motifs selon des centaines de façons. Certaines configurations apparaissent spontanément lors d'une mutation génétique ou grâce à la présence d'un gène récessif, d'autres ont été obtenues par une sélection soigneuse. Parfois, une race ou une variété sont ainsi définies par la présence, ou l'absence, de certains motifs ou couleurs (pour les principales variétés reconnues, voir p. 181). En raison du grand nombre de configurations, dont certaines sont fort rares, il n'est pas possible d'en donner la liste exhaustive. On se limitera ici à présenter les grandes catégories et à énumérer les couleurs et motifs les plus répandus.

Les couleurs de base. À trois couleurs de base s'ajoutent quelques autres, forts rares, ainsi que le blanc, qui ne compte pas comme une couleur proprement dite.

• **Blue (bleu).** Cette couleur, la plus fréquente, correspond à un gris assez clair, tirant sur le lavande, et se trouve chez presque toutes les races, mais sa tonalité varie avec l'épaisseur du pelage et la longueur des poils (plus ceux-ci sont longs, moins la couleur sera régulière).

• **Noir.** Le noir idéal est un noir de jais intense et uni, mais le pelage de la tête, des pattes et du dessus du dos et de la queue est en général plus brillant.

• **Red (rouge).** Alors que le standard parle d'un roux foncé régulier, presque tous les chats de cette couleur montrent des marques tabby fantômes, plus visibles chez les animaux à poil court.

• **Blanc.** D'un point de vue génétique, il s'agit d'un « manteau couvrant » qui masque une autre couleur (épistasie). Aussi faut-il connaître le pedigree d'un chat blanc pour connaître la couleur de ses descendants. Le blanc pur et immaculé reste cependant une exception.

• **Les autres couleurs de base,** plus rares et donc souvent plus recherchées, sont : fawn (beige pâle ou sable blond dilués), chocolate (chocolat), lilac (lilas), cinnamon (cannelle ou brun roux) et cream (crème).

Les motifs de base. La combinaison des couleurs et leur répartition sur le corps sont à l'origine des variétés.

• **Les torties (ou écaille-de-tortue).** Dans la robe tortie idéale, les poils d'un rouge chaud et brillant alternent avec les poils noir de jais, de façon à former une mosaïque de petites surfaces colorées qui ressemble à un puzzle. Ce motif est caractéristique des femelles.

Il existe plusieurs variantes, dont le blue cream (où le rouge devient crème et le noir bleuit), le chocolate tortie (alternance de poils roux avec des poils chocolat brun chaud), le lilac cream (mélange de crème et d'un beige rosé), les rares cinnamon tortie (poils de couleur caramel, de cannelle, de brun clair et de roux) et fawn tortie (alternance de crème et de miel doré), ainsi que les torties tabby, ou torbie (motifs tabby et configuration tortie).

• **Les tabby.** Plus marqués chez les chats à poil court, ces dessins sont d'autant plus appréciés par le standard qu'ils apparaissent en net contraste avec les zones de couleur unie. On distingue quatre motifs.

Ticked tabby (tabby tiqueté) : chaque poil (sauf ceux du ventre et de l'intérieur des pattes, de couleur unie) est formé de barres de deux couleurs, la première, dite jaune et présente, de préférence, à la racine du poil, pouvant être brun clair, abricot ou beige, la seconde, dite de base et manifeste, de préférence, à la pointe du poil, noire, blue, lilas, chocolat, cannelle, etc.

Mackerel tabby (tabby tigré): les flancs, les épaules et les cuisses portent des rayures rappelant les arêtes d'un poisson ou bien des fines lignes parallèles, alors que les pattes, la queue et les colliers sont annelés de traits fins et serrés et que le ventre est tacheté.

Spotted tabby (tabby moucheté) : les taches, de préférence rondes et régulières comme chez la panthère ou l'ocelot, dominent sur les flancs, les épaules, les cuisses et, parfois même, le long de la colonne vertébrale ; le reste du pelage ressemble à celui du mackerel tabby.

Classic ou blotched tabby (tabby marbré) : les motifs sont plus larges et plus espacés : des anneaux cernant les pattes et la queue, des colliers autour du cou, des dessins en forme d'huître ou d'œil de bœuf sur les épau-

Couleur des yeux, du nez, des coussinets

Couleur des yeux. On note une grande diversité des couleurs des yeux chez les chats de gouttière, qui résulte souvent d'un mélange de couleurs au niveau des iris. Chez les chats de races, le standard accepte une ou plusieurs couleurs, mais les couleurs autorisées sont assez limitées : orange ou cuivre, jaune ou or, vert noisette, vert, bleu clair, bleu foncé. Les yeux impairs, ou vairons, constituent un cas particulier en associant un œil à iris orange et un œil à iris bleu clair. De grandes lacunes existent actuellement sur la génétique de la couleur des yeux chez le chat ; seules quelques grandes lois sont bien connues, comme le fait que le bleu foncé est associé à la robe de type colourpoint. En pratique, de longues années de sélection ont été nécessaires pour obtenir les couleurs pures et très intenses des beaux sujets de concours. Les éleveurs évitent donc tous mariages pouvant détruire cette harmonie.

Couleur du nez et des coussinets. Leur pigmentation est corrélée à celle du pelage, ce qui n'empêche pas qu'elle soit très précisément décrite dans les standards. Ainsi, la pigmentation du nez et des coussinets est noire si le pelage est noir, bleu ardoise si le pelage est bleu, rose foncé si le pelage est roux, etc.

les, de larges bandes parallèles le long de la colonne vertébrale, des flancs décorés de motifs en forme d'ailes de papillon déployées et un ventre tacheté.

Les particolores. Dans la configuration de base, appelée bicolore, toute couleur, y compris tabby et silver (voir plus loin), peut être associée avec du blanc,qui occupe entre un tiers et la moitié de la robe selon les standards, sur les parties inférieures du corps (ventre, pattes, collerette) et en remontant parfois jusqu'à la face. Le blanc doit être pur, sans trace d'un poil coloré, et les zones colorées sans poil blanc.

Les autres variantes sont l'arlequin (blanc, sauf la tête, la queue et trois taches distinctes sur le dos), le van (blanc, sauf la casquette et la queue), le calico ou tricolore ou écaille et blanc (blanc avec des larges taches distinctes de rouge vif et noir de jais) et blue cream et blanc ou calico dilué et blanc (blanc pur avec des larges taches distinctes de crème et de bleu pâle).

Les silver. Les formes les plus courantes de ce *tipping* sont appelées silver shaded (blanc argent lumineux à la racine, noir vers la pointe, donnant l'impression d'une fourrure saupoudrée de poussière de cendres ou de charbon), le chinchilla (fourrure noire sur fond blanc argent lumineux, seul un huitième du poil étant coloré de noir, à faible contraste), le silver ticked tabby (poils avec une alternance régulière de barres noires et argent blanc lumineux), les rares golden shaded (fond de robe abricot, voire roux, et extrémité noire du poil) et golden chinchilla (à plus faible proportion de noir). Par ailleurs, toutes les formes de tabby peuvent exister dans une version silver ; le fond de robe et les zones entre les dessins sont alors d'une couleur argent blanc lumineux.

Les colourpoint. Dans cette configuration, les extrémités (points) sont en net contraste avec le corps, l'intensité de la couleur variant avec la température extérieure ou du corps. On distingue le seal point (oreilles, masque, pattes et queue d'un brun très foncé, le corps étant de couleur coquille d'œuf à doré), le blue point (extrémités d'un bleu d'acier et corps blanc ou légèrement gris), le chocolate point (extrémités chocolat au lait chaud, corps ivoire clair), le lilac point (extrémités beige rosé, corps blanc cassé à vieil ivoire très pâle), le cinnamon point (extrémités de couleur cannelle roussâtre, corps poudre de riz ou vieil ivoire), le fawn point (extrémités beige rosé, sans nuance de gris, corps de couleur coquille d'œuf à ivoire pâle), le red point (extrémités rouge orange vif et chaud, corps blanc cassé avec quelques zones crème) et le cream point (extrémités roux brun, corps blanc cassé).

Les tortie point. Les extrémités sont colorées d'un mélange homogène de rouge et de noir, de chocolat ou de cinnamon ou bien de cream et de blue, de lilac et de fawn. Le tortie tabby point présente en outre des rayures ou anneaux.

pelage tabby (agouti)

Tabby tiqueté ou ticked tabby : plus un poil compte de bandes colorées, plus le ticking est bon.

Tabby moucheté ou spotted tabby : les taches doivent être bien séparées et de prédérence rondes et régulières.

pelage particolore

Robe bicolore : le blanc doit représenter au moins un tiers de cette robe.

Robe colourpoint : dans la robe colourpoint, seules les extrémités (tête, pattes, queue) sont pigmentées.

LES PATRONS DE ROBES

pelage uniforme

Tabby tigré ou mackerel tabby :
typique pour sa ressemblance
avec la robe des félins sauvages.

Tabby marbré ou blotched tabby :
cette robe est considérée comme la
variété classique.

Pelage uniforme :
tous les poils sont pigmentés
comme ceux des rayures.

Motif Van :
la couleur est limitée à la tête
et à la queue.

Robe tabby-point :
les points écaille-de-tortue portent des
rayures et des anneaux.

Robe arlequin :
le blanc est beaucoup plus important
que chez le bicolore.

La locomotion

L'étude de l'appareil locomoteur comprend celle du squelette, mais aussi celle des muscles. L'ensemble atteint chez le chat un degré exceptionnel d'adaptation à la chasse à l'affût en solitaire. Pour enchaîner ses allures, ou modes de déplacement, le chat ne dispose pas, contrairement au cheval, de séquences acquises et automatiques dès la naissance, et, contrairement à l'homme, tout ne nécessite pas pour lui un long apprentissage.

Le squelette

Les vertèbres. Fort de quelque 250 pièces, le squelette est, comme pour tous les vertébrés, centré sur un axe principal, la colonne vertébrale, constituée chez le chat de sept cervicales, treize thoraciques, sept lombaires, trois sacrées soudées et une vingtaine de vertèbres coccygiennes. Si cet enchaînement est classique chez les mammifères, la morphologie de ces vertèbres est plus particulière aux carnivores : vertèbres cervicales et lombaires volumineuses, aux surfaces articulaires très arrondies, aux lieux d'insertions musculaires saillants. Ainsi structurées, les vertèbres du chat peuvent supporter des mouvements amples et puissants.

Les vertèbres thoraciques, bien que deux fois plus nombreuses que les cervicales et les lombaires, ne constituent pas un segment plus long. Beaucoup plus courtes, elles assurent la cohésion de la cage thoracique, support de l'appareil cardio-respiratoire. Cette cage est peu développée chez le chat : celui-ci est plus adapté aux courses rapides reposant sur une musculature puissante qu'aux longs parcours exigeants en oxygène. Les neuf premières thoraciques se distinguent par un relief médian dorsal très développé et facilement palpable : le processus épineux. L'ensemble de ces processus forme en extérieur la région du garrot. La cage thoracique est formée de treize paires de côtes incurvées dont neuf rejoignent le sternum.

La tête. Elle forme un ensemble complexe, constitué d'os plats répartis autour de deux grandes cavités : la cavité encéphalique et la cavité faciale. Ainsi, on distingue des os dits « du crâne » (l'os occipital, l'os pariétal et l'os temporal sont les plus connus) et des os dits « de la face » (maxillaire, frontal, incisif, nasal, zygomatique et mandibule, pour les plus importants). Bien que l'aspect global de l'ensemble soit toujours globuleux quelle que soit la race, les os de la face peuvent subir des variations raciales significatives. Les cavités nasales abritent les cornets nasaux, fines lamelles osseuses dont les circonvolutions nombreuses sont tapissées des muqueuses nasale et olfactive. Chez le chat, dont l'odorat est pourtant développé, ces cavités sont assez réduites, rendant les affections des voies respiratoires supérieures fréquentes et graves. Par ailleurs, le conduit lacrymal se trouve souvent obstrué en raison d'un parcours sinueux dans un espace restreint.

Le membre antérieur. Il a pour particularité de ne pas avoir d'articulation vraie avec le tronc : la clavicule est rudimentaire chez le chat, et la scapula (omoplate), uniquement plaquée contre le thorax, n'est maintenue que par de puissants muscles. L'enchaînement gauche-droite des mouvements de la scapula donne aux félins cette démarche à la fois cadencée et nonchalante qui leur est propre.

L'os du bras, l'humérus, présente un relief proéminent, le tubercule majeur, qui permet de situer très précisément l'articulation de l'épaule à la palpation, une articulation très souple et peu exposée aux traumatismes. L'ensemble du bras est bien dégagé du tronc, ce qui lui confère une grande souplesse de mouvement.

LE SQUELETTE DU CHAT

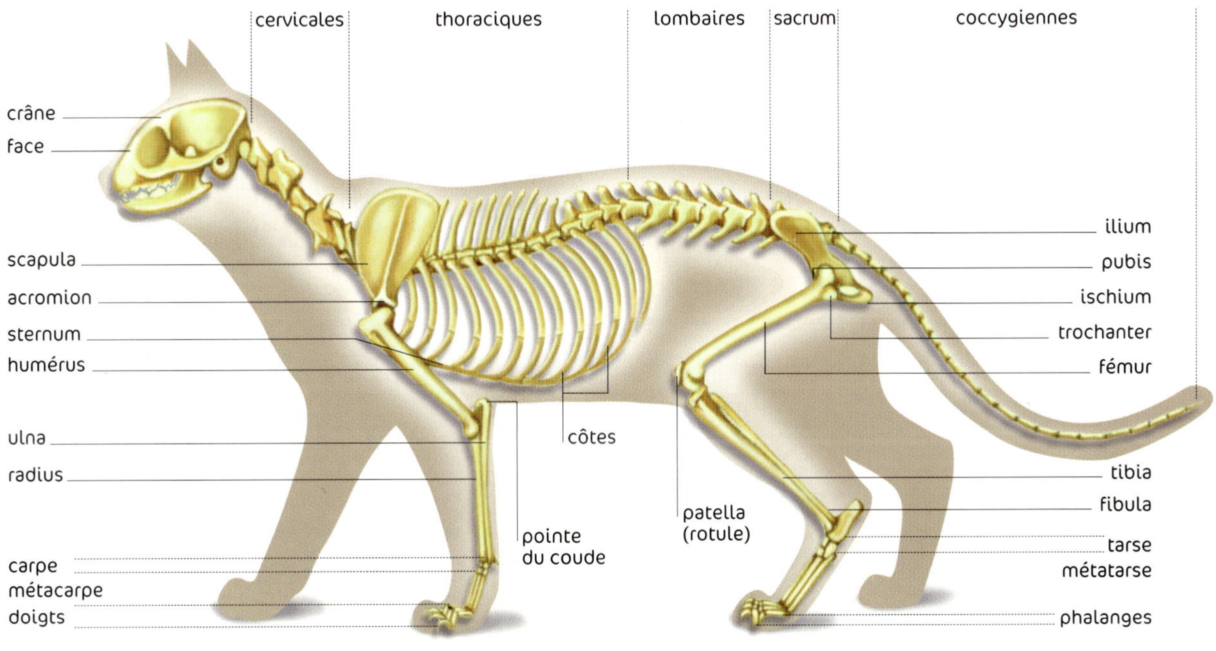

Séquence Extension

Le chat a la possibilité d'étirer et de contorsionner son corps avec une grande facilité et une grande souplesse grâce à ses muscles longs et ses attaches ligamentaires souples.

L'avant-bras est constitué de deux os plus ou moins accolés, le radius et l'ulna (cubitus), qui, contrairement à l'homme, ne peuvent pivoter complètement l'un sur l'autre pour faire tourner la main de 180°, mais peuvent la tourner à 90°, ce qui est suffisant pour jouer avec un bouchon ou gifler une proie.

La main est formée du carpe, puis du métacarpe, et enfin des doigts au nombre de cinq, mais dont le pouce ne possède que deux phalanges au lieu de trois. La dernière phalange de chaque doigt a la forme de la griffe qu'elle soutient ; elle est reliée à la deuxième phalange par un petit ligament élastique dorsal qui la rétracte automatiquement en position relevée aussitôt que la contraction active des muscles fléchisseurs cesse.

Le membre postérieur. Il présente d'abord une ceinture pelvienne puissante, formée par la fusion de trois os : l'ischium, le pubis et l'ilium. Les deux ailes de l'ilium s'appuient sur le sacrum et délimitent la région de la croupe alors que les deux ischiums et les deux pubis controlatéraux fusionnent, délimitant la paroi ventrale du bassin. Le bassin s'articule avec le fémur au niveau d'une cavité hémisphérique, l'acetabulum, qui répond à la tête fémorale. Le fémur, os rectiligne de la cuisse, possède un relief palpable, le trochanter, situé latéralement à la tête fémorale. Le grasset, articulation complexe, unit le fémur à l'ensemble tibia et patella (rotule) d'une part, et à la fibula (péroné), d'autre part. Le pied s'organise, comme la main, en trois segments : le tarse, ensemble de petits os dont le plus latéral (le calcaneus) fait saillie en arrière du jarret pour former la pointe du jarret ; le métatarse, puis les doigts, qui, au nombre de quatre, voient disparaître le pouce.

Les muscles

Ils sont très nombreux (environ 500) et inégaux quant à leur importance fonctionnelle, aussi vaut-il mieux présenter les plus importants selon leur rôle plutôt que d'en faire la liste exhaustive.

Muscles peauciers de la face. Très fins, situés juste sous la peau, ils impriment à la face son expression. Très importants dans l'étude du comportement ou en neurologie, ce sont eux qui permettent de coucher les oreilles, fermer les paupières, montrer les dents…

Muscles mobilisant la mandibule. Alors que le muscle digastrique fait s'ouvrir très largement la mandibule, temporal, masséter et ptérygoïdien la font se fermer avec une efficacité redoutable.

Muscles fléchisseurs de l'encolure. Ce sont les muscles braciocéphalique, sternocéphalique et cervicaux ventraux. Nombreux et complexes, ils ont des rôles multiples, font pivoter la tête, mobilisent l'épaule vers l'avant, etc.

Muscles extenseurs de la colonne vertébrale. Ils composent la masse commune des lombes et des muscles cervicaux dorsaux, participant activement à la détente lors des bonds ou des courses ; s'ils se contractent indépendamment du côté droit ou du côté gauche, ils permettent les changements de direction rapides.

Muscles fléchisseurs des lombes. Muscles abdominaux (oblique externe, interne et droit de l'abdomen) et muscle psoas sont tout aussi indispensables à l'expression de la puissance et de la souplesse de la colonne vertébrale.

Muscles extenseurs du bras. Brachiocéphalique, supraépineux allongent la foulée en engageant le membre loin en avant et préparent la réception après un bond.

Muscles fléchisseurs du bras. Grand dorsal, triceps brachial, pectoral ascendant chassent le sol en arrière dans les courses rapides. Très puissants, ils participent également au grimper.

Muscles extenseurs de l'avant-bras. Le triceps brachial, le muscle le plus puissant du membre antérieur, assure le rôle propulseur principal en fléchissant le bras et en étendant l'avant-bras.

Muscles fléchisseurs de l'avant-bras. Biceps et biceps brachial préparent surtout la phase de réception des membres au sol après la phase active de propulsion assurée par les muscles extenseurs.

Muscles extenseurs de la main. Les antébrachiaux craniaux mettent la main en position avant le contact au sol. Ils expriment la faculté du système nerveux central à percevoir la position instantanée dans l'espace des extrémités et à orienter de façon réflexe la main ou le pied de manière adéquate.

Muscles fléchisseurs de la main. Les antébrachiaux caudaux contribuent à chasser le sol vers l'arrière lors de la propulsion (l'un d'eux, le muscle fléchisseur profond des doigts, permet au chat de sortir volontairement ses griffes, maintenues normalement rétractées par un petit ligament dorsal).

Muscles extenseurs de la cuisse. Parmi ceux-ci, les fessiers, très puissants, ont un rôle propulseur primordial.

Muscles extenseurs de la jambe. Le quadriceps fémoral est en grande partie responsable de l'amplitude exceptionnelle des sauts que peut accomplir le chat.

Muscles fléchisseurs de la jambe. Les muscles dits « ischiotibiaux » ramènent le membre près du corps après la phase de propulsion.

Muscles fléchisseurs du pied et extenseurs des doigts. Les tibiaux craniaux, comme leur homologue du membre antérieur, mettent le pied en position avant la prise de contact au sol.

LA MUSCULATURE DU CHAT

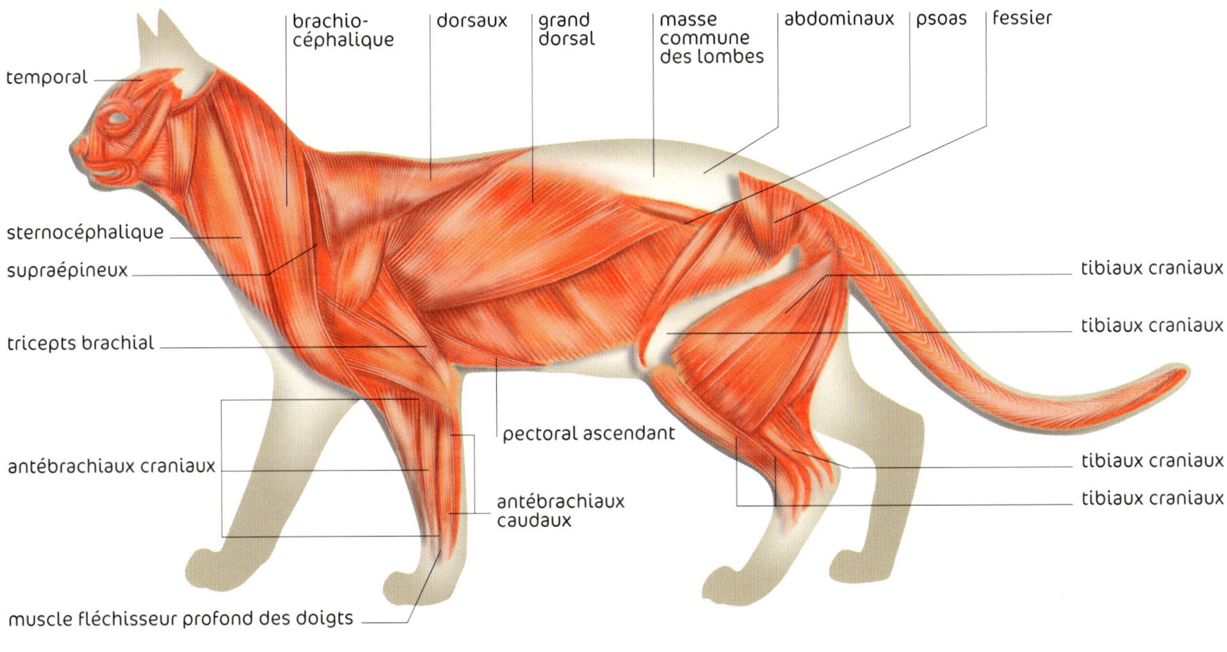

Séquence Saut

Le saut est très souvent utilisé par le chat ; il est puissant dans sa détente et souple dans son amortissement à la réception. Il s'apparente à la phase suspension du galop. Le chat prend appui sur ses pattes postérieures pour se propulser ; les antérieures servant de train d'atterrissage.

Muscles extenseurs du pied et fléchisseurs des doigts. Les tibiaux caudaux participent également à la propulsion, mais sont moins puissants que le quadriceps ou les fessiers.

Muscles de la queue. Ils sont nombreux à lui donner toute sa mobilité, lui permettant de jouer un rôle d'équilibration et d'expression comportementale très important.

...
DES GRIFFES RÉTRACTILES
Pour sortir ses griffes, le chat contracte les muscles fléchisseurs des doigts.

Les allures

Le chat, grâce à l'ensemble de l'appareil locomoteur, s'anime principalement selon quatre allures : le pas, allure la plus lente où il conserve en permanence trois appuis au sol, l'amble, le trot, allure intermédiaire, et le galop, allure la plus rapide.

Si cette classification est satisfaisante pour le cheval, elle apparaît insuffisante pour le chat tant la variété de ses déplacements est grande. Si, en ligne droite, un chat se déplace effectivement selon ces allures, en situation réelle dans la nature, il bondit, vire à 90° en un mètre, se tapit, rampe, etc., illustrant ainsi parfaitement la richesse de comportements d'un prédateur. Néanmoins, chacune de ses allures peut être décomposée et analysée en termes de mécanique musculaire dont la séquence élémentaire, pour un membre, est la même quelle que soit l'allure.

L'enchaînement de toutes ces formes possibles de déplacement est sous la dépendance du système nerveux central, qui adapte des séquences réflexes aux circonstances du milieu environnant. De ce point de vue, le chat est à mi-chemin entre l'homme et le cheval.

Le galop

Si l'on décompose le galop, on distingue tout d'abord la phase de suspension durant laquelle aucun membre ne touche le sol, puis la phase de sustentation durant laquelle le membre antérieur soutient le corps et prolonge l'élan, enfin la phase de propulsion durant laquelle le membre postérieur donne l'impulsion dynamique.

Durant la phase de suspension, le membre antérieur se prépare à la réception. Le membre est engagé globalement vers l'avant, afin de chercher l'appui le plus loin possible.

Durant la sustentation, le membre antérieur amortit l'appui, puis prolonge l'élan par contraction du triceps brachial et des antébrachiaux caudaux. Parallèlement à ce dernier stade, le train arrière s'engage sous le corps ; le membre s'étend afin d'allonger la foulée.

La phase de propulsion voit les muscles les plus puissants de l'organisme entrer en action : fessiers et quadriceps fémoral. L'extension globale et violente du membre s'accompagne d'une extension de la colonne vertébrale qui accentue l'impulsion.

Le bond

Un mode plus original et tout à fait spectaculaire de déplacement du chat est le bond : après une longue phase d'approche en rampant, c'est souvent ainsi qu'il capture sa proie. Le bond est d'autant plus efficace et long que le regroupement préalable du corps est important. C'est pourquoi, avant chaque saut, le chat adapte sa position en plaçant par petits pas successifs ses postérieurs sous son corps. Il fléchit conjointement tous les rayons osseux, y compris la colonne vertébrale, afin de donner plus d'efficacité à la détente musculaire. Cette détente se fait grâce à la contraction simultanée de tous les muscles extenseurs de la colonne vertébrale et des membres postérieurs. Les membres antérieurs ne servent pratiquement qu'à orienter le saut et à préparer la réception.

Afin de pouvoir effectuer un saut, le développement de la musculature doit être complet. Alors qu'un chaton mâle arrive parfois seulement vers l'âge de 4 mois à réussir un bond parfait, sans se servir de ses griffes pour se rattraper « aux branches », certaines femelles, plus légères et donc plus lestes, réussissent cet exploit dès l'âge de 3 mois. Quant au chat adulte, il est capable de sauter à plus de 2 m de haut à la verticale sans prendre appui. Mais, en redescendant, même d'une faible hauteur, il prend toujours appui avec ses pattes avant sur la surface verticale.

LES GRIFFES DU CHAT

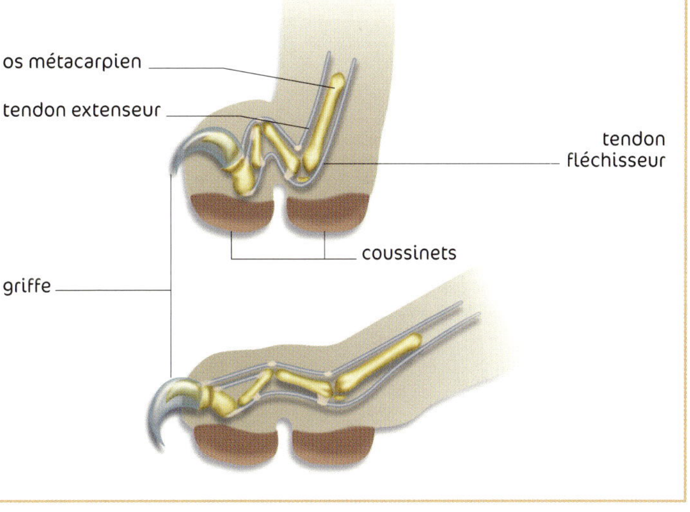

Les appareils et organes

Comparable à celle des autres mammifères, et donc aussi à celle de l'homme, l'organisation interne de l'organisme félin et des organes (estomac, foie, cœur, poumons, reins, etc.) présente toutefois certaines particularités que permet de relever la description de l'anatomie et du fonctionnement.

L'appareil digestif

Le tube digestif est un vaste conduit qui, tout au long de son parcours, modifie et assimile certains constituants du bol alimentaire. Son anatomie dépend étroitement du régime alimentaire. Chez le chat, l'appareil digestif, et d'abord la bouche qui en constitue le point de départ, présente toutes les particularités spécifiques aux carnivores : dentition adaptée à la prédation, faible longueur de l'intestin et glandes annexes (foie, pancréas) développées.

La digestion

Les aliments, à peine mastiqués et enduits d'une salive riche en mucus, sont orientés vers le pharynx, qui est le carrefour des voies respiratoire et digestive ainsi qu'un organe de la déglutition. C'est à ce niveau que naît véritablement le tube digestif ; il commence par l'œsophage, qui transporte, sans les transformer, les aliments jusqu'à l'estomac. La muqueuse de l'estomac sécrète, sur toute sa surface, le suc gastrique, très acide et contenant la pepsine, puissante enzyme qui participe à la digestion des protéines. Une couche de mucus protège la muqueuse de l'estomac de sa propre sécrétion, qui est assez agressive pour commencer à digérer des aliments volumineux et à peine mastiqués. Les plumes et les poils des proies avalées peuvent être régurgités. La durée du transit est normalement inférieure à 24 heures, mais elle dépend beaucoup du régime alimentaire. De plus, les aliments sont digérés presque totalement (un chat adulte rejette moins de 10 g de fèces par kg de poids vif et par jour). Les deux glandes anales, situées ventralement et latéralement par rapport à l'anus n'ont, elles, aucun rôle dans la digestion, mais servent, par leur sécrétion très odorifère caractéristique de chaque individu, à la reconnaissance des chats entre eux.

Les troubles de la digestion

Les troubles de la digestion le plus fréquemment rencontrés chez le chat sont les vomissements et les diarrhées. Ces dernières peuvent être dues à une intolérance ou à un changement alimentaire brutal. La présence d'aliments non digestibles dans l'estomac est l'une des causes les plus fréquentes de vomissement : outre les herbes avalées par le chat, il peut s'agir de poils, provenant soit de proies ingérées par l'animal, soit du léchage – surtout chez les races à poil long. Les vomissements, et en particulier ceux de boules de poils, sont toujours d'allure spectaculaire : souvent, un cri rauque précède le vomissement qui secoue tout le corps du chat. L'abondance des poils du pelage du chat peut aussi être à l'origine de constipation si une quantité non négligeable passe dans l'intestin. Cette constipation peut même aller jusqu'à l'occlusion par formation de véritables bouchons de poils.

L'appareil cardio-respiratoire

Comme chez tous les mammifères, il est constitué d'un cœur et de deux poumons. Les cavités droites du cœur (oreillette et ventricule) reçoivent le sang de l'ensemble du corps et alimentent les poumons en sang riche en gaz carbonique, alors que les cavités gauches collectent un sang riche en oxygène provenant des poumons, qu'elles redistribuent à l'ensemble de l'organisme. Le cœur, globuleux, occupe une position médiane dans la cage thoracique entre la quatrième et la septième côte. La fréquence moyenne des battements du cœur est de 120 pulsations à la minute, mais elle peut atteindre plus de 240 (soit 4 par seconde !) lors d'efforts importants. Ces fréquences dépendent beaucoup de l'âge, de l'état d'embonpoint et émotionnel de l'animal. La fréquence respiratoire, au repos, est comprise entre 15 et 20 inspirations par minute. Chez le chat, la respiration est essentiellement de type abdominal : c'est le diaphragme qui assure le rôle actif essentiel lors de la ventilation. Ce type de respiration est adapté aux efforts brefs et violents, car, par des mouvements amples et rapides, il peut apporter dans un temps record une grande quantité d'oxygène.

Physiologiquement, le chat possède un cœur et des vaisseaux d'athlète : il peut s'adapter très rapidement à des situations de stress intenses, et courir à pleine vitesse alors qu'il semblait dormir une seconde auparavant. Cependant, le chat présente parfois des troubles cardiaques sans exprimer de symptômes et peut souffrir plus fréquemment qu'on ne le croit de cardiomyopathies nécessitant un traitement médical. L'hypertension artérielle est également fréquente chez le chat âgé, insuffisant rénal ou hyperthyroïdien.

L'appareil uro-génital

Les reins, organes excréteurs, se situent sous les lombes, dans la cavité abdominale. Ils sont en forme de haricots globuleux et pèsent chacun environ 10 g. Sécrétant l'urine, par filtration du sang, le rein assure le maintien vital des constantes physiologiques (urée, sulfates, sels minéraux, eau, etc.). Son dysfonctionnement est très fréquent et l'insuffisance rénale chronique qui en résulte est certainement la maladie grave la plus répandue chez le chat âgé. L'urine est collectée, tout d'abord, dans le bassinet du rein, puis acheminée juqu'à la vessie par les contractions spasmodiques de l'uretère. La vessie peut se distendre considérablement, ce qui permet au chat d'uriner de façon espacée dans le temps. L'urine est enfin évacuée par l'urètre, segment long et commun au sperme chez le mâle, court et indépendant des voies génitales chez la femelle. En raison de son alimentation carnée, très riche en protéines et en certains minéraux, le chat développe souvent des dépôts cristallins dans l'urine. Chez le mâle, ces cristaux s'évacuent difficilement en raison du rétrécissement terminal de l'urètre pénien, et l'impossibilité d'uriner (anurie) qui peut en découler risque d'entraîner une insuffisance rénale aiguë.

Le mâle

Ses testicules, petits et globuleux, sont situés en position périnéale haute, juste sous l'anus. Ils fonctionnent en permanence après la puberté (entre 6 mois et un an). Environ 1 % des chats sont cryptorchides, c'est-à-dire que les testicules ne se trouvent dans pas le scrotum. Le pénis est formé d'un corps caverneux et d'un gland, à l'extrémité duquel s'abouche l'urètre. Le gland est hérissé de papilles cornées qui bloquent le pénis dans le vagin de la femelle lors de l'accouplement. Au repos, le pénis est replié vers l'arrière, faisant faire un coude à l'urètre.

La femelle

Elle possède deux ovaires en forme d'amande, situés à proximité des reins. Pubère un peu plus tôt que le mâle (vers 6-8 mois), la chatte a normalement plusieurs cycles sexuels par an durant toute sa vie (pas de ménopause) ; mais certaines femelles sont en œstrus quasi permanent tandis que d'autres n'ont qu'un cycle par an. L'œstrus dure en moyenne une dizaine de jours.

Quelques heures après l'accouplement, les ovaires libèrent environ dix ovules qui gagnent la trompe utérine, où ils sont fécondés, puis l'utérus. Ce sont les stimulations vaginales du coït, nerveuses puis humorales, qui déclenchent l'ovulation : on parle d'ovulation provoquée. Cependant, on a pu observer des ovulations spontanées, en chatteries notamment, stimulées par les chaleurs d'une chatte. Son utérus est constitué de deux longues cornes et d'un corps très court. Lors de la gestation, la taille des cornes utérines se trouve quintuplée. Celles-ci occupent alors la majeure partie de la cavité abdominale, repoussant les intestins vers l'avant. Après les deux mois de gestation, elles retrouvent très vite leur position initiale.

La chatte allaite grâce à quatre paires de mamelles. La production de lait se déclenche à la naissance des chatons. Les tumeurs mammaires sont aussi fréquentes et souvent plus graves chez la chatte que chez la chienne.

L'odorat

L'odeur a une importance considérable pour la plupart des animaux, et notamment pour des prédateurs comme les félins ; elle aide à identifier les proies ou les ennemis, permet d'apprécier l'appétence des aliments, l'état émotionnel et sexuel des congénères, etc. La plupart des messages sociaux reposent sur des odeurs : le chaton retrouve la mamelle grâce à son odeur ; l'adulte repère la femelle en chaleur grâce aux signaux olfactifs ; il inspecte chaque objet nouveau en le reniflant attentivement avant de s'y frotter lui-même pour déposer sa propre odeur…

LES ORGANES DU CHAT

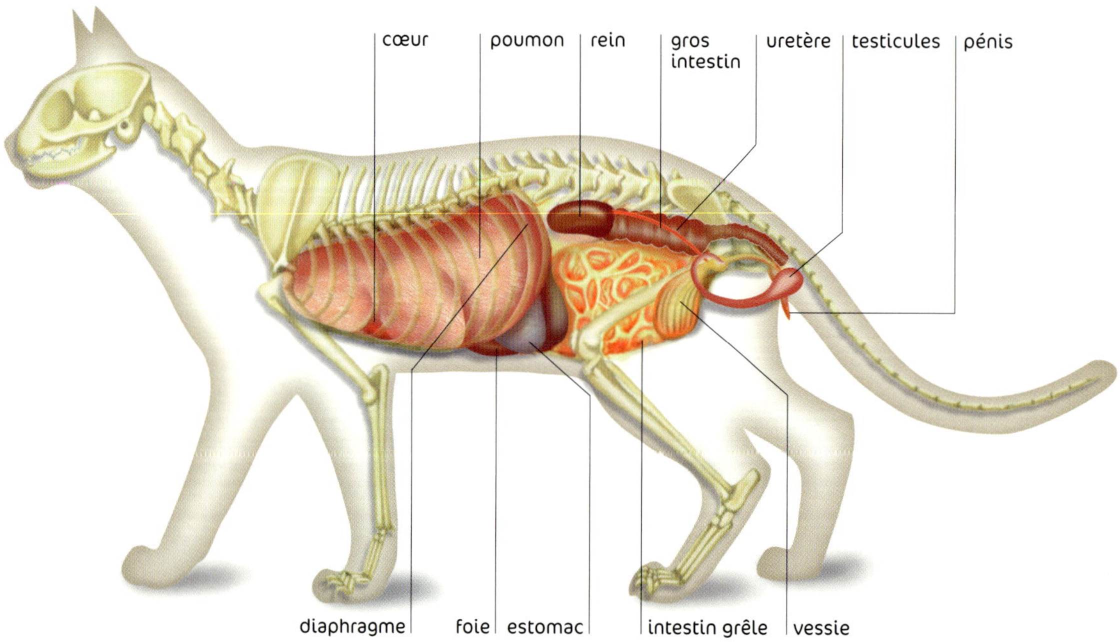

Sur les plans anatomique et physiologique, l'odorat repose sur la perception sensorielle de particules odorifères volatiles par une muqueuse richement innervée : la muqueuse olfactive, dite aussi « pituitaire ». Les cellules qui constituent cette muqueuse sont très nombreuses : environ 67 millions, réparties sur 20 cm^2 (le chien en possède 200 millions, et l'homme seulement 5 millions). Le chat possède un odorat d'une extraordinaire finesse ; il est capable d'identifier une seule molécule odorante. La perception des odeurs se fait souvent en même temps que celle du goût et, lorsque le chat renifle un objet ou une personne, il finit en général par lécher la zone reniflée ou bien la zone autour de sa bouche.

Le flehmen

Le comportement olfactif peut revêtir un caractère très spécifique, avec le « flehmen ». Le chat retrousse la lèvre supérieure, entrouvre légèrement la gueule et inhale les particules odorantes. Il est alors immobile, les yeux dans le vague. Puis, il peut se frotter les joues contre le réceptacle de l'odeur, voire se rouler. En général, cette séquence comportementale se termine toujours par des léchages périoraux et des mouvements de langue marqués. Ce comportement olfactif, que l'on retrouve également chez le cheval et le lapin, est rendu possible grâce au conduit voméro-nasal, situé entre la cavité buccale et la cavité nasale, qui débouche sur une papille, juste en arrière des incisives. Cet organe, appelé aussi « organe de Jacobson », est un cul-de-sac tapissé de cellules olfactives, situé dans le palais dur, débouchant dans le conduit.

Le flehmen est beaucoup plus fréquent chez le mâle que chez la femelle, surtout quand celle-ci est en chaleur. Le mâle entier a tendance, face à un dépôt d'urine ou de sang, à renifler puis à effectuer plusieurs flehmens répétés et prolongés, alors que les femelles n'en effectuent qu'un seul.

Le goût

La gustation est, elle aussi, importante chez le chat, car elle conditionne son comportement alimentaire. En effet, si un animal atteint de rhino-pharyngite infectieuse perd l'appétit, c'est non seulement à cause de son état général, mais aussi, et surtout, à cause de la perte de ses facultés gustatives et olfactives. Le goût est perçu par des formations spéciales situées sur la langue : les papilles. Celles-ci sont innervées par des rameaux du nerf glosso-pharyngien, qui transmet les informations gustatives au cerveau.

À la différence de l'homme, le chat ne peut percevoir que trois types de saveur : le salé, l'amer et l'aigre. En revanche, il a des fibres gustatives pour l'eau.

•••
UN ODORAT PERFORMANT
Le chat perçoit les phéromones déposées par ses congénères.

LE SYSTÈME OLFACTIF

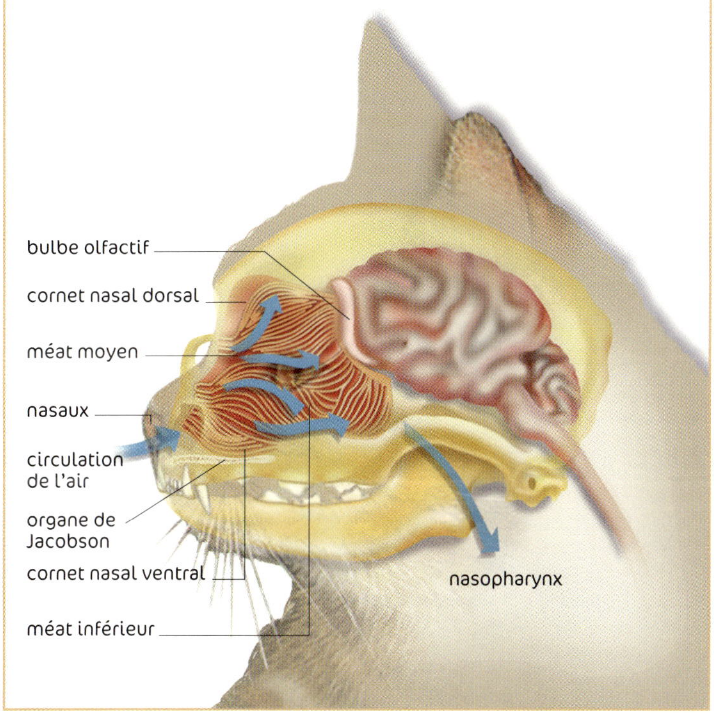

LA VUE

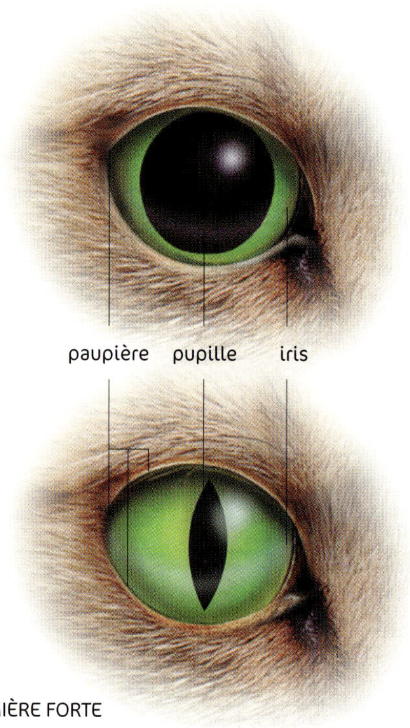

La vue

Aveugle à la naissance, c'est entre 7 et 12 jours que le chaton ouvre les paupières et adapte la forme de sa pupille aux variations d'intensité lumineuse. Mais ce n'est que vers l'âge de 4 mois que la couleur de ses yeux sera complètement fixée.

Les informations visuelles véritablement signifiantes pour le chat sont la vitesse de déplacement de l'objet et sa luminosité, qui lui permettent de voir des objets se déplaçant à 144 m/heure et de distinguer des différences de luminosité de 10 à 12 %. Quand le chat repère un objet, il en voit d'abord la taille, la luminosité et les contrastes, puis la forme globale. Cette finesse de perception lui est très précieuse dans le comportement de prédation.

Son acuité visuelle est moins performante que la nôtre, puisque l'accommodation se fait mal. On considère actuellement que les chats vivant en maison sont myopes alors que les chats errants sont hypermétropes. Le chat a besoin d'être 7 fois plus près que nous d'un objet pour le voir aussi bien : c'est pour cela qu'il aime tant nous regarder par le bout du nez !

Les yeux du chat sont positionnés dans un plan relativement frontal et antérieur, ce qui lui confère, par superposition des champs visuels de chaque œil, une bonne vision stéréoscopique (bonne appréciation des reliefs), de 90-100 à 130°. Son champ visuel total est légèrement supérieur au nôtre : de 200 à 280°, contre 160° chez l'homme.

La pupille

Si l'ensemble de l'organisation du globe oculaire n'est pas spécifique au chat, en revanche, la forme de la pupille et la zone rétinienne le sont. La forme de la pupille est due à la contraction (myosis) ou à la dilatation (mydriase) de l'iris, dont les très petits muscles, circulaires ou rayonnés, s'adaptent à l'intensité lumineuse par un mécanisme réflexe. Dans la pénombre, les muscles rayonnés se contractent, dilatant considérablement la pupille et réduisant l'iris à un fin liseré coloré. Dans la lumière vive, ce sont les muscles circulaires qui se contractent, réduisant la pupille à une très fine fente verticale et déployant l'iris, qui révèle alors toute sa richesse colorée. Ce mécanisme permet au chat non seulement de ne jamais être ébloui, mais aussi, et surtout, de profiter de la plus faible perception lumineuse dans la pénombre pour voir son environnement. Cependant, placé en chambre noire, le chat ne voit pas, contrairement à l'idée reçue. En revanche, il s'y repère bien mieux que nous grâce à ses moustaches (vibrisses).

La rétine

Cette perception très fine est accentuée par une rétine riche en cellules en bâtonnets et tapissée d'une zone particulière qui réfléchit la lumière. Le chat possédant beaucoup plus de cellules en bâtonnets – responsables de la vision crépusculaire en noir et blanc – que de cellules en cônes – responsables de la perception des couleurs –, on a longtemps dit qu'il ne voyait pas les couleurs. En fait, s'il les distingue moins bien que l'homme, il est très exagéré de prétendre qu'il ne voit qu'en noir et blanc ; sa perception va du bleu violet au jaune. En tout état de cause, une vision performante dans la pénombre est beaucoup plus importante pour un chasseur du crépuscule qu'une perception imparfaite des couleurs. Le chat a ainsi besoin d'une luminosité six fois plus faible que nous pour obtenir une image aussi nette. La rétine du chat a en outre la particularité d'être tapissée, en arrière des cellules sensorielles, d'une couche pigmentaire qui réfléchit la lumière ; ainsi s'explique que les yeux du chat brillent la nuit et qu'il y voit si bien : un même rayon lumineux passe deux fois sur les cellules sensorielles.

Le globe oculaire

Il est protégé par des paupières, dont la supérieure et l'inférieure donnent à l'œil sa forme en amande. Il existe aussi une troisième paupière (membrane nictitante), qui apparaît plus ou moins à l'angle interne de l'œil. Ce dernier ainsi que les paupières sont humidifiés en

permanence par les larmes, produites par une glande lacrymale située sur le bord dorso-latéral de l'orbite et évacuées vers les cavités nasales par des conduits lacrymaux dont l'origine se trouve à l'angle interne de l'œil. L'obstruction de ces conduits (fréquente chez les Persans) provoque un écoulement qui noircit progressivement le pelage sous l'œil, devenant bien souvent le lit d'infections.

Le toucher

Les sensations tactiles du chat proviennent en premier lieu des pattes et de la face. En effet, les coussinets, les lèvres et le menton sont truffés de terminaisons nerveuses sensorielles.

Les coussinets – un sous chaque doigt de la patte avant et deux autres situés juste derrière – sont équipés de récepteurs capables de détecter les vibrations du sol provoquées par des rongeurs qui se déplacent à proximité et de fournir des information sur la texture et la température du sol. La peau épaisse formant les coussinets permet en outre au chat de feutrer ses pas.

Les vibrisses (ou moustaches) sont elles-mêmes de véritables antennes reliées à des cellules nerveuses. Il s'agit de poils renforcés, disposés en quatre rangées sur la lèvre supérieure ou dispersés sur le menton, les joues ou le front, au-dessus des yeux. Elles sont très mobiles. Quand le chat mange, il peut les plaquer en arrière sur le museau, afin de ne pas être gêné. Lors de la chasse, au contraire, elles dressées vers l'avant pour assurer une sensibilité maximale.

Chacune de ces moustaches fait office de mini-canne blanche. Elles sont insensibles, mais il ne faut pas les abîmer, notamment lors du toilettage des races à poil long. Si, par mégarde, elles étaient coupées, le chat risquerait d'être désorienté jusqu'à la repousse. Cette perception tactile est indispensable à une vie normale, elle renseigne l'animal sur la position de ses extrémités dans l'espace, sur la présence d'éventuels obstacles dans la nuit noire, sur l'efficacité de la prise et les mouvements d'une proie dans sa gueule, etc.

L'ouïe et l'équilibration

L'ouïe

L'oreille, au sens large, assure à la fois la perception des sons et l'équilibration, deux sens très développés chez le chat. L'ouïe repose sur trois structures anatomiques successives contenues dans l'oreille. Le pavillon, tout d'abord, capte et oriente les sons vers le tympan, qui transforme ces ondes en vibrations mécaniques, à leur tour transmises à l'oreille interne par la chaîne des

•••
PLEINS FEUX
L'œil du chat s'adapte rapidement au changement de lumière.

osselets appartenant à l'os temporal. La pression exercée par le dernier des osselets (l'étrier) sur la membrane séparant l'oreille moyenne de l'oreille interne provoque des mouvements de fluides dans cette dernière ; les cellules sensorielles, stimulées par ces mouvements, émettent des impulsions électriques, transmises au cerveau par le nerf auditif. Grâce, entre autres, à la taille et à la mobilité du pavillon de l'oreille et aussi au volume de la bulle tympanique de l'oreille moyenne, le chat perçoit mieux les sons, et particulièrement les ultrasons, que l'homme (le seuil supérieur de perception est de 20 000 Hz chez l'homme et de 30 000 Hz chez le chat). Le tympan se trouve protégé au fond du tronçon horizontal mais soumis à une éventuelle accumulation de cérumen.

L'équilibration

L'équilibre est assuré par le cerveau à partir des informations provenant d'une structure profonde de l'oreille : le vestibule et ses canaux semi-circulaires. Enfouis dans l'os temporal, ces trois canaux sont orientés dans les trois directions de l'espace. Les mouvements de fluides et de petites concrétions sur les cellules sensorielles qui tapissent cette zone renseignent à tout instant le cerveau sur la position de la tête dans l'espace.

Ainsi informé, le cerveau peut ajuster les mouvements afin d'assurer le maintien de l'équilibre. Un bon exemple de son efficacité chez le chat est la faculté qu'a celui-ci de retomber sur ses pattes. La perception très rapide de sa position (sur le dos), grâce aux informations transmises par l'oreille interne au cerveau, lui permet de corriger la situation en un temps record en repositionnant tout d'abord la tête puis le reste du corps. En raison d'un trouble de l'équilibre ou d'un défaut d'apprentissage du risque dans le plus jeune âge, il arrive cependant qu'un chat fasse une mauvaise chute. Mieux vaut donc éviter les situations dangereuses : fenêtres étroites, gouttières instables…, surtout en ville où les immeubles très hauts et les trottoirs en béton peuvent constituer des aires de saut mortelles.

L'AUDITION

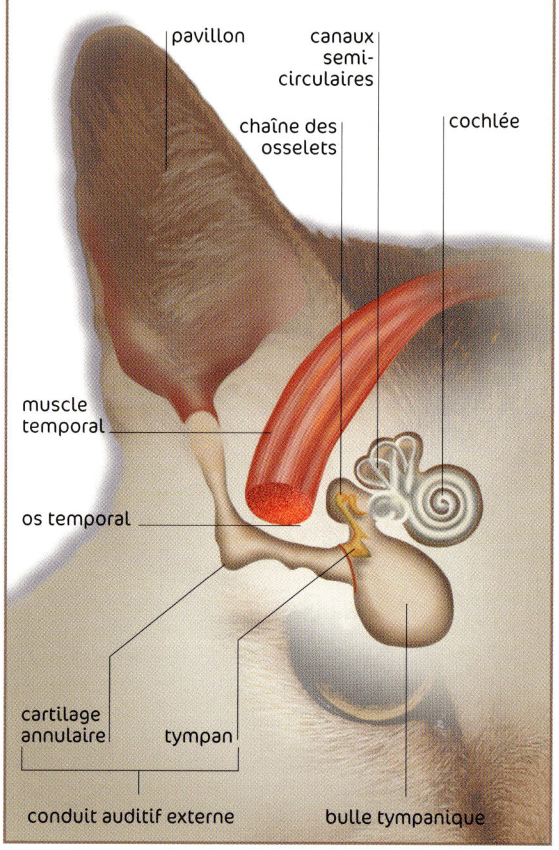

Le sommeil

Le chat est un gros dormeur. Il passe environ 70 % de son temps à dormir, et le chaton encore plus. La quantité exacte de sommeil et la façon de dormir varient cependant d'un individu à l'autre. Certains chats ont ainsi une activité pour l'essentiel diurne, tandis que d'autres ont plutôt une activité nocturne.

Un lieu confortable

Le chat choisit son lieu de repos selon la luminosité et la température ainsi que, vraisemblablement, selon son humeur, de préférence un lieu familier, ensoleillé ou chaud. Il peut ainsi se déplacer d'un endroit ensoleillé à un autre, en suivant la course du soleil, ou se réfugier sur les radiateurs lorsque le temps est mauvais ou qu'il fait froid. Couché en « sphinx », il s'endort tout en restant vigilant ; couché sur le ventre, il sommeille. Lorsqu'il se sent en sécurité et s'endort plus profondément, il se couche sur le côté. Durant la canicule, il s'étend de tout son long à plat ventre sur le carrelage. Quand il fait froid, il recherchera un endroit chaud, les genoux de son maître par exemple, et se met en boule ; mais ce n'est pas facile chez le chaton qui n'y parviendra que vers sept à huit mois.

Les phases du sommeil

Au moment de s'endormir, le chat bâille, abaisse plus souvent ses paupières, puis les ferme, ses mouvements cessent et la respiration devient régulière et ample. Cette phase d'endormissement, qui dure quelque 25 minutes, est suivie d'une autre, celle du sommeil paradoxal. On peut alors observer des petits mouvements rapides et saccadés des globes oculaires, des petites secousses musculaires et une accélération du rythme respiratoire et cardiaque. C'est au cours de cette phase que se produisent les rêves, même si l'on ignore encore si, à l'instar de l'homme, le chat connaît des représentations visuelles des images de son comportement.

La mère et ses petits

De la mise bas jusqu'à l'atteinte d'une certaine autonomie par les chatons, le comportement maternant de la chatte n'est pas seulement un « fait de nature ». Il est aussi le résultat d'un apprentissage et subit même aujourd'hui des modifications en lien direct avec les conditions de vie actuelles de l'animal.

La mise bas

Comme de nombreuses femelles de mammifères, la chatte attend la nuit pour mettre ses petits au monde. Dans les jours qui précèdent la mise bas, elle aménage un nid dans un coin à l'abri et facilement défendable. Les chattes de compagnie affectionnent, par exemple, les armoires. Quelques heures avant l'événement, la chatte est inquiète, parfois agressive et ne supporte plus d'être touchée. Elle préfère s'isoler dans son nid.

Les chattes qui mettent des petits au monde pour la première fois sont maladroites et ne savent comment leur administrer des soins. Celles qui ont eu l'occasion d'observer des femelles expérimentées sont plus habiles. Chez les chats errants vivant en bandes autour de points de ravitaillement, les jeunes femelles inexpérimentées sont souvent assistées par la génération des mères et des « tantes », qui se chargent de rompre les cordons et les enveloppes fœtales, et prodiguent les premiers soins aux nouveau-nés. Il faut sans doute voir dans cette solidarité l'amorce d'une organisation sociale nouvelle chez l'espèce.

Les chattes de compagnie qui vivent dans la société des hommes rechercheront, pour leur part, la présence de leur maître et il n'est pas rare que le sommeil de celui-ci soit interrompu par une mère chatte venue s'installer sur son lit pour mettre bas en sa présence. Dans ce cas, la sortie du premier chaton est généralement accompagnée de plaintes de détresse, invitant le maître des lieux à manifester sa solidarité et sa compréhension.

Un maternage assidu

À la naissance, les chatons sont totalement dépendants de leur mère. Celle-ci assure leurs besoins élémentaires, non seulement pour l'alimentation, mais pour toutes les autres fonctions : elle veille ainsi à la bonne régulation de la température corporelle des chatons suivant les variations de l'environnement ou encore provoque le déclenchement de la défécation et de la miction par léchage de la région périnéale.

Le rôle de la mère chatte ne se limite pas à des fonctions végétatives. En les retournant et en les léchant, elle stimule ses chatons et c'est tout leur développement sensoriel qui s'en trouve favorisé. La mère passe de 60 à 80 % de son temps dans le nid jusqu'à ce que les chatons aient atteint 4 semaines. Son assiduité se réduit ensuite considérablement et elle ne consacre plus que de 5 à 30 % de son temps à des chatons âgés de 5 semaines et demie. Avec l'acquisition de la mobilité volontaire et coordonnée entre 1 et 2 mois, voire plus, le chaton recherche activement et de façon croissante la présence de sa mère. Au-delà d'un mois, c'est lui qui réclame et réalise le contact avec elle, et non l'inverse. Le temps passé par la mère auprès de ses chatons peut servir de mesure à l'attachement qui les unit. Plus le détachement est tardif, plus le chaton aura « besoin » de la présence de ses congénères. Cette dépendance affective est elle-même largement conditionnée par la propre histoire de la chatte. Les femelles très dépendantes sur le plan affectif, et en particulier les chattes de compagnie, garderont leurs chatons plus longtemps et créeront des lignées de chatons très sociables.

•••
UN MATERNAGE ASSIDU
La mère est très présente pendant les premières semaines de la vie du chaton.

Une influence déterminante

L' environnement jouera probablement un rôle important dans ce phénomène. L' abondance d'une nourriture de qualité et l'absence d'autres femelles en chaleur – et donc susceptibles de stimuler le retour des cycles chez la mère – favorisent la persistance des liens entre la mère et ses petits. Quoique créées par l'homme de toutes pièces, les conditions de vie des chats sont déterminantes pour leur évolution actuelle vers un comportement plus sociable, voire social.

C'est en regardant sa mère s'alimenter, faire ses besoins ou sa toilette que le chaton apprend à être autonome. Mais, au-delà des préférences alimentaires ou des règles de vie qu'elle transmet, la mère chatte enseigne beaucoup plus à ses chatons. Ainsi, à la campagne, les chatons peuvent observer comment leur mère chasse et sauront chasser plus vite eux-mêmes.

La mère chatte, en repoussant gentiment mais avec fermeté ses chatons de ses mamelles, lorsque leurs crocs deviennent blessants, leur apprend aussi la frustration tout en les guidant vers l'écuelle remplie d'une nourriture plus appopriée : c'est la grande école de la vie.

Les étapes de la vie du chaton

À la naissance, le chaton est dans l'impossibilité de survivre seul. Cependant, bien qu'il soit aveugle, ses autres sens fonctionnent déjà. Il est donc tout de suite capable de s'alimenter et d'établir avec sa mère les contacts indispensables à son développement.

Développement et comportement

Le comportement du chaton – et les relations qu'il peut avoir avec d'autres chats, voire avec les membres d'autres espèces – dépend étroitement du développement de son corps et de son système nerveux. Ce développement commence avant même la naissance et se poursuit à travers différentes phases critiques, jusqu'à ce que le chaton devienne autonome. C'est en effet après avoir acquis une certaine maîtrise de ses mouvements et de ses sens que le chaton pourra avoir des relations sociales. Pendant toute cette période, les stimulations extérieures jouent un rôle crucial. Elles favorisent la création de connexions entre les cellules nerveuses (ou neurones) et participent ainsi à la maturation du système nerveux. Leur absence ou, au contraire, leur trop grande intensité peut entraîner des séquelles irréversibles et de graves troubles de comportement.

Les étapes du développement du chaton

Âge	Acquisition
Jusqu'à 7 jours	Aveugle et dépendant des soins de la mère ; il perçoit des odeurs.
7 à 15 jours	Les yeux commencent à s'ouvrir.
16 à 20 jours	Peut s'orienter grâce à l'ouïe et parvient à se déplacer.
21 à 25 jours	Peut réguler la température de son corps ; recherche sa mère avec ses yeux, désormais bien ouverts, fait ses premiers pas, encore incertains, puis accourt vers sa mère ou la suit. Peut absorber des aliments solides.
28 à 35 jours	Reconnaît des sons, saute et tente de grimper. Son sens de l'équilibre s'améliore ; lorsqu'un intrus se présente, il crache et plaque en arrière ses oreilles. Commence à jouer.
+ 35 jours	Son cycle de sommeil est désormais celui d'un chat adulte ; il maîtrise le retournement aérien. Manifeste un comportement prédateur et commence à se bagarrer.
à partir de la 8ᵉ semaine	A toutes ses dents de lait ; début du sevrage.
10ᵉ à 12 semaine	Se bagarre avec les autres chatons de la portée.

•••
NOUVEAU-NÉ
Les yeux sont totalement ouverts à l'âge de 15 jours.

Avant la naissance

Comme de nombreux vertébrés, le chaton acquiert d'abord le système perceptif, tactile et thermique (au 24ᵉ jour de la gestation) ; puis le système d'équilibration dépendant de l'oreille interne (au 54ᵉ jour), le système auditif et, enfin, le système visuel. L'acquisition de l'odorat et du goût est précoce, mais difficile à situer dans le temps.

Le toucher est essentiel dans l'organisation des réflexes de survie du chaton. Il est présent dès le 24ᵉ jour de la gestation. L'embryon de 15 mm de long fléchit un membre lorsqu'on en pince l'extrémité dès le 37ᵉ jour de gestation. Tout contact provoque un mouvement de la tête du chaton vers la source de stimulation (le phénomène est plus facile à repérer après la naissance). On a ainsi pu observer, par exemple, les deux mouvements suivants :

– contact latéral : le chat tourne la tête ou tout le corps en direction du contact ;

– contact du nez avec un objet chaud : le chaton pousse le nez contre l'objet. C'est le *rooting reflex*.

Le chaton tète au 50ᵉ jour de la gestation. Loin d'être insensible aux stimulations extra-utérines, il saisit le cordon ombilical et le tète lorsque sa mère miaule.

Le chat nouveau-né

Comme de nombreuses espèces, le chaton naît « prématuré », c'est-à-dire qu'il est insuffisamment développé pour survivre seul. Il est néanmoins pourvu du nécessaire pour établir le contact vital avec sa mère, rester près d'elle et s'alimenter. Peu à peu, il acquerra les cinq sens, apprendra à maîtriser ses mouvements, ressentira des émotions et deviendra capable d'avoir des relations sociales avec d'autres êtres vivants. Ce sont là en effet les éléments fondamentaux pour comprendre le développement comportemental du chaton.

Le toucher

Présent et déjà bien développé à la naissance, le toucher est primordial jusqu'à ce que les autres systèmes sensoriels permettent au chaton d'utiliser de nouveaux moyens d'orientation dans l'espace. Stimulé, le sens du toucher chez le chaton se développera plus harmonieusement et favorisera la tolérance de l'animal aux contacts physiques à l'âge adulte. Les réflexes tactiles d'orientation du chaton nouveau-né disparaissent vers 2 à 3 semaines et sont remplacés par une orientation sous contrôle visuel. En effet, le chaton a, dès lors, fait l'acquisition de la vision.

Les chatons nés dans des portées peu nombreuses risquent de mal supporter les contacts tactiles trop marqués, sauf si la mère ou l'éleveur multiplient les stimulations, telles que caresses et manipulations. Il sera aussi nécessaire de compenser le manque de stimulations tactiles chez les chatons orphelins. Il faut toutefois garder à l'esprit qu'une stimulation tactile excessive par l'homme (éleveur, propriétaire ou enfants) peut produire des effets néfastes sur les chatons, qui peuvent devenir peureux, ou sur la relation entre les chatons et leur mère, car les odeurs étrangères sont un facteur de stress pour de jeunes organismes immatures comme les chatons.

L'odorat

Déjà développé à la naissance, l'odorat va encore évoluer jusqu'à 3 semaines. Il joue un rôle essentiel dans les réflexes d'orientation et de tétée. Il est responsable du choix d'une mamelle de prédilection dès le 3e jour après la naissance. On observe que les réactions de détresse manifestées par le chaton lorsqu'on le retire du nid sont calmées si on lui fournit l'odeur du nid. De même, un chaton déposé à proximité du nid réussit à s'orienter grâce à son odorat et à le retrouver.

Le goût

Acquis en partie à la naissance, le goût s'affine par la suite. À 10 jours, le chaton distingue déjà les trois saveurs de base : salée, amère, acide, mais ne reconnaît pas la saveur sucrée.

L'ouverture des yeux chez le chaton

Elle est influencée par de nombreux facteurs :
- les caractéristiques visuelles du géniteur, transmises génétiquement au chaton, semblent revêtir une grande importance ;
- l'absence de lumière active le processus, tandis que la présence de lumière le retarde ;
- les chatons femelles ouvrent les yeux plus tôt que les mâles ;
- les chatons de femelles jeunes ouvrent les yeux plus précocement que les chatons de femelles plus âgées ;
- la manipulation précoce des chatons accélère le processus de 24 heures ;
- la vision du chaton est aussi directement conditionnée par son environnement, comme l'a montré l'expérience suivante. Un chat maintenu dans l'obscurité complète pendant les trois premiers mois, souffrira de cécité permanente, car les cellules rétiniennes ont besoin d'être stimulées par la lumière pour pouvoir se développer.

L'ouïe

Quoique doté d'un canal auditif externe fermé à la naissance, le chaton n'est pas sourd et réagit par un sursaut de tout le corps ou une contraction des paupières à des bruits violents et soudains, et cela, dès le lendemain de la naissance. Il s'avère ainsi beaucoup plus précoce que le chiot, qui ne présente ce réflexe que vers l'âge de 3 semaines.

La zone du cerveau chargée d'analyser les sons commence à fonctionner 2 à 3 jours après la naissance du chaton. L'ouverture du canal auditif externe se fait entre 6 et 14 jours ; elle est complète à 17 jours. Au 12e jour, le chaton tourne la tête en direction de la source des bruits perçus. Entre 13 et 16 jours, il n'hésite pas à aller explorer la source des bruits. Vers le 20e jour après sa naissance, il reconnaît les sons connus émanant de ses congénères, de sa mère ou de la personne qui prend soin de lui, et réagit aux bruits inconnus par une posture d'intimidation.

La vue

Le chaton naît avec les paupières soudées, ce qui ne l'empêche pas de percevoir des différences de luminosité.

Son développement oculaire est comparable à celui d'un fœtus humain de 5 mois. La région du cerveau chargée d'analyser les images donne les premiers signes d'activité dès le 4e jour après la naissance, et la rétine est fonctionnelle à partir du 6e jour.

Les premiers clignements de paupières déclenchés par la lumière apparaissent entre le 50e jour de gestation et le 13e jour après la naissance, soit 6 jours après la naissance en moyenne. Les paupières s'ouvrent en général entre le 7e et le 15e jour après la naissance, en moyenne au 9e jour. À partir du 11e jour, le chaton tourne la tête pour suivre les objets en mouvement.

Du 15e au 25e jour, l'orientation visuelle se développe. De ses yeux, le chaton suit sa mère et les autres chatons de la portée. La vue remplace alors totalement le toucher, qui servait jusque-là de moyen d'orientation. Le *rooting reflex* (contact du nez avec un objet) disparaît, sauf chez les chatons qui se sont développés dans un milieu pauvre en stimulations, ou qui ont souffert d'une carence de contact maternel. Jusqu'au 12e jour, le chaton cligne des paupières et détourne la tête sous des éclairages trop violents.

Par la suite, la fermeture des paupières sera suffisante pour protéger l'œil contre la lumière. La couleur de l'iris change dès le 23e jour ; chez le Persan, elle est définitivement fixée à l'âge de 3 mois. À 25 jours, l'acuité visuelle est bonne.

Entre le 25e et le 35e jour, le chaton a intégré les données tactiles fournies par le tâtonnement de la patte et les données visuelles, et est désormais capable d'éviter le vide et les obstacles qui encombrent son chemin. Vers le 35e jour, les fluides de l'œil sont complètement transparents. La vision à 10 semaines est 16 fois mieux définie que celle à 2 semaines. Le développement de l'œil et du système nerveux optique se poursuit jusqu'au quatrième mois.

Une ouverture sur l'environnement

D'abord centré sur la mère, le système sensoriel du chaton – limité au goût, à l'odorat et au toucher – se développe rapidement et permet, dès la deuxième semaine, grâce au plein développement de l'odorat, de la vue et de l'ouïe, une ouverture sur l'environnement par le biais de l'exploration.

NE PAS DÉRANGER ! Le chaton a un grand besoin de sommeil, supérieur à celui de l'adulte.

Mère giflant un chaton

1

2

3

La mère a un rôle très important dans l'éducation du chaton et sait le corriger quand il va trop loin. C'est ainsi notamment qu'il apprend à contrôler griffes et morsures.

La locomotion

À la naissance, le chaton est incapable de supporter le poids de son corps sur ses pattes arrière ; en revanche, ses pattes avant sont solides et il peut ramper sur plusieurs mètres sans fatigue. À 10 jours, il supporte le poids de son corps et, à 15 jours, il marche. À 18 jours, il se déplace là où son envie le mène. À 19 jours, il sait rétracter ses griffes. À 20 jours, il reste assis sur son arrière-train sans tomber. À 25 jours, face à un danger ou en situation de peur, il n'appelle plus sa mère au secours mais se soustrait volontairement à la menace en sifflant et en feulant, le dos arqué et le poil hérissé. Vers la cinquième semaine, le chaton a acquis la plupart des caractéristiques de la locomotion du chat adulte. Vers 10 à 11 semaines, il sait marcher en équilibre, et le retournement sur une surface étroite n'a plus de secret pour lui.

Le retournement aérien. Lâché dans le vide en chute libre, le chat possède la capacité remarquable de se retourner pour retomber sur ses pattes (voir aussi encadré p. 142). Si cette stupéfiante qualité est absente à la naissance, elle apparaît entre le 21e et le 24e jour, et sera définitivement acquise au 40e jour.

La patte. C'est un organe essentiel de l'orientation. C'est par le toucher que le chat s'oriente alors qu'il est encore aveugle. Si le tâtonnement tactile existe à la naissance, avec placement de la patte sous contrôle du toucher, placement de patte et exploration passent sous contrôle de la vision vers la troisième semaine et seront opérationnels vers 5 ou 6 semaines.

Le sommeil

Pour dormir, le chaton nouveau-né recherche le contact des autres chatons de la portée. À cet âge, il n'arrive pas encore à réguler la température de son corps en fonction de celle qui règne à l'extérieur. Le sommeil en groupe ou sur la mère, qui offre aussi des contacts tactiles, se prolonge jusque vers l'âge de 3 semaines ; le sommeil solitaire commence alors à apparaître.

Le rythme du sommeil connaît une évolution très sensible de la naissance (sommeil paradoxal quasi permanent) à l'âge de 8 semaines, quand le chaton acquiert le même rythme qu'un chat adulte (voir p. 210). C'est pendant certaines phases de sommeil profond que serait sécrétée l'hormone de croissance, ce qui expliquerait l'énorme besoin de sommeil du petit chat.

L'alimentation

Le chaton ne reçoit une alimentation lactée qu'au cours des trois premières semaines. En milieu naturel, la chatte commence à apporter des proies à la nichée entre la quatrième et la cinquième semaine. Les chatons sont capables de tuer leurs premières proies vers 5 ou 6 semaines. L'âge de 4 semaines marque donc le début du sevrage alimentaire. Au cours de ce dernier, le chaton a tendance à imiter le comportement de la mère et à préférer la nourriture qu'elle choisit.

C'est ainsi qu'un chercheur ayant réussi à habituer une chatte à manger des bananes a constaté que les chatons préféraient les bananes à la viande. De même, habitués à un régime végétarien, des chatons devenus adultes ont néanmoins tué des rats mais se sont abstenus de les manger. L'expérience alimentaire précoce influence le régime nutritif des chats adultes. Les éthologues – spécialistes du comportement animal – appellent « acculturation » le phénomène par lequel les générations se transmettent un comportement nouveau pour l'espèce, et qui a été acquis par un ou plusieurs individus « pionniers ».

L'élimination

L'émission d'urine et d'excréments est un réflexe déclenché par la stimulation de la région périnéale : c'est en léchant cette zone que la mère active le processus d'élimination chez ses petits. L'élimination spontanée apparaît, elle, vers 3 ou 4 semaines. En dehors de toute situation d'élimination, le chaton commence à gratter le sol vers 30 jours. Quelques jours plus tard, grattage et élimination sont coordonnés. Le chaton, qui apprend notamment par imitation de sa mère, est prêt à s'habituer au bac.

La vie sociale

Le chat n'est pas tout à fait un animal social ; il ne vit pas en groupes organisés selon une hiérarchie avec distribution des tâches en fonction du rang. L'espèce présente toutefois des phases grégaires et même des formes d'organisation présociales (voir p. 179). Enfin, la pérennité de l'espèce requiert l'existence de rapports sexuels qui exigent l'identification du partenaire, et donc des moyens de communication et d'apaisement.

L'imprégnation et l'attachement

L'imprégnation et l'attachement désignent les phénomènes qui permettent au chaton de reconnaître sa mère et donc de mémoriser les caractéristiques de l'espèce à laquelle il appartient. L'acquisition de ces caractéristiques est indispensable à la survie du chaton et au bon développement de ses relations futures avec ses congénères. Le chat adulte ne sera capable d'identifier un partenaire sexuel, et donc d'assurer la reproduction, que si l'imprégnation s'est bien déroulée.

Dès les premières minutes de leur vie, les chatons sont imprégnés de l'odeur de leur mère, qui les lèche, parfois de façon presque excessive, pour les débarrasser des résidus amniotiques et pour leur transmettre sa propre odeur. Le chaton identifiera ainsi une mamelle de son choix. L'attachement à la mère est en outre établi grâce à des contacts tactiles, puis est renforcé par les cris auxquels elle réagit. L'attachement est difficile à mesurer. On l'étudie en constatant la détresse et les réactions du chaton retiré à la mère ou à tout autre individu auquel il est attaché.

•••
ME VOICI !
Le chaton déteste la solitude.

Un chaton isolé dans un milieu inconnu se calme lorsqu'il est remis en présence de sa mère ou d'un membre de la fratrie. Un chaton élevé avec des chiots se calme au contact de l'un d'entre eux. Élevé avec des chiots et des chatons, il se calme en présence d'un chaton et non d'un chiot ou de tout autre animal – lapin, rat, oiseau – avec lequel il a été élevé. Il donne donc sa préférence à son congénère sur toute autre espèce, mais, en l'absence de chats dans le milieu d'élevage, il préfère le type d'individu avec lequel il a été élevé.

Ce phénomène joue un rôle important dans l'établissement des relations entre l'homme et le chat. Des chatons manipulés par une personne pendant une période de 5 minutes par jour se laissent approcher 4 fois plus rapidement que des chatons non manipulés. En revanche, nourrir un chat ne suffit pas pour établir durablement l'attachement, même si ce peut être le début d'une relation. L'attachement nécessite des caresses et des jeux avec un individu capable de vocaliser, et s'établit par interaction sensorielle : il faut que la communication soit possible.

QUOI DE NEUF ?
L'exploration de l'environnement reste prudente.

La communication

Les chatons communiquent sans relâche avec leur mère. Le chaton affamé, contraint ou dans dans position inconfortable pousse un cri de détresse. Pendant la tétée, il ronronne et pétrit le ventre maternel. De son côté, la mère pousse un appel – brrp, mhrn ou chirp – avant le toilettage des chatons et pendant la tétée. Dès que sa motricité est suffisante, le chaton se frotte à sa mère et engage ainsi le processus de marquage des objets familiers. En période de sevrage, la mère et le chaton communiquent grâce à un appel sonique-ultrasonique dont seule la composante sonique est accessible à l'oreille humaine. L'appel est lancé lorsque le chaton explore les alentours du nid. Il ne provoque pas de mouvement de la mère, mais c'est un contrôle du type : « Où es-tu ? – Je suis ici. » En situation de danger, la mère pousse un grognement d'avertissement, qui provoque le rassemblement des chatons et leur immobilisation.

Les périodes sensibles

Une période sensible désigne une tranche d'âge au cours de laquelle certains événements auront un effet persistant. Pendant ce laps de temps, tel ou tel apprentissage sera facilité et mémorisé à très long terme. Toute période sensible est précédée et suivie d'une période de moins grande sensibilité, et la transition entre les deux est progressive.

La période sensible la mieux connue concerne l'acquisition des comportements nécessaires à la coexistence avec des congénères. Elle commence vers la deuxième semaine et s'achève vers la septième. Un chat isolé de ses congénères juste avant ou pendant la cinquième semaine n'a pas toujours une socialisation dite « intraspécifique » correcte . Il est préférable de le laisser en présence d'un congénère au-delà de 5 semaines. Pendant cette période, les congénères habituels sont la mère et la fratrie, et les contacts restent agréables en dépit du sevrage alimentaire. Si cette socialisation entre 2 et 7 semaines garantit l'identification des chatons à leur espèce, et l'orientation des comportements sexuels adultes vis-à-vis du partenaire adéquat, elle ne garantit pas leur sociabilité, c'est-à-dire leur tolérance à la vie en groupe.

À l'âge de 7 semaines, fin du sevrage alimentaire, le chaton abandonne le jeu social au profit du jeu des objets. Le sevrage précoce aboutit toujours à une augmentation notable des comportements de jeu. C'est la réponse du chaton à son indépendance croissante. Le sevrage est un processus actif de la part de la chatte qui se soustrait à la tétée, rendue pénible par les coups de museau et les dents acérées des chatons. Lorsque la portée est nombreuse, on observe parfois des agressions de la mère à l'égard des chatons.

Jeux sociaux, jeux avec des objets

Pour le chaton, le jeu a de multiples fonctions et il est nécessaire pour que le jeune chat puisse établir des relations avec d'autres chats et les membres d'autres espèces, animales ou humaine. Le jeu constitue un moment privilégié durant lequel le chaton va enregistrer les conséquences (contrôlées par les adultes) des différents comportements qu'il tente de mettre en œuvre.

Les jeux sociaux débutent vers 3 semaines. Les jeux individuels avec des objets apparaissent plus tard, avec l'émergence de la régulation visuelle du placement de patte. Ils culminent vers 7 à 8 semaines et favorisent le comportement exploratoire, ainsi que les différents actes de la prédation. La différence entre jeux sociaux et jeux avec des objets laisse supposer qu'ils sont organisés et contrôlés séparément.

•••
JOUER À CHAT
Dans les jeux du chaton, on peut déjà observer une attitude de chasse.

Les jeux sociaux

Parmi les jeux sociaux, la lutte entre la mère et son chaton est un des plus précoces et apparaît entre le 21e et le 23e jour. Un des partenaires est couché, ventre en l'air, l'autre debout, ou les deux sont couchés sur le côté. La lutte est apparemment violente ; la mère laboure de ses griffes postérieures le ventre fragile du chaton, mais les blessures sont exceptionnelles. Ce jeu entre générations différentes induit l'inhibition du chaton et, peut-être, le respect de la mère. La lutte deviendra un des éléments du comportement d'agression défensive. Les comportements nécessaires à la défense du territoire apparaissent entre 30 et 40 jours : le « pas de côté » qui préfigure la menace de l'agressivité territoriale ; puis la « poursuite », qui sera utilisée après un combat pour le territoire ou dans la chasse ; et enfin le « cabré », qui permettra la capture des oiseaux et le combat territorial (« boxe »). (Voir aussi p. 223.)

Durant ces jeux, le chaton va aussi acquérir le contrôle de ses réponses agressives. Cela est évident lors de l'apparition de la posture dite « face-à-face », qui consiste en des coups de patte vers la tête de l'adversaire, répétés, boxés ou plus délicats. Ce jeu permet l'apprentissage de l'inhibition du coup de griffe. Ce comportement est utilisé par la mère pour punir son chaton, et par tout chat pour taquiner un congénère ou faire réagir une proie moribonde.

Le contrôle de la morsure, ou la morsure inhibée, s'acquiert pendant la même période, c'est-à-dire dès la quatrième semaine, par un jeu de morsure réciproque : le cri du congénère entraîne un arrêt de la morsure ; la morsure par le congénère apprend au chaton la relation entre morsure, douleur et cri. L'apprentissage de la morsure inhibée est une étape essentielle pour la vie en groupe. Elle transforme ce que certains spécialistes ont appelé le jeu-rude-de-culbute *(rough-and-tumble-play)* en combat-pas-très-sérieux *(not-very-serious-fighting)*.

Les jeux avec des objets

Les jeux avec des objets débutent dès 4 ou 5 semaines. C'est la queue de la mère qui attire d'abord l'attention des chatons. Le jeu se poursuit avec de petits éléments disponibles sur place (feuilles, bouchons, etc.). Ces jeux deviennent plus fréquents vers 7 ou 8 semaines. Plusieurs comportements apparaissent alors, sous forme de séquences, et seront utilisés pour chasser petits rongeurs, lézards et oiseaux, ou pour pêcher des poissons. L'intérêt du chaton pour les objets cachés dans des coins d'accès difficile ou sous les meubles, et pour les objets mobiles, est révélateur des stimuli en cause dans les différentes conduites de prédation.

L'intelligence du chat

On ignore si le chat a une conscience, en revanche on sait qu'il peut faire preuve d'une grande intelligence. Lors d'expérimentations en laboratoire, on a pu ainsi montrer qu'un chaton est capable, en voyant l'expérimentateur poser un objet caché dans sa main à droite derrière l'écran, d'aller le chercher en arrivant par la gauche. Quand une proie se cache, le chat développe une stratégie qui consiste d'abord à attendre et à regarder, puis à se diriger vers la proie, dont il ignore la stratégie, pour arriver par derrière et la surprendre. Sa capacité d'anticipation est mise surtout au profit de son comportement de prédateur. Son acuité visuelle, olfactive et auditive, doublée d'une grande sensibilité, lui permet de repérer les moindres signes avant-coureurs, donnant parfois à son maître l'impression de deviner les événements. Il ne pourra cependant jamais retrouver un objet caché hors de sa présence, et il est donc incapable d'effectuer une déduction logique.

L'éducation du chaton

Avant son arrivée chez vous, le chaton a, en général, bénéficié d'une excellente éducation tant avec sa mère qui lui a appris la propreté, qu'avec ses frères et sœurs au contact desquels il a intégré les règles de bonne conduite et de communication. Mais il est curieux de tout et il lui reste à découvrir son nouvel environnement.

•••
EXPLORATION
La curiosité du chaton est toujours en éveil.

Apprendre en jouant

Les jeux sociaux – pratiqués souvent à deux et, parfois, à plus – sont d'une grande importance entre quatre et seize semaines (voir p. 221). Grâce à eux, le chaton apprend certains comportements qu'il retrouvera à l'âge adulte, en général sous une forme légèrement modifiée. Les jeux de bataille entre chatons sont ainsi des formes immatures des combats et des comportements agressifs de l'adulte. Ils sont régis par certaines règles sociales : la dominance, l'intimidation, la menace, l'esquive, le retrait ou la fuite, mais excluent la douleur et la blessure.

Puis, à partir de la huitième semaine, apparaissent les premiers jeux avec des objets, qui préfigurent des comportements liés à la prédation (voir p. 221). Il arrive que les chatons pratiquent ces jeux très gratifiants pour eux jusqu'à l'épuisement, afin de les perfectionner. L'objet du jeu n'est d'ailleurs pas nécessairement réel, mais peut être imaginaire.

Le temps passé à jouer est très court, car ces activités requièrent beaucoup de concentration et d'énergie. Les séances de jeu alternent donc avec des périodes de repos, voire de sommeil. Les jeux varient beaucoup d'un chaton à l'autre et d'une séance à l'autre, mais il est néanmoins possible de décrire quelques grands types.

• **Le jeu du « ventre en l'air ».** Le dos au sol, le ventre en l'air, le chaton griffe avec ses pattes avant et pédale avec ses membres arrières, la gueule ouverte comme pour mordre. Le partenaire est en général un autre chaton, qui se tient debout, au-dessus de lui. Les corps sont orientés dans le même sens, et chacun essaie de mordre et de griffer. Mais on peut également déclencher le jeu du ventre en l'air, en grattant le ventre.

On retrouve ce comportement chez le chat adulte, au moment de luttes plus agressives engagées pendant la période des chaleurs.

• **Le « pas de côté ».** L'un des chatons se présente latéralement, légèrement arqué et la queue relevée, puis se dirige latéralement vers le deuxième chaton ou bien tourne autour de lui. Ce jeu apparaît vers le 32e jour et occupera beaucoup de temps à l'âge de six semaines. Un grand nombre des positions seront employées plus tard pour communiquer à distance.

• **« L'escarmouche ».** Couché, le ventre plaqué au sol, les pattes arrières repliées sous le ventre, la queue rabattue ou en l'air, le chaton rampe, recule avec ses pattes de derrière et porte une attaque soudaine contre un autre chaton. Ce jeu le prépare à la chasse.

• **« En garde ».** Tel un bipède, le chaton se dresse sur ses pattes de derrière, le corps tout droit, prêt à frapper l'adversaire de ses pattes avant. Possible dès le 35e jour, cette posture ne sera maîtrisée entièrement que vers l'âge de trois mois.

• **La « chasse ».** Ce terme désigne un ensemble de poursuites et de sauts. Le jeu s'arrête lorsque le poursuivant interrompt sa course. Le saut à l'horizontal apparaît cinq jours après la première poursuite, pratiquée vers le 40e jour.

• **« L'affrontement ».** Deux chatons assis se regardent et approchent leur tête, l'une de l'autre, en même temps qu'ils s'envoient des coups de patte à la face, à l'instar de boxeurs. Il s'ensuit une série d'attaques et d'esquives, où parfois un seul chaton s'en donne à cœur joie.

• **Les jeux de « proie ».** Le jeu de la « souris » est constitué de sauts successifs sur un petit objet mobile, une balle par exemple. Le chaton retient l'objet avec ses pattes en faisant de nombreuses acrobaties, les pattes servant à propulser l'objet en l'air ou à terre. Lors du jeu de « l'oiseau », le chaton attrape un objet léger volant de ces pattes ou les prend dans sa gueule. Le jeu du « lapin » est une suite, au cours de laquelle l'objet est

Attention aux dérapages !

Privé de ses frères et sœurs lorsqu'il rejoint son nouveau propriétaire, le chaton peut avoir tendance à prendre les jambes de son maître comme cible de jeu. Il convient alors d'avoir toujours une balle, ou un jouet motivant prêt à être lancé si le chaton veut mordiller ou griffer vos mollets. C'est le moyen le plus simple de réorienter son comportement de jeu.

Certains propriétaires croient bien faire en offrant leurs mains comme jouet à leur chaton, leur grattant le ventre et les rabrouant ; le chaton y répond généralement avec bonheur, confondant la main de son propriétaire avec un congénère et labourant parfois violemment la main qui sort souvent griffée de cette expérience. La main du propriétaire ne doit servir qu'aux caresses, et lorsque l'on veut engager un jeu interactif avec son chaton, il faut toujours que cela soit par l'intermédiaire d'un objet (balle, plumeau, etc.). Sinon, on apprend malgré soi à son chaton à mordre et griffer.

Séquence Jeux

1

2

3

4

Dans le jeu sont présents tous les gestes de la chasse. Il est indispensable à l'équilibre du chat et constitue un excellent moyen de socialisation avec l'homme.

traqué grâce à des mouvements d'une plus grande envergure, puis immobilisé entre les pattes ou par la gueule qui en mord un coin. À la place d'un objet, les chatons n'hésitent pas à prendre d'autres chatons pour des « lapins ». Toutefois, avec l'âge, ce jeu devient de plus en plus brutal, prenant pour cible un chaton plus jeune ou, en tout cas, moins vigoureux. Cette agressivité croissante marque le passage à l'âge adulte.

À la voix et à l'œil

Si vous adoptez un chaton, il aura déjà appris de nombreux comportements. Il reste à lui apprendre ceux qui concernent sa cohabitation avec l'homme. À cette fin, la mesure est de mise dans la façon de signifier au chaton les choses autorisées et celles qui sont interdites. Élever la voix suffit souvent à lui faire comprendre que ce qu'il fait n'est pas autorisé ni approprié. Un bruit sec, claquement des mains ou des doigts, ou une simple onomatopée sont pour lui très signifiants.

S'il venait par mégarde à vous mordre, vous pouvez imiter sa mère ou ses congénères en soufflant puissamment à proximité de ses narines (attention à ne pas lui souffler dans les narines) : c'est inoffensif et efficace ! N'essayez jamais d'attraper le chaton par la peau du cou, comme sa mère le faisait, ni encore moins de le secouer pour protester contre un de ses comportements. La chatte dispose de barorécepteurs au niveau des canines, c'est-à-dire qu'elle est capable d'ajuster la pression de ses dents pour mordre avec une finesse dont nos mains n'ont pas idée. Par ailleurs, elle sait précisément le point qui déclenche le réflexe d'immobilisation de son chaton. En attrapant celui-ci par la peau du cou, même avec douceur, on se place sur un registre de la douleur et de la contrainte qu'il n'est pas capable d'intégrer ni de supporter. Le chaton ne comprendra pas si ce geste est exécuté avec maladresse. C'est beaucoup plus facile de l'encourager quand il fait des choses appropriées, avec une caresse ou une félicitation.

L'entretien régulier des griffes

Griffer est un comportement naturel que les griffoirs bien choisis permettent de canaliser.
• Placer un ou deux « griffoirs » près des lieux de repos et sur des lieux de passage.
• Renforcer le comportement d'utilisation des griffoirs par des récompenses alimentaires.
• Rendre les griffoirs attirants en choisissant un matériau et/ou des odeurs attractifs.

Bien doser récompenses et punitions

Les récompenses sont très importantes pour entretenir un comportement recherché chez son chat : elles peuvent être vocales, ou alimentaires. Il faudra alors restreindre l'usage de l'aliment ou de la friandise à la seule situation de récompense, et trouver une friandise particulièrement appétente (les comprimés de levure de bière, par exemple). La récompense doit intervenir en cours du comportement que l'on souhaite renforcer.

La punition doit toujours être donnée à bon escient, c'est-à-dire sur le fait, dans les premières secondes du comportement que l'on souhaite arrêter, voire même avant que le geste n'ait été entamé ; elle doit être aussi efficace et indépendante de la personne qui l'administre. Mais elle ne doit pas induire un état d'anxiété ou une douleur chez le chat. Sont à proscrire formellement les atteintes physiques, notamment les coups portés avec la main ou le pied.

Parmi les gestes dissuasifs sont recommandés :

• **les sons brefs,** soit vocaux, soit produits en claquant des mains, ou avec tout autre objet. On peut également apprendre à « feuler », ce qui s'avère très efficace. Le froissement d'un sac plastique ou d'un sac en papier kraft est également un excellent signal;

• **le jet d'eau,** avec un spray (le bruit est également aversif) ou avec un pistolet à eau. Ce dispositif peut toutefois provoquer des effets inattendus : le chat pourra ainsi manifester une réaction d'aversion lors de l'emploi d'un spray antiparasitaire ou quand son propriétaire utilisera un vaporisateur à parfum en sa présence ;

• **le jet d'air,** avec une bombe à gaz neutre, avec un pistolet à compression (ceci nécessitant d'être assez proche du chat) ou avec une pompe à gonfler les ballons peuvent être utiles pour produire un bruit associé à un souffle d'air puissant.

•••
À CORRIGER
Grimper oui, mais pas n'importe où.

Interdire un lieu ?

Il est illusoire de penser interdire à un chat ou à un chaton des lieux ou certains espaces : les chats détestent les portes fermées et n'ont de cesse que d'aller voir ce qui se cache derrière la porte de l'armoire ou du placard (au risque d'y rester parfois enfermés, soyez toujours vigilants) ! En revanche, ils comprennent très bien que la chambre de bébé ou la porte de la salle à manger où la table est dressée pour les invités soit temporairement fermée ! Quant aux lieux de sommeil, il n'est pas facile de contraindre un chaton à dormir à un endroit particulier. Il apprécie votre proximité, votre couette et, à y réfléchir, il n'y a pas lieu de l'en priver.

Des apprentissages plus élaborés

Certains chatons, comme le Norvégien (voir p. 70) ou le Maine Coon (voir p. 59), sont particulièrement disposés au port du harnais et apprécient ensuite, surtout s'ils vivent en appartement, de pouvoir sortir se promener en sécurité sur les trottoirs. Il conviendra d'habituer petit le chaton au port du harnais et, plus tard, à celui de la laisse, d'abord à l'intérieur, puis en promenade.On croit souvent que seuls les chiens peuvent apprendre des tours. En fait, les chats en sont également capables, à partir de certains comportements spontanés que vous saurez associer patiemment à une commande simple.

Les langages du chat

Beaucoup plus social qu'on ne le croit, le chat dispose d'outils subtils et particulièrement efficaces pour communiquer. Certains, comme le marquage par des odeurs, sont inaccessibles à l'homme. D'autres, comme la posture ou le ronronnement, renseignent sur les émotions ou les dispositions du chat celui qui sait les déchiffrer.

Dialogues de chats et d'hommes

Selon un sondage récent, 85 % des propriétaires d'un chat lui parlent quotidiennement. De son côté, le chat est parfaitement capable de distinguer, même à distance, son nom de celui d'un autre chat ou de celui d'un chien quand il est appelé par son propriétaire. En fait, la reconnaissance a lieu grâce au timbre de la voix, car les chats répondent rarement lorsque l'appel émane d'une personne qui leur est inconnue.

C'est probablement avec l'homme que le chat développe le plus son répertoire vocal, pour autant qu'il y soit encouragé. S'il y a des races de chats plus bavardes que d'autres – les Siamois étant les champions toute catégorie ! –, certains chats, au contact de propriétaires particulièrement réceptifs et attentifs, développent des modes de communication très riches.

Selon le type de relation que le maître entretient avec son compagnon, certains comportements sont privilégiés : tous les comportements tactiles (les caresses) ou les séances de jeux. Mais certains chats ont tendance à apprécier plus spontanément les caresses, alors que d'autres préfèrent les activités de jeu, et ne sont guère câlins. Il s'agit là de tempéraments différents, qui soulignent l'importance de l'individualité chez le chat.
Notons cependant que le propriétaire a une influence : en renforçant, le plus souvent de façon inconsciente, certains comportements (par une récompense, par exemple) ou en décourageant d'autres qui finiront par disparaître. Ainsi, lorsqu'il revient le soir chez lui, selon qu'il caresse son chat qui ronronne, selon qu'il lui parle, ou bien encore qu'il lui dit bonjour avec une caresse front à front, le propriétaire va peu à peu ritualiser un comportement d'accueil qui deviendra spécifique de sa relation avec son chat. Il demeure cependant que le propriétaire ne peut renforcer que des comportements que le chat a tendance à exprimer. Ceux qui ont plusieurs chats savent bien qu'il y a toutes sortes de tempéraments.

Une question de tempérament

Tout amateur de chats est prêt à décrire le caractère de son animal favori auquel il n'hésite pas à attribuer une personnalité « humaine ». La notion de caractère se charge alors d'affectivité et perd tout support rationnel ou scientifique. Toutefois, on peut définir pour les chats des types de caractères basés sur les données comportementales.

Stimulé de façon adéquate et variée pendant la période qui suit la naissance, mis en contact avec des espèces différentes (et particulièrement avec l'homme), le chaton sera capable de supporter des modifications importantes de son environnement ou de vivre au sein d'une famille humaine. Au contraire, élevé dans un environnement peu stimulant, avec pour seuls compagnons les autres chatons de la portée et sa mère, il lui sera difficile de s'adapter à d'autres situations. Plusieurs recherches récentes ont en outre établi un lien génétique qui attribue le caractère amical d'un chat à celui de son père.

Des études portant sur de nombreux chats ont permis d'identifier trois catégories de chats ; chacune de ces catégories correspond à un type de caractère lié aux expériences précoces du chaton.

• **Les chats vigilants.** Perpétuellement en éveil et sur la défensive, méfiants, les chats de ce type ne sont pas enclins à explorer un terrain qui leur est inconnu et n'engagent pas spontanément d'interactions avec leurs congénères.

• **Les chats sociables.** Ils privilégient tous les comportements de contact (léchage mutuel, frottements, jeux sociaux), et en ont l'initiative ; ils vont au devant des autres. Ce type de chat confiant n'est ni un chat agressif, ni un chat agressé. Le fait qu'il privilégie ce registre tactile positif de son répertoire semble désamorcer chez son interlocteur toute veilléité vindicatrice.

• **Les chats équilibrés.** D'un tempérament intermédiaire, ces chats réagissent de façon équilibrée à un chat sociable (en poursuivant l'interaction engagée) et à des situations nouvelles. Mais ils prennent rarement l'initiative pour communiquer.

•••
UN VÉRITABLE AMI
Lorsque le chaton aura bénéficié de contacts réguliers avec les hommes dès sa naissance, il sera plus facile de nouer des liens amicaux étroits avec lui.

Des vocalises très convaincantes

Fine oreille, capable de localiser à 5° près la provenance d'un son et de repérer, selon certains professeurs de chant, les élèves qui chantent faux, le chat possède un répertoire vocal composé de neuf types de sons :

• le miaulement, effectué avec la gueule ouverte, qui est une vocalise d'appel ;

• le hurlement, gueule fermée, vocalise de colère ;

• le ronronnement (voir encadré page suivante) ;

• le grondement, vocalise sourde émise gueule fermée, émis lorsque le chat hésite entre la peur et la colère ;

• la vocalise d'appel, roulée, du chat qui quémande ou interroge son maître ;

• le feulement, qui expulse de l'air violemment, gueule ouverte, vocalise d'intimidation ;

• le crachement, qui correspond à une sorte d'injure, échappant au chat en colère, qui expulse brutalement une grande quantité d'air de sa gueule ;

• les claquements de la mâchoire, quand le chat a repéré une proie ;

• une vocalise courte, variante du hurlement, spécifique au chat mâle entier.

Le chaton dispose d'un répertoire nettement plus limité que l'adulte.

MENACE
Attention, cette attitude de menace précède le plus souvent l'agression.

Le langage du corps

Plus souvent, les hommes préfèrent cependant l'interprétation d'autres types de communication : mimiques, postures et gestes, contacts tactiles…, dont certains ne se retrouvent d'ailleurs que chez les chats domestiqués. Bien plus mobile que le corps, la face du chat est capable d'exprimer une riche gamme d'émotions, parfois même contradictoires. Mais la rapidité avec laquelle la mimique peut changer ne facilite pas son déchiffrement. Un lien très étroit existe en particulier entre l'état émotionnel et le diamètre des pupilles : dilatées, elles indiquent en général la peur et, à l'inverse, une agression probable. Malheureusement, il est presque impossible d'observer ces variations.

Les mouvements des oreilles

En revanche, les mouvements des oreilles sont un excellent indicateur – et, pour l'homme, parfois le seul – des émotions qui peuvent changer d'une seconde à l'autre. Chaque oreille est en effet capable de s'orienter dans presque toutes les directions pour capter la moindre piste sonore. Aussi, lorsque les oreilles n'indiquent pas la même direction, le chat est souvent à l'affût d'une information et cherche à en savoir plus. Un chat intéressé a les oreilles pointées en avant.

C'est cependant lorsqu'il est en colère ou dans l'inquiétude extrême qu'il faut porter la plus grande attention aux mouvements de ces baromètres d'humeur. La colère lui fait coucher ses oreilles sur les côtés, rendant le crâne encore plus bombé. C'est une attitude caractéristique qu'il adopte lorsqu'il veut intimider son adversaire, chat, chien ou humain. Lorsqu'il se sent menacé, acculé dans un recoin, sans issue, le chat adopte la position de défense agressive, qui signe l'attaque imminente à laquelle il se livrera si l'adversaire persiste dans son audace. Les oreilles sont alors aplaties vers l'arrière, interdisant toute prise à l'adversaire. Si d'aventure vous croisez un chat ainsi disposé, surtout retirez-vous sur la pointe des pieds. Ce n'est pas le moment de parlementer !

Les moustaches bien disposées

Réparties en quatre rangées de quatre vibrisses (gros poils mobiles, et très sensibles), les moustaches aident le chat à s'orienter dans l'espace, et contribuent à son fabuleux sens de l'équilibre. Si vous avez la chance d'observer deux chats en train de se flairer, de s'inspecter avant une partie de jeu, c'est là que vous pourrez voir les moustaches entrer en action. Dirigées vers la source d'intérêt en un joli arc de cercle, elles semblent balayer l'espace et communiquent en fait au chat point par point la topographie de la cible qui l'intéresse. Lorsque la cible ou le chat est bien identifié, le chat peut entrer en action, pour chasser ou jouer, et les moustaches se rabattent

•••
DÉFENSE
Contrairement au chien, il n'existe pas de soumission chez le chat.

promptement sur les joues, en sécurité. Enfin, signalons aux enfants polissons que, avec de la patience et de l'observation, ils pourront retrouver de temps en temps une moustache tombée, intacte, sur les lieux où le chat dort. Inutile donc de martyriser nos chats pour brandir de précieux trophées en cour de récréation. La patience et l'astuce vous apporteront bien d'autres merveilles, et en premier lieu l'affection de votre chat, qui se saura respecté dans son intimité !

Les postures

Outre le port du corps, ce sont surtout la queue et les poils qui renseignent sur l'état émotionnel du chat. Certains comportements restent cependant ambigus. Lorsqu'un chat balance ainsi sa queue à un rythme soutenu, il n'est pas toujours possible de prédire s'il ressent une émotion de nature agréable ou non, mais, souvent, ce mouvement annonce une contrariété, voire l'imminence d'une agression. Le chat peut en effet passer rapidement d'un comportement – et d'un état émotionnel – à un autre, et les formes intermédiaires sont nombreuses. Malgré cela, un observateur averti pourra distinguer quelques séquences de comportement typiques.

Que signifie le ronronnement ?

Le mécanisme. On sait que ce sont les mouvements alternatifs de l'air dans l'appareil respiratoire, lors de l'inspiration puis de l'expiration, qui produisent cette sonorité. Chacune des bouffées provoque la fermeture de la glotte; une pression se développe et engendre le son au moment où la glotte s'ouvre. Une activation alternée de la musculature du diaphragme contribue à limiter les contre-coups négatifs de la pression exercée sur la trachée.
Un moyen de communication. Dès qu'ils ont quelques jours, les chatons ronronnent lorsqu'ils tètent. Le ronronnement est vraisemblablement le moyen de communication le plus spécifique du chat dirigé vers l'homme. C'est en effet un comportement du jeune chat, qu'on ne retrouve pas dans les communautés de chats adultes vivant en semi-liberté. Parce qu'il s'adresse d'abord à la mère, le ronronnement est un moyen de communication infantile, que le chat utilise dans des situations ludiques ou dans des moments où il est particulièrement dépendant de l'être auquel il s'adresse : son propriétaire pour jouer, ou pour qu'il le nourrisse, le vétérinaire lorsqu'il est malade… Le ronronnement est souvent émis lorsque le chat éprouve une émotion intense, qu'elle soit douloureuse ou plaisante. À lui seul, il ne signifie donc rien ; il faut le considérer avec les autres comportements. Mais, de la même manière qu'il existe des chats câlins et d'autres qui le sont moins, il existe des chats ronronneurs et d'autres que nous n'entendrons jamais ronronner.

L'approche amicale. Lors de l'approche amicale, le chat arrive de face, la queue relevée, verticale ou légèrement recourbée à son extrémité. Cette approche est avant tout destinée à un familier, la mère pour le chaton, ou le maître à son retour. Adressée à un être humain, elle se prolonge en général par un frottement contre les jambes, puis par des caresses. Le frottement de l'ensemble du corps est parfois dirigé vers un ami de passage ou un autre animal, comme le chien. En revanche, le frottement du front est signe de familiarité, voire de confiance. Le chat peut ainsi faire un calin en frottant son front sur celui de son maître, le considérant véritablement comme un alter ego. Il arrive aussi que le chat vienne enfouir sa tête au creux de la main du maître.

Entre deux chats confiants, mais se connaissant peu, une telle approche peut prendre un temps certain : ce sont d'abord les vibrisses qui entrent en contact, nez à nez ; puis, avec beaucoup de précaution, elles font le « tour du propriétaire », chaque chat suivant la ligne du dos, de la nuque jusqu'à la zone ano-génitale de l'autre.

L'invitation. Elle prolonge l'approche amicale, mais peut aussi se produire d'emblée. Le chat se couche de côté, la tête tournée vers l'être familier, homme ou chat, qui vient de s'approcher. C'est une invitation au jeu ou une demande de caresses, selon le tempérament du chat. S'il est très confiant, le chat peut aussi adopter une position sur le dos, les pattes avant légèrement repliées sur le thorax. Cette posture est également adoptée par la femelle lors des chaleurs.

La menace. Les postures de menace font appel à tout un arsenal pour les rendre plus efficaces : cris, présentation des crocs, redressement des poils et présentation latérale afin de faire apparaître plus grand le volume du corps. La posture la plus connue est celle de la menace défensive : le chat se montre de côté, le dos arqué, les poils hérissés, la queue en « écouvillon », poussant en général de feulements puissants, la gueule ouverte, les oreilles rabattues sur les côtés. Il n'hésitera pas à marcher en crabe, tout en fuyant et en continuant à faire le gros dos.

Lors de la menace offensive, appelée aussi menace rapprochée, les corps des deux chats sont au repos, en général en position assise, et seuls les signaux faciaux indiquent la menace. La tête est inclinée très légèrement, les pupilles contractées, les oreilles aplaties latéralement, les moustaches pointées, légèrement en arc de cercle vers le front de l'autre chat. Puis, très lentement, le chat lève une patte en direction de la nuque de l'autre. Dès qu'une patte a touché l'adversaire, l'attaque se précipite : la séquence passe du ralenti de la menace à l'accéléré du conflit.

L'attaque. Un ultime avertissement précède le conflit, lorsque le chat doit s'y résoudre, le plus souvent à défaut d'un espace suffisant : l'animal adopte alors une position de défense extrême, couché d'abord sur le flanc, puis sur le dos, il crache en sortant ses griffes et en montrant ses crocs. Il est conseillé aux propriétaires d'être vigilants, quand leur chat est ainsi couché sur le côté, les oreilles aplaties. Ce n'est nullement une position de soumission, telle qu'on peut l'observer chez le chien !
Les attaques mêmes sont toujours brèves, bruyantes, parfois répétées et se déroulent selon un schéma à peu près constant. Le chat qui vient d'être touché par la patte avant de l'autre ou mordu à la nuque, roule au sol, toutes griffes dehors, enlacé par son adversaire. Il arrive que les chats se labourent le ventre avec les pattes de derrière ou qu'ils s'attrapent la nuque avec les pattes avant. Entre chats familiers, il peut aussi s'agir d'un jeu de menace et il y a alors plus de bruit que de mal (la morsure est inhibée, les griffes rétractées), ce qui n'est pas le cas entre des chats étrangers.

L'affût. Plaqué au sol, le chat apparaît concentré sur des mouvements que nous ne parvenons pas à percevoir. Ses oreilles sont dressées et ses pupilles dilatées, sa respiration est courte. L'attaque est imminente, quand le train arrière se soulève lentement. Le chat oscille une ou deux fois, puis bondit.

APRÈS LE COMBAT
La soumission met fin au combat. Le vainqueur s'éloigne.

Les jeux sociaux. La plupart des jeux sociaux du chaton se retrouvent chez l'adulte, ainsi que de véritables jeux de menace qui n'entraînent toutefois aucune blessure entre chats familiers. On les retrouve également chez un chat vivant dans la seule compagnie de l'homme. La main de ce dernier tient alors lieu d'un autre chat.

- **La chasse.** Le chat arrive à la hauteur de l'autre et pose sa patte sur l'encolure, puis cherche à l'enserrer avec les deux pattes avant, voire à simuler la morsure.
- **Le corps à corps.** Il suit ou précède parfois le jeu précédent. Les deux chats se roulent à terre, labourant avec leurs pattes de derrière le ventre et cherchant à attraper la nuque de l'autre.
- **Le jeu de pattes.** Les deux chats sont face à face, seules les moustaches bougent pendant l'affrontement visuel ; puis, avec une grande lenteur, ils lèvent une patte avant, en général celle de droite ; parfois, ils poursuivent leur affrontement tout en se levant sur leurs pattes de derrière ; alors seulement, ils frappent l'encolure ou le front de l'autre avec le plat de leur patte avant. Attention de ne pas laisser sa main entre les pattes du chat lorsqu'on pratique ce jeu, sous peine de se blesser.

Des bruits et des signes à distance

Les chats sont particulièrement attentifs au bruit d'un congénère qui griffe un tronc d'arbre ou un canapé. Même si la griffade a d'abord et avant tout une fonction d'étirement du chat, qui le fait volontiers à son réveil, et d'entretien de ses griffes (on retrouve des étuis cornés aux abords des endroits griffés), il est clair que le bruit même des griffades est un signal fort entre chats.

Les marques visuelles laissées lors de ce comportement signalent, comme dans un jeu de piste, le passage aux congénères. Il n'est pas rare, dans un jardin, que chaque chat s'attribue, en fonction de ses préférences, un arbre qui deviendra son griffoir. Le chat est également capable de frotter vigoureusement la porte avec ses pattes avant pour que son maître lui ouvre la porte, quitte à se rendre compte qu'il pleut ou que le temps ne lui convient pas pour sortir et à rester immobile et visiblement contrarié (le petit bout de sa queue bat la mesure avec agacement) devant une porte ouverte.

Des effluves encore mystérieux

Le monde des odeurs du chat reste bien secret pour nous, et si l'hypothèse de phéromones – substances chimiques émises à dose infime par les chats et provoquant des comportements spécifiques chez leurs congénères – a été évoquée à plusieurs reprises, elle n'a reçu aucune confirmation scientifique à ce jour.

On sait cependant que les urines déposées par un chat à un endroit précis ont un pouvoir d'attraction sur les autres chats, qui les flairent d'autant plus qu'elles sont fraîches. Passé 2 jours, plus aucun chat ne les remarque. Il semble que leur présence sur les points de passage d'un chat sert de bulletin d'information renseignant sur leur propriétaire mais n'ait aucun effet dissuasif. Les mâles sont plus sensibles aux odeurs d'urine alors que les femelles s'intéressent plus aux odeurs laissées par le frottement du corps. En revanche, les mâles se frottent plus contre les objets (particulièrement les jambes de leur propriétaire) que les femelles, surtout chez les adultes. Ils ont également la particularité d'émettre, dans leurs urines, lorsqu'ils sont entiers, une molécule spécifique, la félinine, qui contribue à leur odeur caractéristique.

•••
FAIRE CONNAISSANCE
Lorsque deux chats qui ne se connaissent pas se rencontrent, ils commencent souvent à explorer le corps de l'autre par les vibrisses.

Caresser dans le sens du poil

Tous les chats aiment qu'on leur caresse le front, juste sur la pointe de la tête entre les deux oreilles. Les caresses sous le cou sont également bienvenues de tous, de même que les câlins front à front. En revanche, certains chats n'apprécient que modérément quand on passe la main sur toute leur colonne vertébrale, la zone la plus sensible étant celle des lombes. Il arrive même que leur peau ondule et qu'ils se retournent alors pour mordre ou griffer la main qui s'est aventurée en zone interdite. De la même façon, certains chats adorent qu'on leur caresse le ventre alors que la plupart n'y tiennent pas.

Un redoutable prédateur

Le petit félin domestique est un redoutable prédateur, rompu à toutes les techniques de chasse des Félidés sauvages. Il chasse à l'affût et ses sens aiguisés lui permettent de repérer le moindre mouvement d'une proie éventuelle.

Un apprentissage précoce

Le comportement prédateur est essentiel pour la survie de l'individu chez une espèce prédatrice. Sa complexité et son efficacité, chez le chat, nécessitent un apprentissage précoce et un savoir que la chatte mère s'emploie de bonne heure à communiquer à ses chatons.

Dans la nature, la mère apporte des proies mortes, puis vivantes, à ses chatons, dès la quatrième semaine. C'est le premier contact des chatons avec une nourriture autre que le lait maternel. En milieu urbain et dans les élevages, un tel comportement est très rare et les chatons n'ont pas l'occasion d'exercer leurs talents de chasseur avant l'âge de deux, voire trois mois. Certains deviennent pourtant d'excellents chasseurs par la suite, mais d'autres ne le seront jamais.

Les mécanismes d'apprentissage

Tous les mécanismes de l'apprentissage (imitation, essai et erreur, etc.) interviennent dans l'acquisition des talents de prédateurs, ce qui est normal pour une espèce dont l'histoire de sélection artificielle est relativement brève. Ainsi, si le chat passe devant un trou de souris, entend un bruit ou perçoit un mouvement, il se lancera plus facilement à la chasse lorsqu'une tentative antérieure similaire a déjà été couronnées de succès ; dans le cas contraire d'un échec dans le passé, il aura tendance à y renoncer.

La prédation est un comportement indispensable en milieu naturel, même s'il est considéré comme accessoire chez le chat de compagnie. Les jeux sociaux et individuels imitent déjà certaines séquences utilisées dans la chasse (voir p. 223). La présence de comportements prédateurs, c'est-à-dire l'observation de la proie et sa capture, chez les chats de son entourage incitera le chaton observateur à les imiter. L'attitude de la mère est déterminante pour l'apprentissage de la capture de la proie, mais elle ne fait pas de démonstration visant à enseigner les techniques de chasse à ses petits. Elle les met dans des situations de plus en plus complexes et intervient lorsqu'ils perdent le contrôle de la proie. Il n'arrive jamais qu'elle leur « montre » le geste ou la stratégie la plus efficace. Plus le chaton est occupé avec la proie, moins la mère intervient.

Un chasseur de proies mobiles

Le chat est un redoutable prédateur, merveilleusement équipé sur le plan anatomique et disposant de techniques très efficaces, acquises au cours de son développement. C'est un chasseur de proies mobiles, exclusivement stimulé par le déplacement des proies. Le chat chasse à l'affût. Immobile sur un support choisi en fonction de la visibilité qu'il lui permet, il enregistre le moindre mouvement insolite alentour. C'est surtout grâce à son ouïe et à sa vue qu'il repère ses proies. Mais

Séquence chasse

1

2

3

C'est par instinct que le chat « joue » avec sa proie. Ce que nous prenons pour un jeu est en réalité le rituel d'un étourdissement de la proie lorsque le chat ne l'a pas immédiatement tuée.

ses vibrisses, dirigées vers l'avant, l'aident également à les localiser. Son immobilité pendant l'embuscade lui a valu l'épithète d'hypocrite. Ce calme apparent ne tarde pas à céder la place à une approche en douceur de la proie, ou à une attaque aussi fulgurante (si la proie est à proximité) qu'inattendue. L'impassibilité apparente de l'animal n'est ainsi que le corollaire indispensable de la chasse à l'affût.

Et si le chat rate sa proie ? Chez le chat inexpérimenté en particulier, on peut parfois observer pendant une séquence de chasse des comportements sans rapport avec cette activité, comme le toilettage par exemple. En effet, en cas d'échec, il arrive que le chat se retourne contre lui-même et grogne. Ou bien, lorsque la présence d'autres chasseurs les empêche de chasser, certains chats se mettent à protester en feulant et en marchant de long en large.

Le chat et la souris

La proie doit se déplacer le plus possible sans repérer le prédateur. Ensuite, elle est saisie à l'aide des griffes et des crocs, qui vont lui infliger une blessure mortelle. Lorsque la prédation n'est pas associée à la faim, la proie n'est pas mise à mort immédiatement. Commence alors un comportement – véritable séquence – qui a largement contribué à la mauvaise réputation du chat : le jeu du chat et de la souris. En réalité, il ne s'agit pas d'un jeu mais d'une activité « à vide ». Le chat n'a capturé sa proie que sous l'effet de la stimulation intense créée par le mouvement de la proie en question ; il est de même stimulé par ses tentatives de fuite quand il la relâche. Même les cris et gémissements de la proie ne l'arrêtent pas.

Les proies du chat sont petites ou moyennes. Les souris et d'autres petits mammifères constituent les proies de prédilection puisqu'ils représentent environ 75 % de ses proies. Certains chats, experts, parviennent même à capturer des lièvres. D'autres sont consommateurs d'oiseaux tandis que d'autres encore préfèrent les rongeurs ou les petits reptiles. La consommation même varie. Les rongeurs sont en général avalés en entier, poils et os étant régurgités ensuite. Les chats amateurs d'oiseaux affichent en revanche une nette préférence pour la tête et les viscères.

La chasse aux oiseaux

Pour attraper un oiseau, le chat se cache en général dans les herbes, où il reste tapi au sol, les oreilles redressées afin que le moindre son ne lui échappe. Puis il avance avec la plus grande prudence, se figeant dès qu'il se croit repéré. C'est d'un bond qu'il fond ensuite sur sa proie. Mais, lorsque la surface est trop lisse comme sur le carrelage d'une maison ou même une pelouse bien tondu, sa chasse n'est guère couronnée de succès.

Tueur d'oiseaux ? Cette réputation du chat doit peut-être davantage à l'observation qu'il chasse ses proies volantes en plein jour et qu'il les consomme rarement. En fait, les oiseaux d'un jardin ne constitueraient que 6 % des proies. D'autres observations, effectuées dans un village anglais, lui attribuent toutefois un tiers des décès de moineaux. En tout état de cause, il existe un moyen simple pour alerter d'éventuelles victimes, volantes ou non, du chat : il suffit de lui attacher une clochette au collier.

Le choix des proies : une affaire d'éducation

L'attachement du chat à une espèce donnée désamorcera tout comportement de prédation dans sa direction. Ainsi, des chatons élevés avec des ratons voient leur comportement prédateur inhibé vis-à-vis des rats de même type que ceux avec lesquels ils ont grandi. Mais cette familiarité ne les empêchera pas de capturer et de tuer des rats d'un autre type.

Un prédateur plutôt paresseux

Les chasseurs et certaines associations de protection de la nature accusent parfois les chats d'exercer une pression écologique excessive sur la faune sauvage. En l'absence d'étude quantitative sérieuse, il est difficile de trancher la question, mais il faut néanmoins reconnaître que le chat, comme de nombreux félins, est un prédateur paresseux, plus prompt à piller les poubelles ou à capturer les animaux vieux et malades qu'à s'attaquer à des proies vigoureuses. Les ravages sont sans doute plus importants dans les régions de reproduction du gibier, où lapereaux, levrauts et poussins de faisans ou de perdrix constituent des proies faciles pour le chat vagabond.

Le chat qui pêche

C'est la première patte qui coûte, ensuite les chats s'habituent à l'eau. Une fois pris au jeu, un chat n'hésitera plus à mettre la patte dans l'eau, voire à y tremper ses moustaches. Pour s'en convaincre, il suffit de l'exposer à la tentation et de lui présenter un bocal rempli d'eau, d'une dizaine de centimètres de profondeur, puis d'y glisser un poisson rouge et d'attendre... Même un jeune chat qui n'a jamais pêché s'y essayera.

Pour attraper le poisson, la patte antérieure est recroquevillée telle une cuillère, afin de pouvoir plaquer le poisson contre la paroi, puis les griffes s'enfoncent entre les écailles. Un groupe de chercheurs a même pu observer un chat sauter dans un aquarium !

Cette forme de chasse requiert cependant une grande adresse. Alors que la chasse à la souris commence dès l'âge de quatre ou cinq semaines, il faut attendre sept semaines au moins avant de pouvoir observer un jeune chat aller à la pêche.

Le comportement sexuel

Les combats des mâles autour des femelles et les plaintes des chattes en chaleur, ou chants de cour, ne manquent ni de mordant ni d'éloquence. Ces amours tumultueuses se déroulent en trois phases.

Romance et partie de bluff

Dans sa période de réceptivité sexuelle, la femelle émet des substances très attractives pour le mâle, les phéromones sexuelles. Ces « armes » chimiques sont susceptibles d'attirer plusieurs mâles dans un rayon considérable (plusieurs kilomètres). Parallèlement, les chants de cour, particulièrement éloquents chez la Siamoise et l'Orientale, viennent en renfort de ces émissions, et, conjugués à elles, provoquent l'arrivée des mâles. Ceux-ci entrent aussitôt en compétition pour avoir les faveurs de la chatte et commencent à se menacer.

C'est alors à une véritable « partie de bluff » qu'ils se livrent, associant les postures de menace : oreilles plaquées en arrière et poil hérissé, feulements et jets d'urine, suivies de postures d'intimidation ou de « course de travers ». Ces menaces suffisent en général à dissuader et à éloigner quelques prétendants, jusqu'à ce qu'il ne reste que deux ou trois mâles en lice, prêts pour l'affrontement direct, qui consiste souvent à échanger des coups de patte, griffes sorties.

Finalement, le dernier mâle en place reconduit les vaincus sur quelques mètres, non sans les avoir copieusement arrosés d'une urine très fortement odorante. Il n'est pas pour autant arrivé au bout de ses peines. C'est maintenant que commence véritablement la cour.

Mais il arrive également qu'un scénario plus facétieux advienne et qu'un mâle ne participant pas aux combats en profite pour saillir la chatte pour laquelle se battent ses congénères. En la matière, la femelle accepte tous les mâles disponibles, favorisant ainsi une grande diversité génétique de sa progéniture.

Une cour spectaculaire

Pendant le pugilat, la femelle est restée assise à l'écart, parfaitement indifférente, tout occupée à sa toilette. L'approche du vainqueur déclenche tout d'abord de sa part des mimiques de menace. Elle feule, oreilles couchées en arrière, et fait face au mâle qui tente de se rapprocher de sa croupe. Elle lance par intermittence des coups de patte, griffes sorties, et peut passer brièvement à l'attaque. Lorsque le mâle s'approche trop près, la chatte pousse un cri strident et plutôt effrayant. Cette phase peut durer jusqu'à dix minutes. Il arrive que le mâle soit reconduit sans ménagement sur plusieurs mètres.

Lorsque la femelle se décide à accepter le mâle, les coups de patte deviennent de moins en moins agressifs, les griffes sont rentrées ; la chatte se laisse approcher, flairer et même lécher. Finalement, elle se lève en présentant la croupe, la queue rabattue sur le côté.

...

SAILLIE

Au moment de l'accouplement, le mâle saisit la femelle par la peau du cou avec ses dents.

L'accouplement

Le mâle, qui s'est approché de la femelle, la saisit vigoureusement par la peau du cou avec ses dents. La femelle laisse échapper un cri aigu caractéristique. Le mâle resserre sa prise lors de chaque saillie. La monte se reproduit de deux à cinq fois, en moyenne.

L'ensemble de la copulation ne prend pas plus de 3 à 4 minutes. Elle peut même être plus rapide si le mâle est très expérimenté.

Dès la fin de la saillie, la plupart des femelles chassent aussitôt le mâle, dont elles ne supportent plus la présence. Celui-ci commence alors à faire sa toilette, non loin de la femelle, mais hors de portée de ses éventuels coups de patte.

Nés de même mère, mais de pères différents

La multipaternité est de mise chez le chat vivant en liberté, donnant naissance à des portées bigarrées. La femelle peut, en moyenne, réaliser jusqu'à sept saillies. Cette diversité génétique pourrait protéger les chatons de l'infanticide que n'hésitent pas à pratiquer certains mâles contre des chatons d'un autre père. Mais, fort heureusement, ce comportement reste rare.

La facilité déconcertante des chats à s'accoupler, décrite depuis l'Antiquité, n'est cependant pas la règle dès lors qu'il s'agit de chats de race, et les éleveurs savent qu'il faut ménager le mâle, dont la mise en confiance est délicate. Il est toujours conseillé que ce soit la femelle qui soit déplacée pour l'accouplement, de telle sorte que le mâle reste dans son environnement familier. Par ailleurs, chez les chats à poil long comme le Persan, il convient de couper les poils de la zone génitale pour éviter toute gêne mécanique.

Les troubles du comportement

Il est désormais admis qu'un défaut ou une carence dans l'élevage du chaton peuvent entraîner des troubles dans son comportement à l'âge adulte. Certains de ces troubles ne seront en fait que des comportements gênants pour le maître. D'autres, plus graves, perturberont le chat lui-même.

Des troubles de nature différente

L'autonomie naturelle du chat en fait un animal de compagnie facile à vivre, et que l'on peut penser parfois peu exigeant. Il est autonome pour faire ses besoins, ne réclame pas de sorties à heure fixe, sait en général se nourrir sans excès et semble parfois capable de jouer sans nous. Cependant, le chat est bien souvent un anxieux discret et a besoin d'un environnement affectif et d'un espace de vie stimulant sous peine de développer des troubles du comportement, désagréables à vivre pour l'entourage et compromettant parfois et sa santé et sa qualité de vie avec son entourage.

De manière générale, on distingue les comportements gênants des troubles du comportement. Les premiers sont naturels et spécifiques au chat, comme celui de faire ses griffes au réveil, mais qui, dans certaines circonstances, constituent une nuisance pour les hommes, quand le chat s'attaque, par exemple, à la tapisserie fraîchement posée – certains chats ont une attirance pour l'odeur de la colle, et pour certaines textures de papier comme de tentures – ou qu'il lacère jusqu'à la corde le revêtement du canapé.

Malpropreté urinaire

Tous les chats adultes, mâle ou femelle, stérilisés ou non, sont susceptibles de développer des troubles de l'élimination de façon intermittente ou permanente, au moins une fois dans leur vie. C'est ainsi qu'un chat vivant seul sur quatre – et tous les chats vivant avec plus de quatre congénères – manifestent au moins un épisode de troubles de la propreté au cours de leur vie. On distingue la malpropreté urinaire (émission des urines sur un support horizontal autre que le bac à litière) de la projection urinaire (émission d'une toute petite quantité d'urines sur un support de préférence vertical). La malpropreté urinaire est plus fréquente chez les femelles, stérilisées ou non, alors que les mâles, castrés ou non, sont affectés par ces deux formes à proportion à peu près égale. La malpropreté limitée aux déjections fécales est plus rare et souvent liée à des troubles digestifs.

Trouble médical ou psychique ?

Il est vivement conseillé de consulter un vétérinaire, car la malpropreté urinaire peut être le symptôme unique d'un trouble médical (cystite, insuffisance rénale chronique) ou celui d'une souffrance émotionnelle à laquelle il est possible d'apporter des solutions simples, sous forme d'une thérapie comportementale associée dans certains cas à la prescription de psychotropes adaptés. D'autres thérapeutiques (homéopathie, acupuncture, phytothérapie) donnent également de bons résultats.

La malpropreté urinaire peut se produire chez un chaton orphelin que sa mère n'a pas eu le temps d'éduquer, et un simple confinement du chaton dans une petite pièce suffira à obtenir le comportement approprié. Le comportement d'élimination, comme celui de toilettage, font en effet partie des comportements « fragiles » chez le chat, c'est-à-dire qu'ils changent à la moindre modification du milieu interne ou externe. Lorsqu'il décide d'uriner, le chat choisit son heure et son lieu, et cet acte tout simple en apparence met en jeu une motivation et une stratégie importantes. Au moment où il urine, le chat est en position de faiblesse et recherche donc des endroits calmes, discrets. La moindre intrusion ou un bruit violent à ce moment-là peuvent engendrer des perturbations.

La projection urinaire

La projection urinaire fait partie du comportement habituel pour le chat entier vivant en liberté dehors, qui dépose ainsi sa carte de visite olfactive, sur des points stratégiques. Selon toute vraisemblance, il a alors une fonction anxiolytique : un chat stérilisé vivant avec ses propriétaires, lui, n'a pas de velléité de déposer ses urines sur les meubles ou les murs, sauf événement particulier qui contrarie son équilibre émotionnel. Celui-ci peut être externe ou interne, donc relationnel, environnemental ou médical. Il est recommandé de consulter rapidement un vétérinaire pour comprendre ce qui est à l'origine de ce problème.

Comment remédier à la malpropreté de votre chat ?

Si la malpropreté urinaire n'a pas de cause physiologique, vous pouvez vous-même mettre en œuvre un traitement qui éliminera ce comportement gênant, en respectant les règles suivantes.

• **Bien réagir.** Si vous surprenez votre chat en train d'uriner ailleurs que dans son bac, restez calme et, surtout, ne criez pas. À moins que le chat commence juste à s'accroupir et à agiter sa queue avant de projeter son urine, il est déjà trop tard pour protester et tout geste ou punition resteront inefficaces. Bien au contraire, vous risquez de perturber encore plus votre chat. En revanche, lorsque votre chat vient de faire ses besoins dans le bac, félicitez-le chaudement en lui parlant et en le caressant dès qu'il en sort.

• **Désodoriser les endroits souillés et en modifier l'aspect.** La première étape consiste à faire disparaître toute odeur d'urine des lieux affectés, en retirant d'abord les traces d'urine à l'eau fraîche, puis en nettoyant avec de l'eau additionnée de vinaigre blanc (une cuillère à soupe pour l'équivalent d'un bol de déjeuner). Il ne faut pas hésiter à inspecter ces lieux de près, car il arrive que des traces anciennes persistent au bas

...
SI JE POUVAIS SORTIR... L'équilibre psychique dépend d'une bonne socialisation, mais un chat a aussi besoin de distraction.

d'un meuble ou sur le parquet ou le linoléum. N'utilisez jamais un produit de nettoyage à base d'eau de Javel ou d'ammoniac ; ce sont des substances attractives pour le chat, et elles favorisent le comportement que vous cherchez à supprimer. Pour empêcher la répétition de l'acte de malpropreté, recouvrez l'endroit de plastique épais ou d'une feuille d'aluminium ou bien placez-y une écuelle avec des croquettes pour lui donner une signification différente. Si cela est possible (devant une porte d'entrée, par exemple), vous pouvez y installer un bac à litière.

• **Tenir compte des habitudes du chat.** Outre l'entretien régulier des bacs à litière, il faut veiller à ce que l'emplacement de ces derniers respecte bien les préférences affirmées du chat, car c'est un grand maniaque en matière de propreté : ces lieux sont-ils calmes ? N'y a-t-il pas un lave-linge dont le démarrage risque d'effrayer le chat ? Puis vérifiez quel type de bac votre chat préfère : certains aiment bien être protégés pendant qu'ils font leurs besoins et apprécient les bacs fermés, avec ou sans porte, alors que d'autres, parfois très grands, se sentent plus à l'aise avec un bac sans toit. Vous pouvez aussi proposer deux types de litière différents, pour voir si le chat penche nettement en faveur de l'un d'eux, varier la quantité de litière, puisque certains chats aiment creuser profondément et d'autres non. Vérifier si l'animal utilise le bac immédiatement après le remplacement de la litière ou après le nettoyage du bac.

Si, malgré ces conseils, le chat continue à uriner en dehors de son bac, parlez-en avec votre vétérinaire et, ensemble, vous pouvez envisager un traitement médical complémentaire (par exemple, la prescription d'un anxiolytique ou d'un antidépresseur), qui aidera à résoudre ce problème.

Autres comportements gênants et perturbateurs

Outre la malpropreté urinaire, ce sont surtout les traces laissées par des griffades sur les murs ou les meubles et une activité nocturne qui sont perçues comme des nuisances majeures.

Griffades

Le chat a l'habitude de s'étendre au réveil et de griffer un support, qui peut être vertical ou horizontal selon ses préférences individuelles. On retrouve fréquemment aux abords de ces lieux des étuis cornés de griffes. Ce comportement a une fonction naturelle d'entretien des griffes mais, grâce au bruit produit et aux marques visibles qu'il laisse, il sert également à la communication entre chats. Certains félins prennent ainsi l'habitude de s'attaquer au premier objet attractif (canapé, fauteuil) quand ils entrent dans une pièce. La texture du revêtement contribue visiblement à la persistance du comportement, qui a souvent lieu après une situation de frustration : le chat voulait manger et n'a pas reçu ce qu'il souhaitait, il voulait sortir et n'a pu le faire car il pleuvait...

Le plus simple est d'identifier les préférences de son chat (griffage vertical et/ou horizontal) et de lui fournir un ou plusieurs supports appropriés que l'on mettra à l'endroit le plus propice.

Des griffoirs sont en vente dans le commerce, mais on peut aussi utiliser des tapis en coco, ou des morceaux de moquettes à cet usage. La vaporisation d'herbe à chat sur le support contribue à le rendre attractif.

Lorsqu'il est sur un chandail, un canapé ou tout autre matériau particulièrement moelleux – vos genoux, souvent ! –, le chat prend plaisir à le pétrir avec ses pattes antérieures comme il le faisait sur les mamelles de sa mère. Si ses griffes n'ont pas bénéficié d'un entretien régulier, elles peuvent causer des dégâts. Le plus simple est de donner à son chat une couverture en laine qui sera la sienne, et sur laquelle il pourra sans crainte s'adonner à ce plaisir qui deviendra alors inoffensif pour votre mobilier et assurera votre tranquillité !

Asynchronie du rythme veille-sommeil

L'asynchronie est un trouble dont bien des maîtres ont souffert : le chaton dort lorsque ses maîtres sont réveillés et fait la sarabande pendant qu'ils dorment.

Sachez cependant que la somnolence diurne et l'activité nocturne ne sont pas une anomalie dans l'espèce féline, mais peuvent évidemment se révéler gênantes pour les humains. Ce trouble se rencontrerait plus souvent chez les chats qui vivent en milieu clos, ou qui se trouvent limités dans leur liberté de mouvement nocturne, parce qu'ils sont, par exemple, enfermés dans une pièce la nuit.

Il ne faut pas confondre ce comportement avec la dyssomnie, qui est une perturbation du rythme veille-sommeil. Généralement, le chaton s'habitue à son nouveau rythme, mais s'il persiste, demandez conseil à votre vétérinaire lors des premiers vaccins : il pourra prescrire une aide thérapeutique.

Les troubles du comportement

Il s'agit de désordres émotionnels qui conduisent à des états pathologiques (anxiété, dépression) et/ou des conduites dangereuses (agression) pour les autres animaux ou les humains.

Plus le traitement de ces troubles est précoce, plus les chances de sa réussite sont grandes. Aussi ne faut-il jamais hésiter à parler à votre vétérinaire des soucis que vous pouvez rencontrer dans la vie quotidienne avec votre chat. Comme en psychologie, pour laquelle de nombreux ouvrages existent et contribuent à une meilleure compréhension, rien ne remplace la discussion avec un professionnel, permettant une analyse adaptée aux circonstances exactes du problème qui vous préoccupe et perturbe la relation avec votre chat. Il n'y a pas de solutions toutes prêtes : seule celle qui sera la vôtre vous aidera à retrouver une cohabitation harmonieuse avec votre chat.

L'étude du comportement (éthologie) et de ses troubles est maintenant enseignée dans les écoles vétérinaires ; un diplôme de comportementaliste est également délivré aux vétérinaires qui ont suivi une formation dans cette discipline. La frontière entre symptômes et troubles du comportement est souvent mince, et dès lors que votre chat adopte un comportement différent de ceux habituels, il est recommandé de consulter son vétérinaire, qui vous aiguillera, si nécessaire, vers un confrère spécialisé.

Un être très sensible

L'anxiété et la dépression sont deux pathologies comportementales souvent rencontrées chez le chat à la suite d'un traumatisme (dépression post-réactionnelle du chat qui a perdu son maître ou un de ses compagnons), du fait de mauvaises conditions environnementales pendant le développement du chaton ou par prédisposition génétique.

L'anxiété peut se manifester par des cystites, un toilettage exacerbé pouvant conduire à une importante perte de poils, un comportement général en retrait (le chat se cache lorsque vous recevez du monde, ou en présence d'autres animaux). Sur le plan physiologique, ses fréquences cardiaque et respiratoire s'accélèrent, et vous pouvez remarquer sur le carrelage que ses pattes laissent des empreintes humides : il a peur.

Si l'anxiété n'est pas traitée, elle évolue souvent vers un état dépressif où le chat ne se toilette plus, mange mal ou pas, dort beaucoup plus et n'a plus d'interaction avec vous.

Les expériences menées par des neurophysiologues suggèrent que le quotidien actuel des chats – l'impossibilité de sortir, un milieu de vie appauvri dans lequel le chat s'ennuie – puisse contribuer à augmenter le niveau de stress et d'anxiété, mais aussi celui d'agressivité des chats.

Il faut donc trouver moyen d'enrichir les lieux de résidence des chats citadins, car leur congénères vivant dans un pavillon ou à la campagne ont tout loisir de sortir, de chasser, de s'amuser de mille façons.

• Mise à disposition de lieux de repos en hauteur, en rebord des fenêtres, de griffoirs verticaux ou horizontaux selon les préférences du chat : parfois, une bonne bûche vaut tous les griffoirs du monde !
• Séances de jeu initiées par le propriétaire.
• Jeux ou objets de jeu laissés à disposition du chat en l'absence du propriétaire, comme ces boules creuses déversant des croquettes lorsque le chat fait rouler la boule (attention aux moquettes blanches, car on retrouve des croquettes un peu partout dans l'appartement, le chat ne les mangeant pas toutes mais jouant avec un plaisir évident avec l'objet !)

Soyons francs, malgré tous les jeux que nous pouvons mettre à la disposition de nos chats, certains n'ont pas la fibre citadine, et devront être confiés, pour être pleinement heureux, à des propriétaires résidant en maison, avec jardin.

Lorsque le chat montre ses crocs

Toutes les agressions ne sont pas forcément d'origine comportementale, et l'agressivité est parfois chez le chat le premier symptôme d'une hypertension artérielle ou d'une hyperthyroïdie qui relèvent d'un traitement médical spécifique.

••• **PLUS SI AFFINITÉ**
On est souvent bien mieux à deux.

Certains chats peuvent devenir agressifs vis-à-vis d'un congénère (de la même portée parfois) à l'âge de deux ans alors que l'entente était cordiale jusque-là. Entre deux et quatre ans se situe une période correspondant à la maturité sociale au cours de laquelle la personnalité du chat se révèle.

Si les conduites agressives ne sont pas modifiées rapidement par des thérapies comportementales, un cercle vicieux peut s'instaurer entre deux chats, l'un étant l'agresseur, l'autre devenant la victime systématique et développant une anxiété importante.

La rééducation est particulièrement difficile dans les cas où le chat se sert d'une forme d'agressivité (par exemple, mordre la main de son propriétaire) afin de faire cesser une activité qui lui déplaît (l'administration de comprimés, le brossage, etc.).

Phobies

C'est un état émotionnel proche de celui de la peur mais qui s'accompagne d'un comportement disproportionné par rapport à l'événement qui en est la source. Même si cet événement se répète, le chat ne saura pas pour autant faire mieux face à la phobie, bien au contraire. Une phobie peut être liée à toute situation particulière : un bruit, un orage, la présence d'hommes ou de chiens, etc. Il est ainsi fréquent que des chatons élevés dans un milieu peu stimulant aient des phobies de l'aspirateur : dès qu'ils en entendent le bruit, ils courent se cacher sous le premier meuble venu.

De manière similaire, les associations de protection animale rencontrent les plus grandes difficultés lorsqu'ils capturent des chats errants qui n'ont pas été familiarisés avec l'homme afin de les stériliser. Ceux-ci manifestent en effet des phobies spectaculaires qui rendent presque impossible leur manipulation par l'homme.

Hyperactivité du chaton

C'est une activité désorganisée et excessive, gênante pour les maîtres. Les périodes d'hyperactivité se manifestent dans des circonstances déterminées (la nuit, par exemple) ou sont généralisées. Le chaton court et bondit sans répit ; il est incapable de se consacrer longtemps à une seule activité (faire sa toilette, par exemple) ; il recherche continuellement des stimuli susceptibles de l'exciter ; il s'obstine dans des activités gênantes en dépit de la dissuasion du maître (sauter sur la table pendant le repas, etc.).

L'hyperactivité est fréquemment associée à une intolérance à toute contrainte et à toute restriction de mouvement. Le chat se montre alors agité et manifeste une agressivité dite d'irritation. Ces comportements relèvent souvent d'une prédisposition héréditaire et congénitale. Ils peuvent aussi être influencés par la pauvreté sensorielle du milieu de vie par rapport à celui dans lequel le chat a été élevé ou par la vie en appartement. Il arrive également qu'un comportement maternel déficient de la mère chatte soit à l'origine d'un tel trouble.

Troubles du comportement alimentaire

Outre l'obésité dont les causes peuvent être multiples, le chat peut se mettre à mâchonner des végétaux (sans reconnaître leur toxicité) ou les lainages. Ce comportement est souvent caractéristique de chatons sevrés trop tôt et qui ont gardé l'habitude de téter l'oreille, la main, puis les vêtements de leur propriétaire.

ENTENTE CORDIALE La présence permanente d'un congénère peut résoudre beaucoup de problèmes.

Traitements des troubles du comportement

Aujourd'hui, on fait en général appel aux thérapies comportementales pour lesquelles une aide médicamenteuse (psychotropes, homéopathie, phytothérapie) est parfois une alliée temporaire efficace et nécessaire. Le temps des traitements chirurgicaux complexes et radicaux est, heureusement, révolu ; l'ablation des griffes est une intervention désormais interdite, car considérée comme une mutilation pour le chat. La stérilisation reste indiquée lorsque les sécrétions hormonales sont à l'origine du comportement de projection urinaire, mais elle est souvent réalisée avant même que les troubles du comportement n'adviennent.

Les thérapies comportementales

Elles consistent à modifier le comportement du chat en jouant sur ses effets. Si l'on souhaite développer et conserver tel comportement, on l'encouragera de la voix et du geste (renforcement positif). Si, au contraire, on en souhaite la disparition, on créera un contexte négatif (renforcement négatif). Il ne s'agit donc pas tant de modifier les processus cognitifs et émotionnels aboutissant à tel ou tel comportement que d'orienter la « réponse » de l'animal. Pour ce faire, on utilise soit le conditionnement, soit l'habituation.

Le conditionnement, qui peut être utilisé pour traiter presque tous les troubles, repose avant tout sur la punition ou la récompense. Pour être efficaces, les punitions doivent être infligées dans la fraction de seconde qui suit la mauvaise réponse de l'animal ; elles doivent être désagréables mais proportionnées à la faute. Leur effet peut être rapide, mais les comportements ainsi combattus ont tendance à réapparaître dès qu'elles cessent. Les récompenses doivent constituer un apport nouveau dans l'environnement du chat, et être maintenues jusqu'à ce que ses performances soient correctes et installées. Elles seront ensuite données de façon aléatoire pour entretenir la motivation de l'animal. Quoique plus lents à venir, les résultats sont plus solides et durables.

Pour habituer un chaton souffrant d'une phobie de bruits violents à celui d'un aspirateur par exemple, il faudra rester auprès de lui et jouer avec lui – activité incompatible physiologiquement avec la peur – pendant qu'une autre personne passera l'aspirateur dans une pièce éloignée de celle où se trouve le chaton. À aucun moment, le chaton ne doit présenter de réactions de peur. Au fur et à mesure, on ouvre les portes, ce qui rend le bruit de l'aspirateur plus perceptible. Il est important de répéter chaque étape et de ne pas vouloir tenter immédiatement de passer l'aspirateur dans la pièce où se trouve le chaton (car même un chat très équilibré n'apprécie pas !). La très lente augmentation de l'intensité sonore est la clé de la réussite d'une bonne habituation. Pour la phobie des pétards et feux d'artifices, événements rares, on peut recourir à des enregistrements.

Les thérapies pharmacologiques

Prescrits par votre vétérinaire, en complément des thérapies comportementales mises en place, certains médicaments, comme les psychotropes, ont pour but d'aider à modifier le comportement du chat par l'action sélective qu'elles ont sur le système nerveux et, plus précisément, sur le métabolisme des neuromédiateurs.

Les psychotropes les plus couramment employés sont les anti-dépresseurs tricycliques, les inhibiteurs sélectifs de la recapture de la sérotonine (notamment le Prozac®) et les anxiolytiques. Leur administration est souvent temporaire (de l'ordre de quelques mois) pour aider le chat à accepter les modifications environnementales et à apprendre de nouveaux comportements.

Dans certaines formes d'agression, le recours à ces médicaments est essentiel, mais peut entraîner des effets secondaires. Un suivi régulier est nécessaire avec votre vétérinaire.

Règles d'or du bien-être du chat de maison

- Avoir un propriétaire qui connaisse bien le comportement des chats.
- Disposer de un ou plusieurs espaces personnels privés, dont au moins un aménagé en hauteur.
- Disposer de un ou plusieurs lieux de repos (le chat n'aime pas le même genre de lit que les chiens, et parfois un bon carton un peu étroit vaut mieux que tous les gadgets coûteux ; un chandail sur une chaise, un bac à linge, un fond d'armoire sont autant d'endroits agréables).
- Disposer d'au moins deux bacs à litière (nombre de chats + 1) dans des endroits calmes.
- Avoir deux écuelles pour la nourriture et l'eau, en verre ou Inox, qui ne prennent pas les mauvaises odeurs. L'eau sera renouvelée chaque jour ; certains chats apprécient de jouer avec l'eau et tout particulièrement les fontaines à eau. Des croquettes seront laissées en libre-service, permettant au chat de faire de petits en-cas à sa convenance.
- Disposer de griffoirs, horizontaux et/ou verticaux selon les goûts du chat.
- Avoir des jouets et des moments de jeux avec son propriétaire. À l'instar d'un enfant, le chat est souvent heureux avec un petit rien, comme un sac en papier kraft dans lequel il peut jouer pendant des heures, un carton retourné avec des trous, une balle ou une plume accrochée à une ficelle, etc. Mais il apprécie aussi des objets plus sophistiqués comme les balles distributrices de croquettes. Apprenez à connaître les goûts de votre chat pour trouver les jeux les plus adaptés.

Soigner son chat

Les signes qui alarment

Toute modification de la santé de votre chat se manifeste par un changement de comportement que votre œil attentif ne manquera pas d'enregistrer. Surveillez bien ses réactions, son activité physique. Vous êtes le mieux placé pour fournir des indications précises au vétérinaire, qui interviendra pour établir le diagnostic.

Les signes généraux

Abattement, fatigue

••• **SYMPTÔMES** Contrairement à ses habitudes, votre chat a l'air triste et abattu. Il reste volontiers lové dans un coin et ne bouge plus. Il dort presque continuellement. Son poil est ébouriffé, ses yeux ternes et vitreux. Il se positionne parfois en sphinx, tête baissée. Si votre chat présente l'un de ces symptômes, prenez d'abord sa température rectale, qui doit normalement se situer entre 38 et 39 °C. La fièvre est une cause fréquente de fatigue et d'abattement.

••• **SOINS** Si les signes persistent plus de 24 heures, conduisez-le chez le vétérinaire, qui fera un examen clinique complet et, si nécessaire, des analyses complémentaires.

Amaigrissement

Les causes peuvent en être nombreuses : une alimentation inadaptée, des parasites intestinaux, des lésions de la bouche, de l'œsophage, de l'estomac ou de l'intestin, une infection virale, une insuffisance cardiaque, rénale ou hépatique ou encore une hyperthyroïdie.

••• **SYMPTÔMES** L'amaigrissement se traduit par une perte de poids due à la fonte graisseuse et musculaire. Une diminution de la vigilance, la fatigue et l'anémie lui sont souvent associées.

••• **SOINS** Si votre chat amaigri a faim après avoir fini sa pâtée, n'hésitez pas : augmentez la dose. Si l'amaigrissement est sévère (plus de 10 % du poids de l'animal), il faut consulter un vétérinaire, qui se chargera d'en déterminer la cause après un bilan de santé complet de l'animal.

Anémie

Elle se caractérise comme une diminution du taux d'hémoglobine – pigment transporteur de l'oxygène dans les globules rouges – dans le sang ou du nombre des globules rouges eux-mêmes. La conséquence est une moindre oxygénation des tissus. Les causes en sont nombreuses : défaut de production des globules rouges dans la moelle osseuse –tumeurs, infection par les virus immunodépresseurs FeLV, FIV (voir p. 269) –, carence en fer ou en vitamine B 12, affection rénale chronique, saignements intestinaux, hémobartonellose (destruction des globules rouges par des parasites sanguins, intoxication par les anticoagulants, voir p. 268).

••• **SYMPTÔMES** Les signes associés à une anémie sont la pâleur des muqueuses buccales, oculaires et génitales, l'essoufflement, la fatigue et l'accélération du rythme cardiaque.

••• **SOINS** Le traitement sera établi en fonction de la cause décelée par le vétérinaire. Si l'anémie est très sévère, une transfusion peut s'avérer nécessaire. On augmentera les quantités de viande rouge ; le foie cru est excellent et quelques pilules de vitamine B12 ne peuvent qu'être bénéfiques.

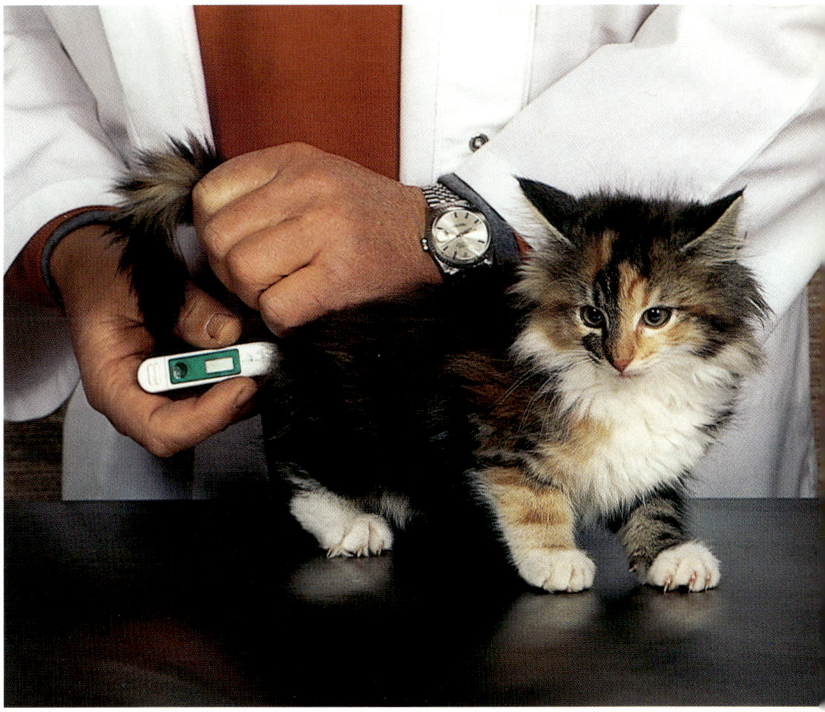

•••
PRISE DE TEMPÉRATURE
Elle se fait avec un thermomètre de bébé ou d'adulte, à bout effilé.

Fièvre, hyperthermie

La fièvre est souvent la manifestation d'un état infectieux ou inflammatoire. Chez le chat, elle peut être due à une infection virale – FeLV, FIV ou PIF (voir p. 269 et 272) – ou bactérienne (abcès cutanés à la suite d'une bagarre), à une affection respiratoire (bronchite, broncho-pneumonie, tumeur thoracique), mais aussi à une rétention ou inflammation urinaire.

••• **SYMPTÔMES** La température rectale peut atteindre 40 °C. L'animal est alors très abattu et ne mange plus.

••• **SOINS** Si la fièvre est l'unique symptôme, des examens complémentaires (prise de sang, radiographie du thorax et analyses d'urine) seront nécessaires si elle persiste au-delà de plusieurs jours. Attention, l'Aspirine et le paracétamol sont toxiques pour le chat.

Ictère ou jaunisse

On parle d'ictère (ou jaunisse) lorsque la peau et les muqueuses du chat sont colorées par un pigment jaune provenant d'une dégradation anormale de l'hémoglobine. Les causes d'une jaunisse sont multiples : maladies infectieuses virales (FeLV, PIF), parasitaires (hémobartonellose), atteinte hépatique.

••• **SYMPTÔMES** Suivant l'origine de l'affection, la couleur de la peau et des muqueuses varie du jaune pâle au jaune franc. Les urines sont parfois colorées en brun et les selles sont foncées.

••• **SOINS** Un ictère est toujours grave et nécessite une consultation urgente du vétérinaire.

Perte d'appétit

On parle d'anorexie en cas de diminution chronique ou de perte complète de l'appétit. L'anorexie peut être psychologique chez un animal momentanément contrarié (voyage, déménagement, changement de propriétaire), due à une affection buccale (gingivite, stomatite), œsophagienne ou intestinale, ou encore liée à une affection métabolique (insuffisance rénale ou hépatique, lipidose hépatique).

••• **SYMPTÔMES** Contrairement à ses habitudes, le chat se montre difficile devant son assiette. Il est capricieux et se met à refuser ce qu'il mangeait jusque-là avec plaisir. L'observation d'autres signes associés (fièvre, vomissement, diarrhée, difficulté respiratoire, etc.) permet de juger de l'urgence d'une consultation.

••• **SOINS** Une perte d'appétit qui persiste au-delà de plusieurs jours serait préoccupante et nécessite une consultation du vétérinaire.

Polydipsie (soif excessive)

Le chat n'est pas un gros buveur. Il trouve en général la ration d'eau qui lui est nécessaire dans sa nourriture. S'il mange des aliments secs (croquettes), il boira davantage que s'il absorbe une alimentation humide.

••• **SYMPTÔMES** Toute augmentation de la prise d'eau peut être un signal d'alarme pour de nombreuses affections : insuffisance rénale ou hépatique, diabète, pyomètre (infection de l'utérus) chez la femelle.

••• **SOINS** Une perte de poids avec augmentation de la prise d'eau doit motiver une consultation chez le vétérinaire.

Polyphagie (faim excessive)

Une augmentation de la prise de nourriture, qui peut conduire à l'obésité, est courante chez le chat qui vit en appartement. Associée à une augmentation de la prise d'eau (ou polydipsie), et donc de la quantité d'urine émise, elle peut être le signe révélateur d'un diabète. Il existe aussi des polyphagies (boulimies) dues à des perturbations psychiques.

••• **SYMPTÔMES** Votre chat se met à manger – et, parfois, à boire – plus que d'habitude.

••• **SOINS** Si votre chat présente ces symptômes, votre vétérinaire procédera à une prise de sang qui permettra de déceler la présence éventuelle d'une hyperglycémie (augmentation du taux de sucre dans le sang). Il pourra également confirmer le diagnostic d'une éventuelle boulimie d'origine psychique.

Les signes oculaires

Larmoiement, rougeurs, gonflement du globe oculaire, opacification doivent être surveillés. Ils peuvent être symptomatiques de lésions graves, mettant en danger la vue de votre chat. Un œil qui larmoie peut résulter d'une occlusion bénigne des canaux lacrymaux, qui sera rapidement traitée, ou d'une conjonctivite infectieuse plus sérieuse (coryza, chlamydophilose). Dans ce cas, l'œil est rouge et à demi fermé. Les autres causes de rougeur oculaire sont nombreuses et peuvent signaler une kératite (inflammation de la cornée), un ulcère cornéen, une uvéite (affection inflammatoire de l'iris), un glaucome ou une hypertension oculaire. L'opacification du cristallin est due à une cataracte qui peut être consécutive à un traumatisme, à une inflammation ou, plus rarement, à un diabète. La procidence (issue à l'extérieur) de la troisième paupière (ou corps clignotant) n'est pas toujours le signe d'une affection oculaire. Ce recouvrement de l'œil, dû à une stimulation du système nerveux végétatif, peut être le signe de troubles gastro-intestinaux (diarrhée, parasites intestinaux).

••• **SYMPTÔMES** Toute modification de l'aspect de l'œil évoquée ci-dessus doit attirer votre attention et faire l'objet de soins.

••• **SOINS** Dans le cas d'une occlusion bénigne des canaux lacrymaux, nettoyez délicatement les yeux à l'aide de sérum physiologique ; si les symptômes persistent et pour les autres affections décrites, consultez le vétérinaire.

Les signes auriculaires

••• **SYMPTÔMES** Si votre chat se gratte les oreilles et que vous constatez la présence de sécrétions noirâtres et malodorantes, il peut s'agir d'une gale auriculaire, affection parasitaire prurigineuse, contagieuse entre chats et chiens. La présence d'un corps étranger ou des infections bactériennes peuvent également occasionner des otites aiguës ou chroniques douloureuses, qui font parfois pencher la tête du chat du côté de l'oreille atteinte.

••• **SOINS** Les affections décrites ci-dessus doivent être traitées correctement sous peine de s'étendre à l'oreille moyenne et de causer des troubles de l'équilibre. Si le chat penche franchement la tête et secoue vigoureusement son oreille, il est préférable de consulter le vétérinaire pour vérifier s'il n'y a pas un épillet dans l'oreille. Lorsque l'otite est banale, on peut nettoyer à sec si l'oreille suinte, ou avec un liquide spécial (délivré par tous les vétérinaires) s'il s'agit seulement d'un excès de sécrétions.

Les signes nerveux

••• **SYMPTÔMES** Les signes traduisant une atteinte du système nerveux sont nombreux et répartis en fonction de l'affection. Le comportement du chat de compagnie vivant en appartement et présentant occasionnellement des « crises de folie » au cours desquelles il fait des bonds et court après sa queue n'a pas lieu de vous inquiéter. En revanche, l'agressivité subite, un changement de comportement chez un animal âgé peuvent être les signes d'une tumeur centrale débutante. Des convulsions peuvent se produire, comme dans les cas d'épilepsie, d'encéphalite ou de méningite virales, d'hypoglycémie ou d'intoxication. Une paralysie brutale peut être d'origine traumatique (chute, choc occasionné par une voiture, par exemple) ou vasculaire (cardiomyopathie).

••• **SOINS** Les symptômes décrits ci-dessus nécessitent une consultation urgente du vétérinaire.

Les signes locomoteurs

Boiterie

••• **SYMPTÔMES** Si votre chat se met soudainement à boiter, palpez délicatement le membre atteint et essayez de localiser le point douloureux ou une zone chaude d'inflammation sur une articulation. Une boiterie peut être le signe d'une douleur occasionnée par une fracture ou une entorse, par une ankylose à la suite d'une fracture ancienne, d'une affection articulaire telle que l'arthrose ou l'arthrite, ou d'un abcès formé après une mauvaise bagarre.

••• **SOINS** Consultez le vétérinaire.

Fracture

••• **SYMPTÔMES** En cas de fracture, la douleur intense empêche votre chat de se servir du membre atteint. Au niveau des segments fracturés, la mobilisation est anormale et associée à un crissement.

••• **SOINS** Évitez tout mouvement du membre cassé et immobilisez votre chat avant de le conduire chez le vétérinaire, qui se chargera de réduire la fracture.

Les signes génitaux

Certaines affections chez la chatte sont l'absence anormale de chaleurs sur un animal non opéré, une tumeur de la paroi vaginale ou des ovaires. On les observe rarement du fait de la fréquente castration des mâles comme des femelles.

••• **SYMPTÔMES** Chez la femelle qui n'a pas subi d'ovariectomie (ablation des ovaires), tout écoulement vulvaire est anormal. Le ventre est souvent ballonné, l'animal est fatigué, parfois même très abattu, et des vomissements peuvent survenir.

••• **SOINS** Il faut alerter rapidement le vétérinaire pour empêcher une septicémie ou l'apparition d'une insuffisance rénale grave. Le traitement, chirurgical, consiste en une ablation des ovaires et de l'utérus de la chatte.

Les signes urinaires

L'urine d'un chat en bonne santé est jaune clair, limpide et possède une odeur caractéristique.

••• **SYMPTÔMES** En cas d'inflammation urinaire (ou cystite, voir p. 265), l'urine peut être trouble, voire teintée de sang. Le chat se rend alors souvent dans son bac à litière, sans résultat. On parle d'anurie lorsque la miction est impossible ; elle peut être la conséquence de calculs. Une miction trop abondante est parfois le signe d'une maladie générale (insuffisance rénale ou hépatique, diabète sucré, pyomètre).

••• **SOINS** Si votre chat éprouve des difficultés à uriner, une consultation d'urgence chez le vétérinaire est requise. L'analyse d'urine, recueillie par cystocentèse ou sondage, sera le préalable à un traitement médical ou chirurgical.

Les signes digestifs

Constipation

La difficulté à déféquer chez le chat est souvent la conséquence d'une alimentation trop carnée et donc d'une insuffisance en fibres chez un animal le plus souvent sédentaire, obèse ou âgé.

••• **SYMPTÔMES** Le chat a du mal à déféquer, mais se rend néanmoins souvent dans son bac à litière, et fait des efforts inutiles pour vider son intestin.

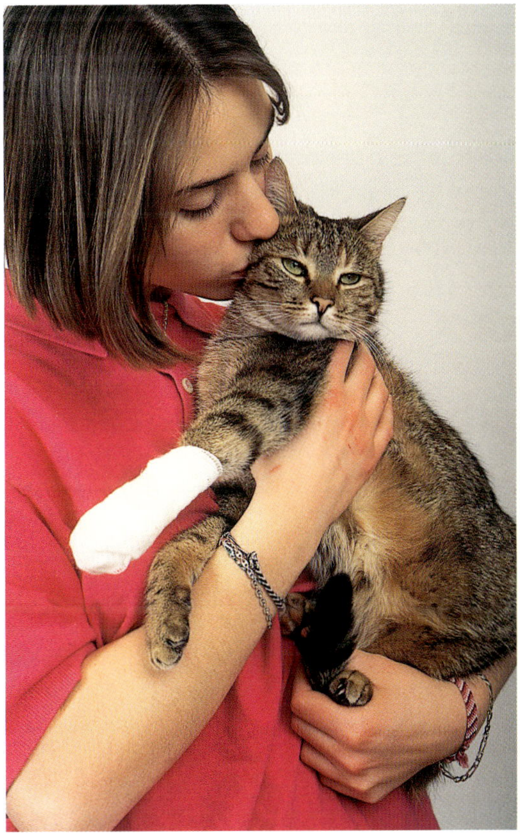

•••
LE CHAT BLESSÉ
Les chats tolèrent mal les pansements. Il faut donc bien les fixer à l'aide d'un sparadrap.

••• **SOINS** Pour faciliter la défécation, on peut ajouter un peu d'huile de paraffine à la nourriture deux ou trois jours de suite. Dans le cas d'une constipation chronique, il faut impérativement modifier le régime alimentaire du chat, en donnant des aliments diététiques appropriés ; par ailleurs, l'insuffisance rénale chronique peut également altérer la fonction digestive, nécessitant souvent des examens complémentaires. Les cas aigus seront traités par la prise d'un laxatif ou un lavement réalisé par le vétérinaire.

Diarrhée

La diarrhée traduit une inflammation, une simple irritation de l'intestin ou encore une fermentation anormale du contenu digestif. Occasionnelle, elle peut être une réaction à un bouleversement des habitudes alimentaires de l'animal. Fréquente ou chronique, elle est plus préoccupante.

••• **SYMPTÔMES** Prenez la peine de noter l'aspect des selles (très liquides, non moulées, ou, au contraire, molles mais moulées, entourées de mucus), la fréquence des défécations et le volume émis. En cas d'érosion importante de la muqueuse, il peut y avoir du sang noir (digéré, et donc en provenance de l'intestin grêle) ou rouge vif en cas de rectocolite.

••• **SOINS** En cas de diarrhée, laissez votre chat à la diète pendant vingt-quatre heures, puis recommencez à le nourrir progressivement avec de la viande blanche (poulet) et des carottes. Au début, quelques gélules d'ultralevure peuvent arrêter une diarrhée banale. Si la diarrhée persiste ou se teinte de sang, consultez le vétérinaire.

Mauvaise haleine, salivation excessive

Le chat a souvent mauvaise haleine en raison de son régime alimentaire essentiellement carné. L'haleine peut être rendue franchement désagréable si les dents sont encombrées de tartre, ou en présence d'une maladie métabolique. C'est ainsi que l'urémie liée à l'insuffisance rénale est à l'origine d'une haleine fétide dite « urineuse ». La salivation excessive peut être due au tartre qui tache les dents d'une couleur brunâtre ou jaunâtre, mais aussi à la présence d'une stomatite, affection inflammatoire de la muqueuse buccale fréquente chez le chat et dont la cause peut être virale, allergique ou tumorale.

••• **SYMPTÔMES** Votre chat a une mauvaise haleine très forte ou bave ; les dents sont entartrées ou non.

••• **SOINS** Un détartrage régulier évite bien des désagréments (dents qui se déchaussent, développement des microbes, déformation des gencives, gingivite). Pour une affection plus grave, consultez votre vétérinaire qui prescrira, si nécessaire, des antibiotiques ou des anti-inflammatoires.

Vomissements

Le rejet du contenu de l'estomac se produit fréquemment chez un chat qui avale trop vite. Il arrive aussi que le chat fasse des efforts spectaculaires pour finir par rejeter une boule de poils mêlés de bile. Le chat vomit facilement et on peut considérer comme normaux trois ou quatre vomissements par mois. Il est nécessaire de bien faire la différence entre régurgitation et vomissement. La régurgitation est le rejet de la nourriture non digérée et peut avoir une origine digestive (gastrite – inflammation de la muqueuse stomacale, occlusion). Le vomissement est le rejet du contenu de l'estomac, quel qu'il soit : nourriture, suc gastrique ou bile. Il peut être en relation avec l'alimentation ou indépendant de toute prise de nourriture et avoir une origine métabolique (rénale, hépatique).

••• **SYMPTÔMES** Le chat souffre de vomissements ou régurgitations répétés.

••• **SOINS** En cas de vomissements aigus, quelles qu'en soient la nature et l'intensité, mettez le chat à la diète complète pendant vingt-quatre heures. Des rejets qui seraient incoercibles, répétés et associés à d'autres signes, motivent une consultation urgente du vétérinaire.

Les signes respiratoires

Écoulement nasal ou jetage, éternuements

••• **SYMPTÔMES** Lorsqu'un chat éternue, il peut s'agir d'une irritation passagère. Mais si les éternuements persistent, que le nez coule et que les yeux larmoient, il s'agit le plus souvent d'une infection virale, responsable du coryza (voir p. 264), courant chez le chat. D'autres signes sont fréquemment associés : fièvre, perte d'appétit, toux, difficultés respiratoires. Chez un chat âgé, l'écoulement nasal peut aussi indiquer une tumeur des sinus.

••• **SOINS** Il faut traiter le coryza avec des antibiotiques, qui éviteront une surinfection bactérienne, soumettre le chat à des séances d'aérosolthérapie ou lui faire des inhalations qui lui dégageront les narines (nettoyez-les bien au sérum physiologique). Si l'affection est chronique, ou si le vétérinaire soupçonne une tumeur, il sera souvent nécessaire d'effectuer des examens complémentaires (rhinoscopie, radiographies, scanner, biopsie sous anesthésie générale).

Essoufflement, difficultés respiratoires

••• **SYMPTÔMES** Une accélération brutale de la respiration peut être consécutive à une forte chaleur ou à une émotion violente. Mais l'essoufflement, les difficultés respiratoires sont parfois les signes d'une affection grave : épanchement pleural, tumeur média-

stinale (lymphosarcome), hernie diaphragmatique suite à un choc ou une chute, rupture du diaphragme avec intrusion des organes abdominaux dans le thorax.
••• **SOINS** Toujours grave, l'essoufflement constitue un motif de consultation urgente chez le vétérinaire. Radiographies et ponctions permettront d'en déterminer l'origine. Quand il fait chaud, laissez le chat à l'ombre, dans une pièce aérée et tranquille.

Toux

••• **SYMPTÔMES** Une toux sèche, faible et courte traduit le début d'une irritation de la trachée ou des bronches (trachéite ou bronchite). Souvent associée à une affection des voies respiratoires supérieures (coryza), elle peut être due également à une infection bactérienne, à une allergie (asthme) ou, chez un chat âgé, à une tumeur pulmonaire (métastases de tumeurs mammaires chez une chatte). Plus rarement, la toux peut avoir une origine cardiaque.
••• **SOINS** Il faut traiter la toux avec des antibiotiques lorsqu'elle est infectieuse, et avec des anti-inflammatoires lorsqu'elle est allergique. Si elle persiste, le vétérinaire réalisera une radiographie du thorax pour visualiser l'étendue et la gravité des lésions.

Les signes cutanés

Abcès

••• **SYMPTÔMES** Il est fréquent qu'une bagarre avec un autre animal occasionne un abcès, souvent impressionnant, au point de morsure ou de griffure, zones souvent situées sur les membres ou sur les reins, ou encore à la base de la queue. La zone affectée est alors tuméfiée, chaude et douloureuse.
••• **SOINS** Il est nécessaire de consulter le vétérinaire, qui débridera l'abcès et désinfectera la plaie avec une solution antiseptique, sous anesthésie générale. Si vous êtes loin de chez un praticien, percez l'abcès avec une grosse aiguille bien désinfectée ; puis pressez pour vider le pus et nettoyez au soluté de Dakin. Si le chat a de la fièvre et semble abattu, il faudra lui administrer des antibiotiques pour éliminer l'infection.

Dépilations

Les pertes de poils peuvent être localisées ou diffuses, inégales ou symétriques. Il arrive qu'elles soient associées à un grattage ou à un léchage intense – le prurit (voir plus loin) –, provoquant l'usure des poils.
••• **SYMPTÔMES** Lorsque des dépilations rondes de quelques centimètres de diamètre apparaissent sur la tête (entre les oreilles, par exemple), il peut s'agir d'une mycose, fréquente chez le jeune chaton. Des dépilations à l'arrière des cuisses et symétriques sur le ventre sont caractéristiques des animaux castrés. Elles sont dues à un défaut d'hormones sexuelles (testostérone chez le mâle, œstrogène chez la femelle) ou sont la conséquence de leur administration.
••• **SOINS** Le vétérinaire devra découvrir la cause de la dépilation et diagnostiquer rapidement les mycoses. Ces affections parasitaires sont en effet contagieuses non seulement pour les autres animaux, mais aussi pour l'homme. Léchage et grattage intempestifs doivent être traités rapidement sous peine d'aggravation spectaculaire, parfois en quelques heures.

Prurit, démangeaisons

Les démangeaisons sont une cause de consultation fréquente du vétérinaire et doivent être surveillées.
••• **SYMPTÔMES** Si le chat se gratte, il faut examiner la peau et le pelage, rechercher la présence de parasites tels que les puces, cause la plus fréquente des démangeaisons. Parfois, seules les déjections des puces sont visibles sous forme de petits points noirs disséminés dans la fourrure : recueillis sur une feuille de papier et humectés d'eau, ils se teintent en rouge (signalant la présence du sang séché ingéré par les puces). Certains chats sont allergiques aux piqûres de puces et développent un eczéma, qu'il faut soigner convenablement.
••• **SOINS** L'animal doit être traité avec un produit antiparasitaire efficace (pipette, spray appliqué avec une lingette ou utilisation d'une poudre insecticide), de même que son environnement (litière, corbeille, moquette, le canapé préféré de l'animal, etc.), car les puces vivent et se reproduisent dans le milieu extérieur. Il existe des produits qui éliminent les puces adultes, leurs larves et leurs œufs disséminés dans le lieu de vie du chat. Contre la démangeaison, essayez l'eau vinaigrée ou l'eau de Dalibour. L'allergie nécessitera un traitement prescrit par le vétérinaire.

•••
QUAND LE CHAT SE GRATTE TROP SOUVENT...
Une démangeaison persistante justifie une consultation chez le vétérinaire.

Les gestes qui sauvent

Savoir reconnaître les signes principaux qui motivent la consultation d'un vétérinaire en urgence pourra vous être utile si votre chat avale un produit toxique, ou est sérieusement blessé par un congénère ou une voiture. N'oubliez pas que la vie de votre chat dépend souvent de la rapidité de votre intervention.

Blessures avec hémorragie

Les soins effectués à la maison sur une plaie grave ont toute leur utilité avant une intervention en urgence. Si votre chat s'est fait mordre, heurter par une voiture ou blesser, et qu'il saigne, il faut avant tout arrêter l'hémorragie. Approchez-vous de lui avec douceur pour ne pas l'affoler. Employez une serviette ou une couverture s'il se débat. Appliquez ensuite une gaze ou un linge propre imbibé d'eau oxygénée sur la plaie et pressez fortement quelques minutes pour permettre au sang de coaguler. Si le saignement persiste, faites un bandage compressif et emmenez votre chat chez le vétérinaire sans perdre de temps à nettoyer la plaie.

Brûlures

Dans la cuisine, les chats courent toujours le risque de s'ébouillanter avec de l'eau ou de l'huile en renversant une casserole ou une poêle sur le feu, ou encore de se brûler gravement en sautant sur une plaque encore chaude.

En cas de brûlure légère, baignez la patte dans de l'eau froide avant d'appliquer un tulle gras sur la lésion.

En cas de brûlure étendue, un traitement immédiat chez le vétérinaire est vital. N'appliquez surtout pas de corps gras, mais recouvrez d'un linge humide pour atténuer la douleur.

Chutes

Les chats sont fréquemment victimes de chutes, plus ou moins graves, notamment lorsqu'ils vivent en appartement à un étage élevé ; ils tombent, par exemple, parce qu'ils se tiennent près d'une fenêtre ouverte et qu'ils cherchent à attraper une mouche ou un oiseau. Ce sont surtout les chats de moins de un an qui sont victimes, l'été principalement, de leur intrépidité.

Les conséquences sont minimes si le chat ne tombe pas de trop haut. Il faut compter avec son extraordinaire capacité de retournement aérien (voir p. 142). Les blessures de la mâchoire sont néanmoins courantes. On peut repérer les fractures du palais (ou fentes palatines) en examinant l'intérieur de la bouche. Les fractures de la mâchoire sont visibles à l'œil nu, et, en cas de déboîtement, le chat ne peut plus ouvrir la bouche.

Le décollement des plèvres, occasionné par une chute, provoque un pneumothorax (épanchement de gaz dans la cavité pleurale) responsable d'une dyspnée (difficulté respiratoire). Le cas échéant, l'animal doit être mis dans une cage et immobilisé pour une consultation urgente du vétérinaire. Les fractures seront traitées ultérieurement, par la chirurgie le plus souvent.

Coups de chaleur

Ils sont moins fréquents que chez le chien car le chat supporte mieux les écarts de température, mais ils peuvent survenir, par exemple, lorsque le chat reste enfermé dans un véhicule au soleil. La température du corps s'élève rapidement à 41 °C, et il faut agir d'urgence pour la faire tomber.

Transportez le chat à l'ombre, enveloppez-le d'un linge humide et arrosez-le d'eau froide avant de le transporter d'urgence chez le vétérinaire.

Électrisation

Les chatons qui jouent avec les prises de courant ou mâchonnent des fils électriques peuvent souffrir de brûlures graves de la bouche et de la langue, longues à cicatriser, associées à un état de choc ou à un œdème pulmonaire.

Seul le vétérinaire, que l'on consultera en urgence, pourra tenter un traitement.

INTERDIT EN SAISON CHAUDE
Lorsque les températures sont élevées, il ne faut jamais laisser un chat enfermé dans une voiture, même vitre entrouverte.

GARE À L'IMPRUDENCE DU CHATON
Le chat adulte est très prudent quant à ce qu'il ingère. Il peut ne pas en être de même chez le chaton.

Ingestion d'un corps étranger

Des arêtes de poissons, des parcelles d'os ou des aiguilles peuvent facilement se coincer dans le larynx du chat. Si tel est le cas, il faut très rapidement faire appel au vétérinaire, car l'objet ingéré peut s'enfoncer de plus en plus profondément et causer des lésions graves.

Prenez garde, pendant les fêtes de fin d'année, à ne pas laisser votre chat jouer avec les papiers métallisés des chocolats roulés en boule. Certains animaux se prennent tellement au jeu qu'ils les avalent, devenant ainsi victimes d'occlusions dramatiques.

Intoxications

Il arrive au chat d'ingérer des substances parfois fort banales pouvant provoquer des empoisonnements graves. Le plus souvent, les intoxications se font par voie digestive à la suite du léchage de son pelage imprégné de substances toxiques (goudron, insecticides organophosphorés ou carbamates). Les signes digestifs prédominent : salivation, vomissements, diarrhée. Les yeux pleurent, les pupilles sont serrées, et parfois des signes nerveux apparaissent (convulsions, troubles de la démarche).

Il peut être indiqué, si les signes sont discrets, de laver l'animal afin d'éviter l'absorption du toxique ; mais si les signes sont sévères, l'animal doit être transporté d'urgence chez le vétérinaire, où il recevra des soins intensifs et rapides, et, si c'est possible, un antidote spécifique. Si vous êtes sûr que votre chat a ingéré un toxique :

- faites-le vomir en lui faisant absorber de l'eau salée (à raison d'une cuillerée à café de sel dans un verre d'eau) ou de l'eau oxygénée à 5 volumes (2 cuillerées à soupe) ;
- immédiatement après, administrez-lui 3 sachets de Phosphalugel ou encore du charbon en poudre ou en granulés (2 cuillerées à café) ;
- ne lui donnez pas de lait si vous ne connaissez pas la nature du toxique ;
- déterminez le produit ingéré et apportez-le au vétérinaire en même temps que l'animal ;
- en cas d'impossibilité de déplacement, téléphonez à un centre antipoison vétérinaire.

Les principales substances toxiques

De multiples causes peuvent être à l'origine d'une intoxication et requérir un traitement adapté.

L'ingestion d'acides entraîne des brûlures des muqueuses digestives accompagnées de vomissements et d'une salivation excessive. Le bicarbonate de soude est un bon contrepoison, mais à administrer avec parcimonie.

Massage cardiaque

On peut le pratiquer en cas de syncope ou de perte de conscience. Il faut comprimer puis relâcher les côtes au niveau de la moitié inférieure du thorax au rythme d'une pression par seconde. Un aide tire la langue à l'extérieur de la cavité buccale et vers le bas pour bien ouvrir le larynx.

L'ingestion de soude caustique provoque les mêmes symptômes, mais le traitement est à l'opposé du précédent : l'antidote est alors le vinaigre ou le jus de citron.
L'éthylène glycol. Les chats apprécient son goût et la dose fatale est particulièrement faible. Il faut donc bien mettre ce produit hors de portée. L'intoxication se traduit par une léthargie, une hypothermie pouvant conduire au coma et à la mort. L'éthylène glycol se transforme en cristaux d'oxalates de calcium dans tous les tissus du chat, notamment ceux de la vessie et du rein, provoquant des lésions parfois irréversibles.
L'arsenic entraîne des douleurs abdominales, des vomissements avec une odeur d'ail caractéristique et, très rapidement, le coma et la mort. Le traitement consiste à faire absorber à l'animal du bicarbonate de soude, du Phosphalugel.
La strychnine est un poison moins répandu depuis quelques années, mais on la trouve encore dans certains appâts contre les rats, les taupes, les renards. Le chat qui a ingéré de la strychnine est pris de convulsions, ses membres se raidissent, son cou est arqué en arrière, la tête tendue. La mort survient rapidement par paralysie des voies respiratoires. Absorbé à faible dose, le toxique suscite des crises nerveuses et une extrême agitation. L'antidote est le Gardénal, ainsi que d'autres barbituriques ou anesthésiques. Le chat doit être maintenu dans le noir complet, sans bruit ni manipulation.
Le Méta, employé dans certaines substances destinées à tuer les limaces, provoque des troubles nerveux convulsifs, mortels en l'absence de traitement.
Les rodenticides (produits pour tuer les rongeurs) sont parfois ingérés par les chats, de façon directe ou par léchage s'ils sont utilisés sous forme de poudre répandue sur le sol. Ils peuvent provoquer des hémorragies internes en perturbant les mécanismes de la coagulation. Les symptômes peuvent survenir 4 ou 5 jours après l'ingestion. Le chat est abattu, anémié et peut faire un collapsus lors d'un effort. La transfusion est parfois vitale, ainsi que des soins intensifs par injection intraveineuse avec l'antidote, la vitamine K1, pour restaurer les fonctions de coagulation.
Certains insecticides entraînent des troubles sévères : vomissements, crises d'épilepsie, convulsions et pertes d'équilibre.

Noyade

Les chats n'aiment pas beaucoup l'eau, mais ils savent nager si les circonstances l'exigent. Attention : la noyade peut survenir si le chat n'arrive pas à sortir seul de l'eau. Faites attention à la piscine et à sa couverture de protection. Si vous retirez de l'eau un chat en train de se noyer, suspendez-le la tête en bas en le tenant par les pattes de derrière, pour évacuer l'eau de ses poumons. Respiration artificielle et massage cardiaque peuvent s'avérer nécessaires ainsi que, bien évidemment, l'intervention du vétérinaire.

Piqûres d'insectes

Les piqûres d'insectes surviennent le plus souvent sur la face ou dans la gorge et peuvent y être à l'origine d'un œdème allergique, entraînant l'obstruction des voies respiratoires. Il faut conduire d'urgence le chat chez le vétérinaire, qui lui administrera un anti-allergique et effectuera un sondage trachéal, voire une trachéotomie, si nécessaire. Parfois, l'absorption d'un antihistaminique fait rapidement régresser l'enflure. La recrudescence de chenilles processionnaires au printemps est malheureusement à l'origine de lésions, de type brûlure, très douloureuses et délabrantes sur la langue et la face du chat.

Plantes toxiques

Les bulbes tels que ceux des tulipes, narcisses, jacinthes, jonquilles sont souvent pour le chat qui les mâchonne à l'origine d'une inflammation de la sphère buccale, de gastrites, voire de troubles nerveux. Les fruits des pommiers d'amour suscitent aussi des troubles nerveux tandis que le ficus peut entraîner une hépatite. Corrosifs pour les muqueuses buccale et digestive du chat, dieffenbachias, poinsettias et philodendrons provoquent en outre des dermatites et des conjonctivites.

Le rhizome du cyclamen peut, lui, être à l'origine d'une gastro-entérite, de troubles nerveux et cardio-vasculaires. Le laurier-rose peut aussi déclencher une gastro-entérite – comme d'ailleurs, parmi les plantes de jardin, le cytise – ainsi que des troubles respiratoires.

Si votre chat vient d'ingurgiter l'une de ces plantes, vous pouvez essayer de le faire vomir en lui faisant absorber de l'eau salée ou de l'eau oxygénée. De toute façon, rendez-vous d'urgence chez un vétérinaire.

•••
DES MÉDICAMENTS DANGEREUX
Ne laissez pas traîner vos médicaments. Même par jeu, votre chaton peut les ingérer.

Le choix du vétérinaire et des thérapies

Longtemps axée principalement sur le chien, la médecine vétérinaire met maintenant les chats sur un pied d'égalité. Ils sont traités avec les mêmes techniques, les mêmes moyens. Et ce n'est pas peu dire car, en quelques décennies, médecine et chirurgie des animaux de compagnie ont connu une fantastique progression.

Cliniques ou cabinets ?

Le vétérinaire exerce en tant que praticien dans un cabinet ou une clinique. Dans un cabinet, il consulte, pratique des interventions chirurgicales courantes, hospitalise et peut effectuer des analyses sanguines ; dans une clinique, il dispose d'un ou plusieurs blocs chirurgicaux, d'une anesthésie gazeuse ainsi que d'oxygène pour la réanimation ; il peut même offrir un service d'urgence.

Son équipement varie selon le niveau de services qu'il désire rendre sur place : radiographie, échographie, endoscopie, analyseurs divers (paramètres sanguins).

En cabinet ou en clinique, il peut exercer avec des assistants vétérinaires ou bien des associés.

Il arrive très souvent que des vétérinaires de compétences diverses soient réunis dans une même clinique (cardiologues, comportementalistes, etc.).

Les spécialistes et la médecine de pointe

Si la plupart des vétérinaires sont des généralistes et arrivent à résoudre presque tous les problèmes de votre chat, on a vu ces dernières années se développer la notion de spécialiste, exactement comme pour l'homme. Ces spécialistes peuvent être consultés directement mais, le plus souvent, c'est le vétérinaire traitant qui va référer un cas délicat.

Ces vétérinaires spécialisés ont parfois une clinique, c'est le cas en ophtalmologie, en dermatologie, en orthopédie ou en comportement. D'autres sont itinérants et viennent sur demande, en tant que consultants dans la clinique du vétérinaire. Votre praticien va donc pouvoir vous offrir, selon la disponibilité locale des spécialistes (encore disparate sur l'Hexagone), une gamme très étendue de soins et de possibilités de diagnostic.

Toutes les disciplines médicales et chirurgicales contribuent à une meilleure santé des chats. Les spécialités les plus courantes sont la dermatologie, le comportement, la médecine interne (avec une large part dévolue à l'endocrinologie), la cancérologie, la cardiologie, l'ophtalmologie, la chirurgie, l'anesthésiologie et la réanimation, la neurologie et la dentisterie. Parmi les techniques utilisées, on compte l'endoscopie qui permet d'explorer par les voies naturelles, l'arthroscopie qui diagnostique et traite les lésions articulaires, l'échographie et l'échocardiographie d'une importance capitale, le scanner et la résonance magnétique (IRM) qui, malgré leur coût élevé, restent d'une efficacité inégalée pour préciser des diagnostics très difficiles (neurologie, cancers). Certaines ne peuvent être employées que dans des centres spécialisés, comme la radiothérapie (pour le traitement de certaines tumeurs) ou les examens réalisés par scanner, résonance magnétique ou endoscopie ; votre vétérinaire sera à même de vous informer. Les écoles vétérinaires de Lyon, de Maisons-Alfort, de Nantes et de Toulouse disposent d'équipements de pointe, et celle de Toulouse a mis en place depuis peu une consultation de médecine féline.

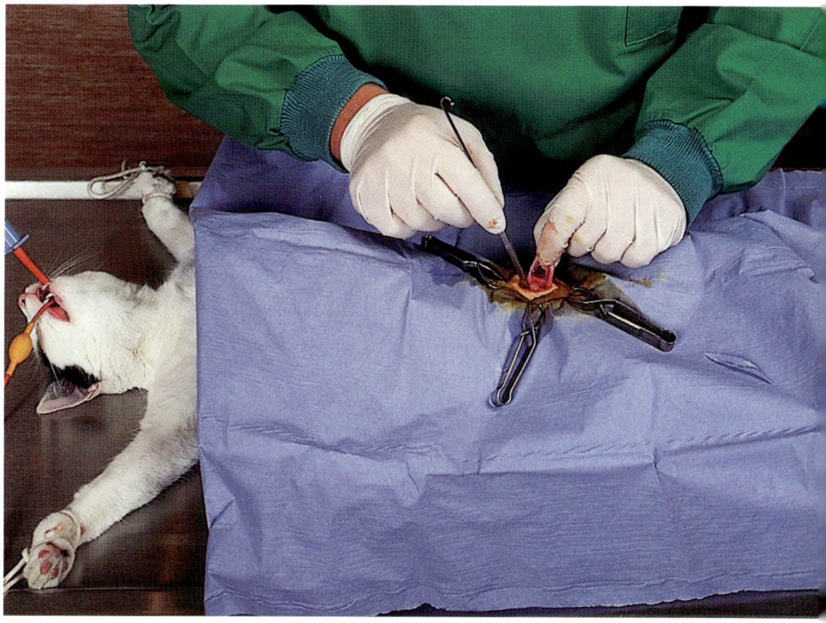

•••
INTERVENTION CHIRURGICALE
La plupart des vétérinaires pratiquent la chirurgie courante, ici une ovariectomie.

Les cliniques pour chats

La première clinique vétérinaire réservée aux chats a ouvert ses portes en 1987, à Paris. Depuis, d'autres ont été établies à Nancy, au Havre, à Marseille et dans les agglomérations de Lyon et de Nantes. Outre la spécialisation, ces cliniques offrent un environnement hospitalier au sein duquel les chats ne sont pas perturbés par les bruits ou les odeurs des chiens. Signalons enfin que des laboratoires d'analyses vétérinaires traitent tous les jours des centaines de prélèvements ou de biopsies.

Tout cela a hélas un prix, mais fort heureusement la médecine quotidienne du chat reste abordable.

Des techniques novatrices

Longtemps parent pauvre de la médecine vétérinaire, le chat accède aujourd'hui à un statut de patient à part entière, à l'instar du cheval et du chien, et il existe désormais en Europe, comme sur le plan national, des congrès et journées d'études qui favorisent l'échange entre chercheurs et praticiens des chats. Cette spécialisation permet de prendre en compte les particularités physiologiques, biologiques et comportementales du chat et de procéder à un diagnostic et à une prise en charge adaptés. Ainsi, un chat stressé – par l'attente, la peur du praticien ou encore par les embouteillages dans lesquels la voiture de son propriétaire a été prise lors du trajet vers le cabinet ou la clinique – peut présenter une hyperglycémie de 3 g/l sans pour autant souffrir d'un diabète. Et une meilleure connaissance

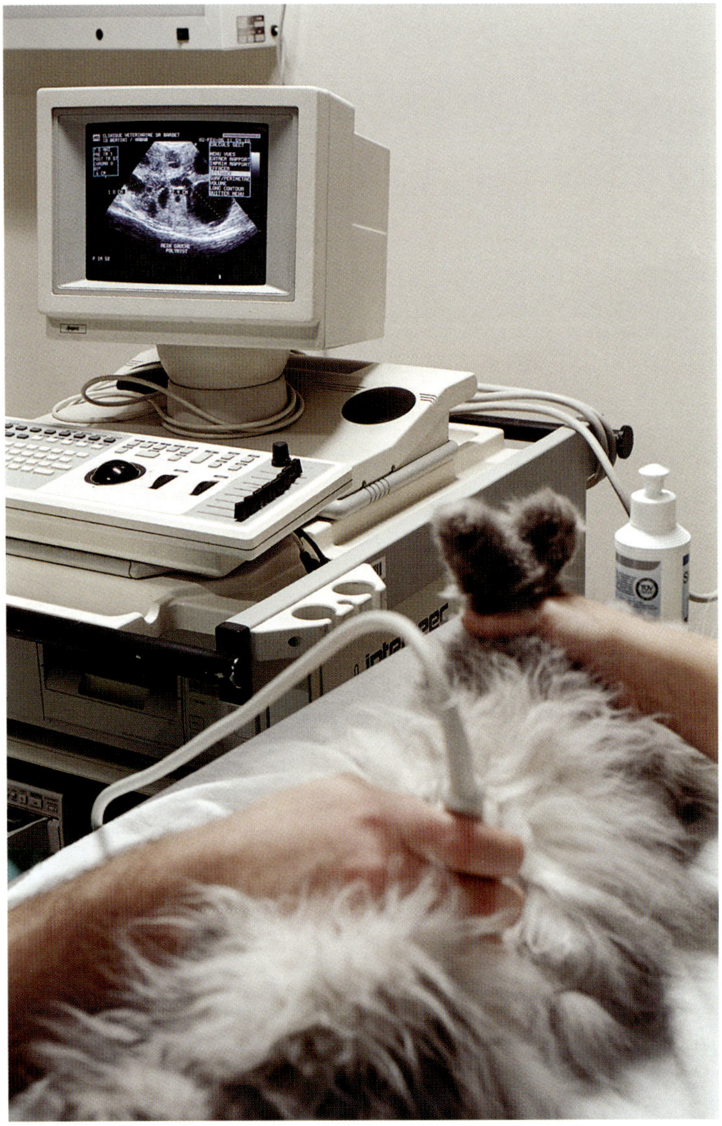

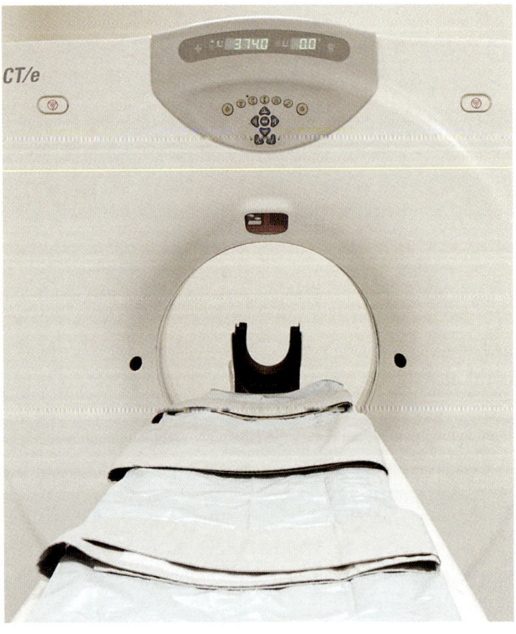

TECHNIQUES DE POINTE Les chats peuvent désormais bénéficier des progrès de l'imagerie médicale . En haut, une échographie ; en bas, un scanner.

du chat a abouti à des progrès considérables dans le soulagement ou la prévention de la douleur, chronique ou liée à des interventions chirurgicales, tels que le recours aux morphiniques, administrés parfois sous forme d'un patch. Enfin, de nombreuses pathologies félines (infection par les rétrovirus, cystite interstitielle, asthme, etc.) servent de modèles à la médecine humaine et ont inspiré des programmes de recherche profitant à la santé de tous.

L'exemple du traitement du cancer

Il existe maintenant une véritable cancérologie avec une recherche, des spécialistes praticiens et un matériel thérapeutique de plus en plus sophistiqué. Certes, la chirurgie classique du cancer est encore souvent incontournable, mais on peut concevoir maintenant des soins postopératoires chimiothérapiques et / ou radiothérapiques.

• **La chimiothérapie.** C'est l'utilisation de substances qui, injectées (par voie intraveineuse en général), se fixent électivement sur les cellules cancéreuses et les détruisent. Cette thérapeutique doit être appliquée selon des principes stricts car le choix de la substance, sa combinaison avec d'autres et la durée du traitement se font selon des protocoles précis.

On est parfois limité par la capacité du chat malade à supporter cette chimiothérapie qui, bien sûr, n'est jamais anodine et peut entraîner des vomissements, des nausées, des états de prostration.

• **La radiothérapie.** Elle fait appel à des substances radioactives dont les rayons détruisent les cellules cancéreuses par action directe. La bombe au cobalt fait partie des moyens employés dans ces techniques de pointe. Seul inconvénient, la nécessité d'anesthésier l'animal, car l'application des rayons doit être strictement limitée au siège de la tumeur pour ne pas léser les organes environnants.

Dans le cas d'une tumeur très fréquente chez le chat, le fibrosarcome, on utilise un autre type de radiothérapie : l'implantation postopératoire d'un fil d'iridium sur le siège de la tumeur que l'on vient d'enlever. La radioactivité de ce métal détruit localement les cellules cancéreuses disséminées dans le voisinage de la tumeur. Le chat doit rester quelques jours hospitalisé dans une cage plombée pour ne pas irradier son entourage.

Dans le diagnostic précis de certains cancers, le scanner est maintenant à la disposition des vétérinaires. Cette technique d'imagerie médicale permet une exploration précise, par tranches, de zones non accessibles à la radiologie normale (encéphale, moelle épinière, etc.). Les tumeurs apparaissent de manière très visible, ainsi que les lésions ou malformations.

Les vaccinations

L'acte vaccinal consiste à injecter à un organisme vivant des substances dites immunogènes ; il a pour conséquence d'amener le corps à développer une résistance vis-à-vis de ces substances et de protéger ainsi l'animal contre les maladies qu'elles peuvent déclencher.

À l'heure actuelle, la vaccination chez le chat vise exclusivement les maladies d'origine virale, qui sont toutes mortelles et pour lesquelles il n'existe pas de traitement. Il s'agit des infections respiratoires dues essentiellement à des herpès et aux calicivirus, de la panleucopénie (appelée aussi typhus), de la rage (une zoonose, c'est-à-dire que l'homme peut être contaminé par un chat infecté), et de la leucose féline, due à un rétrovirus.

La vaccination contre la chlamydophilose, bactérie responsable de certaines infections respiratoires non mortelles et pour lesquelles un traitement à base d'antibiotiques existe, est également disponible ; elle est essentiellement indiquée pour les chattes reproductrices et soumises au stress de gestations répétées ainsi que pour celles vivant en colonie.

Lors de la vaccination contre la leucose, il est fortement recommandé par l'ensemble des producteurs de vaccins de procéder préalablement à un test de dépistage afin de vérifier que le chat n'est pas déjà porteur du virus de cette maladie. Il faut savoir que les prises de sang peuvent désormais se pratiquer sans anesthésie du chat, et que le résultat de ces tests peut être connu pendant la consultation si le vétérinaire dispose de tests spécifiques ou dans les 48 à 72 heures s'il travaille avec un laboratoire spécialisé. La procédure est donc peu contraignante et apporte une sécurité supplémentaire. On peut éventuellement renoncer à cet examen sérologique si l'origine du chat et son passé (père et mère indemnes ou chaton n'ayant jamais eu de contact avec des chats leucosiques) sont parfaitement connus.

Primovaccination et rappels

La protection vaccinale nécessite en général deux injections, selon des protocoles vaccinaux qui dépendent à la fois des besoins individuels – un chat vivant dans une collectivité avec des chats de toute provenance n'a pas les mêmes besoins qu'un chat d'appartement –, de son âge et de la nature des vaccins employés. C'est le vétérinaire qui est le plus à même d'établir le protocole le mieux adapté à chacun de ses patients, en fonction de son mode de vie.

La primovaccination s'effectue dès l'âge de 6 ou 7 semaines pour les infections respiratoires ou coryza ainsi que pour le typhus, et à partir de 9 semaines pour la leucose. La vaccination antirabique fait l'objet de dispositions règlementaires particulières. Elle ne peut pas être effectuée avant l'âge de 3 mois révolus, mais les progrès technologiques réalisés permettent désormais de pouvoir apporter une protection optimale en une seule injection (voir p. 147).

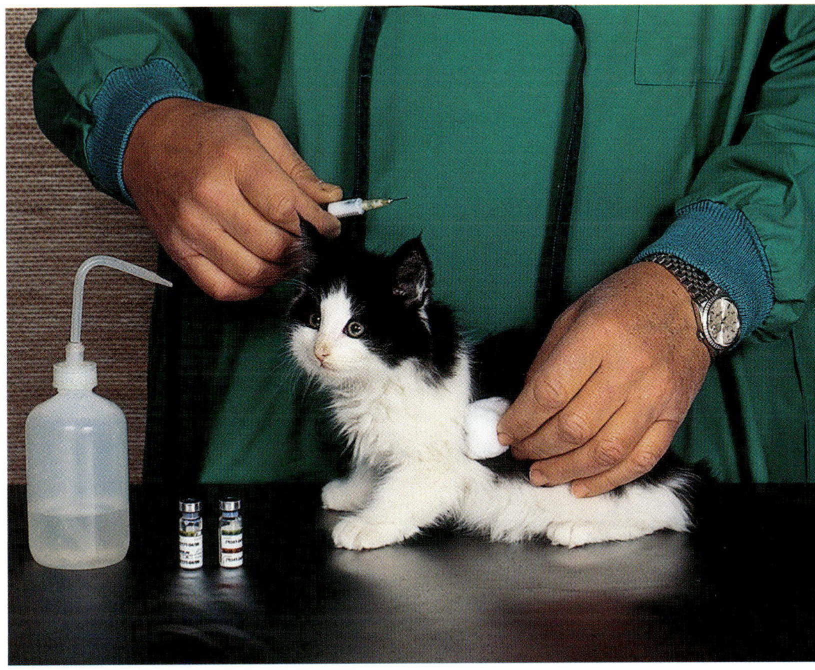

Les rappels de la primovaccination s'effectuent dans un délai de trois semaines à un mois, puis une fois par an par la suite. Contrairement à une idée répandue, les vaccinations reçues pendant le jeune âge ne protégeront malheureusement pas le chat durant toute sa vie. À l'instar d'une personne âgée, le chat senior est plus fragile que l'adulte et nécessite un suivi régulier et une protection optimale. C'est pourquoi les vaccinations doivent être pratiquées régulièrement, tout au long de la vie du chat, pour l'aider à vivre mieux et plus longtemps.

Lors de chaque vaccination, votre vétérinaire appose la vignette correspondant à l'injection qu'il vient de réaliser, ainsi que son cachet et sa signature authentifiant son acte, sur le carnet de vaccination qu'il délivre à votre chat.

Des effets secondaires

La vaccination met en action les moyens de défense immunitaires. Parce qu'elle protège l'animal, elle peut générer quelques désagréments pendant les 24 heures qui la suivent. Ainsi, chez le chat comme chez l'homme d'ailleurs, une douleur au point d'injection est possible ainsi qu'une légère fièvre, témoin d'une activité intense des mécanismes immunitaires, prouvant « que la vaccination prend ». Cependant, la fièvre chez le chat s'exprime essentiellement par une apathie, de la somnolence et une anorexie qui donnent des inquiétudes au propriétaire. Si ces symptômes venaient à persister au-delà de 48 heures, il convient alors de rappeler son vétérinaire.

•••
LES BIENFAITS DES VACCINS
Les vaccins sont indispensables à la protection de votre chat contre certaines maladies mortelles.

Les médecines douces

Les médecines douces répondent à une véritable attente des propriétaires de chat et sont de plus en plus pratiquées par les vétérinaires. Il existe désormais des formations spécifiques pour les différentes thérapies.

La phytothérapie

Elle a l'avantage de proposer au chat un médicament sous forme liquide, sirupeux, généralement appétant de façon spontanée. Ainsi la valériane est particulièrement appréciée et constitue un anxiolytique quasi naturel. Dans les formes récidivantes de coryza chroniques, pour lesquelles la médecine allopathique reste souvent impuissante, la phytothérapie peut être une alternative très intéressante. Elle relève de la prescription vétérinaire.

L'acupuncture

Quoique peu développée pour le chat en Chine, berceau de naissance de cette discipline, l'acupuncture a su s'intéresser à la pathologie féline. Le chat tolère d'ailleurs souvent remarquablement bien les aiguilles. La description des méridiens et des points principaux permet de proposer des traitements adaptés à des pathologies courantes et à celles, parfois, où la médecine allopathique n'apporte pas tous les résultats escomptés.

Les troubles qui répondent le mieux sont les affections neurologiques et comportementales, ainsi que les problèmes ostéo-articulaires, cutanés et digestifs. Si les aiguilles sont réservées au vétérinaire, le propriétaire peut prolonger l'action d'une séance en effectuant à la maison des massages de points ou de zones corporelles. L'acupuncture est la médecine de l'Énergie, et le chat est Énergie...

L'acupuncture peut être pratiquée avec les aiguilles traditionnelles, chauffées ou non avec des moxa (selon l'effet recherché). Le laser ou le dermojet – qui permet d'injecter une très faible quantité de liquide dans le derme – utilisé sur les points d'acupuncture sont égalment très efficaces, notamment sur des points d'accès délicats (sur l'aile du nez, par exemple). Les traitements nécessitent habituellement deux à trois séances à huit jours d'intervalle, selon les pathologies.

L'ACUPUNCTURE Cette thérapie venue de Chine est pratiquée avec succès par quelques spécialistes vétérinaires.

L'homéopathie

Le principe *simili similibus curant* en est bien connu : un produit, administré à des doses normales, causant dans un organisme une certaine action, donnera l'effet inverse administré à des doses infimes. Le venin d'une piqûre d'abeille déclenche par exemple une violente irritation, mais, dilué de manière infinitésimale, il sera employé contre les inflammations. Ce procédé n'est pas si simple qu'il le paraît et le médecin – comme le vétérinaire – homéopathe ne se contente pas d'appliquer des formules et des recettes. Il doit tenir compte de l'état physiologique et neurologique du patient – en l'occurrence de l'animal –, étudier de façon approfondie les circonstances exactes d'apparition des symptômes et leur coexistence avec d'autres facteurs. Si votre chat est de ces heureux compagnons indéfectiblement sereins, il ne sera pas traité de la même façon qu'un animal nerveux.

Les médicaments homéopathiques se présentent sous forme de granules, de gouttes ou de teintures. La dilution est donnée par les lettres DH (décimale) ou CH (centésimale). Ils sont à administrer une ou plusieurs fois par jour, en dehors des repas, à des heures précises.

Ainsi, pour soigner un coryza, on pourra utiliser *Nux vomica* et *Aconitum napellus* 5 CH au tout début, *Alium* et *Sulfur* 5 CH s'il y a écoulement. Il existe également un traitement homéopathique des tendances épileptiques ainsi que des phénomènes respiratoires chroniques *(Antimonium arsenicosum – Kalium carbonicum)*. Dans les crises de rhumatismes, on peut utiliser *Bryonia alba* 4 CH contre la douleur, et pendant des mois *Berberis vulgaris* et *Lycopodium clavatum*.

Nombreuses sont les applications de l'homéopathie, mais seul un véritable spécialiste peut prescrire de façon efficace ce qui conviendra à votre chat.

Autres disciplines

Comme en médecine du cheval, la kinésithérapie et l'ostéopathie peuvent être utilisées chez le chat, mais ce sont deux disciplines encore peu développées.

Dictionnaire des maladies

Ce dictionnaire a été conçu pour vous aider à aborder sereinement les troubles de votre fidèle ami en vous informant sur les causes des affections internes, maladies graves infectieuses et non infectieuses, zoonoses (maladies transmissibles à l'homme), leurs symptômes et les soins qui peuvent leur être apportés. Il ne peut pas remplacer les visites chez le vétérinaire, mais devrait vous permettre de mieux renseigner celui-ci et de mieux comprendre les soins qu'il préconise.

a

Affections de l'oreille interne et moyenne

(voir otite)

Agressivité

Si le chat peut parfois légitimement griffer ou mordre un animal ou une personne qui l'agresse, il n'est pas normal qu'il se mette soudainement à griffer ou mordre de façon régulière. Certaines affections peuvent induire ce comportement comme le développement d'une tumeur cérébrale, une insuffisance rénale ou hépatique, l'atteinte par le virus rabique, etc.

••• **SYMPTÔMES** Lorsque la cause est purement due à un trouble du comportement, le chat agresse ses congénères ou son propriétaire dans des circonstances souvent bien identifiées.

••• **SOINS** Il est important de consulter son vétérinaire pour faire un bilan médical approfondi et entreprendre ensuite des modifications comportementales et/ou un traitement médical adapté.

Alopécie

(voir dépilations, chutes de poils)

Anémie

Il s'agit d'une diminution du nombre des globules rouges circulant dans le sang et du taux d'hémoglobine.

••• **SYMPTÔMES** Les muqueuses du chat sont pâles, notamment la conjonctive. Le chat peut être en hypothermie, s'il présente une hémorragie ou des saignements.

••• **SOINS** Le traitement est symptomatique, c'est-à-dire qu'on traite, lorsque cela est possible, les causes parasitaires, toxiques ou virales. Une transfusion peut être pratiquée dans certains cas.

Arthrose

••• **SYMPTÔMES** Cette affection des articulations, qu'on appelle également rhumatisme chronique, est douloureuse et ankylosante. Elle est fréquente chez les animaux âgés, mais on la rencontre aussi chez les chats jeunes à la suite d'affections du squelette (hypervitaminose A et ostéofibrose), accompagnée de douleurs, de déformations et de boiteries.

••• **SOINS** Le traitement vise à soulager l'animal par l'administration d'anti-inflammatoires à visée antalgique.

Asthme

••• **SYMPTÔMES** Le chat peut être sujet à une dyspnée aiguë avec détresse respiratoire : lors d'une crise, l'asthme constitue une urgence vitale.
Il est dû à une hyper-réactivité bronchique associée à des phénomènes inflammatoires locaux et présente de nombreuses similitudes avec l'asthme dont souffre l'enfant. Dans certains cas, une toux chronique peut être l'unique symptôme observé.

••• **SOINS** Lors d'une crise aiguë, le traitement fait appel aux corticoïdes, aux bronchodilatateurs et à l'oxygène. La cause allergique n'est pas facile à mettre en évidence mais des tests sont possibles pour identifier les pneumallergènes.
Le traitement médical de la forme chronique fait appel aux mêmes médicaments et moyens qu'en médecine humaine : anti-inflammatoires, en privilégiant la voie aérosol.

b

Boules de poils

Le chat, en se toilettant, ingère chaque jour des poils, qu'il digère bien et qui contribuent vraisemblablement à un fonctionnement optimal de son transit digestif.

••• **SYMPTÔMES** Certains chats, et plus particulièrement ceux à poils longs, vomissent des boules de poils, au terme d'efforts d'expulsion souvent précédés d'un cri très rauque. Ces expulsions peuvent avoir lieu plusieurs fois au cours d'un mois.

••• **SOINS** Des comprimés ou pâtes orales sont disponibles chez votre vétérinaire pour faciliter le transit de ces poils et prévenir les vomissements. Des aliments diététiques sont également disponibles.

Bronchite, broncho-pneumonie

Ce sont des affections de l'appareil respiratoire profond, c'est-à-dire des bronches et des poumons. La bronchite, ou inflammation des bronches, peut être aiguë ou chronique. Les formes aiguës sont essentiellement d'origine infectieuse (virale ou bactérienne), ou résultent de l'action d'agents irritants divers (fumées, poussières, insecticides).

••• **SYMPTÔMES** Le symptôme dominant est la toux. Si celle-ci persiste, on parle de bronchite chronique : des modifications anatomiques se produisent alors, avec notamment un épaississement des bronches, visible sur une radiographie.
Une broncho-pneumonie est une affection grave et purulente des petites bronches et des alvéoles pulmonaires avoisinantes.
La cause est infectieuse.
Le chat est alors très abattu et fiévreux. Il éprouve des difficultés respiratoires (dyspnée, voire même discordance) et reste en position de sphinx.

••• **SOINS** Une radiographie du thorax permet de visualiser l'étendue des lésions.
Le traitement, à base d'antibiotiques, dure plusieurs semaines, et des contrôles radiographiques réguliers sont pratiqués.

c

Calculs

••• **SYMPTÔMES** Les calculs urinaires du chat sont de natures diverses et ne sont pas tous visibles sur une radiographie. Seule l'analyse des urines ou des calculs eux-mêmes permet de connaître leur nature. Leur taille peut également varier, du simple sable dans l'urètre à des calculs ressemblant à de petits oursins, de un à deux centimètres de diamètre, très délabrants pour la vessie. Même de taille très réduite, ils peuvent former des bouchons avec les débris cellulaires qui obstruent alors l'urètre et empêchent l'émission d'urine.

••• **SOINS** L'obstruction (impossibilité d'uriner) de la vessie est une urgence vitale. Le vétérinaire sondera au besoin l'animal sous anesthésie, et traitera l'état de choc et l'insuffisance rénale éventuellement associés.
Cette affection est plus fréquente chez le chat mâle castré et sensiblement moins remarquée chez la femelle,

peut-être en raison de différences anatomiques (urètre plus large chez la femelle). Elle a indéniablement une origine alimentaire (alimentation de mauvaise qualité, abreuvement insuffisant, etc.). Mais cela n'explique pas tout, et le spasme obstructif qui se produit sur le microcalcul a certainement une cause différente. Offrez à votre chat de l'eau fraîche, et ne lui donnez que des aliments de bonne qualité. Selon la nature des calculs, le traitement pourra être diététique ou chirurgical.

Cardiomyopathies

Ce sont les affections du muscle cardiaque, qui conduisent à une insuffisance. Elles se présentent essentiellement sous deux formes chez le chat. Dans la forme dilatée, les parois du cœur sont diminuées, et les cavités (oreillettes et, surtout, ventricules) augmentées. La moyenne d'âge des animaux atteints est de neuf ans. Dans la forme non dilatée, les parois du cœur sont au contraire épaissies, et les cavités cardiaques réduites. La moyenne d'âge des chats touchés est alors de six ans.

••• **SYMPTÔMES** Les signes cliniques associés aux cardiomyopathies sont l'anorexie, une dyspnée (difficulté respiratoire) plus ou moins prononcée, la paralysie subite due à l'embolisation d'un caillot sanguin dans l'aorte, et enfin, éventuellement, une mort rapide.

••• **SOINS** Le diagnostic nécessite la mise en œuvre d'examens complémentaires – radiographie et échocardiographie –, car le traitement diffère en fonction du type de cardiomyopathie. Un test de dépistage génétique de la cardiomyopathie hypertrophique devrait être mis au point rapidement.

Cataracte

••• **SYMPTÔMES** Il s'agit de l'opacification d'une ou de toutes les structures du cristallin, qu'il faut différencier de la sclérose ou fibrose cristallinienne, physiologique chez le vieil animal, et où le cristallin prend simplement un aspect bleuté. La cause peut être héréditaire, inflammatoire (complication d'une uvéite), ou traumatique.

••• **SOINS** Lorsque l'animal souffre d'une cataracte bilatérale et lorsqu'il est atteint de cécité, le traitement est chirurgical, à condition toutefois que la rétine soit intacte.

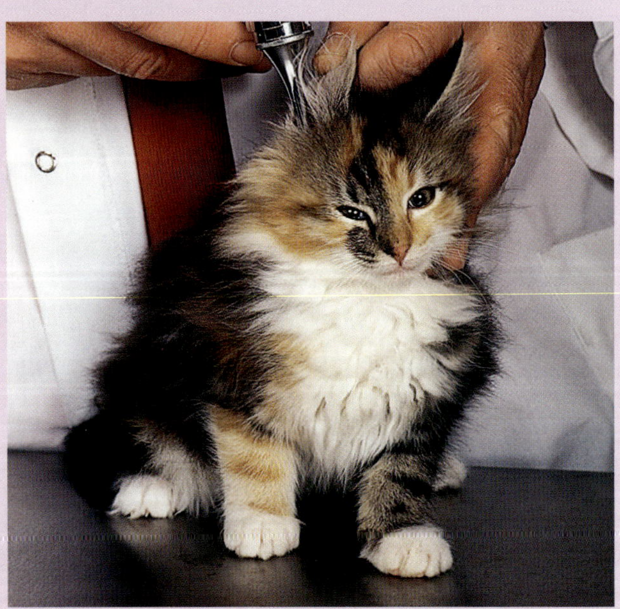

▲ **Grâce à l'othoscopie, le vétérinaire examine le conduit auditif.**

Chlamydophilose

Il s'agit d'une maladie infectieuse provoquée par une bactérie *(Chlamydia psittaci)*, responsable chez le jeune chat d'une conjonctivite et d'une rhinite contagieuses, pouvant se compliquer d'une gastrite hémorragique.

••• **SYMPTÔMES** Les symptômes principaux sont le manque d'appétit, l'amaigrissement, une conjonctivite qui débute par un œil avant d'atteindre l'autre, d'aspect purulent avec un œdème des paupières, et une rhinite (jetage suppuré). L'évolution se fait soit vers la mort chez les chatons, lorsqu'elle se complique en pneumonie, soit vers la guérison en trois à quatre semaines.

••• **SOINS** Le traitement est à base d'antibiotiques, dont certains sont d'application locale (collyres, pommades), pendant quatre semaines au moins. Les récidives sont fréquentes et les adultes peuvent être porteurs chroniques. Le vaccin contre la chlamydophilose est disponible, mais son administration dépend du contexte épidémiologique, et sera envisagé avec le vétérinaire.

Conjonctivite

••• **SYMPTÔMES** Affection inflammatoire des conjonctives (membranes qui tapissent les paupières), la conjonctivite peut être d'origine allergique ou infectieuse (coryza, chlamydophilose) ou traumatique (présence d'un corps étranger, type épillet). L'œil est rouge, parfois à demi fermé, et peut présenter un larmoiement muqueux ou purulent. Un jetage nasal (excrétion de mucus par les narines) lui est parfois associé.

••• **SOINS** Il faut nettoyer avec un collyre antiseptique les yeux d'un chat qui présente cette affection, mais éviter l'emploi de tout autre médicament sans avis du vétérinaire, car une conjonctivite peut être associée à une affection plus grave.

Constipation, mégacôlon

••• **SYMPTÔMES** La constipation est un syndrome caractérisé par l'émission raréfiée de selles desséchées et dures, qui peut en outre être douloureuse (ténesme). Elle peut être d'origine alimentaire (régime mal adapté, insuffisant en fibres) ou consécutive à une insuffisance rénale chronique, un traumatisme du bassin, etc.

••• **SOINS** Le traitement de la constipation est diététique et à long terme. En cas de coprostase (accumulation de matières fécales), il faut administrer des lubrifiants (huile de paraffine, psyllium). Le mégacôlon est une affection spécifique du chat qui peut parfois nécessiter un traitement chirurgical, comme la ressection d'une partie du colon dont la motricité a été affectée.

Coryza

Il s'agit d'une maladie infectieuse très contagieuse, d'origine virale (herpèsvirus et/ou calicivirus). Elle se présente comme une inflammation de la muqueuse nasale et peut se compliquer d'affections broncho-pulmonaires.

••• **SYMPTÔMES**
L'incubation dure deux à quatre jours. Les symptômes essentiels sont une rhinite avec éternuement et jetage, un larmoiement, une stomatite (ulcère sur la langue et sur les gencives, à l'origine de salivation excessive et d'anorexie). La maladie peut évoluer vers la guérison en huit à dix jours ou se compliquer d'une pneumonie à la suite d'une surinfection bactérienne, ou d'une kérato-conjonctivite ulcéreuse. Dans ce cas, le pronostic peut s'avérer très sombre, surtout chez le chaton ou l'animal immunodéprimé.

••• **SOINS** Il faut impérativement mettre le chat présentant des symptômes de coryza sous antibiotiques par voie générale. Si les narines sont très obstruées et si le chat éprouve des difficultés respiratoires, l'aérosolthérapie peut en outre améliorer son confort. Il existe un vaccin contre le coryza, qui nécessite deux injections à trois semaines d'intervalle, à partir de l'âge de 8 semaines, puis un rappel annuel.

Cryptorchidie

On parle de cryptorchidie lorsqu'un ou les deux testicules du chat ne sont pas en place dans le scrotum, et sont restés dans l'abdomen, dans le conduit inguinal ou sous la peau. Il est conseillé de retirer le ou les testicules incriminés, car ils risquent de dégénérer en cancer après l'âge de cinq ans.

Cystite

••• **SYMPTÔMES**
Inflammation de la paroi vésicale, la cystite se traduit par une difficulté et une douleur à la miction. Le chat rend de nombreuses visites à son bac mais ne parvient pas à uriner, sinon quelques gouttes, généralement sanguinolentes. Son état général se dégrade, il ne mange plus et reste prostré ; il a de la fièvre. La cause est le plus souvent inflammatoire (les infections urinaires véritables sont très rares chez le chat) et peut être associée à la présence de calculs.
La cystite interstitielle a été décrite chez le chat, qui constitue un modèle en médecine humaine (cette pathologie atteint essentiellement les femmes et est particulièrement douloureuse et invalidante). Elle donne lieu à des recherches visant des solutions thérapeutiques, faisant appel aux antidépresseurs, aux anti-inflammatoires et aux anxiolytiques selon les circonstances.

••• **SOINS** Affection fréquente chez le chat mâle castré, la cystite ne doit pas être négligée et constitue une urgence si l'animal n'a plus d'émission d'urine. En cas de récidives, des examens complémentaires (analyse d'urine, radiographie) devront être envisagés. Lors de cystite idiopathique, l'alimentation humide thérapeutique apporte la meilleure rémission.

d

Dépilation (chute des poils)

••• **SYMPTÔMES** La chute des poils est un processus physiologique normal chez le chat qui remplace son pelage par zones successives, mais il arrive qu'elle augmente anormalement : on observe alors des dépilations, appelées aussi alopécies. Nous ne traiterons ici que des dépilations sans démangeaisons associées. Les alopécies acquises peuvent être consécutives à un traumatisme, à un stress ou à un déséquilibre endocrinien. Dans ce dernier cas, elles sont diffuses sur une grande partie du corps et symétriques.

••• **SOINS** Ils sont prescrits en fonction de la cause. Des vitamines sont susceptibles d'aider à la repousse et à la santé du poil (biotine) lors de dépilations modérées.

Dermatose prurigineuse (eczéma)

••• **SYMPTÔMES** La démangeaison, ou prurit, est une cause fréquente de consultation chez le vétérinaire. Hormis les causes parasitaires très fréquentes (puces essentiellement, gale et poux éventuellement) ou infectieuses (pyodermites), l'origine des démangeaisons peut être allergique. Le chat se gratte beaucoup et sa peau est recouverte de petites croûtes et papules, principalement sur le dos, la tête et le cou. On parle dans ce cas de dermatite miliaire. Les causes allergiques sont très nombreuses : parasitaire (pullicose), mycosique, alimentaire, médicamenteuse. Selon l'origine, la dermatite peut être saisonnière ou non, contagieuse ou non.

••• **SOINS** Un traitement antiparasitaire régulier est une des meilleures préventions de cette pathologie. Le traitement thérapeutique est souvent délicat et doit corriger les causes quand elles sont reconnues. Si une allergie alimentaire est identifiée, une nourriture diététique hypoallergique sera prescrite par le vétérinaire. Les allergies aux acariens et autres facteurs de l'environnement sont plus délicates à traiter et le recours au spécialiste vétérinaire en dermatologie est souvent précieux .

Dermite solaire

••• **SYMPTÔMES** Les chats à oreilles blanches sont prédisposés à l'apparition d'une dermite ulcéreuse chronique du bord du pavillon des oreilles, sous l'influence d'une insolation prolongée. Année après année, les lésions réapparaissent, de plus en plus prononcées, lors de l'exposition au soleil. Elles peuvent dégénérer en cancer.

••• **SOINS** Le traitement, en début d'évolution, vise à soustraire l'animal aux rayons du soleil et à protéger le bord de ses oreilles avec une crème solaire de type « écran total ».

Diabète

Syndrome caractérisé par une augmentation de la concentration en glucose (sucre) dans le sang, le diabète est une maladie endocrinienne et apparaît le plus souvent chez le chat adulte après l'âge de cinq ans, et plutôt chez les chats obèses. Certains médicaments, tels les corticoïdes et les œstrogènes, favorisent l'apparition du diabète.

••• **SYMPTÔMES** Les signes cliniques sont une nette augmentation de la prise de boisson et de la quantité d'urines émises, la polyphagie (augmentation de l'appétit) avec souvent un amaigrissement. Le chat peut avoir une démarche plantigrade (il ne marche plus sur la pointe des postérieurs). En l'absence de soins, il peut entrer en état comateux et mourir.

••• **SOINS** Une prise de sang et une analyse d'urine permettent de confirmer le diagnostic. Le traitement consiste en une injection d'insuline deux fois par jour avec un régime diététique approprié. Des contrôles réguliers sont nécessaires et, dans les évolutions favorables (30 %), le chat peut arriver à se sevrer de ses injections d'insuline.

Difficultés à la mise bas

Également appelées dystocies, elles peuvent être soit d'origine maternelle (étroitesse du bassin, dilatation insuffisante des tissus), soit d'origine fœtale – excès de volume en cas de fœtus unique, grosse tête (race persane). Il convient de surveiller la date de mise bas (si l'on connaît la date de saillie). La gestation dure, en moyenne, entre 58 et 63 jours. Au-delà de 65 jours, l'intervention du vétérinaire est nécessaire et il faut envisager une césarienne. Si la mise bas a commencé, un retard dans la naissance d'un ou plusieurs fœtus est anormale : une durée de plus de quatre heures entre l'expulsion de deux fœtus est souvent liée à un affaiblissement de la chatte ou à un arrêt des contractions. Une césarienne doit alors être pratiquée sous peine de voir les fœtus mourir et une infection utérine se déclarer.

▲ **La chatte met bas le plus souvent seule et facilement.**

Diarrhée
(voir entérite)

Dysplasie de la hanche

Il s'agit d'une anomalie de la taille, du volume ou du fonctionnement de l'articulation de la hanche se traduisant par une douleur et une boiterie lors des mouvements.
Beaucoup moins fréquente chez le chat que chez le chien, elle ne fait pas l'objet d'un dépistage obligatoire préalable à la vente des sujets de race. Néanmoins, les éleveurs de Maine Coon font régulièrement examiner leurs chats pour garder un élevage indemne de dysplasie. Les examens radiographiques se pratiquent sur des animaux adultes, âgés de 24 mois. C'est une affection héréditaire et les sujets atteints sont retirés de la reproduction.

e

Encéphalite, encéphalomyélite

Ces affections sont caractérisées par des lésions multiples des diverses parties du système nerveux (cerveau, moelle épinière), dont l'origine peut être virale (rage, infection par le FeLV ou le FIV, le virus de la péritonite infectieuse féline, ou PIF), plus rarement bactérienne (tuberculose), ou parasitaire (toxoplasmose).
••• **SYMPTÔMES** Ils sont variés en fonction de la localisation cérébrale ou médullaire des lésions. Les signes les plus manifestes sont l'hébétude, l'agressivité, les convulsions, la paralysie.
••• **SOINS** ••• Aucun traitement spécifique n'existe en cas d'encéphalite virale. Lorsque l'origine est autre, antibiothérapie, anticonvulsivants et perfusions peuvent améliorer l'état clinique.

Entérite (diarrhée)

••• **SYMPTÔMES** C'est une inflammation intestinale qui se manifeste par une diarrhée parfois très liquide. Un changement soudain de l'alimentation peut en être la cause, à moins qu'on ne soit en présence d'une infection bactérienne ou virale, grave s'il s'agit du typhus.
Les maladies inflammatoires chroniques intestinales (MICI) sont une pathologie spécifique féline.
••• **SOINS** Les diarrhées d'apparition aiguë nécessitent une diète rigoureuse de vingt-quatre heures. Si les symptômes persistent, un antispasmodique sera administré, ainsi qu'un pansement intestinal. Une perfusion peut être nécessaire pour empêcher l'animal de se déshydrater. En cas de diarrhée chronique, il convient de rechercher la cause, qui peut être parasitaire, inflammatoire, tumorale ou métabolique (insuffisance rénale, hépatique, pancréatique ou hyperthyroïdie). Le vétérinaire effectuera un examen clinique complet, avec parfois des examens complémentaires incluant une endoscopie. Il pourra prescrire des aliments diététiques qui permettent de restaurer un transit normal.

Épanchement thoracique et pleural

Il s'agit d'une affection grave résultant d'une accumulation de liquide dans la cavité pleurale, (constituée par les plèvres, membranes tapissant les côtés de la cage thoracique et se réfléchissant sur les poumons). Elle peut être d'origine inflammatoire (tumeur médiastinale), infectieuse ou virale (pleurésie, péritonite infectieuse, leucose), traumatique (accumulation de sang à la suite d'une hémorragie) ou associée à une affection cardiaque, rénale ou hépatique.
••• **SYMPTÔMES** Le chat souffrant d'un épanchement thoracique éprouve des difficultés respiratoires et une discordance : les mouvements de l'abdomen et du thorax ne sont pas synchrones pendant la respiration. C'est une urgence médicale.
••• **SOINS** L'animal doit être manipulé avec beaucoup de précaution et ne pas être couché sur le côté. Si le chat éprouve de grandes difficultés à respirer, une ponction du liquide pleural le soulagera immédiatement en attendant de déterminer la cause, par des examens complémentaires tels que des radiographies, l'analyse du liquide d'épanchement, une échographie permettant d'envisager un traitement étiologique.

Épilepsie

••• **SYMPTÔMES** C'est une affection nerveuse assez rare

chez le chat qui se manifeste par des crises convulsives. Les attaques peuvent être courtes et irrégulières, puis plus fréquentes et plus longues. Le prurit (démangeaisons), l'œstrus (chaleurs), la gestation, les désordres gastro-intestinaux, ainsi que la prise de certains médicaments peuvent favoriser l'apparition de l'épilepsie ou augmenter la fréquence des crises.
••• **SOINS** Dans le cas où les crises sont fréquentes (plus d'une par mois), le vétérinaire procédera à l'examen neurologique et à des analyses afin d'écarter une hypoglycémie, une hypocalcémie, une tumeur cérébrale chez le chat âgé, ou encore une malformation congénitale. Un traitement à base d'anticonvulsivants administrés en permanence devra être envisagé si les crises sont violentes ou se renouvellent fréquemment.

f

Fibrosarcome

••• **SYMPTÔMES** Il s'agit d'une tumeur du tissu sous-cutané assez fréquente chez le chat âgé et souvent localisée entre les omoplates. Certains chats semblent génétiquement prédisposés à cette affection. Tout traumatisme de la peau (injection de n'importe quelle substance, eau distillée comprise) peut conduire sur un chat prédisposé au développement de cette pathologie.
••• **SOINS** Cancéreuse, cette tumeur doit être retirée chirurgicalement le plus rapidement et le plus complètement possible. Les métastases sur les autres organes sont rares, mais la récidive locale est fréquente, ce qui peut rendre plusieurs interventions successives nécessaires. La radiothérapie apporte une amélioration notable dans la prévention des récidives.
La phytothérapie peut également être utilisée.

Fractures

Une fracture est une rupture plus ou moins complète de la trame osseuse qui peut affecter un membre, la mandibule, le bassin ou une vertèbre. Elle est le plus souvent consécutive à un trauma.
••• **SYMPTÔMES** Lorsque le chat s'est fracturé un membre, il boite et ne pose pas la patte affectée. Une fracture vertébrale ou du bassin provoque une douleur vive, voire une paralysie et des troubles sphinctériens (le chat ne peut plus uriner ou déféquer volontairement ou au contraire est incontinent).
••• **SOINS** Le traitement fondamental de la fracture consiste à réduire celle-ci, à immobiliser la lésion, soit à l'aide d'un pansement ou d'un plâtre, soit chirurgicalement. Le choix se fait en fonction de l'âge du chat, de la localisation de la lésion et du type de fracture.

g

Gale

La gale est une dermatose parasitaire contagieuse pour l'homme. Elle existe sous deux formes dont la plus fréquente est la gale auriculaire (notoédrique), localisée au conduit auditif.
••• **SYMPTÔMES** La gale, provoquée par un petit

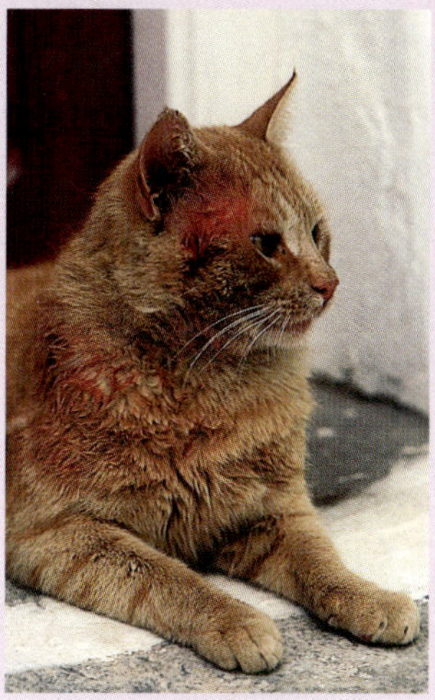

▲ **La gale sarcoptique est localisée au niveau de la tête.**

acarien, est à l'origine de démangeaisons très violentes du conduit auditif et de la présence d'un cérumen noirâtre et nauséabond. Cette affection est très contagieuse et peut atteindre les autres chats et chiens de la maison.
••• **SOINS** Un antiparasitaire utilisé en traitement local, sous forme soit de pommade, soit de *spot-on* (gouttes), fera rapidement disparaître les parasites responsables.

La seconde forme, la gale sarcoptique est une affection de la peau du chat, localisée à la tête de l'animal. Elle est rare mais très contagieuse et extrêmement prurigineuse.
••• **SYMPTÔMES** La peau s'épaissit, devient grisâtre et se plisse.
••• **SOINS** Le traitement est à base d'antiparasitaires, qui doivent être utilisés avec précaution car ils sont toxiques s'ils sont ingérés par le chat.

Gastrite

Il s'agit d'une inflammation ou d'une irritation de l'estomac. Elle est à l'origine de troubles digestifs avec vomissements.
••• **SYMPTÔMES** Une gastrite aiguë, soudaine, peut être due à l'ingestion d'aliments inadaptés ou avariés, de végétaux toxiques, d'agents chimiques irritants ou d'un corps étranger (ficelle). Cette affection a parfois aussi une origine infectieuse bactérienne ou virale (typhus). Lorsque les vomissements persistent pendant plusieurs semaines, on parle de gastrite chronique. S'ils sont alimentaires, il s'agit plutôt d'une lésion de l'estomac (ulcère, tumeur, inflammation chronique). S'ils sont indépendants des repas et bilieux, il faut rechercher une cause métabolique (insuffisance rénale, hépatique, tumeurs intestinales).
••• **SOINS** En cas de vomissements aigus, on laissera le chat à la diète pendant vingt-quatre heures. Si les vomissements sont incoercibles, il faudra consulter en urgence le vétérinaire.
Le transit baryté est un examen qui consiste à administrer au chat un produit radio-opaque qui est ensuite visualisé sur des clichés radiographiques et permet de vérifier l'intégrité du système digestif et sa fonctionnalité.

Gingivite, stomatite

••• **SYMPTÔMES** Ils peuvent rester discrets si l'inflammation est légère. Mais ce trouble peut être aussi à l'origine de salivation excessive (ptyalisme), voire même d'absence d'appétit (anorexie). On peut repérer la gingivite à un liseré rouge à la base des dents, et la stomatite à de véritables proliférations rouge vif (ulcères) dans le fond de la gorge. Les causes peuvent être locales : tartre, carie, instabilité dentaire, tumeur de la bouche, brûlure par un

produit chimique ou le courant électrique. Ces affections sont parfois la conséquence d'une rhino-trachéite virale, d'une insuffisance rénale, d'une immunodépression (infection par le FeLV ou le FIV).
••• **SOINS** Le détartrage, la prise d'antibiotiques spécifiques et le traitement d'une maladie générale dépistée parviennent à limiter, voire à guérir ces affections.

Glaucome

••• **SYMPTÔMES** Dû à une augmentation de la pression interne de l'œil, le glaucome est une affection grave, douloureuse et cause d'une cécité irréversible. Il intervient fréquemment à la suite d'autres lésions (uvéite, tumeur ou saignements internes). La cornée se voile, le globe oculaire s'élargit et devient plus volumineux, l'œil atteint est gonflé et rouge, douloureux à la palpation. Les paupières sont chaudes et congestionnées. La pupille est dilatée. Peu à peu, la vue de l'animal baisse, jusqu'à la cécité.
••• **SOINS** Le traitement sera d'abord médical et, en cas d'échec, chirurgical. Il peut, en dernier ressort, consister en une énucléation.

h

Hémobartonellose féline

Il s'agit d'une maladie due à l'infection par un micro-organisme, *Hemobartonella felis*, responsable d'une anémie hémolytique.
Elle est transmise au chat par l'intermédiaire d'insectes piqueurs (les tiques essentiellement) et par morsures. Son pronostic est réservé.
••• **SYMPTÔMES** Le chat atteint d'hémobartonellose est abattu, ne se nourrit pas et présente de la fièvre ; ses muqueuses sont pâles et jaunes, ses urines très foncées.
••• **SOINS** Le traitement est symptomatique : antibiothérapie, corticothérapie et transfusion sanguine si nécessaire.

Hépatite, insuffisance hépatique

L'insuffisance hépatique est la conséquence d'une altération brutale ou progressive des fonctions du foie.
••• **SYMPTÔMES** Ils sont variés dans les formes aiguës : fièvre, vomissements, diarrhées, polyurie, polydipsie. Ils sont alarmants, car ils n'apparaissent que lorsque la majorité du foie est détruite. La cause peut être infectieuse (péritonite infectieuse féline), toxique (empoisonnement au plomb ou aux dérivés chlorés), inflammatoire – à la suite d'une pancréatite ou d'une colite aiguë. Dans les formes chroniques évoluant depuis plusieurs semaines, voire plusieurs mois, l'animal présente un mauvais état général, il est maigre et atteint de troubles digestifs divers : diarrhée ou constipation, appétit diminué. Il est éventuellement atteint d'ictère (jaunisse) et présente, plus rarement, de l'ascite (épanchement de liquide dans l'abdomen). Parmi les causes, très diverses, on compte l'hépatite, la cirrhose et la présence d'une tumeur.
••• **SOINS** Le traitement des formes aiguës intervient en urgence. Le chat est le plus souvent déshydraté et doit être placé sous perfusion. Des anti-spasmodiques et des anti-infectieux lui seront administrés.
Le traitement des formes chroniques est plus délicat. Très peu de mesures médicales sont réellement spécifiques et directement efficaces. Le régime alimentaire remplit ici une fonction capitale. Les repas doivent être fractionnés pour éviter la surcharge des fonctions hépatiques, et les aliments doivent être riches en protéines d'excellente qualité. La pose temporaire d'une sonde naso-gastrique ou naso-œsophagienne peut permettre une réalimentation forcée du chat, tout particulièrement lors de lipidose hépatique.

Hypertension artérielle

••• **SYMPTÔMES** Chez le chat âgé, une élévation de la tension artérielle est assez courante, parfois associée à une insuffisance rénale chronique et/ou une hyperthyroïdie. Elle peut ne pas être symptomatique ou se traduire simplement par un saignement de nez, un décollement de la rétine (avec cécité brutale) ou par des vocalises nocturnes ou de l'agressivité.
••• **SOINS** Le traitement visera essentiellement à corriger la cause primaire de l'hypertension.

Hyperthyroïdie

••• **SYMPTÔMES** C'est une pathologie dominante chez le chat âgé, en prévention de laquelle les vétérinaires américains pratiquent un dépistage sanguin systématique dès l'âge de 5 ans. Le chat devient plus irritable, maigrit alors qu'il est vorace, souffre parfois de diarrhées ou de vomissements. Il peut aussi devenir anorexique.
••• **SOINS** Un traitement médical permet de réguler la sécrétion de l'hormone thyroïdienne ; à défaut, un traitement chirurgical accompagné ou non de radiothérapie peut être également effectué.

Hypervitaminose A

••• **SYMPTÔMES** Affection ostéoarticulaire, l'hypervitaminose A est d'origine généralement nutritionnelle (rations très riches en foie cru, lui-même riche en vitamine A).
Chez les jeunes chats, l'affection est plutôt articulaire et sévit sur tous les membres. Elle peut être associée à un retard de croissance. Chez les chats adultes, les lésions se localisent sur la colonne vertébrale : les vertèbres sont soudées les unes aux autres, et l'on parle alors de spondylarthrite ankylosante. Dans les deux cas, le chat présente d'abord des douleurs très vives qui s'atténuent et finissent par disparaître lors de la constitution de l'ankylose. L'animal a de la peine à marcher et à sauter. Il n'arrive plus à faire sa toilette.
••• **SOINS** La radiographie des membres ou de la colonne vertébrale confirme la présence de cette affection. Les lésions osseuses sont irréversibles. Préventivement, il faut éviter de nourrir exclusivement son chat avec du foie cru et ne lui proposer ce type d'aliment qu'une fois par semaine.

i

Ictère

••• **SYMPTÔMES** Les muqueuses sont de couleur jaune, et le chat est en général abattu, ne s'alimentant plus. L'ictère est une expression

clinique d'une insuffisance hépatique et/ou biliaire résultant ou non d'une pathologie systémique.
••• **SOINS** Selon la gravité d'atteinte, une hospitalisation pour permettre la perfusion du chat ou un traitement médical et diététique seront prescrits par le vétérinaire.

Infection par le FeLV (leucose)

L'infection par le virus de la leucose féline *(Feline Leukaemia Virus* ou FeLV) est une cause de mortalité importante chez le chat.
••• **SYMPTÔMES** Amaigrissement, anémie, diarrhées chroniques incoercibles, hépatite, développement de tumeurs thoraciques ou abdominales sont les principaux symptômes observés. Le chat atteint peut également développer des maladies intercurrentes comme le coryza, la péritonite infectieuse (PIF), la chlamydophilose ou l'hémobartonellose. La transmission de virus du FeLV se fait par contact étroit entre les animaux (léchage, saillies, allaitement). Le virus peut rester à l'état latent dans l'organisme pendant plusieurs mois, voire même plusieurs années. Le chaton peut ainsi être contaminé dans l'utérus de sa mère ou encore par le lait de celle-ci, et ne développer la maladie que vers l'âge de un an. Les symptômes peuvent apparaître à la suite d'un stress ou de perturbations psychologiques. Le chaton peut aussi éliminer le virus dont il est porteur, et ce cas de figure est heureusement fréquent.
••• **SOINS** Il est possible de confirmer l'infection par des tests sérologiques avec une prise de sang ne nécessitant qu'une goutte. Une sérologie positive doit toujours être contrôlée un mois après. Certains chats, porteurs, éliminent leur virus ; d'autres développent la maladie, avec une espérance de vie ne dépassant actuellement pas deux ans après confirmation diagnostique. Il existe toutefois des traitements qui retardent l'évolution de la maladie.Par ailleurs, on peut prévenir la leucose féline grâce à la vaccination. Celle-ci s'effectue en deux injections dès la neuvième semaine d'âge, avec une seconde injection trois semaines plus tard ; le rappel est ensuite annuel.
Avant de vacciner, il est très préférable de vérifier que le chat est séronégatif (non porteur du virus). En effet, la vaccination ne présente aucun intérêt chez les chats infectés.
Si le chat doit faire des saillies, il est prudent de procéder régulièrement à des tests de dépistage, et de les exiger chez les chattes qui seront en contact avec lui.

Infection par le FIV (syndrome d'immunodéficience féline)

Comme le virus du sida, celui du FIV *(Feline Immunodeficiency Virus)* appartient à la famille des lentivirus. Cependant, aucune transmission croisée n'a été décrite et des vétérinaires félins testés sérologiquement pour le FIV se sont tous révélés négatifs. Les personnes séropositives HIV ne prennent pas de risque supplémentaire en la compagnie d'un chat.
Le virus se transmet strictement par morsure et, de façon rarissime, lors de la gestation, de la mère à ses petits. Le dépistage n'a pas de signification avant l'âge de six mois (date à laquelle le chaton n'a plus d'anticorps maternels).
••• **SYMPTÔMES** Un chat porteur du virus du FIV peut rester asymptomatique pendant des années. Lorsque la maladie se développe, le chat présente une hyperadénopathie (augmentation de la taille des ganglions), avec des stomatites/gingivites, des épisodes de diarrhée, une perte de poids lente mais régulière. Des tumeurs peuvent se développer sur la moelle ou le cerveau, conduisant à des paralysies ou des convulsions.
••• **SOINS** Comme pour le HIV, les thérapies font appel à la cortisone, l'interféron et aux traitements symptomatiques. La stérilisation des mâles comme des femelles permet de limiter les risques de contamination. Il n'existe pas, à l'heure actuelle, de vaccin disponible en Europe contre le virus de l'immunodéficience féline. Le vaccin disponible aux États-Unis rend séropositif le chat vacciné, toute sa vie durant, mais n'offrira pas de protection absolue.

Insuffisance cardiaque

Elle est due à une diminution de la valeur fonctionnelle de la pompe cardiaque.
Elle se complique d'une insuffisance circulatoire caractérisée par des effets secondaires : œdème pulmonaire, ascite (épanchement séreux dans la cavité péritonéale). La cause en est variable (sténose, cardiomyopathie).
••• **SYMPTÔMES** Chez le chat, les symptômes sont essentiellement une dégradation de l'état général (anorexie, amaigrissement), une difficulté respiratoire, et, éventuellement, une toux.
••• **SOINS** ••• Le traitement est établi en fonction de la cause. En cas d'insuffisance veineuse, l'administration de diurétiques améliore l'état clinique.

k

Kératite

Inflammation de la cornée, la kératite est souvent associée à une conjonctivite ; on parle alors de kératoconjonctivite.
Les causes sont allergiques ou infectieuses (coryza, chlamydophilose).
••• **SYMPTÔMES** L'œil est rouge, la cornée perd sa transparence, devient opaque et bleutée. Après une évolution de plusieurs jours, des vaisseaux apparaissent et viennent irriguer anormalement la cornée, et l'on observe des taches noires correspondant à des dépôts de pigments.
••• **SOINS** Le traitement implique l'instillation régulière de collyres anti-inflammatoires et antibiotiques, plusieurs fois par jour, et ce souvent pendant plusieurs semaines de suite.

l

Luxation

••• **SYMPTÔMES** Défaut de stabilité articulaire, la luxation de la hanche à la suite d'un traumatisme est fréquente chez le chat. Elle se caractérise par une boiterie du membre postérieur luxé, qui paraît plus court que l'autre membre.
••• **SOINS** La luxation peut être réduite sous anesthésie

et maintenue pendant quelques jours par un bandage. En cas d'échec, la chirurgie est nécessaire et consiste souvent en l'ablation de la tête fémorale luxée.

Lymphosarcome

••• **SYMPTÔMES** Tumeur maligne, le lymphosarcome est généralement dû, chez le chat, à l'infection par le virus de la leucose féline (FeLV). Il peut être localisé dans le ganglion médiastinal (thorax) ou le ganglion mésentérique (abdomen), dans les reins, la peau ou le cerveau. Suivant la localisation, les symptômes sont variables, mais le pronostic est toujours réservé.

••• **SOINS** La chimiothérapie ou la chirurgie selon la localisation, permettent néanmoins, sur certaines indications, des rémissions et une qualité de vie satisfaisantes.

m

Maladie des griffes du chat

Appelée aussi lymphoréticulose bénigne d'inoculation, cette maladie suit une griffure. Elle se traduit par une réaction locale de rougeur au point d'inoculation et une réaction ganglionnaire avec fièvre. Le chat ne présente pas de symptômes et n'est que le vecteur accidentel et passif.

••• **SYMPTÔMES** Les signes de cette affection chez l'homme siègent au niveau du point d'inoculation, où l'on observe un petit abcès ou un granulome, pratiquement indolore. Quelques semaines plus tard, les ganglions voisins de cette zone enflent légèrement.

••• **SOINS** La guérison a lieu en quelques semaines sur les personnes immunocompétentes, sans traitement. Sur les personnes immunodéprimées, un traitement à base d'antibiotiques et d'antiseptiques locaux est nécessaire.

▲ **La maladie des griffes de chat peut aussi se transmettre par la piqûre de puces.**

Malpropreté urinaire

••• **SYMPTÔMES** Le chat ne fait pas ses besoins dans son bac à litière ou bien dépose des urines à des endroits inappropriés. Il peut s'agir d'un trouble réactionnel à la suite d'un déménagement, d'une modification d'environnement (arrivée d'une nouvelle personne au sein de la famille) ou d'un problème médical (cystite).

••• **SOINS** Une consultation est nécessaire chez le vétérinaire pour faire un bilan médical complet et mettre en œuvre, en cas de pathologie comportementale, des modifications environnementales, associées ou non à un traitement médical (les antidépresseurs ont une efficacité clairement démontrée sur cette pathologie, mais d'autres traitements peuvent être utilisés).

n

Nécrose de la cornée

••• **SYMPTÔMES** La nécrose de la cornée est une affection de l'œil qui est spécifique au chat. Elle se traduit par une zone noire, au centre de la cornée, composée de cellules mortes. La cause n'est pas encore connue, mais ce trouble est plus fréquent chez les chats à poils longs comme les Persans.

••• **SOINS** Une intervention chirurgicale (kératectomie) est souvent nécessaire.

Néphrite, insuffisance rénale

Il s'agit d'une altération des fonctions du rein normalement chargé d'épurer l'organisme et d'éliminer les déchets. Cette insuffisance rénale peut évoluer sous forme aiguë ou chronique, et se caractérise par une élévation du taux d'urée et de créatinine dans le sang.

••• **SYMPTÔMES** L'insuffisance rénale aiguë chez le chat est le plus souvent consécutive à une rétention d'urine, elle-même due à la présence de calculs qui obstruent l'urètre, mais elle peut aussi survenir très brutalement. Chronique, cette affection est très fréquente chez le chat âgé et sa gravité est due à des lésions (néphrite) irréversibles du rein. Elle évolue par paliers – l'animal restant en forme pendant des années –, pour finir par se déclarer et manifester des signes d'alarme aisément repérables : augmentation de la soif, perte de l'appétit, amaigrissement, troubles digestifs plus ou moins fréquents (constipation chronique). Le vétérinaire confirmera le diagnostic de l'insuffisance rénale en effectuant une prise de sang pour doser l'urée et la créatinine. Une détection précoce de la présence d'albumine dans les urines est également possible.

••• **SOINS** Le traitement de fond est diététique, avec des aliments spécifiquement conçus. En cas d'insuffisance rénale aiguë, si le chat ne s'alimente plus et se déshydrate, le vétérinaire le placera sous perfusion pendant quelques jours. Le pronostic est toujours réservé.

Classification de condition corporelle

1. Émacié : Côtes visibles chez les chats à poils courts, pas de graisse palpable, abdomen extrêmement creux, vertèbres ombaires et omoplates facilement palpables.
2. Très mince : Caractéristiques partagées entre les cas 1 et 3.
3.Mince : Côtes facilement palpables, recouvertes d'une couche de graisse minime, vertèbres lombaires évidentes, espaces évidents entre les côtes (« taille évidente derrière les côtes »), graisse abdominale minime.
4. Trop maigre : Caractéristiques partagées entre les cas 3 et 5.
5. Idéal : Bien proportionné, espaces observables entre les côtes, côtes palpables recouvertes d'une mince couche de graisse, coussin abdominal graisseux minime.
6. Trop gros : Caractéristiques partagées entre les cas 5 et 7.
7. Gros/lourd : Côtes difficilement palpables modérément recouvertes de graisse, espaces entre les côtes mal visibles, arrondissement de l'abdomen, coussin abdominal graisseux modéré.
8. Obèse : Caractéristiques partagées entre les cas 7 et 9.
9. Extrêmement obèse : Côtes non palpables, recouvertes d'une épaisse couche de graisse, gros dépôts graisseux sur la zone lombaire, la face et les membres, distension de l'abdomen, très nombreux dépôts de graisse au niveau de l'abdomen.

▲ **D'après Dottie LaFlamme et le Centre de recherche Purina Pet Care**

O

Obésité

••• SYMPTÔMES Si un embonpoint modéré est légitime après la stérilisation, dès lors qu'il excède 15 % du poids adulte, il devient obésité. Celle-ci ouvre la porte à d'autres pathologies, notamment au diabète et à des désordres hépatiques.
••• SOINS Des aliments hyperprotéiques et/ou hypocaloriques sont prescrits par les vétérinaires et permettent au chat de retrouver ligne et forme. La grille ci-dessus (dite « body score ») permet de déterminer si un chat est obèse.

Ostéofibrose

Maladie osseuse généralement caractérisée par un défaut de minéralisation des os, l'ostéofibrose est la conséquence d'une résorption osseuse exagérée. L'origine est nutritionnelle car l'affection apparaît en cas de carence en calcium (régime exclusivement carné), et est encore aggravée par un apport excessif en vitamine D. L'ostéofibrose affecte surtout les jeunes chats.
••• SYMPTÔMES Ils sont liés à la douleur qu'engendre cette affection : boiterie tantôt d'un membre, tantôt d'un autre, douleur à la palpation, fractures dites « en bois vert » à la suite d'une petite chute.
••• SOINS Le traitement est, d'une part, médical, à base d'antalgiques, d'anti-inflammatoires et d'anabolisants, et, d'autre part, diététique : il faut supplémenter la ration en calcium. Lorsqu'elle évolue, l'ostéofibrose peut entraîner des déformations osseuses irréversibles.

Otite infectieuse

Inflammation du conduit auditif, une otite peut être consécutive à une infection bactérienne, parasitaire (gale auriculaire) ou mycosique.
••• SYMPTÔMES Une otite est souvent associée à une démangeaison, une douleur intense, un port des oreilles anormal (oreille tombante). Non soignée, elle risque de s'étendre à l'oreille moyenne, puis interne, entraînant des troubles de l'équilibre.
••• SOINS Le vétérinaire examinera les deux conduits auditifs à l'aide d'un otoscope et effectuera, si nécessaire, un prélèvement. Le traitement est le plus souvent local, à base d'anti-infectieux et d'anti-inflammatoires, mais peut, dans les cas graves, être également donné par voie générale.

Otite moyenne ou interne

••• SYMPTÔMES
Les signes d'infection de l'oreille moyenne sont le plus souvent ceux de l'otite (voir p. 248), auxquels vient parfois s'ajouter une inclinaison de la tête du côté de l'oreille atteinte.
Lorsque l'oreille interne est touchée, le chat perd le sens de l'équilibre et de la coordination, et tourne en rond. L'étendue des lésions peut être appréciée par un examen neurologique clinique approfondi ; des examens complémentaires (radiographie, scanner, IRM) sont nécessaires pour visualiser la ou les lésions.
••• SOINS Le traitement est souvent médical, à base d'antibiotiques et d'anti-inflammatoires, mais, dans les cas graves, il peut être neurochirurgical.

▲ **Une atteinte du pavillon peut laisser une oreille déformée.**

P

Pancréatite

••• SYMPTÔMES Le chat ne s'alimente plus, vomit fréquemment, perd du poids et peut présenter des troubles de l'équilibre.
••• SOINS Sur la forme aiguë, l'alimentation par voie parentérale (perfusion) est impérative pour limiter les vomissements et corriger la déshydratation. Des examens sanguins et échographiques permettent d'orienter le diagnostic et d'émettre un pronostic. L'adénocarcinome pancréatique n'est malheureusement pas rare chez le chat et de pronostic très sombre.
Sur les formes chroniques, le traitement fera appel aux antibiotiques, aux corticoïdes et à une alimentation diététique.

Paralysie

••• SYMPTÔMES Il s'agit d'une suppression de la mobilité, voire de la sensibilité, d'un groupe

musculaire. On parle de parésie si la mobilité est conservée mais diminuée. Une paralysie peut être consécutive à un traumatisme (choc causé par une voiture, chute), à une compression (tumeur), à une embolie vasculaire dans certaines artères, en particulier les artères illiaques. Elle est dite « d'origine centrale » lorsque la lésion est située dans le cerveau ou la moelle épinière, et « d'origine périphérique » lorsqu'elle se trouve sur un nerf – dans ce cas, le membre est flasque.
On parle d'hémiplégie lorsque la paralysie ne touche qu'un côté du corps, de paraplégie lorsque celle-ci atteint les seuls membres postérieurs, et de tétraplagie lorsque les quatre membres sont touchés. Certains organes internes peuvent également être atteints, tels que la vessie ou l'intestin. Contrairement à ce qui se produit chez le chien (surtout pour certaines races comme le Teckel), les hernies discales sont rares chez le chat, du fait de l'anatomie du canal médullaire et de la moelle épinière.
••• **SOINS** Selon la conclusion de l'examen clinique neurologique du vétérinaire, le traitement pourra être médical (administration d'anti-inflammatoires) ou chirurgical.

Parasites intestinaux

Ceux qui, installés dans l'intestin, sont à l'origine de maladies graves sont peu nombreux, mais leur présence en grande quantité est source de problèmes. Ils sont faciles à éviter si l'on a compris leur mode de développement et que l'on applique des règles élémentaires de prévention. La plupart des parasites sont des vers ronds (ascaris) ou plats (ténias), mais certains organismes microscopiques (coccidies, flagellés, toxoplasmes) peuvent contaminer l'intestin et, pour ceux qui se multiplient en trop grand nombre, être à l'origine de diarrhées chroniques, notamment chez le chaton. Ce trouble rétrocède facilement lorsqu'on applique un traitement approprié.

• Les ascaris (espèces *toxocara* et *toxascaris*). Ce sont des vers ronds, épais et blancs qui peuvent atteindre dix centimètres de long dans l'intestin du chat. Ils répandent leurs œufs par l'intermédiaire des excréments de l'animal. Ces œufs sont viables dans la nature pendant plusieurs années et éclosent dans l'intestin du chat qui les a ingérés. Les larves migrent par le sang dans les tissus (foie, poumons, mamelles) et se retrouvent dans l'intestin à l'âge adulte. Le chaton peut ainsi être contaminé par le lait maternel. Rarement gênants chez le chat adulte, ils peuvent en revanche provoquer des troubles graves chez le chaton. Les larves qui migrent dans les poumons peuvent être à l'origine d'une bronchite dite « vermineuse ». Celles qui se développent à l'âge adulte dans l'intestin peuvent être à l'origine de diarrhées ; on voit alors le chaton s'affaiblir et rester chétif – en dépit du fait qu'il mange beaucoup – maigrir, présenter un ventre ballonné, se déshydrater et, en cas d'infestation massive, rejeter des vers dans ses selles et dans ses vomissements. Les ascaris adultes s'éliminent facilement grâce à des vermifuges spécifiques. Le chaton malade devra néanmoins être traité pour les diarrhées, et réhydraté.

• Les ténias. Ces vers plats vivent leur vie de larves sur d'autres animaux et notamment les puces en ce qui concerne l'espèce dipylidium – très rebelle –, fréquemment rencontrée chez le chat adulte. Le chat se contamine lorsqu'il ingère par mégarde une puce en se léchant. Son poil ternit et on constate alors la présence dans les selles ou aux marges de l'anus d'anneaux de ténias ressemblant à des grains de riz. Si votre chat est infesté par des puces, il faut non seulement l'en débarrasser rapidement, mais aussi le vermifuger à l'aide d'un produit spécifique.
••• **SOINS** Préventivement, il est recommandé de vermifuger régulièrement les chatons et les chats adultes avec des produits prescrits par le vétérinaire, en fonction du type d'infestation et du mode de vie de l'animal.

Péritonite infectieuse féline (PIF)

••• **SYMPTÔMES** C'est une maladie pernicieuse due à un coronavirus, qui présente deux formes cliniques : la forme dite humide caractérisée par des épanchements thoraciques et/ou abdominaux d'un liquide citrin, très riche en protéines, ou la forme sèche se traduisant par la formation de nodules dans le poumon, dans la cavité abdominale et/ou le cerveau, avec des épisodes de rhinites. Le chat peut avoir de la fièvre, et, dans la forme humide, son abdomen se dilate. On peut, chez le chaton, observer des mortalités brutales.
••• **SOINS** Malheureusement, aucun traitement ne permet actuellement la guérison. Le dépistage s'effectue par sérologie ou PCR *(polymerase chain reaction)* sur le sang ou les liquides d'épanchement. Presque tous les chats sont porteurs d'un coronavirus banal, mais chez certains chats (moins de 1 %), ce coronavirus mute et devient le coronavirus de la péritonite infectieuse féline.

Polykystose rénale (PKD)

C'est une maladie génétique qui frappe essentiellement les Persans, mais aussi l'Exotic Shorthair et parfois le Maine Coon. Des dépistages précoces par échographie et, demain, par carte génétique sont pratiqués par les vétérinaires pour aider les éleveurs à tenter d'éradiquer cette affection.
••• **SYMPTÔMES** D'apparition tardive, ils sont ceux de l'insuffisance rénale chronique avec anorexie, perte de poids, polyurie, polydypsie.
••• **SOINS** Ils sont ceux de l'insuffisance rénale chronique.

Poux

L'infestation par les poux, ou phtiriose, est plus rare que celle par les puces (pullicose) et se rencontre essentiellement en milieu rural. Ce sont les animaux en mauvais état ou malades qui en sont préférentiellement atteints.
••• **SYMPTÔMES** Les poux sont des parasites permanents. Leur action sur la peau est très irritante et provoque une dermite prurigineuse avec squamosis (pellicules). On peut en outre observer des lentes (œufs) fixées à la base des poils.
••• **SOINS** Le traitement est en tous points comparable à celui de la pullicose.

Procidence de la troisième paupière

Encore appelée « corps clignotant », la troisième paupière n'est pas visible sur un animal en bonne santé. Elle peut cependant venir recouvrir une partie de l'œil lorsqu'il y a lésion de la cornée ou sensibilité cornéenne à la lumière ; elle fait alors office de protection. Mais, chez un chat dont l'œil est intact, la procidence du corps clignotant peut signifier tout autre chose. On la constatera par exemple dans certains troubles digestifs aigus ou chroniques (notamment lors d'infestations parasitaires). Elle peut aussi traduire un désordre neurovégétatif. Le traitement sera fonction de la cause. Il est intéressant de signaler l'utilisation de cette troisième paupière lors des opérations dites « de recouvrement conjonctival » pour guérir des lésions cornéennes rebelles. Elle est alors suturée temporairement à la paupière supérieure, couvrant totalement l'œil et venant, par des échanges cellulaires, combler les ulcères ou réparer les blessures de la cornée.

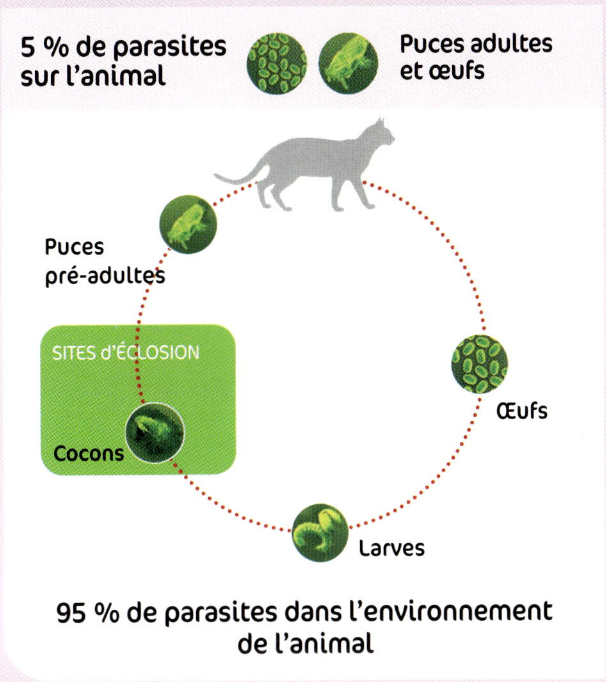

▲ **Le cycle des puces**

Puces

Ce sont des parasites qui ne vivent pas en permanence sur le chat. Les puces se reproduisent dans le milieu extérieur et pondent leurs œufs dans les endroits sombres (lames de parquet, tapis, et, bien sûr, dans la corbeille du chat). En cas d'infestation du chat (pullicose), il faut impérativement traiter l'animal mais également son environnement, à l'aide de produits spécifiques conseillés par le vétérinaire.

••• **SYMPTÔMES** Les puces causent des démangeaisons et sont parfois à l'origine de dermatites allergiques (dermatites miliaires) généralisées et d'allergies à la piqûre de puce.
Les infestations massives se rencontrent souvent chez les chats affaiblis et peuvent provoquer une anémie sévère, les puces se nourrissant de sang.

••• **SOINS** Dans la plupart des cas, la présence de puces sur un chat n'est pas dramatique, mais il faut choisir soigneusement les produits antiparasitaires efficaces. Ils existent sous forme de colliers, de sprays, ou encore de spot-on (liquides absorbés par voie percutanée). L'élimination des puces et de leurs œufs et autres stades de développement dans l'environnement est la clé de la réussite du traitement, trop souvent empêché par des nouvelles infestations à bas bruit.

▲ **Le grattage dû aux puces peut provoquer des lésions de la peau.**

Pyomètre, métrite

Affection due à une infection ou à une inflammation utérine, elle est liée au cycle sexuel et intervient le plus souvent deux mois après les chaleurs de la chatte.

••• **SYMPTÔMES** Les principaux symptômes sont l'abattement, l'anorexie et les écoulements vulvaires purulents, si le col utérin est ouvert. En l'absence d'écoulement, prise de sang et radiographie ou échographie de l'abdomen confirmeront l'infection.

••• **SOINS** Le traitement médical est souvent insuffisant. Il est plus prudent d'envisager la chirurgie et de retirer les ovaires et l'utérus, car la suppuration en cause peut se compliquer d'insuffisance rénale en l'absence de soins.

R

Rage

Maladie virale due à un rhabdovirus, la rage peut frapper tous les mammifères et est transmissible à l'homme. Elle est réputée « légalement contagieuse ». Longtemps épargnée par la rage, la France a connu, depuis 1984, une recrudescence de la maladie. Il s'agit d'une forme vulpine, transmise éventuellement par le renard et d'autres animaux sauvages. La contamination se fait par contact étroit : morsure, griffure ou léchage. La campagne de vaccination par voie orale des renards a permis en 2001 l'éradication de la rage en France.

••• **SYMPTÔMES** Ce sont ceux d'une encéphalite, avec modification du comportement, agressivité, paralysie et convulsions. Le diagnostic est difficile chez l'animal vivant, car il faut distinguer la rage d'autres maladies présentant les mêmes symptômes. L'évolution conduit toujours à la mort, en deux à dix jours. Il est alors indispensable de confirmer ou d'infirmer le diagnostic de rage pour envisager la prophylaxie des personnes ayant été en contact avec le chat.

••• **SOINS** La vaccination contre la rage est obligatoire pour tous les carnivores domestiques lors de séjours dans des campings, centres de vacances, pour aller en Corse, et lors du passage de certaines frontières. Elle se pratique dès l'âge de trois mois, à la suite de quoi un certificat officiel valable un an, jour pour jour, est délivré. Le rappel annuel est obligatoire pour assurer la continuité de la protection en veillant au bon respect des dates de péremption. Le nouveau passeport européen permet de voyager

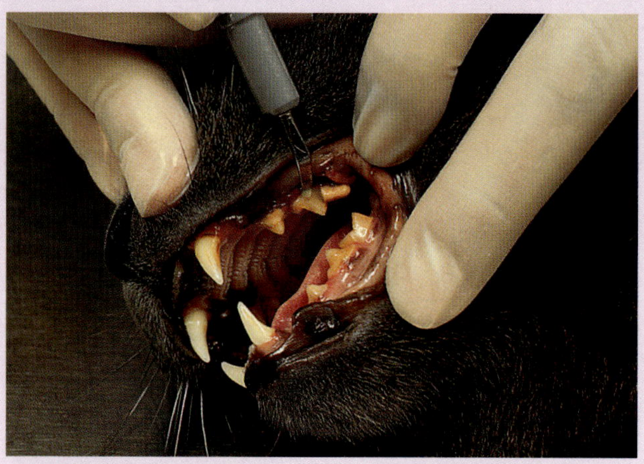

▲ **Un détartrage régulier atténue la mauvaise haleine du chat et élimine les risques d'inflammation des gencives et d'instabilité dentaire.**

en Europe, en étant par ailleurs identifié par puce électronique.
La législation prévoit que tout animal mordeur ou griffeur doit être mis sous surveillance sanitaire pendant quinze jours, qu'il soit ou non vacciné, et quelle que soit sa région géographique. Il doit donc subir trois visites chez le vétérinaire : le plus tôt possible après la morsure, puis sept jours après et encore quinze jours plus tard. Un certificat est délivré à chaque visite. Si l'animal est en parfaite santé à la troisième visite, on peut être certain qu'il n'a pas pu transmettre la rage au moment de la morsure et de la griffure. La contamination n'est en effet possible que quelques jours avant l'apparition des symptômes.

Rhinite chronique

••• **SYMPTÔMES** C'est une affection des cavités nasales qui se manifeste par des éternuements et un jetage nasal récidivant. Si le chat a le nez bouché, sa respiration est bruyante et il peut bouder sa nourriture, car il a perdu l'odorat.
••• **SOINS** Une antibiothérapie et des séances d'aérosolthérapie peuvent faire régresser les symptômes en quelques jours. Un drainage chirurgical des cavités nasales peut néanmoins s'avérer nécessaire. La présence d'un corps étranger (épillet) ou d'une tumeur peut être à l'origine des mêmes symptômes.

s

Syndrome éosinophilique félin (complexe granulome éosinophilique)

••• **SYMPTÔMES** C'est une affection spécifique du chat qui peut se manifester sous trois types de lésions : l'ulcère éosinophilique, la plaque éosinophilique et le granulome linéaire. Le premier consiste en une lésion bien circonscrite, brillante, sans poil. Ni douloureux ni prurigineux, il est souvent localisé sur la lèvre supérieure. La plaque éosinophilique est, elle, une lésion très prurigineuse, bien circonscrite, surélevée, suintante, localisée en particulier sur l'abdomen et la face interne des cuisses ; elle peut être unique ou multiple. Le granulome linéaire est bien circonscrit lui aussi ; la lésion, linéaire comme son nom l'indique, peut être unique ou multiple, et souvent localisée sur la face postérieure des cuisses.
••• **SOINS** L'administration de corticoïdes permet le plus souvent la régression des lésions, qui peuvent néanmoins récidiver.

t

Tartre dentaire

••• **SYMPTÔMES** Le tartre qui se dépose sur les dents du chat a tendance à s'insinuer sous la gencive et peut être à l'origine de la mauvaise haleine due à la pyorrhée (infection), et d'une instabilité dentaire.
••• **SOINS** Un traitement médical peut limiter à court terme ces inconvénients. Le détartrage doit être effectué par le vétérinaire. Il est pratiqué sous anesthésie générale. Selon les chats, il peut s'avérer nécessaire tous les six mois ou tous les trois ans, car la vitesse d'entartrage des dents dépend des sujets.

Teigne

Mycose cutanée, la teigne est une infection de la peau, des poils et des griffes par des champignons microscopiques, les dermatophytes. Cette infection est fréquente chez le chat.
••• **SYMPTÔMES** Cliniquement, la teigne se caractérise par des dépilations diffuses ou plus souvent localisées, rondes, de quelques centimètres de diamètre, de préférence sur la tête et le pavillon des oreilles de l'animal. Elle peut être également localisée aux griffes et alors est très tenace. Certains chats hébergent des dermatophytes sans présenter les lésions décrites ici. Dans la plupart des cas, les teignes n'entraînent pas de démangeaisons et n'affectent pas l'état général de l'animal, mais elles sont extrêmement contagieuses pour l'homme et les autres animaux carnivores.
••• **SOINS** Les lésions uniques seront traitées grâce à un antifongique local. Si elles sont étendues et multiples, il faudra traiter tout le corps (grâce à des bains) et administrer un traitement par voie orale pendant quatre à six semaines.

Thrombose aortique

••• **SYMPTÔMES** C'est une véritable urgence médicale qui fait suite à l'obstruction d'un vaisseau par un thrombus, le plus souvent sur l'artère fémorale ou l'aorte. Le chat hurle de douleur, reste prostré sur le côté, et le membre atteint devient rapidement froid.
••• **SOINS** ••• Ils visent à limiter la douleur par l'administration de morphiniques et à tenter de résorber le thrombus sans entraîner d'autres lésions. Le traitement est coûteux et délicat et le pronostic très réservé.

Tiques

Les tiques appartiennent à la famille des acariens (très petits arachnides), contrairement aux poux et aux puces qui, eux, sont des insectes. Ce sont des parasites temporaires qui se nourrissent du sang de l'animal avant de tomber. Les chats qui vivent à l'extérieur les récoltent dans les herbes et les broussailles.

••• **SYMPTÔMES** L'infestation est maximale au printemps et à l'automne. Au moment de la piqûre, la tique peut transmettre un parasite sanguin, l'*Hemobartonella,* qui provoque une anémie.
••• **SOINS** Frottez la peau infectée du chat avec un coton imbibé d'éther avant d'extraire la tique avec une pince à épiler, ou servez-vous d'un « tire-tique ». On peut aussi tuer ce parasite en vaporisant sur lui un produit spécifique qui entraînera son dessèchement et sa chute, ou utiliser des feutres spéciaux, imbibés d'une substance qui tue les tiques par contact.

Toxoplasmose

C'est une affection parasitaire pouvant évoluer dans toutes les espèces animales sous forme latente (infection toxoplasmique) ou évolutive (maladie toxoplasmique). Le chat joue un rôle dans la transmission de cette maladie puisque le cycle biologique du parasite, *Toxoplasma gondii*, comporte une phase de reproduction dans l'intestin grêle du chat, aboutissant à l'émission dans les selles d'ookystes (œufs), qui se transforment en quelques jours en ookystes sporulés, capables de résister plus d'un an en milieu humide.
L'infection toxoplasmique chez le chat peut présenter un risque pour la femme enceinte dépourvue d'anticorps.
Cependant, il suffit d'éliminer chaque jour les déjections du bac pour ne pas laisser le temps aux ookystes potentiels de se développer.
Il faudra veiller à ne pas donner au chat de la viande mal cuite ou du lait cru susceptible de contenir des ookystes.
Des examens peuvent être pratiqués sur l'animal pour rechercher l'infection toxoplasmique (prise de sang, analyse des selles). La maladie toxoplasmique est très rare chez le chat. Elle est due à la présence du parasite dans les différents organes, et notamment dans l'œil, où il est à l'origine d'une uvéite ou d'une rétino-choroïdite.

Tuberculose

Comme d'autres mammifères, les chats peuvent transmettre à l'homme les bacilles tuberculeux qui les infectent s'ils ont été en contact eux-mêmes avec des bovins tuberculeux ou des personnes tuberculeuses.
••• **SYMPTÔMES** Chez le chat, ils sont variables : pulmonaires ou cutanés. Ces affections deviennent rares aujourd'hui, mais, en raison du grand danger de contamination, il est interdit de traiter une tuberculose féline (ou animale en général).
••• **SOINS** L'euthanasie de l'animal est la seule éventualité à envisager du point de vue de la santé publique.

Tumeurs mammaires

••• **SYMPTÔMES**
Fréquentes chez les chattes âgées non castrées ou opérées tardivement, ces tumeurs sont très souvent malignes, c'est-à-dire cancéreuses dans 90 % des cas. Localement, elles sont souvent multiples, à croissance rapide et mal délimitées, infiltrantes.
Une radiographie thoracique permet la mise en évidence de métastases dans le poumon si elles évoluent depuis plusieurs mois.
Elles peuvent également se nécroser et s'ulcérer (suintement qui pose des problèmes hygiéniques), ce qui nécessite une intervention.
••• **SOINS** Le traitement chirurgical est le plus approprié. Il consiste en l'ablation large et précoce de la tumeur, s'il n'y a aucune métastase pulmonaire.
La présence de métastases rend le pronostic très mauvais à court terme. Selon la nature histologique des tumeurs, radiothérapie ou chimiothérapie peuvent être envisagées pour éviter les récidives, dans le meilleur des cas.

Typhus, ou panleucopénie infectieuse

Maladie virulente, contagieuse, spécifique aux félidés, le typhus est dû à un virus, le parvovirus.
••• **SYMPTÔMES** Le typhus se caractérise par un état de grande prostration associé à une gastro-entérite et à une diminution du nombre des globules blancs du sang.
L'incubation dure de deux à dix jours, puis la maladie évolue soit sous forme suraiguë : le chat sera mort en douze à vingt-quatre heures, après une fièvre suivie d'hypothermie, soit sous forme aiguë : phase accompagnée de fièvre, de prostration et de déshydratation. Les signes digestifs sont variables : anorexie, soif exagérée, vomissements bilieux, mousseux, apparition de diarrhées parfois striées de sang, ventre douloureux.
••• **SOINS** L'évolution est rapide et se fait en quelques jours, soit vers la mort, soit vers la guérison à force de soins intensifs : perfusion, antibiothérapie, antispasmodiques, pansements digestifs.
Préventivement, il existe un vaccin qui nécessite deux injections la première année chez le jeune chat, puis un rappel tous les deux ans.

U

Ulcère de la cornée

Dû à une perte de substance de la cornée, l'ulcère peut être d'origine infectieuse ou traumatique (coup de griffes).
••• **SYMPTÔMES** L'œil est rouge, à demi fermé, douloureux, et le chat se frotte avec ses pattes.
••• **SOINS** Un examen ophtalmologique permet d'apprécier la gravité de l'ulcère. S'il est superficiel, un collyre spécifique permettra une cicatrisation rapide. Sinon, une intervention chirurgicale sera nécessaire.

Uvéite

Affection inflammatoire de l'iris et des structures avoisinantes, l'uvéite peut atteindre un œil ou les deux yeux, et être le signe d'une affection générale grave : infection par le FeLV, le FIV, le virus de la PIF ou encore la toxoplasmose.
••• **SYMPTÔMES** L'œil est rouge, larmoie ; la pupille est serrée et l'iris change parfois de couleur. Le chat souffre et fuit la lumière.
••• **SOINS** Cette affection est toujours grave, surtout si elle résulte d'une maladie générale. Le traitement est local (collyre) et général, à base d'antibiotiques et d'anti-inflammatoires administrés par voie buccale.

V

Vaccination

C'est le meilleur moyen de prévenir des maladies graves, souvent contagieuses et le plus souvent mortelles, pour lesquelles on ne dispose pas de traitement : rage, typhus, leucose féline, coryza.

Guide pratique

Protection du chat domestique

La loi protège le chat contre les mauvais traitements, et son utilisation dans les expériences médicales est, en principe, strictement définie. À la campagne, les chats errants qui, autrefois, étaient trop facilement abattus, sont mieux protégés par la loi du 6 janvier 1999. La fourrière attend les vagabonds campagnards et urbains et les sociétés de protection animale, véritables pépinières pour les adoptions généreuses, sont nombreuses et bien organisées.

Les chats errants ou perdus

Selon l'article L211-23 du Code rural, « est considéré comme en état de divagation tout chat non identifié trouvé à plus de 200 m des habitations, ou tout chat trouvé à plus de 1 000 m du domicile de son maître et qui n'est pas sous la surveillance immédiate de celui-ci, ainsi que tout chat dont le propriétaire n'est pas connu et qui est saisi sur la voie publique ou sur la propriété d'autrui ».

Désormais, chaque commune doit soit disposer d'une fourrière communale apte à l'accueil et à la garde des chiens et chats trouvés, soit passer un accord avec une fourrière voisine, afin de bénéficier de ses services. Les chats errants, ramassés dans une commune, y sont conduits et gardés huit jours ouvrés, qu'ils aient pu être identifiés ou non. Si l'animal est identifié, le propriétaire est immédiatement recherché et il récupérera son animal après avoir acquitté les frais de garde. Le propriétaire d'un chat non identifié par tatouage ou par micropuce, mis en fourrière, ne pourra le reprendre qu'à condition de le faire identifier de cette façon à ses frais. Dans les départements officiellement déclarés infestés par la rage, seuls les chats vaccinés contre cette maladie peuvent être rendus à leur maître, les autres seront euthanasiés après expiration du délai de garde. Après ce délai de huit jours, un animal qui n'a pas été réclamé par son propriétaire est considéré comme abandonné et le gestionnaire de la fourrière pourra le donner à une association de protection ou à une fondation, seules habilitées à proposer les animaux à l'adoption, après 50 jours de garde dans leurs locaux. Ou bien, après avis des services vétérinaires, celui-ci pourra faire euthanasier l'animal.

Le maire peut, de sa propre initiative ou à la demande d'une association de protection animale, faire capturer les chats non identifiés vivant en groupe dans des lieux publics de sa commune et ordonner leur stérilisation et leur identification avant qu'ils soient relâchés dans ces mêmes lieux. Le suivi de ces chats sera assuré conjointement par un représentant de la commune et de l'association. Ces dispositions ne sont applicables que dans les départements indemnes de rage. Des dérogations peuvent toutefois être accordées après une évaluation du risque rabique.

L'identification obligatoire

Depuis le décret du 28 août 1991, l'identification des chats vendus ou cédés à titre gracieux est obligatoire. Elle est à la charge de celui qui cède l'animal et doit être effectuée par un vétérinaire, à l'aide d'une micropuce implantée sous la peau ou par tatouage (cette procédure restera en vigueur jusqu'en 2011) ; le numéro d'identification sera ensuite enregistré au fichier national félin. Dans les départements où un cas de rage a été détecté (voir p. 279), l'identification est obligatoire pour tous les carnivores domestiques afin d'éviter une propagation de la maladie. Elle est également impérative lors d'un voyage à l'étranger et pour le séjour dans certains hôtels ou campings en France.

Des activités sous contrôle

Quiconque possède un élevage ou une animalerie, s'occupe d'une fourrière ou d'un refuge doit déclarer son activité à la préfecture de son département. La loi exige qu'au moins l'une des personnes au contact des animaux possède un certificat de capacité (connaissance des besoins biologiques, physiques, comportementaux et d'entretien des animaux de compagnie).

Les actes de cruauté et les mauvais traitements

Le Code pénal protège les animaux victimes de mauvais traitements. Le fait d'exercer, publiquement ou non, des sévices graves ou de commettre un acte de cruauté envers un animal domestique ou apprivoisé, ou bien tenu en captivité, est puni de deux ans d'emprisonnement et de 30 000 euros d'amende. À titre de peine complémentaire, le tribunal peut interdire la détention d'un animal, y compris à titre définitif. L'abandon sur la voie publique est considéré comme un acte de cruauté. Celui qui abandonne son animal risque, en plus d'une amende, de devoir payer des dommages et intérêts à la société de protection qui se sera portée partie civile. L'abus sexuel d'un animal encourt les mêmes peines.

Par ailleurs, les atteintes volontaires à la vie d'un animal sont punies d'une amende s'élevant de 762,25 à 1 524,50 euros ; le mauvais traitement, d'une amende s'élevant de 457,34 à 762,25 euros ; et les atteintes involontaires – c'est-à-dire commises par maladresse, imprudence, inattention, négligence ou manquement à une obligation de sécurité ou de prudence imposée par la loi ou les règlements –, d'une amende de 152,45 à 457,34 euros.

Reste à confondre le coupable. Chaque fois que l'on voit un chat misérable ou mutilé, il faut prévenir le commissariat de police et la société de protection animale voisine. S'il s'agit d'un chat dont on connaît le maître, les témoignages des voisins seront très utiles.

Enfin, pour lutter contre la vente sauvage de chatons plus ou moins maladifs et détenus dans des conditions précaires, il est désormais interdit de céder, à titre gratuit ou onéreux, des chiens, des chats et autres animaux de compagnie dont la liste est fixée par un arrêté du ministre de l'Agriculture et du ministre chargé de l'Environnement, dans les foires, marchés, brocantes, salons, expositions ou toutes autres manifestations non spécifiquement consacrées aux animaux.

Droit de cité pour le chat

La loi Thôme-Patenôtre du 9 juillet 1970 est toujours en vigueur. Elle autorise la présence de chats dans tous les immeubles locatifs, y compris les H.L.M. Un propriétaire n'a donc pas le doit d'interdire la présence d'animaux familiers dans les locaux d'habitation à louer. Le chat, en revanche, ne doit pas causer de nuisance. Une personne qui vit dans un petit appartement avec une colonie de chats risque d'être confrontée aux plaintes de voisins incommodés par l'odeur et le bruit. Un seul chat peut aussi miauler toute la journée. Le propriétaire de l'animal, après constat d'huissier, a plusieurs solutions : se séparer de son chat – ou de ses chats –, ce à quoi il se refuse généralement, ou bien déménager, ce qui n'est pas évident. Il peut aussi aller jusqu'au procès et faire appel à l'avocat d'une société de protection animale pour assurer sa défense.

Assurances

Les chats causent rarement des accidents. De toute façon, l'assurance multirisques habitation couvre les dégâts que pourrait provoquer l'animal.

Il existe des assurances, sortes de sécurité sociale féline, qui remboursent une partie des frais médicaux en cas de maladie ou d'accident du chat. Plusieurs compagnies d'assurances et mutuelles proposent des contrats. En règle générale, l'animal n'est protégé que s'il est âgé de plus de 8 ou 12 semaines, vacciné et en bonne santé. Selon les compagnies, l'assurance le couvre jusqu'à un âge plus ou moins avancé : 8, 10, 12 ans et, lorsqu'il a plus de 10 ans, le montant de la prime augmente.

Le pourcentage de remboursement des frais de chirurgie, hospitalisation, médicaments, se situe autour de 70 % et le maximum des remboursements annuels va de 1 000 à 2 200 euros par an, selon les contrats. Le prix des cotisations varie suivant l'âge de l'animal et les formules choisies. Les tarifs sont très variables : entre 6 et 30 euros par mois, comme le sont les risques couverts.

Les exclusions sont nombreuses. À titre d'exemple, ne sont pas remboursés : les vaccinations, les produits antiparasitaires, le tatouage, les stérilisations, les prothèses, les interventions de chirurgie esthétique, la contraception, l'euthanasie, l'incinération, les frais de dépistage, les frais occasionnés du fait de maladies héréditaires les plus courantes. Malgré ces réserves, et même si le chat est bien soigné et s'il n'a pas de problèmes majeurs de santé, il peut être rentable de l'assurer. Dans ce cas, il est conseillé de se renseigner auprès du centre d'information et de documentation de l'assurance et choisir la formule la plus intéressante.

Décès

Le chat vit en moyenne une quinzaine d'années et, dans la plupart des cas, il meurt doucement de sa belle mort. Toutefois, s'il est malade et qu'il souffre, le vétérinaire vous conseillera l'euthanasie sous la forme d'une injection d'anesthésique qui l'endormira définitivement et sans douleur. Ne refusez pas d'emblée cette solution et laissez-vous conseiller par le vétérinaire.

Si vous êtes propriétaire d'un jardin ou d'un terrain à la campagne, vous pourrez y enterrer votre chat dans une fosse, que vous prendrez soin de creuser très profonde et à l'écart des habitations. En ville comme à la campagne, le vétérinaire peut s'occuper de la dépouille et la faire enlever. La fourrière municipale se charge de l'enlèvement des animaux morts, qui finissent à l'équarrissage.

L'incinération des animaux se pratique heureusement de plus en plus. Elle est collective (et coûte autour de 30 euros) ou individuelle (80 euros environ) et, dans ce dernier cas, les maîtres peuvent récupérer les cendres de leur animal familier.

Les cimetières pour animaux sont rares et les concessions chères, sauf dans les cimetières gérés par des associations.

Les sociétés de protection animale

Ces associations ont pour objectif, comme leur nom l'indique, de protéger les animaux. Leur réseau couvre l'ensemble du territoire. Leurs refuges, surtout à la veille des vacances, sont malheureusement surpeuplés d'animaux abandonnés, les chats étant encore plus nombreux que les chiens. Certains propriétaires irresponsables n'hésitent pas à abandonner leur chat dans la nature, sous prétexte que l'animal saura y survivre, alors qu'il n'a jamais connu que la vie protégée en appartement !

Il existe différentes sortes de refuges : des établissements gérés par les grandes sociétés de protection animale, et d'autres, par des particuliers qui ont souvent de graves problèmes d'intendance et se voient parfois contraints de fermer leur refuge, faute de pouvoir assurer les soins et l'entretien de leurs pensionnaires.

• **La Société protectrice des animaux (S.P.A.).** C'est la plus ancienne des associations, née en 1845, à l'initiative du général Grammont, qui fut aussi l'auteur de la première loi de protection animale. La S.P.A. compte actuellement 70 délégations, 58 refuges accueillant quelque 45 000 animaux, et de nombreux clubs de jeunes qui assurent des actions de protection. Avec 1 100 enquêteurs sur le terrain, elle compte aussi 53 000 membres. Elle a des filiales dans toute la France et, comme les autres sociétés de protection, vit de dons, de legs et des cotisations de ses membres. La S.P.A. passe des conventions avec les municipalités pour assurer le service public de la fourrière. Adopter un chat à la S.P.A. coûte entre 65 et 85 euros selon les refuges. Cette somme couvre les frais de vaccination et des tests de leucose, de stérilisation, de tatouage et d'examen vétérinaire, et sert à dissuader les trafiquants d'animaux qui pratiquent la revente en fraude aux laboratoires. La S.P.A., qui reçoit les chats abandonnés et recueille les chats perdus, multiplie les initiatives pour leur trouver de nouveaux maîtres : elle organise des fêtes au moment de Noël, des opérations de promotion avec la télévision, des campagnes de presse et occupe, ainsi que d'autres associations de protection, des stands offerts par les clubs félins dans les diverses expositions félines.

• **Assistance aux animaux.** Cette association ne recueille que les chats abandonnés par leurs maîtres, qui doivent signer une déclaration en déposant l'animal. Elle ne joue pas le rôle de fourrière et ne pratique pas l'euthanasie. Elle compte environ 65 000 membres et une vingtaine d'établissements en France, comportant le plus souvent un refuge. Les chats recueillis sont soignés, vaccinés, stérilisés et tatoués avant d'être proposés à l'adoption pour environ 90 euros (le prix peut varier, par exemple, selon l'âge de l'animal). Des inspecteurs de l'association sont chargés pendant un certain temps de suivre l'adopté et l'adoptant au domicile de ce dernier.

• **La Fondation Brigitte Bardot.** Cette association possède un refuge d'accueil en région parisienne et un refuge maison de retraite. Sa vocation est d'intervenir dans les cas urgents et extrêmes, de voler au secours des animaux traumatisés, d'alerter les autorités et de se porter partie civile lors d'actions intentées en justice. Elle met tout en œuvre pour placer les animaux trouvés auprès de particuliers, après des enquêtes sérieuses. L'animal tatoué, stérilisé et vacciné, est remis à ses nouveaux maîtres contre une participation de 80 euros.

• **La Confédération des S.P.A. de France.** Elle regroupe 250 associations adhérentes en France et 461 000 adhérents individuels. Un chat vacciné, tatoué et, dans certains cas, ayant subi le test de la leucose, peut être adopté à la S.P.A. principale de Lyon pour 60 euros, pour un chat âgé de moins de 6 mois, ou pour 75 euros, pour un chat plus âgé. Ce prix varie selon les différentes filiales de la Confédération.

• **L'École du chat.** Créée en 1978 à Paris par Michel Cambazard, l'École du chat a entrepris de protéger les populations félines des cimetières et des parcs, celles qui vivent dans les sous-sols des H.L.M. ou dans les jardins des hôpitaux – autant d'animaux qui étaient jusque-là mis en fourrière et euthanasiés en masse. Son action a débuté au cimetière Montmartre et ne cesse de s'étendre. Il existe aujourd'hui plusieurs Écoles du chat dans d'autres villes françaises.

En Suisse

Les expériences sur les animaux sont strictement réglementées et limitées. Les cantons délivrent les autorisations d'expérimentation, surveillent la tenue des animaleries et l'exécution des expériences sur les animaux. L'amputation des griffes du chat et autres félidés est interdite.

Il est interdit de maltraiter les animaux, de les négliger gravement, de les surmener inutilement et de les abandonner. Les mauvais traitements sont punis de prison ou d'amende. Les peines sont différentes selon les cantons. En règle générale, l'euthanasie est rarement pratiquée sur les animaux errants ; après un séjour en fourrière, ils sont confiés aux sociétés de protection animale, qui décident de leur sort. La loi prévoit dans tous les cas que les animaux restent pendant cinq ans la propriété de leur maître. Mais, dans les cas critiques, les chats sont placés auprès de nouveaux maîtres. La loi en vigueur, datant de 1978, est en cours de révision.

En Belgique

Depuis la loi du 4 mai 1995, les mauvais traitements sont punis d'un emprisonnement de un à trois mois et d'une amende. Des peines plus sévères prévues par le Code pénal peuvent également être infligées. L'exploitation d'élevages de chiens, chats, de refuges pour animaux, de pensions et d'établissements commerciaux pour animaux est désormais soumise à l'agrément du ministère de l'Agriculture. Il est interdit de commercialiser des animaux domestiques sur la voie publique, ainsi que dans les foires et marchés. Toute personne qui recueille un animal errant, perdu ou abandonné, est tenue de le confier, dans les quatre jours, à l'administration communale de l'endroit où elle a trouvé l'animal, ou de laquelle elle dépend. Celle-ci le place dans un refuge où l'animal doit être tenu à la disposition de son propriétaire pendant au minimum 15 jours après le placement.

Le pedigree

Le pedigree constitue la généalogie du chat de race. C'est aussi le document qui certifie cette généalogie. Il est établi au terme d'une série de démarches utiles à connaître surtout si vous envisagez de vous lancer dans la promotion particulière que représentent les expositions et les concours félins, ou même si vous envisagez simplement l'achat d'un chat de race.

Obtention du pedigree

Seul un chaton dont les parents ont eux-mêmes un pedigree du L.O.O.F. – ou un pedigree émis par un livre des origines reconnu par le L.O.O.F. pour les chats nés en France avant 1999 ou les chats nés à l'étranger – peut avoir un pedigre du L.O.O.F. C'est l'éleveur, c'est-à-dire le propriétaire de la chatte au moment de la saillie, qui fera la demande auprès du L.O.O.F. Celle-ci exige une démarche en deux temps : la déclaration de saillie et de naissance, puis la demande de pedigree. L'acheteur ne peut en aucun cas faire une demande de pedigree. Dans l'acte de vente doit donc figurer la mention « cédé avec un pedigree L.O.O.F. ».

La déclaration de saillie et de naissance doit mentionner le nombre de chatons, leur sexe, leur race, leur couleur, leur numéro d'identification et leur nom, qui doit commencer par la lettre de l'année. La demande de pedigree devra être envoyée dans un délai de 8 mois au maximum après la naissance des chatons. Le L.O.O.F. ne délivrera de pedigrees que pour un maximum de trois portées en deux ans ou de deux portées par an pour une chatte, quel que soit le nombre de chatons dans les portées.

Le L.O.O.F. est en principe fermé depuis le 1er janvier 1992 pour toutes les races reconnues en championnat. Mais il peut être réouvert dans certaines conditions. Les chats qui ne peuvent prétendre à un pedigree sont ainsi inscrits dans l'un des trois autres registres qui sont des livres d'attente : le R.I.A. (Registre initial d'apparence), le R.I.EX. (Registre d'inscription expérimental) et le R.F. (Registre de filiation). Ces inscriptions permettront aux représentants de la troisième génération d'être en mesure d'accéder éventuellement au L.O.O.F.

Le R.I.A. est ouvert à toutes les races félines. Le chat doit être identifié par puce électronique ou tatouage, être âgé de 6 mois au moins et avoir obtenu le qualificatif « Excellent» lors d'un examen effectué par deux juges ou par des experts habilités à cette tâche. Pour mériter ce qualitatif, le chat doit se rapprocher de très près du standard de la race et être présenté en parfaite condition physique et réalisant un ensemble harmonieux. Ses qualités doivent l'emporter sur ses petites imperfections, et il ne doit pas être affecté de certaines pathologies héréditaires caractéristiques de sa race. Sa descendance doit être conforme selon les mêmes critères afin que la cinquième génération puisse bénéficier d'une inscription au Livre officiel au titre de chat de race. L'union entre deux géniteurs inscrits au R.I.A. est strictement interdite.

Le R.I.EX. est réservé à l'inscription de la descendance de deux chats de races différentes dont l'union n'est pas prévue dans la liste des mariages autorisés par le L.O.O.F. Cette union ne peut avoir lieu que dans le cadre d'un programme d'élevage approuvé par le L.O.O.F. Il existe une réglementation particulière pour les chats étrangers. Comme pour le R.I.A., quatre générations sont nécessaires avant que la descendance puisse être inscrite au Livre officiel.

Le R.F. sert à enregistrer la descendance de chats qui participent à l'élaboration de nouvelles races dans le cadre d'un programme d'élevage approuvé par le L.O.O.F. C'est une sorte de « pré-livre », mais l'inscription ne présage en rien la reconnaissance au sein du Livre officiel.

Vacances du maître, voyage du chat

Lorsque le maître part en vacances sans son chat, il faut trouver des solutions pour faire garder l'animal. Ou alors, celui-ci est du voyage et il faut se préoccuper de son sort et assurer son confort… et celui de ses voisins. Sachez que plus vous voulez voyager loin, plus vous aurez de formalités à accomplir. Renseignez-vous !

Faire garder son chat

Vous pourrez faire garder votre chat par des amis, par d'autres propriétaires de chats à qui vous rendrez le même service à l'occasion, ou encore par des particuliers qui se proposent pour cette tâche par voie d'annonces dans la presse animalière. La garde du chat au domicile des maîtres fait également partie des prestations de certaines sociétés de services, qui envoient des étudiants ou des personnes âgées s'occuper de l'animal. C'est un service sérieux, mais il vous en coûtera environ 130 euros par semaine. Certains éleveurs amateurs prennent aussi des chats en pension, moyennant quelques euros par jour. Les animaux y sont en règle générale bien soignés.

Prendre le train

Pour facile qu'il soit, le transport des chats n'est pas gratuit. Le prix d'un billet de train coûte actuellement tout au plus 5,10 euros si le chat (ou tout autre animal de compagnie) pèse moins de 6 kg et s'il est transporté dans un sac ou un panier dont les dimensions n'excèdent pas 45 cm x 30 cm x 25 cm ; le billet doit être acheté en même temps que celui du voyageur et composté avant le départ.

Prendre l'avion

S'il pèse moins de 5 kg, votre chat sera en principe accepté en cabine, à condition d'être enfermé dans un sac aéré qui ne devra pas dépasser un certain volume (le total des trois dimensions ne devra pas excéder 115 cm). Le nombre des animaux admis sur un même vol est limité. Plus vous prévenez la compagnie à l'avance, plus vous augmentez vos chances de pouvoir garder votre animal en cabine. Si ces conditions ne sont pas réunies, votre animal voyagera en soute climatisée. Pour le transport en soute, l'animal voyagera dans une caisse à claire-voie ou dans une cage métallique, étiquetée et portant vos nom et adresse. Vous pouvez vous procurer ce type de cage dans les commerces spécialisés ou à l'aéroport, moyennant entre 35 et 180 euros selon la taille de la cage.

Le transport du chat est taxé, soit au forfait, soit en fonction du poids brut, au tarif de l'excédent de bagages. Le jour du départ, vous devrez vous presenter a l'aeroport plus d'une heure avant le départ, car l'enregistrement de l'animal s'ajoute aux formalités habituelles. Avant d'enfermer l'animal dans sa caisse, il sera utile de lui administrer un calmant et de lui donner à boire. Il est interdit d'introduire de la nourriture dans la cage pour le voyage. Pensez à vous renseigner sur les vaccins nécessaires pour tout voyage à l'étranger et, de toute façon, munissez-vous de son carnet de santé.

Prendre le bateau
Les chats ne sont pas fervents de croisières ni de l'air du large... Actuellement d'ailleurs, la plupart des compagnies de navigation ne prennent aucun animal à bord pour les voyages au long cours, laissant ce soin aux compagnies aériennes. Les ferries acceptent les animaux, et un chat voyage gratuitement dans son panier. Un certificat antirabique est exigé pour la Corse. Certains chats vivent néanmoins en famille à bord de yachts privés et se comportent aussi bien qu'à terre.

Partir à l'étranger
Les chats qui passent une frontière doivent montrer patte blanche, c'est-à-dire être en bonne santé. La réglementation diffère selon le pays de destination et de provenance, au moment du retour. Il est donc impératif de se renseigner sur les dispositifs légaux en vigueur auprès de l'ambassade ou du consulat du pays de destination.

Il existe une réglementation particulière pour les chats revenant en France depuis un pays tiers dit « à haut risque » (la liste de ces pays est affichée dans le cabinet des vétérinaires) et qui n'est pas membre de l'Union européenne ou bien depuis un Territoire d'outre-mer. Elle exige les conditions suivantes : un certificat sanitaire (bilingue pour les pays non francophones), rédigé dans les dix jours précédant le retour par un vétérinaire du pays de provenance et agréé par le ministère français de l'Agriculture ; la preuve d'un vaccin contre la rage inoculé depuis plus de trente jours (un animal de moins de quatre mois doit être accompagné par sa mère) ; et un test sérologique effectué dans un laboratoire agréé (coût : 83 euros hors honoraires du vétérinaire) et attestant la présence d'anticorps antirabiques dans le sang.

Afin de faciliter la circulation des animaux de compagnie au sein de l'Union européenne, celle-ci a introduit en 2004 un passeport européen pour les chiens, chats et furets. Ce document est de couleur bleue et orné des étoiles jaunes de l'emblème européen. Il mentionne le numéro d'identification de l'animal (micropuce ou tatouage), la description de l'animal ainsi que le nom et l'adresse du propriétaire, mais ne dispense pas des papiers officiels. Il est délivré au moment de l'identification de l'animal ou de la vaccination antirabique ; cette dernière ne peut avoir lieu qu'après contrôle de l'identification. Le prix de cet acte est laissé au gré du vétérinaire, mais ne dépasse pas celui d'une consultation. L'ancien certificat reste valable pendant la durée de sa validité. Les chats âgés de moins de trois mois sont soumis à des règles particulières selon les pays de destination.

Plusieurs pays de l'Union européenne imposent en outre des mesures particulières. Le « programme de voyage des animaux de compagnie » (Pet Travel Scheme) mis en place par le Royaume-Uni et l'Irlande exige ainsi une identification obligatoire par micropuce et un test sérologique (titrage en anticorps) effectué par un laboratoire agréé et suivi d'un examen clinique six mois plus tard, ainsi qu'un traitement contre les tiques et les vers réalisé entre 48 et 24 heures avant le départ par un vétérinaire et attesté par lui. Une réglementation similaire est en vigueur pour Malte. La Suède réclame un titrage en anticorps, réalisé dans un laboratoire agréé entre les quatrième et douzième mois après la vaccination, et un traitement contre les tiques et les vers effectué et attesté par un vétérinaire dans les 48 à 24 heures précédant le départ. La Finlande exige un traitement contre les vers.

Suisse
Pour un retour en provenance d'un pays sans rage urbaine, le chat doit être vacciné contre la rage (au moins 30 jours, sauf en cas de rappel, et tout au plus 12 mois avant l'entrée en Suisse) et disposer d'un passeport pour animaux de compagnie ou d'un certificat de vaccination ; pour un retour en provenance d'un pays où existe la rage urbaine, le chat doit être identifié par micropuce ou par tatouage, posséder un passeport pour animaux de compagnie ou un certificat de vaccination, avoir été vacciné contre la rage et avoir subi un test sérologique (ou bien avoir reçu au moins des vaccinations à intervalle de 4 à 12 mois en Suisse ou dans un autre pays sans rage urbaine), et se soumettre à une visite vétérinaire lors du passage de la frontière. Pour un voyage vers un pays de l'Union européenne sont réclamés un passeport pour animaux de compagnie, une identification (micropuce ou tatouage) et une vaccination contre la rage.

Départements concernés par la rage
En 2001, la France a accédé au statut de pays indemne de la rage selon les critères définis par l'Organisation mondiale de la santé (OMS) et l'Office international des épizooties (OIE). La survenue de cas isolés de rage reste toutefois possible.

En 2004, il y a eu ainsi une alerte à la rage, à la suite de l'importation illégale d'un chien depuis le Maroc, et les autorités sanitaires et vétérinaires ont mis en place des mesures particulières de prévention dans les trois départements de la Dordogne, de la Gironde et du Lot-et-Garonne.

Expositions et concours

Véritables festivals du chat, les expositions et les concours consacrent des champions soigneusement préparés par leurs maîtres. Mais l'amateur de chat profane pourra avec autant de plaisir que de profit pénétrer dans les arcanes des classes, des titres et des races de ces stars.

La première exposition féline, historique, eut lieu au Crystal Palace de Londres en 1871. Elle réunissait 170 chats – chats anglais à poil court et Persans – et son succès fut si grand que ce genre de manifestation ne devait cesser de s'étendre.

En France, le Cat Club organisa la première exposition en 1925 ; l'intérêt du public fut, là aussi, immédiat. Interrompues pendant la Seconde Guerre mondiale, les expositions félines reprirent progressivement. Elles sont nombreuses aujourd'hui et se déroulent sous l'égide des différentes associations ou clubs, tant à Paris qu'en province et, bien sûr, aussi à l'étranger. Les plus importantes accueillent des chats de différents pays et un très large public. On pourrait penser que les éleveurs exposent leurs chats dans un but purement lucratif. En réalité, ce hobby est loin d'être gratuit. Les frais d'inscription et de transport sont élevés, et encore accrus si le champion concourt hors de nos frontières. Si la participation aux concours peut être un violon d'Ingres pour le maître, elle peut aussi représenter un véritable travail à plein temps, voire se transformer en une passion... Les expositions permettent en outre aux éleveurs de valoriser leur production, peut-être de remporter des prix, en tout cas d'échanger des informations entre membres de la même corporation, et de contribuer à l'amélioration des races.

Les expositions ont lieu en hiver, saison où la fourrure des races à poil long est la plus opulente, en automne et au printemps lorsque les Siamois sont au mieux de leur forme.

Comment participer à une exposition ?

Pour concourir dans la catégorie des chats de race, un animal doit obligatoirement avoir un pedigree, c'est-à-dire être inscrit au L.O.O.F. (Livre officiel des origines félines). Depuis la loi du 6 janvier 1999, le L.O.O.F. est le seul organisme habilité à fournir des pedigrees félins. Les chats nés en France après le 6 janvier 1999 et n'ayant pas ce pedigree L.O.O.F., agréé par le ministère de l'Agriculture, ne pourront plus concourir dans les expositions organisées par les associations membres du L.O.O.F., les clubs affiliés et partenaires.

Les titres des associations dissidentes ne sont plus reconnus depuis le 1er septembre 1999.

Aucune exposition de style américain (C.F.A., T.I.C.A., etc.), organisée sur le territoire français, ne pourra être prise en compte par le ministère de l'Agriculture. En l'absence d'un pedigree L.O.O.F. ou d'un pedigree étranger reconnu par le L.O.O.F. (pour les chats nés à l'étranger chez des éleveurs étrangers), les chats ne pourront en aucun cas participer à une exposition sous le nom de chat de race. Ils figureront dans la catégorie « chat de maison ». Dès le début, une dizaine d'associations félines se sont affiliées au L.O.O.F. et sont donc habilitées à délivrer les pedigrees reconnus par le ministère de l'Agriculture. Les chats importés issus de parents inscrits au L.O.O.F. ou au livre des origines d'une association affiliée à la F.I.Fe peuvent obtenir un pedigree. Sauf dérogation, une exposition doit réunir au minimum 100 chats. Si le nombre de candidats est inférieur, la manifestation s'intitulera « présentation » et ne délivrera aucun titre. Le calendrier des expositions est adressé largement à l'avance aux membres des différentes associations. Si vous désirez poser votre candidature pour participer à une exposition, vous recevrez une note explicative sur les règlements et les classes, et un formulaire de participation que vous remplirez et renverrez en temps voulu, avec la somme à payer. La clôture des engagements a lieu en principe six semaines avant l'exposition, aussi bien en France qu'à l'étranger. S'il s'agit d'une exposition très réputée, il est conseillé d'envoyer son engagement dès qu'on en reçoit l'annonce.

Les expositions ont presque toujours lieu le samedi et le dimanche. Leur catalogue est publié et comporte la liste des exposants, assortie de leur adresse.

Comment préparer votre chat à une exposition ?

Pour participer à une exposition, le chat doit montrer patte blanche.

Les règlements sanitaires des expositions sont extrêmement stricts. Votre chat devra être en bonne santé et ses vaccins devront être à jour. La vaccination antirabique est exigée pour tous les chats de plus de 3 mois venant de l'étranger ou des départements français déclarés infestés de rage par le ministère de l'Agriculture. La vaccination doit être pratiquée plus de 30 jours et moins d'un an avant la date d'expiration. Les vaccins contre le typhus, le coryza et la leucose sont vivement recommandés.

L'identification par tatouage ou par micropuce est obligatoire. Les photocopies des certificats antirabiques et le numéro de tatouage sont exigés à l'inscription, et le carnet de santé de votre chat vous sera demandé dès l'entrée. Inutile de vous déranger si votre animal souffre d'une maladie de peau, si son nez coule ou s'il tousse !

Les chats présentés en exposition doivent avoir au moins trois mois révolus. Les chattes en gestation depuis plus de quatre semaines et les chattes allaitantes ne sont pas acceptées. Sont également éliminés de la compétition les chats monorchides ou présentant une anomalie des testicules, les animaux nains, aveugles ou sourds, les animaux dopés, maquillés (teints, poudrés ou ayant subi un tipping), ceux qui ne présentent pas le nombre de doigts normal ou auxquels on a fait extraire les griffes, les chats sales ou porteurs de parasites. Ceux-ci sont, du reste, refoulés dès l'entrée, et vous perdriez vos droits d'admission.

Quelques semaines avant la manifestation, des vitamines ajoutées à une alimentation particulièrement soignée donneront de l'éclat au poil de votre chat. Il devra être vermifugé. Sa fourrure sera brossée quotidiennement, et vous accorderez la plus grande attention à sa toilette. La fourrure d'un chat à poil long devra paraître épaisse et bouffante, en particulier autour de la tête. Celle d'un chat à poil court sera lustrée avec un morceau de velours ou une peau de chamois. N'oubliez pas de nettoyer les yeux, les oreilles, les dents et les griffes. Habituez progressivement l'animal à rester en cage pour que, le jour venu, il supporte sans agressivité les contraintes liées à l'exposition. Vous aurez naturellement intérêt à habituer le chat dès son plus jeune âge à se laisser approcher et porter par des inconnus. Un animal qui se débat et cherche à griffer et à mordre ne sera pas autorisé à passer devant les juges. Et sachez que les tranquillisants sont interdits.

Une semaine avant l'exposition, faties-lui un shampooing. Les animaux à robe claire seront talqués et brossés. Cette dernière opération pourra être renouvelée la veille du concours, à condition que vous fassiez disparaître toute trace de poudre au moment crucial, sous peine de disqualification.

Pour le jour du concours, prévoyez une mallette pour le transport de la litière et un bac, une assiette et un bol blancs, de la nourriture, de l'eau, la brosse et le peigne du chat, un désinfectant non toxique pour la cage, une couverture. Pour la cage, vous aurez besoin de vous munir d'un coussin (ou d'un panier) pour présenter des chatons.

Comment se déroule une exposition ?

Chaque association-membre a ses propres règlements, mais, à quelques détails près, les expositions se ressemblent. La manifestation commence par un contrôle vétérinaire aux alentours de 8 h 30. Le chat est examiné avec grand soin et son carnet de santé vérifié. Tout animal malade, présentant le moindre défaut ou suspecté de maladie est aussitôt éliminé, dans le souci d'éviter tout risque de contagion. Si, au cours de l'exposition, un animal présente soudain des symptômes de maladie, le vétérinaire de l'exposition l'exclura immédiatement, ainsi que tous les chats présentés par le même exposant.

Après le contrôle vétérinaire, l'exposant admis à concourir se verra attribuer un numéro de cage par chat inscrit. Ce numéro servira à identifier l'animal lorsqu'il passera devant ses juges, et permettra de conserver l'anonymat du propriétaire.

L'exposant se rendra ensuite auprès de la cage qui lui a été attribuée et la préparera pour accueillir le chat. Il pourra y déposer un simple coussin blanc (ou bleu si le chat est blanc), ou un panier pour des chatons. Le fond de la cage sera garni avec les cocardes et les rubans précédemment gagnés, le devant étant réservé aux récompenses qui seront gagnées pendant l'exposition en cours.

Les champions et championnes qui ne concourent pas peuvent également avoir leur cage décorée de leurs trophées. Le nom de la chatterie (sans l'adresse) peut figurer sur la cage.

Il est interdit de déplacer un chat dans une cage autre que celle qui lui a été attribuée, ou de changer les numéros des cages. Il est également interdit d'y afficher des annonces comme « À vendre » : les expositions sont organisées dans un but non pas commercial mais esthétique et promotionnel. Rien n'empêche cependant de commander un chaton à un éleveur au cours d'une exposition.

Le concours proprement dit commence dès le samedi matin, aussitôt après le contrôle vétérinaire. Le chat recevra un dernier coup de brosse, à rebrousse-poil, pour faire bouffer la collerette, ou un coup de chiffon à lustrer pour paraître à son avantage. Les juges occupent une partie de la salle accessible au public et officient derrière une grande table. Ils ont seuls le droit d'émettre des commentaires sur les animaux présentés. Un commentaire intempestif venant du public pourrait entraîner la disqualification de l'animal présenté.

Les chats attendent leur tour dans leur cage, à proximité de la table. Des assesseurs en blouse blanche les déposent l'un après l'autre sous les yeux du jury. La table est désinfectée après l'examen de chaque chat.

Les classes des concours félins

Suivant les règlements du L.O.O.F. en vigueur (édition de novembre 2004), les chats concourent dans différentes classes :

• **La classe de Champion C.A.C. (Certificat d'aptitude au championnat) et C.A.P. (Certificat d'aptitude au prémoriat).** Elle s'adresse à tous les chats inscrits au L.O.O.F., âgés de 10 mois révolus au moins le jour de l'exposition. Il faut trois C.A.C. en France ou à l'étranger avec deux juges différents et 80 points au moins sur une échelle pour être champion. La classe C.A.P. est réservée aux chats castrés.

• **La classe de Champion International C.A.C.I.B. (Certificat d'aptitude au championnat international de beauté) et de Premior International C.A.P.I.B.** Cette classe est réservée aux chats ayant obtenu trois titres avec trois juges différents, dans deux pays différents avec trois juges différents. Le chat présenté doit obtenir 88 points au moins sur une échelle de 100.

• **La classe de Grand Champion International et de Grand Premior International C.A.G.C.I. (Certificat d'aptitude au grand championnat international).** Cette classe s'adresse aux chats ayant obtenu trois titres dans deux pays différents avec trois juges différents. Le chat présenté doit obtenir 92 points au moins sur une échelle de 100.

• **La classe de Champion d'Europe et de Premior d'Europe C.A.C.E. (Certificat d'aptitude au championnat européen et C.A.P.E.).** Elle est ouverte aux chats ayant obtenu quatre titres, dont au moins deux à l'étranger, avec quatre juges différents. Le chat présenté doit obentir 95 points au moins sur une échelle de 100.

• **La classe de Grand Champion d'Europe et de Grand Premier d'Europe C.A.G.C.E. (Certificat d'aptitude au titre de grand champion d'Europe) et C.A.G.P.E.** Cette classe concerne les chats qui ont obtenu cinq titres avec cinq juges différents dans trois pays différents. Le chat présenté doit obtenir 98 points au moins sur une échelle de 100.

• **La classe d'honneur.** Elle est réservée à tous les chats déclarés « Grand Champion d'Europe ou Grand Premior d'Europe ». Il sera attribué un seul prix par catégorie (race, couleur et sexe confondus). Un Grand Champion d'Europe ou un Grand Premior d'Europe ne peut plus concourir pour les certificats de titre (sauf le premier dans les classes « neutrés »), mais accède directement au concours en Best in Show dans sa catégorie de poils, s'il a été nommé par le juge.

• **La classe Étoile.** À la suite de changements intervenus dans la réglementation des titres précédents, le L.O.O.F. a créé, en 2004, une nouvelle classe pour les chats ne pouvant sortir de France. Le cursus est composé de cinq classes réservées aux chats entiers et de leurs équivalents réservés aux chats neutrés : Champion (ou Premior) Étoile ; Champion (ou Premior) International Étoile, Grand Champion (ou Premior) International Étoile ; Champion (ou Premior) d'Europe Étoile et Grand Champion (ou Premior) d'Europe Étoile. Le nombre minimal de points à obtenir sont respectivement 80, 88, 92, 95 et 98 sur une échelle de 100. L'inscription en classe Étoile se fait en fonction du titre déjà obtenu. Les concurrents au sein d'une même classe sont jugés selon leur conformité individuelle au standard (et non les uns par rapport aux autres). Cinq certificats de titre Étoile sont nécessaires pour bénéficier d'une étoile accompagnant le titre (un chat ayant obtenu 10 certificats dans la classe Champion se verra atttribuer le titre de Champion 2 Étoiles).

• **La classe des 3/6 et 6/10 mois.** Ils sont jugés par race, couleur et sexe ; les chatons stérilisés concourent dans cette catégorie. Les chatons peuvent se voir attribuer les qualitatifs Excellent, Très Bon ou Bon, suivis éventuellement d'un classement (Excellent 1, Excellent 2…).

• **La classe « Nouvelles Races et Couleurs » (N.R.C.).** Elle a pour but de faire connaître de nouvelles races et variétés. Il n'existe pas de certificats de titre pour cette catégorie, mais seulement des qualificatifs et, le cas échéant, un classement, comme pour la classe précédente.

Les associations affiliées sont par ailleurs libres d'organiser des concours de beauté délivrant des « Best » ou des concours pour chats de maison établissant un classement (du premier au énième) selon des critères choisis librement.

• **La classe « Chats de maison ».** Cette catégorie s'adresse à tous les chats ne présentant pas les critères d'une race déterminée. Tout chat inscrit en « chat de maison » devra obligatoirement être castré. Pour les femelles, un certificat de stérilité, indiquant le numéro de tatouage et établi par un vétérinaire, sera exigé. Il n'y a qu'une seule catégorie pour les poils court et long, et l'âge minimal pour concourir est de 9 mois. Les chats sont jugés sur leur condition de présentation, leur bon caractère et leur apparence, puis classés du premier au dernier, le premier remportant le titre de meilleur chat de maison de l'exposition.

Qui sont les juges ?

Être juge dans une exposition suppose une solide expérience. Le candidat commence par être assesseur *(steward)*, puis élève-juge et, enfin, juge, dans une ou plusieurs catégories de race définie.

L'assesseur est un bénévole qui assiste le juge lors d'une exposition pour en assurer le bon fonctionnement. S'il a 16 ans révolus, il peut demander que lui soit délivré un « certificat de participation » à l'issue d'un concours de conformité au standard.

L'élève-juge doit être âgé de plus de 18 ans et posséder 20 « certificats de participation » et avoir réussi un examen préparatoire. Il doit être parrainé par un juge agréé par le L.O.O.F. qui lui attribuera une note d'évaluation prise en compte lors de l'examen théorique général. Afin de participer à ce dernier, il doit être en possession de 10 certificats d'élève-juge au moins, avoir un affixe à son nom et deux chats au moins issus de sa chatterie ayant le titre de Grand Champion ou Premior International.

Le juge doit avoir réussi un examen en trois parties – théorie générale, théorie et pratique pour une ou plusieurs races – et obtenu un Certificat d'études techniques de l'animal de compagnie « option chat », à la suite d'une formation organisée par le L.O.O.F. en collaboration avec l'École nationale vétérinaire de Maisons-Alfort et la Société française de félinothechnie. Il peut ensuite délivrer des certificats de conformité au standard pour les races pour lesquelles il est habilité. L'art de ces spécialistes est en effet difficile. Il faut un coup d'œil d'expert pour faire la différence entre un chat exceptionnel et un chat excellent.

Les juges sont bénévoles et seuls leurs frais de déplacement leur sont remboursés.

Les critères selon lesquels les chats sont jugés ne sont ni simples ni évidents pour le néophyte ou le profane, certains chats pouvant figurer dans plusieurs catégories. Les chats sont répartis en trois groupes : poil long, poil mi-long, poil court, et s'affrontent suivant une série de classes rigoureusement définies.

Les critères de jugement

Chaque chat inscrit dans l'une de ces classes est jugé selon deux critères :
– son aspect d'ensemble, autrement dit sa condition physique : corpulence, œil brillant, regard vif, fourrure souple et soyeuse ;
– le standard de la race et celui de la couleur, pour lesquels il existe une échelle de points officielle.

Selon les races, un nombre de points défini est accordé à chacun des traits principaux – fourrure (qualité et couleur par rapport au standard), yeux (forme et couleur), corps, queue (droite ou courbée, peignée, fournie, etc.), tête (fine, triangulaire…), oreilles, pattes et pieds –, l'ensemble devant totaliser 100 points.

Certains défauts, insignifiants aux yeux de non-initiés, peuvent entraîner la disqualification du chat. Les points, assortis des commentaires de chaque juge, sont notés sur un formulaire. Des mentions allant de bon à excellent sont attribuées en fonction du nombre de points obtenus.

En cas d'ex aequo, les deux animaux sont remis devant les juges, qui les réexaminent pour les départager. Le dimanche, en fin d'après-midi, les résultats sont annoncés officiellement.

Les titres

En plus du concours de conformité au standard, les organisateurs d'une exposition peuvent attribuer des titres appelés « best » pour récompenser les meilleurs chats présents selon des critères laissés à leur appréciation. L'usage veut que soient décernés les titres suivants :

- **« Best Variété ».** Ce titre est attribué au meilleur chat dans sa race et sa couleur, tout sexe et âge confondus (par exemple, meilleur Sacré de Birmanie seal point) ou, si le nombre de chats présents est insuffisant, au meilleur chat dans sa race, toutes couleurs réunies.
- **« Best in Show ».** Ce titre s'adresse aux trois catégories suivantes : poil court, mi-long, long, et sera attribué éventuellement au meilleur chat par sexe (mâle, mâle neutre, femelle, femelle neutre) et tranche d'âge (adulte, 6 à 10 mois, 3 à 10 mois). Les gagnants des « Best in Show » sont choisis par un collège de juges, qui peut en outre décerner d'autres titres à la suite.
- **« Best of Best ».** Ce titre récompense le meilleur chat de l'exposition, choisi parmi les « Best in Show » de chaque catégorie.
- **« Best Suprême ».** Le meilleur chat d'une exposition toutes races et catégories confondues est choisi parmi les « Best of Best » et seuls les juges toutes races pourront voter pour le « Best Suprême ».

Un seul titre sera décerné par exposition et deux jugements au maximum sont autorisés par week-end par une ou deux associations et avec des juges différents.

Tout chat dont le propriétaire ne sera pas en mesure de justifier son titre repassera dans la classe inférieure. Par ailleurs, tout titre donné par un juge n'étant pas reconnu par le L.O.O.F. sera refusé. Selon le règlement, le chat devra à nouveau concourir dans cette même classe.

Un jury « toutes races » déterminera aussi les meilleurs de chaque catégorie. Les quatre chats vainqueurs de ce concours pourront alors se mesurer et l'un d'eux sera sacré plus beau chat de l'exposition, titre envié mais purement honorifique. Outre les coupes, les heureux propriétaires des chats récompensés reçoivent cocardes et rubans, qu'ils pourront accrocher au grillage de la cage avant de repartir pour d'autres expositions. Ces prix flatteurs sont un baume pour la fierté des maîtres, mais il ne faut pas oublier qu'ils sont aussi le résultat de plusieurs mois, voire de plusieurs années d'efforts pour obtenir des chats sans défaut.

Quant aux propriétaires déçus, il leur reste le droit de demander des explications techniques aux juges qui ont noté leurs héros. Un chat très bien noté lors d'une exposition peut parfaitement ne rien obtenir à la suivante. Tout dépend de sa forme du moment et du jeu de la concurrence, très sévère dans l'ensemble des manifestations.

Les clubs félins

En France

Après avoir connu d'innombrables clubs et associations, le monde félin est aujourd'hui régi par le L.O.O.F., seul organisme habilité à délivrer des pedigrees reconnus par le ministère de l'Agriculture. Il réunit désormais une trentaine d'associations , dont l'A.C.F. (Association des chats de France), l'A.F.A.P. (Association française des amis du Persan), l'A.I.F. (Association internationale féline), la F.F.F. (Fédération féline française), le C.I.F. (Cercle félin d'Île-de-France), le C.F.N.P.C. (Cercle félin du Nord-Pas-de-Calais), le C.F.P. (Cercle félin de Paris), le Club européen du chat), la F.I.C. (Fédération internationale du chat) et le L.O.R.F. (Livre des origines des races félines).

- **Le Cat Club.** C'est le club le plus ancien de France. Il a été créé en 1913 par le docteur Jumaud, à Saint-Raphaël. Une section s'est ensuite ouverte à Paris, à l'initiative de Mme Ravel, qui présida longtemps aux destinées du Cat Club. Devenu autonome en 1924, le Cat Club a ouvert son propre livre des origines. Il est affilié à la F.F.F. et, au plan international, à la F.I.Fe. Depuis le 12 décembre 1999, il adhère également au L.O.O.F.

En Suisse et en Belgique

Les clubs félins de Suisse et de Belgique fonctionnent comme leurs homologues français. Les uns sont affiliés à la F.I.Fe, d'autres au G.C.C.F. britannique ou à la C.F.A. américaine. Premier créé en Suisse, le Cat Club de Genève a ouvert son livre des origines en 1934. Il organise deux expositions internationales par an.

Adresses utiles

Services d'urgence vétérinaire

Un serveur avec un seul numéro, S.O.S. Véto, peut être utilisé dans toute la France : le 08 36 68 99 33. Il fonctionne à partir de 19 heures durant toute la nuit, le samedi et la veille des jours fériés à partir de 16 heures, le dimanche et les jours fériés, toute la journée. Ce service peut communiquer les coordonnées d'un vétérinaire qui se déplace à domicile. Après 20 heures et le dimanche et les jours fériés, tapez le numéro du département après avoir appelé le serveur.

En province, le numéro du vétérinaire de garde est signalé sur le répondeur de votre praticien habituel.

Sociétés de protection

France

- **30 Millions d'Amis**
40, cours Albert Ier, 75008 Paris
Tél. : 01 56 59 04 44
- **Confédération des S.P.A. de France**
25, quai Jean-Moulin, 69002 Lyon
Tél. : 04 78 38 71 71
- **Société protectrice des animaux (S.P.A.)**
siège social :
39, boulevard Berthier 75017 Paris
Tél. : 01 43 80 40 66
Minitel 3 615 SPA
Site internet : www.spa.asso.fr
- **Assistance aux animaux**
Tél. : 01 40 67 10 04
- **Refuge de Gennevilliers**
30, avenue du Général-de-Gaulle
92230 Gennevilliers
Tél. : 01 47 98 57 40
(ouvert du lundi au samedi de 9 h à 16 h 30 et les dimanches et jours fériés de 9 h à 11 h 30)
- **S.P.A. secours animalier 24 h sur 24**
(si vous trouvez un animal blessé)
Région parisienne : Tél. : 01 60 26 04 60
- **Dispensaires S.P.A.**
Amiens Tél. : 03 22 52 16 30
Le Cannet-Rocheville
Tél. : 04 93 69 92 95
Grenoble Tél. : 04 76 09 43 67
Liévin Tél. : 03 21 45 25 55
Lyon Tél. : 04 78 52 61 17
Marseille Tél. : 04 91 79 30 60
Orléans Tél. : 02 38 83 15 22
Paris Tél. : 01 46 33 94 37
Perpignan Tél. : 04 68 85 36 76
Le Petit-Quevilly Tél. : 02 35 63 20 27
Toulon Tél. : 04 94 03 33 00
Toulouse Tél. : 05 61 25 94 19
- **Fondation Brigitte-Bardot**
45, rue Vineuse, 75116 Paris
Tél. 01 45 05 14 60
Minitel 3 615 FBB
Site internet :
www.fondationbrigittebardotfrance.fr
- **École du Chat**
B.P. 184, 75864 Paris Cedex 18
Tél. : 01 43 87 32 16

Belgique

Associations de protection

- **Chaîne bleue mondiale**
39, avenue de Visé, 1050 Bruxelles
Tél. : 2 673 52 30
- **Société royale Croix bleue de Belgique**
170, rue de la Soierie, 1190 Bruxelles
Tél. : 2 376 32 62
- **Association nationale des sociétés protectrices des animaux**
5, boulevard Jules-Graindor,
1070 Bruxelles
Tel. : 2 524 29 15

• Conseil national de la protection animale
92, avenue Mozart, 1180 Bruxelles
Tél. : 2 345 14 92

Canada

• Fédération des Sociétés canadiennes d'assistance aux animaux
102-30 Concourse Gate,
Ottawa, Ontario K2E 7V7
Tél. (613) 224-8872

• Société pour la prévention de la cruauté envers les animaux (S.P.C.A.)
5215, rue Jean-Talon Ouest,
Montréal PQ H4P 1X4
Tél. (514) 735-2711

Suisse

• Jeunesse suisse pour la protection des animaux
8640 Rapperswil, Zürcherstr. 86
Tél. : (01) 211 21 37

• Protection suisse des animaux (P.S.A.)
4008 Basel, Dornacherstr. 101
Tél. : 61 361 15 15

• Société genevoise de protection des animaux
1233 Bernex, avenue de Cavoitanne
Tél : 22 757 1323

• Société suisse de protection des animaux
8002 Zürich, Alfred Escher-Str. 76
Tél. : (01) 201 25 03

Associations félines

France

• A.C.F. (Association Les Chats de France)
8, rue de Dionval, 28130 Saint-Piat
Tél. : 02 37 32 33 60
www.chatsdefrance.asso.fr/

• A.F.A.P. (Association féline des amis du Persan)
11, allée du Parc, 59120 Loos
Tél. : 03 20 07 17 17

• A.F.C.O (Association féline Centre-Ouest)
Alain Dumur
19, la Haute Bruyère
45270 Villemoutiers
Tél. : 02 38 95 64 69

• A.I.F. (Association internationale féline)
38, avenue du Président-Wilson, 75116 Paris
Tél. : 01 45 53 71 48

• Association féline des pays de Loire
46 ter, rue Sainte-Catherine, 45000 Orléans
Tél. : 02 38 75 24 06

• Associatoin féline du Sud
13, rue Carpenteyre, 33800 Bordeaux
Tél. 05 56 94 74 52

• Cat Club et F.F.F.
75, rue Claude-Decaen, 75012 Paris
Tél. : 01 46 28 26 09
www.fffeline.com/

• C.C.C.A.P.C. (Cat Club Côte d'Azur Provence Corse)
35, boulevard de Garavan, 06500 Menton
Tél. : 04 93 35 61 78

• Cercle félin de l'Est
39700 Dampierre
www.cerclefelindelest.com

• C.F.N.P.C. (Cercle félin du Nord-Pas-de-Calais)
5, square Berlioz, 59820 Gravelines
Tél. : 03 28 23 38 90

• C.F.P. (Cercle félin de Paris)
12, rue Janssen, 75019 Paris
Tél. : 01 42 39 85 24

• Club européen du chat
Les Pascarons, 84220 Murs

• F.I.C. (Fédération internationale du chat)
15, rue des Acacias, 91270 Vigneux
Tél. : 01 69 03 51 98

• L.O.O.F. (Livre officielle des origines félines)
5, rue Regnault, 93697 Pantin Cedex
Tél. : 01 41 71 03 35
loof.asso.fr/

• S.C.F.F. (Société centrale féline de France)
24, rue de Nantes - 75019 Paris
Tél : 01 40 35 18 04

Belgique

• Amicale belge du chat
Chemin des Thiers, 23, 4130 Hesney
Tél. : 43 80 14 24

• Association féline belge
Rue J.-Demoulin, 63, 4000 Liège
Tél. : 42 24 32 57

Canada

• Association féline canadienne
289 Rutherford Road, S, # 18
Brampton, Ontario
L6W 3R9
Tél. : 905 459-1481
www.cca-afc.com

• Chaîne féline francophone 5CFF
Elle a pour but de mieux faire connaître les félins auprès du public et de dénoncer et combattre la cruauté envers les chats et, plus généralement, les animaux.
www.pages.infinit.net/yendred/chainefeline.htm

Suisse

• Fédération féline helvétique
Solothurnerstrasse, 83, 4053 Bâle
Tél. : 61 361 70 64

• Cat club de Genève
5, chemin du Joli-Bois,
1292 Chambésy
Tél. : 22 758 17 67

En cas de décès

Inhumation

• Cimetière pour chiens et autres animaux domestiques
Pont de Clichy
92600 Asnières
Tél. : 01 40 86 21 11

Incinération

• S.I.A.F.
3, rue du Fort,
94130 Nogent-sur-Marne
Tél. : 01 48 76 68 18

• Animaux Services
18-22, route de Tremblay,
93420 Villepinte
Tél. : 01 43 83 76 33

• Cremadog
Z.A. du Moulin à Vent, 78280 Guyancourt
Tél. : 01 30 57 31 29

• Syndicat national des créateurs animaliers
6, rue Jean-Moulin, 78280 Guyancourt
Tél. : 01 30 43 66 66

Divers

• Fichier national félin – Service d'identification électronique vétérinaire
112-114, avenue Gabriel-Peri
94246 L'Haÿ-les-Roses Cedex
Tél. : 01 55 01 08 00 ;
télécopie : 01 55 01 08 03
Site internet : www.fnf.fr
Site télématique : 3617 FELITEL

• Librairie Point vétérinaire
38, avenue du Général-de-Gaulle,
94700 Maisons-Alfort
Tél : 01 43 68 61 74

Gardes et pensions

• Home company Tél. : 04 94 86 10 16
• Homesitting Tél. : 03 80 58 07 28
Paris Tél. : 01 42 93 41 24
• Milpat Tél. : 08 25 88 88 00
• Animado (Paris) Tél. : 01 42 61 19 00
• Royaume des animaux
Tél. : 01 30 50 12 58
Voir aussi S.P.A. et Confédération des S.P.A. de Lyon, qui disposent d'adresses de pensions, et Minitel 3615 CHATDOG.

Assurance

• Centre de documentation et d'information de l'assurance (C.D.I.A.)
29 bd Haussmann, 75009 Paris
Tél. : 01 42 47 90 00

Glossaire

• **Agouti (robe).** Se dit du poil présentant une alternance de bandes claires et de bandes foncées et se terminant par une zone foncée ou bien une coloration entre les rayures chez le chat tabby*.
• **Argent (robe).** Blanc lumineux dû à l'absence de la pigmentation dite jaune.
• **Arlequin.** Répartition particulière des couleurs chez un chat particolore. Seules la queue et la tête sont colorées, le corps, les pattes et le ventre sont blancs. Le standard autorise trois taches nettes et distinctes sur le dos.
• **Autosome.** Désigne les chromosomes non sexuels.
• **Best.** Récompense décernée dans les expositions.
• **Bicolore.** Se dit d'un chat possédant une robe de couleur avec des taches blanches. Au sens strict, la surface blanche totale ne doit pas être inférieure à un tiers, ni supérieure à 50 %. Voir aussi Arlequin et Van.
• **Bracelet.** Anneau ou marque tabby cernant les pattes.
• **Brachygnathisme.** Malformation des mâchoires empêchant la fermeture, les crocs supérieurs pouvant même devenir visibles.
• **Break.** Léger creux du nez à sa racine, à hauteur des yeux ou juste en dessous, plus marqué que le stop*.
• **Bréviligne.** Se dit d'un chat au corps compact, avec une face petite et ronde, des épaules larges et une queue courte. Type morphologique caractéristique du Persan par exemple.
• **Cassure.** Angle bien marqué entre le nez et le front. Voir Break et Stop.
• **Castration.** Ablation chirurgicale des testicules chez le mâle. Parfois synonyme de l'ablation des ovaires (stérilisation*).
• **Chinchilla.** Se dit d'un poil noir à l'extrémité, le reste étant blanc argent* lumineux. Il s'agit du plus faible niveau du tipping*.
• **Cobby.** Synonyme de bréviligne*.
• **Collerette.** Poils plus longs situés autour du cou.
• **Collier.** Marques d'une couleur plus foncée entourant le cou, parfois incomplètes.
• **Colostrum.** Liquide jaunâtre sécrété par la mamelle pendant les premiers jours suivant la mise bas, et qui protège les chatons contre diverses maladies infectieuses.
• **Couleur de base.** Couleur plus claire servant de fond au motif tabby*.
• **Couleur de fond.** Coloration de la partie du poil située près de la racine.
• **Colourpoint.** Se dit d'un chat aux extrémités colorées : masque*, oreilles, queue, pattes.
• **Concours.** Compétition au cours de laquelle les meilleurs sujets sont jugés et récompensés par un certificat.
• **Consanguinité.** Union entre deux chats ayant un lien de parenté proche (par exemple, frère et sœur). On l'utilise dans l'élevage pour faire apparaître ou renforcer certaines qualités, mais au risque de défauts plus ou moins prononcés.
• **Coussinets.** Petites callosités situées sous les pattes.
• **Cryptorchidie.** Se dit d'un chat dont un testicule n'est pas apparent car situé à l'intérieur de la cavité abdominale.
• **Culottes.** Poils plus longs, denses et épais sur l'arrière des cuisses. Synonyme d'arrière-train.
• **Défaut.** Toute imperfection notable par rapport au standard de la race et à ses qualités spécifiques.
• **Dépigmentation.** Couleur atténuée de la peau (nez ou coussinets tachés de rose).
• **Dilué.** Version plus pâle d'une couleur de base* (le bleu est ainsi un noir dilué).
• **Dominant.** Se dit d'un caractère présent chez la progéniture même s'il n'a été transmis que par un seul des parents. L'allèle ne peut alors exister que sur un seul des deux chromosomes de la paire.
• **Double fourrure.** Pelage constitué d'un sous-poil* recouvert d'un poil plus long et plus épais, rendant la peau invisible lorsqu'on écarte le poil du dessus.
• **Duvet.** Poil secondaire doux et court, légèrement bouclé (autour des oreilles et des doigts).
• **Écaille-de-tortue.** Motif tricolore (noir, roux et crème) de la robe, qui ressemble à la carapace d'une tortue.
• **Entier.** Se dit d'un chat non castré.
• **Épistasie (phénomène d').** Masquage du phénotype* : le blanc dissimulant une autre couleur ou, chez les chatons de couleur génétiquement unie, des marques tabby, appelées fantômes, qui disparaissent avec l'âge et la mue.
• **Espèce.** Ensemble d'individus (animaux ou végétaux) semblables par leur aspect, leur habitat, féconds entre eux, mais généralement stériles avec tout individu d'une autre espèce. Le chat domestique est l'une des espèces appartenant au genre *Felis* de la grande famille des Félidés. Au sein d'une même espèce, il peut exister plusieurs populations. Ainsi, dans l'espèce des tigres, on trouve les tigres du Bengale, les tigres de Sibérie, les tigres de Sumatra... On parle alors de sous-espèces géographiques. Pour les populations de chats domestiques, on parlera de races.
• **Étalon.** Chat de race mâle utilisé pour la reproduction.
• **Étranger (chat) [*foreign*, en anglais].** Chat au corps longiligne, élégant, de type siamois ou oriental.
• **Exposition.** Manifestation ayant pour but premier de sélectionner les meilleurs sujets de l'espèce en appréciant leur conformité au standard de leur race ; le second objectif d'une exposition est de mieux faire connaître les chats de race.
• **Famille.** Division d'un ordre qui regroupe les genres d'animaux (ou de plantes) ayant de nombreux caractères communs. Les noms scientifiques internationaux des familles sont latins ; leur désinence française en zoologie est « -idés ». Exemples : canidés, ursidés, félidés... Le chat est rattaché à la famille des Félidés.
• **Félinotechnie.** Savoir concernant les chats, qui porte notamment sur les techniques employées par les généticiens et les éleveurs pour créer de nouvelles races et variétés.
• **Flamme.** Marque en général blanche qui s'étend entre les yeux, du front jusqu'au nez.
• **Flehmen.** Comportement olfactif spécifique au chat (ainsi qu'aux Ongulés et au lapin). Cette sorte de reniflement sert en particulier à capter des informations émanant des urines déposées par un congénère à des fins de marquage. Il est possible grâce à l'organe voméro-nasal (ou organe de Jacobson), petit cul-de-sac tapissé de cellules olfactives (voir p. 206).
• **Gant.** Fourrure d'un blanc pur située derrière le pied chez le Birman.
• **Génotype.** Ensemble des caractères héréditaires, exprimés ou non.
• **Genre.** Ensemble des êtres vivants situés dans la classification entre la famille et l'espèce et groupant des espèces très voisines. La famille des Félidés compte quinze genres, parmi lesquels le genre *Panthera* (auquel appartiennent notamment le tigre et le lion) et le genre *Felis* constitué par 6 espèces sauvages (comme *Felis nigripes,* le chat à pieds noirs) et une espèce domestique, *Felis catus*, le chat domestique.
• **Haret.** Se dit d'un chat domestique retourné à la vie sauvage.

• **Hybride.** Se dit d'un chat dont les parents sont de races différentes.
• **Jabot.** Synonyme de collerette*.
• **Leucose féline (FeLV).** Maladie virale qui attaque le système lymphatique.
• **Lignée.** Ce terme désigne une famille d'individus fortement consanguins.
• **Livre des origines.** Base de données où l'on enregistre la naissance des chats de pure race. L'inscription au Livre des origines autorise l'émission d'un pedigree*.
• **Longiligne.** Se dit d'un chat au corps élancé, long et souple, à la tête triangulaire effilée et à l'ossature fine (par exemple, le Siamois).
• **Mariage.** Accouplement de chats de races ou de couleurs différentes.
• **Masque.** Couleur plus foncée sur le visage de chats appartenant aux races de type siamois.
• **Médioligne.** Se dit d'un chat caractérisé par une morphologie située entre le longiligne* et le bréviligne* (par exemple, l'Européen classique).
• **Métissage.** Accouplement d'individus de la même espèce mais de races différentes ; les sujets obtenus sont des métis. Il n'y a pas d'équivalent, en félinotechnie, des termes de « bâtard » (animal dont un des parents seulement est de race) ou de « corniaud » (animal dont aucun des parents n'est de race), qui sont d'usage en cynotechnie.
• **Mue.** Perte saisonnière des poils.
• **Mutation.** Modification brusque d'un gène en raison d'une influence de l'environnement ou d'une « erreur » au moment de la division cellulaire. Elle peut se transmettre et servir à changer l'aspect d'un chaton dans le cadre d'un élevage sélectif.
• **Neutre.** Se dit d'un chat castré (mâle) ou stérilisé (femelle).
• **Nictitante (paupière).** Également appelée troisième paupière, cette membrane, en général invisible, est située à l'angle interne de l'œil et préserve celui-ci d'une lumière trop vive. Elle peut apparaître lors de certains troubles et recouvrir alors presque tout le globe oculaire.
• **Nom.** Si un chat (il en est de même pour un chien) a un pedigree, son nom doit commencer par une lettre déterminée selon l'année de sa naissance : P pour 1999, R pour 2000, S pour 2001, T pour 2002 (les lettres K, Q, W, X, Y, Z ne sont jamais attribuées).
• **Œstrus.** Période d'une semaine pendant laquelle la femelle peut être fécondée.
• **Ordre.** Division de la classification des animaux (ou des plantes) intermédiaire entre la classe et la famille. Dans la classe des mammifères, on trouve, par exemple, l'ordre des insectivores et l'ordre des carnivores. Le chat est un carnivore.
• **Oriental.** Se dit d'un chat au corps fin et souple, comme le Siamois.
• **Particolore.** Se dit de la robe d'un chat composée de deux couleurs au moins.
• **Pedigree.** Document délivré pour les sujets de race par une société féline (par exemple, la Fédération française féline, F.F.F.), qui établit l'ascendance de l'animal et témoigne de sa qualité de chat de race et de son inscription au Livre officiel des origines félines (L.O.O.F.). Les chats ne pouvant prétendre à un pedigree mais répondant à certaines conditions favorables peuvent être répertoriés sur un livre d'attente (voir p. 278).
• **Périnéal.** Relatif à la région située entre l'anus et les parties génitales.
• **Péritonite infectieuse féline (PIF).** Maladie virale en général fatale.
• **Phénotype.** Ensemble des caractères physiques et biologiques d'un être vivant.
• **Pinch.** Ce terme désigne une forte démarcation entre les joues et le museau.
• **Poils de garde.** Poils qui forment la robe.
• **Poils secondaires.** Poils rêches à bout épais.
• **Points.** Terme emprunté à l'anglais et désignant les extrémités (masque*, oreilles, queue et pattes).
• **Race.** Une race peut se définir comme une subdivision de l'espèce, qui regroupe un ensemble d'animaux possédant en commun un certain type héréditaire : caractères morphologiques, physiologiques, et même psychologiques.
• **Récessif.** Se dit d'un caractère apparaissant uniquement s'il a été transmis par les deux parents. L'allèle qui lui est lié doit donc exister sur les deux chromosomes de la paire.
• **Robe de surface.** Voir Poils de garde.
• **Robe double.** Voir Double fourrure.
• **Sélection.** L'apparition d'une race ou d'une variété peut résulter d'un processus de sélection naturelle (mutations spontanées) ou de la sélection artificielle opérée par l'homme. Que la sélection s'effectue librement dans la nature ou dans le cadre d'un programme d'élevage, des métissages (à distinguer des croisements) se produisent, spontanément entre animaux ou de façon contrôlée par les éleveurs.
• **Sous-poils.** Poils doux et fins situés sous les poils de garde, fournissant une isolation.
• **Standard.** Ensemble des caractéristiques des différentes parties du corps ainsi que de la robe, auquel un individu d'une race déterminée doit satisfaire.
• **Stérilisation.** Ablation chirurgicale des ovaires chez la femelle.
• **Stop.** Point qui marque sur la tête la séparation entre le crâne et la face ; selon les races de chat, ce stop peut être très marqué ou au contraire plutôt effacé.
• **Tabby.** Par opposition aux pelages de couleur uniforme, le caractère tabby désigne un pelage montrant des rayures foncées sur un fond plus clair ; une robe tabby est donc une robe rayée.
• **Ticking.** Dans un pelage tabby, les zones claires entre les rayures sont constituées de poils (dits « agouti ») dont chacun présente une alternance de bandes de pigments clairs et de bandes de pigments foncés ; c'est cette tiqueture, ou ce tiquetage, qu'on appelle le ticking.
• **Tipping.** Lorsque, sous l'effet de certains gènes, la bande de pigments foncés se trouve repoussée vers l'extrémité du poil alors que la base du poil s'éclaircit, on parle de tipping, le mot *tip* voulant dire « extrémité ».
• **Torbie.** Se dit d'une femelle à la fois tortie (ou écaille-de-tortue*) et tabby*.
• **Tortie.** Synonyme d'écaille-de-tortue*.
• **Vairons (yeux).** Se dit d'yeux de couleurs différentes, le plus souvent bleu et orange.
• **Van.** Variété de particolore : le corps est blanc, seules la tête et la queue sont colorées.
• **Variété.** Une variété correspond à la fraction des animaux d'une même race que des traitements particuliers de sélection ont eu pour effet de distinguer des autres sujets de la race. Dans l'espèce féline, cette notion recouvre le plus souvent des variétés de couleur de robe.
• **Vibrisses.** Synonyme de moustaches.
• **Virus de l'immunodéficience du chat (FIV).** Virus apparenté au VIH, qui affaiblit le système immunitaire et entraîne la mort. Très contagieux entre chats.

Sigles usuels

• **C.A.C.** Certificat d'aptitude au Championnat (pour les sujets non castrés seulement).
• **C.A.C.E.** Certificat d'aptitude au Championnat d'Europe (pour les sujets non castrés seulement).
• **C.A.C.I.B.** Certificat d'aptitude au Championnat international de beauté (pour les sujets non castrés seulement).
• **C.A.G.C.E.** Certificat d'aptitude au Grand Championnat d'Europe (pour les sujets non castrés seulement).
• **C.A.G.P.E.** Certificat d'aptitude au Grand Premior d'Europe (pour les sujets castrés).
• **C.A.P.** Certificat d'aptitude au Premiorat (pour les sujets castrés).
• **C.A.P.E.** Certificat d'aptitude au Premior d'Europe (pour les sujets castrés).
• **C.A.P.I.B.** Certificat d'aptitude au Premior international de beauté (pour les sujets castrés).
• **C.F.A.** Cat Fanciers'Association, association féline des États-Unis.
• **F.I.Fe.** Fédération internationale féline (à l'origine seulement européenne, mais regroupant désormais des clubs félins du monde entier).
• **G.C.C.F.** Governing Council of the Cat Fancy, association féline britannique.
• **L.O.O.F.** Nouveau Livre officiel des origines félines.

Index

Les noms en italique renvoient aux noms des chats de race et aux noms savants des Félidés sauvages, les numéros de page en italique aux illustrations. Les numéros de page en gras renvoient aux pages décrivant les différentes races.

A

B

C

Photogravure APS - CHROMOSTYLE, Tours - Impression GRAFICAS ESTELLA, Espagne -
Dépôt légal : septembre 2009 - 303524/01- août 2009